提升产业链供应链稳定性和竞争力研究

王金照 李 燕 等 著

中国发展出版社
CHINA DEVELOPMENT PRESS

图书在版编目（CIP）数据

提升产业链供应链稳定性和竞争力研究 / 王金照等著. —北京：中国发展出版社，2023.12

ISBN 978-7-5177-1406-4

Ⅰ.①提… Ⅱ.①王… Ⅲ.①产业链—稳定性—研究②供应链—稳定性—研究③产业链—竞争力—研究④供应链—竞争力—研究 Ⅳ.①F263②F274

中国国家版本馆CIP数据核字（2023）第248331号

书　　　名：提升产业链供应链稳定性和竞争力研究

著作责任者：王金照　李　燕　等

责 任 编 辑：吴　佳　王海燕

出 版 发 行：中国发展出版社

联 系 地 址：北京经济技术开发区荣华中路22号亦城财富中心1号楼8层（100176）

标 准 书 号：ISBN 978-7-5177-1406-4

经 　销 　者：各地新华书店

印 　刷 　者：北京博海升彩色印刷有限公司

开　　　本：710mm×1000mm　1/16

印　　　张：29

字　　　数：460千字

版　　　次：2023年12月第1版

印　　　次：2023年12月第1次印刷

定　　　价：138.00元

联 系 电 话：（010）68990625　68360970

购 书 热 线：（010）68990682　68990686

网 络 订 购：http://zgfzcbs.tmall.com

网 购 电 话：（010）88333349　68990639

本 社 网 址：http://www.develpress.com

电 子 邮 件：15210957065@163.com

"提升产业链供应链稳定性和竞争力研究"
课题组*

课题顾问

隆国强　国务院发展研究中心副主任、党组成员

课题负责人

王金照　国务院发展研究中心产业经济研究部部长、研究员

课题协调人

李　燕　国务院发展研究中心产业经济研究部副部长、研究员
路　倩　国务院发展研究中心产业经济研究部二级主任科员

课题组成员

许召元　国务院发展研究中心产业经济研究部副部长、研究员
宋紫峰　国务院发展研究中心社会和文化发展研究部副部长、研究员
石耀东　国务院发展研究中心产业经济研究部一级巡视员、研究员
杨建龙　国务院发展研究中心产业经济研究部一级巡视员、研究员
钱平凡　国务院发展研究中心产业经济研究部一级调研员、研究员
周健奇　国务院发展研究中心企业研究所研究室主任、研究员
周　毅　国务院发展研究中心产业经济研究部研究室副主任
吕　斌　国务院发展研究中心产业经济研究部四级调研员、副研究员
庞超然　商务部国际贸易经济合作研究院副研究员
孙海尧　中国电子信息产业发展研究院副研究员
王　芳　中国科学院科技战略咨询研究院副研究员
郑亚莉　中国汽车工程学会国汽战略院战略规划部部长
陈　敏　中国汽车工程学会国汽战略院战略规划部研究员

---

* 课题完成时间：2022年2月。

祁　彦　上海市人民政府发展研究中心党组书记、主任

钱　智　上海市人民政府发展研究中心二级巡视员

吴也白　上海市人民政府发展研究中心经济发展处副处长

王斐然　上海市人民政府发展研究中心经济发展处四级主任科员

李斯林　上海市人民政府发展研究中心经济发展处实习生

熊世伟　上海市经济和信息化委员会处长、正高级经济师

王呵成　上海市经济和信息化发展研究中心产业推进部经济师

张志勇　滨州市人民政府副秘书长，滨州市人民政府研究室（市政府
　　　　发展研究中心）党组书记、主任

陈　冰　滨州市人民政府研究室（市政府发展研究中心）党组成员、
　　　　副主任

王　伟　滨州市人民政府研究室（市政府发展研究中心）研究二科科长

王富源　滨州市人民政府研究室（市政府发展研究中心）研究四科副科长

窦慧慧　滨州市人民政府研究室（市政府发展研究中心）研究二科经济师

郭慧琳　滨州市人民政府研究室（市政府发展研究中心）研究四科科员

肖必良　东莞市工业和信息化局党组书记、局长

黄镜之　东莞市人民政府办公室政策信息科（政务公开科）科长

殷炀榜　东莞市人民政府办公室职能转变协调科（秘书三科）科长

邓博文　国家发展和改革委员会发展战略和规划司主任科员

付毕安　国家发展和改革委员会能源研究所助理研究员

常哲仁　江苏省社会科学院财贸研究所助理研究员

索　昊　中央财经大学博士研究生

孙　昊　中国人民大学博士研究生

孙凤飞　中国人民大学硕士研究生

摘　要

　　产业链供应链的稳定性和竞争力是国民经济循环稳定畅通和国家产业竞争力的重要基础。在新一轮工业革命、保护主义和大国博弈等因素影响下，国际产业链供应链加速调整、分化、重构的趋势日益明显。发挥新型举国体制和超大规模市场优势，增强关键环节自主可控能力，提升产业链供应链稳定性和竞争力，对维护国家经济安全、建设现代化经济体系、构建新发展格局具有重要意义。

　　我国产业链供应链发展水平稳步提升，但仍存在"三个不均衡"。一是重点行业发展不均衡，部分优势领域已具备较强的国际竞争力，也有一些领域稳定性和竞争力处于较低水平。二是产业链不同环节差异显著，整机和终端制造能力较强，但关键材料、核心技术、关键零部件等对外依赖度仍然较高，存在"卡脖子"风险。三是企业发展水平不均衡，优势领域呈现龙头企业群体性崛起态势，但多数领域企业实力与国际领先企业仍存在较大差距，特别是上游零部件、核心设备企业实力弱，隐形（单项）冠军发展不充分。

　　提升产业链供应链稳定性和竞争力，需要深刻理解产业链供应链稳定性和竞争力内在逻辑上的统一性。重点把握"六个要点"，即产业链核心技术能力是基石，产业链关键环节的掌控力和配套水平是关键，产业链供应链的效率和组织协调能力是保障，数字化、绿色化是提升竞争力的新方向，产业链供应链核心企业的能力是"压舱石"，产业价值链的创造和分配能力是结果。

提升产业链供应链稳定性和竞争力，需要以新发展格局为战略引领，准确深刻把握新发展格局的内涵、本质特征和目标要求，同时通过产业链供应链稳定性和竞争力的提升来加快构建新发展格局。重点把握"五个关键"：一是牢牢把握实现高水平自立自强这个最本质的特征，进一步强化创新引领作用；二是紧紧抓住畅通国民经济循环这个关键所在，以高质量供给引领和创造新需求；三是坚持以强大的国内经济体系为支撑，把准扩大内需这个战略基点；四是坚持以国际循环提升国内大循环效率和水平，打造参与国际合作竞争新优势；五是坚持统筹发展和安全，牢牢守住产业链安全底线。

坚持"一统一、三结合"的指导方针：保持产业链稳定性和提升产业链竞争力的内在有机统一，在促进全产业链优化升级中实现稳定性和竞争力的双提升；坚持自主发展与开放合作相结合，在有效平衡自主性和经济性中提高安全发展能力和竞争力；坚持政府作用和市场力量相结合，在发挥市场在资源配置中的决定性作用和更好发挥政府作用中调动各方面积极性；坚持强化内循环主体作用和双循环相互促进作用相结合，通过"以内促外"和"以外强内"实现产业链水平的新提升。

推进"两步走"的战略目标：到"十四五"末期，产业基础研究和创新支撑体系逐步健全完善，重点领域自主可控的技术体系和产业体系基本建成，核心关键技术受制于人的状况得到有效缓解，产业链供应链数字化、低碳化转型和价值链升级取得显著成效；到2035年，全面实现产业基础高级化和产业链现代化，参与国际合作竞争的新优势显著增强，我国成为世界制造强国和重要的产业创新策源地。

重点实施"六大路径"：以完善创新生态系统和实现高水平自立自强

为根本特征的创新驱动路径；以推动能源结构转型和打造绿色供应链为重点的绿色低碳发展路径；以发展数字化供应链为主要方向的质效提升路径；以推动制造和服务深度融合为主线的产业价值链升级路径；以龙头企业领航，大中小企业与产业链上下游企业协同化、生态化、集群化发展的产业组织优化路径；以优化产业链供应链国内外布局为重点的协调发展、开放发展路径。

采取"七项措施"：建设基础雄厚、开放协同的创新生态系统；构建精准的产业政策体系；构建安全的供应链管理体系；进一步调动市场主体积极性；建立健全培养和激励科技人才政策；完善高效协同的现代金融体系；加强国际产业链供应链和科技合作。

目 录

专题篇

专题报告二　以创新驱动发展战略为引领提升我国产业链供应链稳定性和竞争力

专题报告三　以绿色低碳转型提升我国产业链供应链稳定性和竞争力

专题报告四　以数字化、平台化发展提升我国产业链供应链稳定性和竞争力

行业篇

行业报告七　新发展格局下提升我国高端科学仪器产业链供应链稳定性研究

行业报告八　新发展格局下提升我国汽车产业链供应链稳定性和竞争力研究

行业报告九　新发展格局下提升我国工程机械产业链竞争力研究

实践篇

新发展格局下提升我国产业链供应链稳定性和竞争力研究

产业链供应链的稳定性和竞争力是国民经济循环稳定畅通和国家产业竞争力的重要基础。在新一轮工业革命、保护主义和大国博弈等因素影响下，国际产业链供应链加速调整、分化、重构的趋势日益明显。发挥新型举国体制和超大规模市场优势，增强关键环节自主可控能力，提升产业链供应链稳定性和竞争力，对维护国家经济安全、建设现代化经济体系、构建新发展格局具有重要意义。

一、全球产业链供应链加速调整重构，为我国带来挑战的同时也带来机遇

当今世界正经历百年未有之大变局，我国发展的外部环境正面临深刻调整。从产业链供应链的视角看，在新一轮工业革命、保护主义和大国博弈等的影响下，国际产业链已进入新一轮加速调整和重构期，主要表现为产业链创新性显著增强，国际产业链分工布局加快调整，区域化、本土化甚至并行化的产业链有望加速形成。我国制造业须抓住机遇，努力增强产业链供应链稳定性和竞争力，争取在新一轮全球产业链重构中争取有利的位势。

一是新一轮工业革命加速了产业链创新，数字化、绿色化、融合化成为国际产业链发展的新特征。

新一代信息技术与制造业深度融合带动产业链数字化转型提速。2016—2020年，戴尔科技集团每两年进行一次对18个国家和地区4300家企业管理者的调查，该调查将企业数字化进程分为数字化领导者、数字化实践者、数字化评估者、数字化追随者和数字化后进者5个阶段。2020年的调查结果显示，数字化实践者的比例从4年前的14%提高到39%，而数字化后进者的比例从15%降至3%。这表明各行各业均加快了实施数字化转型的步伐。事实证明，在这次应对新冠疫情冲击过程中，那些数字化转型起步较早、成熟度较高的企业，往往表现出更强的韧性和抗风险能力。疫后这类数字化企业以及它们所打造的数字化供应链将成为主流模式。产业链供应链数字化带来一系列深远的影响，劳动力成本的优势在国际产业链分工中仍然存在，但优势不再像以前那么突出了，发达国家可凭借智能制造、3D打印等数字化生产方式对冲劳动力成本的劣势，并加快生产制造本地化的进程。全球价值链将进一步向着拥有核心技术、研发设计能力等知识型资本和人才优势的发达国家，以及具有数字化关键资源配置能力的跨国公司、平台型企业集中。数字化正在成为重塑全球产业链供应链的新动力。

新能源、绿色低碳技术的应用和迈向碳中和的国际共识加速了全球产业链向着绿色低碳方向重构。全球已有130多个国家和地区相继提出了21世纪的碳中和目标承诺，并出台政策促进绿色低碳转型。2023年5月欧盟理事会正式通过了碳边境调节机制（CBAM），将于2026年正式开始实施碳关税；主要跨国公司相继提出了零碳供应链的时间表，预计绿色低碳将成为国际竞争的新标签、进入领先企业供应链的新壁垒，也必将成为国际贸易的新规则。

新一代信息网络技术加速推动了制造与服务融合，带动了价值链的延伸、拓展和重构。基于工业互联网，家电、服装、家具等行业已普遍推广个性化定制服务；工程机械、电力设备制造等行业积极开展全生命周期管理、远程诊断、在线运维等服务。全球主要行业龙头企业均已转型为服务型制造提供商。制造与服务的深度融合为制造业转型和价值链升级提供了重要机遇，围绕制造业核心产品延伸服务将拓展制造业竞争的新边界。

二是保护主义和大国博弈改变了国际产业链布局的逻辑，全球化、一体化的分工布局向着并行化、多元化、自主化的方向分化。

贸易摩擦构筑起的高关税壁垒在一定程度上加速了跨国公司主导的产业链全球布局重构。中美贸易摩擦以来，很多以美国为主要出口市场的跨国公司被迫重新调整基于中国制造基地的投资定位，转为服务本地或出口其他非美市场。关键产业链布局从全球化、一体化转向多元化、并行化。一方面，美对华科技断供使得目标市场是中国市场或中国龙头企业的供应链企业，在选择合作伙伴时，不得不从原来的效率第一原则，转向效率优先，兼顾安全性和可替代性，这也推动了中国关键供应链的"去美国化"；另一方面，在美所谓摆脱关键供应链对华过度依赖的逻辑下，美国也在积极打造"去中国化"的供应链。尽管高科技产业链的两套标准、两套体系不是我们所期望的，但在涉及国家安全的特定领域，保持关键产业链的备份是十分必要的。大国博弈使得半导体等高度国际化和全球分工协作的产业链布局正在被主要国家和地区"自主化"的产业链布局所打破。随着主要大国围绕半导体等关键产业链的竞争博弈日益加剧，多年来形成的开放、流动的全球半导体产业链未来可能走向各自为战。例如，美国通过《芯片与科学法》，将提供 527 亿美元的研发制造补贴以及 240 亿美元的投资税减免，吸引全球芯片企业在美投资，力图重建基于本土的半导体产业链。欧盟批准涉及 430 亿欧元补贴的《芯片法案》，旨在把欧盟芯片产能全球占比从 10% 提升到 20%。韩国计划未来 10 年内斥资约 4500 亿美元建设全球最大的芯片制造基地。日本也计划在未来数年向赴日建厂的海外芯片厂商提供数千亿日元的资金。

三是新冠疫情一度凸显了国际产业链的脆弱性，对安全和韧性前所未有的重视推动国际产业链向本地化、区域化、分散化发展。

关系国计民生、国家安全的关键产业链和产业链关键环节正在回归本土。例如日本政府 2020 年 7 月公布的首批接受补贴迁回本土的企业中，有很多是公共卫生、航空和汽车零部件、化肥、医药等关键产业链生产商。围绕重点区域的产业链供应链合作进一步深化。后疫情时代，跨国公司为了兼顾供应链安全、韧性和经济效率，将更倾向于将产能和产品组合重新分散到接近目标市场、潜力更大且更具成本优势的区域，并实施近地采购的策略。围绕北美洲、亚洲、欧洲几大区域性中心市场有望形成深化合作的区域产业链和产业集群。《美墨加协定》（USMCA）、《区域全面经济伙伴关系协定》（RCEP）等区域性贸易投资协定则为深化产业链区域合作提供了制度基础。跨国公司产业链布局将在集中与分散间寻求新的安全平衡，即在"不把鸡蛋放在同一个篮子里"的同时，将产能向成本和效率最优的地区集中。

国际产业链调整重构对我国的影响总体上"危""机"并存。

一是新工业革命引发的国际产业链创新发展为我国产业链优化升级带来重要历史性机遇。我国正处于传统要素比较优势日渐削弱、基于创新和人力资本的新比较优势加速形成的阶段，面临着产业创新能力不强、产业链发展水平不高、绿色可持续发展压力大等诸多挑战。抓住新工业革命背景下产业链数字化、绿色化、服务化转型的机遇，大力推进产业质量变革、效率变革和动力变革，有利于提升产业链现代化水平，构筑系统性竞争优势。

二是美国通过贸易摩擦和科技遏制打压人为推动的国际产业链重构在一定程度上加剧了我国产业链外迁、分化甚至被孤立的风险。过去10年来，受综合成本上升影响，我国纺织服装等部分出口量大的劳动密集型产业或成本敏感型环节，已出现较多向东南亚等地区转移的情况。2018年美对华贸易摩擦和大规模加征关税进一步加剧了我国境内以美国为重要出口市场的产业链分流。与此同时，美国针对我国高科技领域推动的多边出口管制、投资限制、龙头企业断供、规则排斥、科研教育人文交流阻断等脱钩措施，加剧了我国关键供应链风险。

三是基于新冠疫情冲击的国际产业链区域化、本地化调整很可能削弱我国作为全球制造业重要出口基地的地位，我国参与全球价值链的方式也将因此发生改变。后疫情时代，伴随着国际产业链向北美、欧洲、亚洲等若干重点区域进一步集中，区域产业链和产业集群之间的竞争将更为激烈，在区域自由贸易协定的助力下，区域内成员国之间出口更具成本优势。从长远来看，我国工业制成品全球出口份额普遍居高的局面可能难以持续。应对全球产业链供应链变革调整的趋势，关键在于办好自己的事情，一方面，着力增强产业链供应链稳定性和竞争力，增强国家综合实力和抵御风险的能力；另一方面，积极主动参与全球产业链重构，以高质量的内循环带动国内国际双循环相互促进，增强在全球产业竞争格局中的优势地位。

二、开启全面建设社会主义现代化国家新征程，对提升我国产业链供应链稳定性和竞争力提出新要求

（一）提升产业链供应链稳定性和竞争力事关现代化建设全局

"十四五"规划开启了我国全面建设社会主义现代化国家新的发展阶

段，必须更加突出实体经济在国民经济中的重要地位，加快发展现代产业体系，巩固壮大实体经济根基。必须以推动高质量发展为主题，全面贯彻新发展理念，加快构建以国内大循环为主体、国内国际双循环相互促进的新发展格局，努力实现更高质量、更有效率、更加公平、更可持续、更为安全的发展。产业链供应链的稳定性和竞争力情况，决定着实体经济发展的整体素质和竞争力状况，是从根本上维护国家经济安全、提升发展质量和效益、增强国际竞争力的重要保证。

筑牢现代化的安全底座，需要更加强调统筹发展与安全，增强产业链供应链的自主可控能力。在我国压缩式的工业化发展进程中，遗留了很多基础能力方面的短板问题亟待解决。特别是关键核心技术、关键材料、基础核心零部件、关键设备等自主可控问题，已成为安全发展和高质量现代化的重要制约。只有统筹发展与安全，增强产业链关键环节的自主可控能力，筑牢现代化的安全底座，才能从根本上将发展的主动权牢牢把握在自己手中。

巩固和壮大现代化经济体系，需要更加强调提升产业链供应链稳定性，保持制造业比重基本稳定。习近平总书记强调，不论经济发展到什么时候，实体经济都是我国经济发展、在国际经济竞争中赢得主动的根基。[1]从大国到强国，实体经济发展至关重要，任何时候都不能脱实向虚。[2]面对综合成本上升导致的产业链外迁压力和结构调整压力，如何在推动传统产业链优化升级，提升其稳定性和竞争力的同时，加快培育壮大新兴产业链，使之成为引领未来的支柱产业，决定了我国现代化经济体系的根基能否稳固和持续壮大。

推动高质量的现代化，需要更加强调提升产业链供应链竞争力，构

---

① 《总书记两会声音》，《人民日报》，2017年3月15日。
② 《防止脱实向虚，习近平再次为实体经济撑腰》，《人民日报》，2018年10月23日。

筑国际竞争新优势。过去我国制造业的优势主要来自产业规模、成本经济性等所形成的综合效率优势。随着比较优势的动态转换，传统优势日渐削弱，需要我们培育新的竞争优势。一是进一步提高产业链供应链效率，主要是将优势制造能力与数字化相结合，进一步提高全要素生产率；二是增强产业链创新能力，通过加大研发和人力资本投入提升产业技术水平，向价值链高端攀升；三是构筑产业链系统性优势，在强化整机和终端优势的同时，加快补齐产业链上游关键短板，形成上下游融通发展的系统性竞争优势。这些新的竞争优势的形成将为高质量的现代化建设提供有力的支撑。

（二）准确把握我国产业链供应链稳定性和竞争力的现状

1. 产业链供应链稳定性和竞争力的概念内涵

产业链供应链稳定性一般是指产业链供应链在遭遇自然灾害、主观人为因素等引发的严重外部冲击或发展环境重大变迁时表现出的抗风险能力和安全稳定运行状态，突出表现在产业链关键配套环节供应的稳定程度以及国际供应链的协调稳定供应能力。产业链供应链竞争力是指围绕最终产品在国际市场上的竞争能力，产业链各环节在生产能力、技术水平、供应链效率、专业化分工协作水平等方面显现出的综合能力（见表1）。

表1　　　　产业链供应链稳定性和竞争力的理论研究综述

	主要观点	来源
稳定性	预防自然灾害等"意外冲击"	麦肯锡（2020）、Pisch（2020）等
	预防产业链断裂等"最坏冲击"	Pisch（2020）等
	识别本国产业被影响的"风险点"	Henry Jackson（2020）、美国商务部（2021）、欧洲议会智库（2021）等

	主要观点	来源
竞争力	来源于由比较优势定义的成本	亚当·斯密（绝对优势）、李嘉图（比较优势）
	来源于由自然禀赋代表的成本	俄林、赫克歇尔（要素禀赋论、H-O理论）
	来源于产业发展集群情况	波特（竞争优势理论）、克鲁格曼（战略性贸易理论）
	来源于有竞争力的企业	Melitz（异质性理论）、Grossman等（任务贸易理论）

资料来源：课题组整理。

2.美国和欧盟关于产业链供应链评估方法

（1）美国

美国国防部曾选取飞机、航空器等9个传统领域和制造业网络安全等7个新兴领域，开展了关键产品和技术供应风险的评估。根据制造业基础能力和产能下降、竞争国的产业政策等5个宏观影响变量，以及供应唯一来源等9个风险类型，识别出300多种关于产品的稳定性不足风险（见图1）。

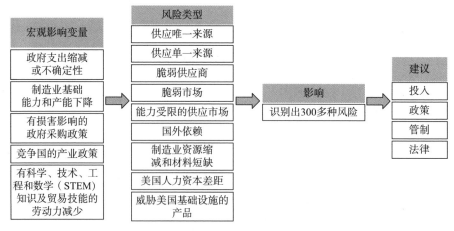

图1 美国国防部关键产品和技术供应风险评估

资料来源：美国国防部网站。

（2）欧盟

欧盟委员会从进口集中度、生产可替代性的角度评估主要供应链风险（见图2）。首先寻找进口集中度较高的产品，其次区分盟内盟外贸易比重，最后考虑盟内生产替代问题。结果表明，中国占最依赖外国的产品进口总值的52%左右。在最依赖外国的产品中，原材料占16%，中间产品占57%，终端产品占27%。

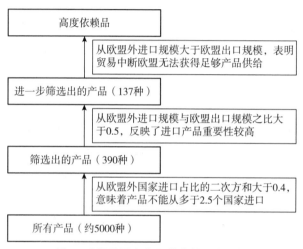

图2 欧盟委员会主要供应链风险评估

资料来源：欧盟委员会网站。

3.分析框架和分析方法

从产业链供应链稳定性和竞争力的概念内涵出发，结合我国产业链供应链面临的安全风险，形成了5个一级指标、13个二级指标的评价体系（见表2）。按照将产业链供应链"打开"的思路，围绕重点产业关键产品上中下游、产供销体系及相互联系深入分析稳定性和竞争力问题。

表2　　　　　　　　　产业链供应链稳定性和竞争力分析框架

一级指标	二级指标
安全可控	产业链国内配套完整性
	关键环节对外依存度
	关键环节对美单一依赖程度
外迁风险	产业链成规模外迁趋势
	外迁的原因
发展水平	长板环节及主要技术水平比较
	短板环节及主要技术水平差距
终端产品国际竞争力	产业规模全球占比
	终端产品出口国际市场占有率
	产品显示性比较优势
核心企业国际竞争力	进入《财富》500强数量
	进入品牌500强数量
	"隐形冠军"企业情况

资料来源：课题组自制。

4. 我国产业链供应链稳定性和竞争力的评估结论

（1）从规模看，中国制造业规模大、门类全，是产业链供应链稳定性和竞争力持续提升的最大底气

一是工业生产突飞猛进，制造业规模持续领先。中华人民共和国成立以来，我国工业生产能力迅猛增长，继 2007 年制造业增加值超过日本、2010 年超过美国后，2022 年我国制造业增加值达 33.5 万亿元，占 GDP 的比重为 27.7%，已连续 13 年保持世界第一制造大国的地位。短期内中国的"世界制造业中心"地位无法被轻易取代（见图 3）。

二是制造业门类齐全、体系完整的特征，有利于提升产业链供应链稳定性和竞争力。我国制造业规模巨大且品类齐全，在 500 余种主要工业品

中，超过四成的产品产量位居世界第一，并拥有超1.7亿户市场主体和1.7亿多高水平人才，这是我们经过长期培育形成的大国经济的最大优势和潜力。

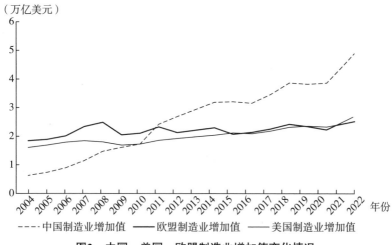

图3　中国、美国、欧盟制造业增加值变化情况

资料来源：世界银行。

（2）从出口看，制成品国际竞争力强，全球价值链地位和国内增加值成分持续提升，初级产品对外依存度较高

一是出口份额持续增长。2009年我国成为世界第一大出口国，保持至今。2001—2020年，我国货物出口年均增长达到12.1%，高于同期全球出口年均增速6.8个百分点（见图4）。新冠疫情发生后，我国快速实现疫情控制与生产恢复，进出口规模接连迈上5万亿美元、6万亿美元两大台阶，世界第一出口大国地位更加稳固。

二是部分产业国际竞争力显著增强。纺织品、电子数据处理和办公设备、通信设备等5个行业产品国际竞争力处于第一梯队，集成电路和电子元器件、机械设备和钢铁制品等3个行业产品国际竞争力处于第二梯队，化工品等9个行业产品国际竞争力处于第三梯队。

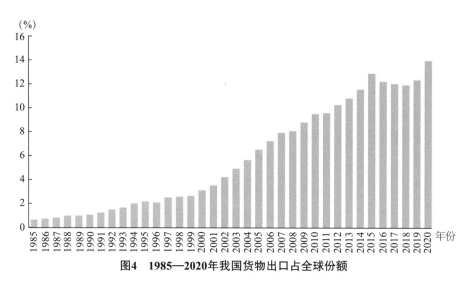

图4　1985—2020年我国货物出口占全球份额

资料来源：世界贸易组织。

三是全球价值链地位和国内增加值成分持续提升。2006—2015年^①，电脑、电子制造业等3个产业国内增加值提升接近10%。我国全球价值链参与程度逐步深化，并且在全球位居较高水平，部分行业全球价值链参与程度已经高于美国，说明我国以效益体现的产业链竞争力稳步提升。

四是初级产品对外依存度较高。我国石油对外依存度达78%，天然气对外依存度为43%，铁、锰、铬、铜、镍等金属矿产对外依存度超过70%，铝土矿、金、钾盐对外依存度超过40%，铅、锌、银对外依存度超过30%。

（3）从行业看，有些具备领先优势，有些关键技术和核心零部件对外依赖度仍然较高，存在"卡脖子"风险

一是部分领域具备了全球竞争力。我国在传统工业领域多已形成完整的产业链，纺织服装产业具有全产业链优势，新能源装备在较短时间内快速达到世界领先地位，以稀土行业为代表的原材料工业具备国际竞争力。

二是部分领域从技术跟跑、并跑向领跑转变。2020年我国企业研究与

_____

① 可获得的全球投入产出表最新数据到2015年。

试验发展机构总数、研发经费支出均比 2012 年翻了一番，航空航天装备技术水平大幅提高，海斗探海等快速发展。特高压输变电装备、大型掘进装备、煤化工大型成套装备等跻身世界前列。

三是产业链关键技术与核心零部件对外依赖度较高。在多数关系国民经济命脉重大装备的整机设计、制造、运行上已经实现了国产化，但在核心零部件、基础软件、关键材料和设备环节仍然存在瓶颈和短板，凸显极端情况下产业链脆弱性的风险。

四是主要产业链供应链稳定性和竞争力分化较为明显。根据我们对选择的代表性行业的分析，风电、稀土等 4 个行业产业链供应链稳定性和竞争力都处于较高水平。大飞机等 5 个行业产业链供应链稳定性和竞争力都处于比较低的水平。纺织服装等行业总体处于竞争力强、稳定性弱的状态。汽车、建材和食品行业为竞争力弱、稳定性强的状态，但新能源汽车近年来竞争力提升很快（见图 5）。

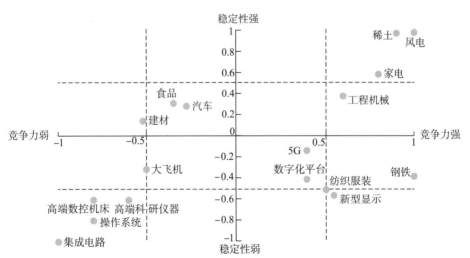

图5 重点产业链供应链稳定性和竞争力评价

资料来源：课题组整理。

（4）从企业看，全要素生产率稳步提升，但整机强，零部件弱，单项

冠军能力和水平不高

一是技术创新水平显著提高。2020 年，我国是全球《专利合作条约》（PCT）申请量排名第一的国家（见图6），其中华为公司（5464 件）连续4 年排名全球第一。

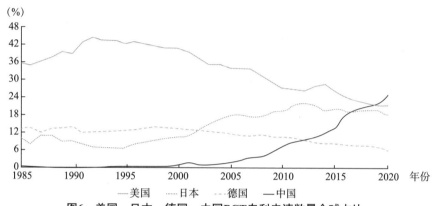

图6　美国、日本、德国、中国PCT专利申请数量全球占比

资料来源：世界知识产权组织。

二是部分领域终端和整机企业优势明显。我国企业在 5G 设备、钢铁、家电、新型显示、工程机械、轨道交通装备领域具有国际竞争力，中国中车在轨道交通装备领域市场份额远超第二至第五名之和，占全球份额接近1/4。我国液晶显示京东方和华星光电两家企业产能已位居全球前两位。然而在大飞机、高端科研仪器等领域全球企业排名中，我国内地企业少有上榜（见图 7）。

三是关键零部件企业竞争力弱，单项冠军企业发展不充分，与国际先进水平还有一定差距。关键零部件企业竞争力弱，多数产业链的上游环节、核心零部件企业发展不足。这主要是由于我国在多数产业链上游环节发展起步晚，近年来在整机的带动下虽然稳步发展，但较细分市场国际领先企业差距仍然较大。

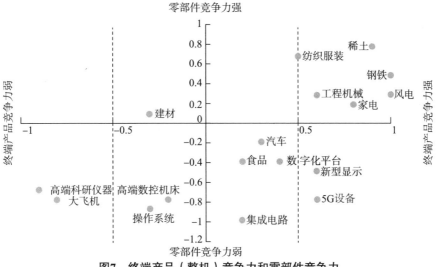

图7 终端产品（整机）竞争力和零部件竞争力

资料来源：课题组整理。

（三）我国产业链供应链稳定性和竞争力提升面临的有利条件和不利因素

我国产业链供应链稳定性和竞争力提升具备良好的市场优势、产业基础、科技人才资源和金融支撑能力。从市场规模看，产业链配套的最大市场在中国，并远大于美国、德国、日本的市场规模，不仅有利于吸引产业链供应链相关企业集聚，也在较短时间内为推动大规模产业化应用和分摊研发成本提供了有利条件。从产业基础看，整机和终端领域涌现出一批领军企业，已具备一定的整机系统设计和终端产品定义能力，产业链国内配套稳步发展，能力逐渐增强，在部分环节实现了关键突破。从科技和人才资源看，我国研发投入强度达到中等发达国家水平，总量接近美国。基础性的研发和管理人员充足，理工科毕业生超过美国、德国、日本理工科毕业生的总和。按折合全时工作量计算的全国研发人员数量稳居世界第一。从金融支撑能力看，银行系统规模、资本市场交易额和融资额居世界前列，随着科创板、创业板和注册制的实施，中长期贷款等改革举措推出，金融支撑能力将日益增强。

进入新阶段，我国产业链供应链发展也面临一些不利因素。从外部看，主要是美国对我国部分高科技企业实施断供打压、构筑对华科技"小院高墙"壁垒，以及对我国实施部分领域投资限制等技术保护主义措施。从内部看，主要是资源有效协同不足，产业基础研究能力不足、关键共性技术供给主体长期缺位、创新链和产业链融合的政策和制度环境仍有待完善。

综上所述，我国产业链发展已形成产业规模、终端和整机制造能力以及一定技术水平的龙头企业优势，又有广阔的市场和较强的科技、人才和金融要素支撑。相关国家的科技断供和技术保护主义措施在局部上可能会放慢我国追赶的步伐，也会加速我国在相关领域自主创新甚至国产化替代的进程。只要我们保持战略定力，坚持创新引领，坚定推进高水平科技自立自强和提升产业链关键环节自主可控能力，通过深化改革，进一步发挥优势，调动各方的积极性、主动性和创造性，任何国家都难以阻止我国的发展。

三、新发展格局下提升我国产业链供应链稳定性和竞争力的思路和目标

（一）深刻把握支撑产业链供应链稳定性和竞争力的6个规律

产业链核心技术能力是产业链稳定性和竞争力的基石。关键核心技术、先进制造工艺等均掌握在本国产业链企业手中，产业链的安全可控程度、稳定性自然就更高，产业链竞争力也更强。即使面临重大外部冲击，也能在一定程度上确保产业链供应链的安全稳定，或在较短时期内得以恢复。

产业链关键环节的掌控力和配套水平是影响产业链稳定性和竞争力提

升的关键。除了核心关键技术外，围绕最终产品生产所需的关键材料、核心零部件、关键设备等若能由本国企业提供关键配套，或即使具备了部分关键配套能力，也能通过吸引来自其他国家的企业形成本地化的配套能力，或互为制衡，将提升产业链供应链的稳定性。当然，一国能够掌控的产业链关键环节越多，各环节配套越完备，抵御风险和危机时的韧性和回旋余地越大，产业链供应链的稳定性和竞争力就越强。

产业链供应链的效率和组织协调能力在促进提升竞争力的同时有利于增强稳定性。产业链上相关主体生产效率越高，成本经济性越有优势，越能在国家之间的产业链竞争中占据优势。数字化生产方式变革能够促进降本、提质、增效，是当前提高产业链供应链效率非常重要的一个途径。特别是在数字化平台化基础上，与地理空间上的产业链集群化发展相结合，进一步提升了供应链组织协同和高效匹配能力，提高了产业链供应链的根植性和韧性。此外，供应链的组织协调能力还体现在供应链管理上，通过适度的多元化或应急备份，规避或降低极端情况下的供应链风险，实现效率和安全（稳定）的合理平衡。

推动数字化、绿色化发展是提升产业链供应链竞争力的新方向。以新能源、数字化等为代表的新一轮科技革命为产业链供应链的绿色可持续发展和竞争力提升提供了技术和产业支撑。发达国家围绕碳中和标准制定的加速推进将重塑新的贸易和产业竞争规则。推动能源生产、使用和消费方式革命，加快实施与数字化紧密结合的产业链供应链绿色低碳转型，将提升面向未来的产业竞争新优势。

一国产业链在全球价值链中的价值创造、增值和分配能力从结果上反映了产业链的国际竞争力。价值创造能力的基础来自产业链高价值环节的掌控能力（如研发设计、核心零部件等），并因不同环节的可替代性和垄断竞争程度，形成参与价值分配的不同水平，通常技术门槛较高、产品定义能力较强的环节垄断利润更高。

产业链供应链核心企业的能力是产业链供应链稳定性和竞争力的"压舱石"。各行业领域具有国际竞争力的龙头企业、单项冠军和"专精特新"中小企业越多，融通发展能力越强，一国产业链供应链稳定性和竞争力提升的基础越牢靠。

研究提升产业链供应链稳定性和竞争力的思路与路径，必须深刻把握这6个方面的关键因素，缺一不可。

（二）以新发展格局为战略引领提升产业链供应链稳定性和竞争力

进入新发展阶段，全面贯彻新发展理念，加快构建新发展格局是当前和今后一个时期我国经济发展的重要逻辑主线。新发展格局是结合我国发展新阶段需求结构、供给体系、增长动能等一系列变化，应对国际环境复杂深刻调整，发挥我国发展优势做出的战略选择，为指导"十四五"时期我国经济社会发展指明了路径和方向。提升我国产业链供应链稳定性和竞争力，必须准确深刻把握新发展格局的内涵、本质特征和目标要求，要以构建新发展格局来指导产业链供应链竞争力的提升，同时通过产业链供应链稳定性和竞争力的提升来加快构建新发展格局，牢牢把握以下5个方面。

一是牢牢把握实现高水平的自立自强这个最本质的特征，进一步强化创新引领作用。只有实现高水平的科技自立自强，才能持久维护产业链的安全稳定，只有依靠创新驱动，才能从根本上提升产业链供应链竞争力。目前我国产业基础研究和产业创新体系不健全，导致关键共性技术突破和全产业链优化升级的后劲不足，须从长远战略角度出发，重点放在健全和完善产业基础研究和产业链创新的支撑体系，建立健全长效机制上面，为增强产业自主发展能力、赢得面向未来产业链竞争的新优势提供重要的体制机制保障。

二是紧紧抓住畅通国民经济循环这个关键所在，以高质量供给引领和创造新需求。只有打通国民经济的关键堵点、断点，推动高质量发展，才能促进国民经济循环畅通。当前我国产业链供应链存在高端供给不足，难以满足消费升级需求的问题。须以推动高质量发展为主题，重点放在加快推动全产业链优化升级，推动制造业质量变革、效率变革和动力变革上面，努力提高供给对需求的适配性，推动实现产业基础高级化和产业链现代化。

三是坚持以强大的国内经济体系为支撑，把准扩大内需这个战略基点。超大规模的内需市场是我国产业链供应链韧性和可持续发展能力的关键所在。无论是关键环节补短板、优势领域锻长板，还是培育壮大新兴产业，均须充分发挥规模庞大的国内市场在分摊研发成本、促进新技术规模化产业化发展等方面的优势。必须完善自主创新产品推广应用的政策机制设计，为充分发挥我国强大市场优势和需求拉动作用提供支撑助力。

四是坚持以外循环提升国内大循环效率和水平，打造参与国际合作竞争新优势。我国产业链供应链已深度融入全球经济，充分发挥比较优势，积极利用两个市场、两种资源参与国际分工合作是我国改革开放以来经济快速增长的宝贵经验。我国一批优势产业已由追赶变为走到国际竞争的前列，还有一些产业面临基础能力薄弱、亟待完善产业链供应链创新链等问题。须进一步发挥外循环对国内循环的促进作用，重点放在以高水平战略性开放促进产业链供应链创新链的国际合作上面，在开放发展中完善创新链、提升产业链、优化供应链、升级价值链。

五是坚持统筹发展和安全，牢牢守住产业链安全底线。基础不牢，地动山摇。产业链稳定性是产业链竞争力的重要基础。须将筑牢产业链安全底线放在首位，重点是提升产业链自主可控能力，同时增强产业链供应链韧性，进一步形成安全可控、开放包容、协同高效的产业链供应链。反过来，产业链的竞争力也是保持产业链稳定性的长远保障，只有具备竞争力，才能够确保长远稳定。

（三）总体思路和基本原则

以习近平新时代中国特色社会主义思想为指导，全面贯彻党的二十大精神，立足新发展阶段，完整、准确、全面贯彻新发展理念，构建新发展格局。统筹发展与安全，以推动高质量发展为主题，以深化供给侧结构性改革为主线，以改革创新为根本动力，牢牢把握高水平自立自强这个核心，抓住畅通高水平的国内大循环这个关键，瞄准国家重大战略需求、前沿竞争和应用导向，健全完善布局合理、高效协同的基础研究和产业创新生态。实施产业基础再造和产业链提升工程，分行业做好战略设计和精准施策，加快推进"强基础""补短板""锻长板""提水平""促升级"，着力提高关键领域自主可控能力、优势领域全球引领能力和战略性新兴领域产业链综合能力。协同推进产业链创新和数字化、绿色低碳转型，优化龙头企业领航，产业链上下游融通发展、协同发展、集群发展的产业组织生态，促进产业链供应链创新链高水平开放合作，在促进全产业链优化升级中提升产业链供应链稳定性和竞争力，为构建现代化经济体系提供坚实的产业基础。

基本原则包括"一统一、三结合"。保持产业链稳定性和提升产业链竞争力的内在有机统一，在促进全产业链优化升级中实现稳定性和竞争力的双提升。产业链供应链稳定性和竞争力具有内在逻辑上的一致性，产业链供应链竞争力的提升离不开产业链供应链安全稳定这个基础，较强竞争力的产业链供应链同时也是增强稳定性的重要支撑力量。脱离稳定性谈竞争力或脱离竞争力谈稳定性都难以长久持续。工业化后期综合成本上升导致产业链劳动密集型环节转移是很多工业化国家的经验规律，但如何保持制造业比重相对稳定，并重点通过提升产业链竞争力，在低端制造迁出去的同时，实现核心环节留下来和价值链升上去是应对这一挑战的关键。当前，数字化革命带来的简单劳动替代和生产效率提升，为我国制造业本地化升级带来了机遇。我国也可借鉴日本等国的"母工厂"模式将产业链核心环节（包括研发设计、先进制造终端产品、核心零部件、机械设备中间品生产制造等）留在国内，通过智能制造提高制造中间环节的效率，同时通过向研发型制造和服务型制造两端延伸，提高产业链附加值，并提高其国际竞争力。

专栏1 保持产业链竞争力和稳定性的美国模式与日本模式

美国：拥有全球最强的创新生态和金融资本体系，在竞争力和效率最大化的驱使下，跨国公司将生产制造环节向全球更具比较优势的地方布局，国内只留下少数轻资产的软件、医药以及科技研发服务业，这种模式使得美国企业在很多产业链的高附加值环节竞争力更强，但也带来就业和一些新的问题。近年来，美国政府和学界开始反思制造能力缺乏对国家经济安全构成的威胁，特别是对产业竞争力的严重损害。为保持供应链稳定和产业链竞争力的可持续发展，过去10年，政府部门开始出台引导制造业回流的战略举措，并更加强调供应链的安全稳定。

日本：20世纪80年代开始了制造业大规模海外投资和全球化布局，但并未带来产业的空心化，其中"母工厂"制度是强化日本制造业竞争优势、防止产业空心化的重要途径。这一制度不仅强化了日本制造业研发功能，促进了技术水平和工艺升级，也将新的工艺、技术和标准向其他全球工厂扩展。根据日本政策投资银行的调查，2017年日本制造业仍有近6成的企业在国内保留有"母工厂"。

资料来源：课题组整理。

坚持自主发展与开放合作相结合,在有效平衡自主性和经济性中提高安全发展能力和竞争力。提升产业链供应链稳定性和竞争力均须坚持自主发展与开放合作。一方面,高水平自立自强是增强产业链稳定性和竞争力的前提。关键核心技术是要不来、买不来、讨不来的,只有坚持自主创新,建立起自主的技术体系、产业体系,才能从根本上保障国家经济安全、国防安全和其他安全,才能在持续不断的产业升级和激烈的国际竞争中始终把握主动权,立于不败之地。因此,涉及国民经济基础性通用性技术、对美单一依赖且可能被"卡脖子"的关键技术,对产业持续创新有重要影响的关键技术、核心元器件、关键材料及设备等,均应纳入高水平自立自强的范畴。另一方面,强调自主发展能力不是要封闭发展、关起门来发展。要始终坚持开放合作的理念,引导相关企业积极融入全球产业链创新生态,促进标准相融、技术水平同步,避免出现中国一个体系、国际上一个体系,特别是防止在新兴领域技术标准制定中被人为排斥和孤立。应在努力保持创新同步的基础上,进一步发挥超大规模市场优势,进一步形成影响标准的能力,以及与其他国家关键技术和供应链相互制衡的能力。应支持发展开放、包容、竞争、合作的产业链供应链,在确保产业链关键环节形成自主技术能力和产业链配套能力的同时,在开放合作和国际竞争中提高产业链供应链效率和发展水平。努力在自主性和经济性之间实现平衡,形成你中有我、我中有你、更加稳固的竞争格局。

坚持政府作用和市场力量相结合,更好发挥市场在资源配置中的决定作用。从政府发挥作用的出发点看,应将政府作用精准聚焦于市场失灵或失效的领域,以及国家战略性目标的追赶和布局上,同时通过产业政策引导市场力量、汇聚市场资源向重点领域、关键环节集聚。从增强产业链稳定性和竞争力的着力点看,应重点支持前沿和基础研究,以及涉及国家产业安全的底层关键技术研究,支持企业创新活动和推动构建产学研开放式协同创新网络，加强产业链核心能力、关键共性技术服务体系、产业基础服务平台、先进产业基础设施建设，支持人才培养和培训，加强产业公地、产业集群建设发展等。对战略性领域和新兴产业而言，产业政策还应支持自主可控的产业生态和市场的培育。从政府政策的作用方式看，应以功能性、普惠性政策为主，强化竞争政策的基础性地位，运用法律法规、与国际接轨的规则标准等完善法治化、国际化、高标准的营商环境。除此之外，大部分领域，主要还是通过政府对基础研究、人才培养的支持，以及搭建起来的引导激励产业创新和促进成果产业化的制度机制，进一步把我国市场规模超大、产业门类齐全、人才资源丰富等优势发挥出来。

坚持强化内循环主体作用和双循环相互促进作用相结合，通过"以内促外"和"以外强内"实现产业链水平的新提升。高质量的内循环是提升产业链供应链稳定性和竞争力的目标，同时也是关键依托。无论是聚焦关键领域突破"卡脖子"的关键技术，还是优势领域进一步升级，以及战略性新兴领域优势培育，均须以内循环的关键需求和市场引领创造新需求，不断提高高质量发展对产业链安全和消费升级适配性的需求。国内国际双循环相互促进，针对不同发展阶段的产业，重点有所不同。对产业基础薄弱，尚未形成全球竞争力的产业，更多依赖国内市场和通过高水平"引进来"，促进创新链、产业链、供应链的合作，实现"以外强内"。对于在国内已具备一定竞争优势的产业，更多是主动"走出去"，在推进研发中心、产业链供应链的全球布局中实现发展水平和国际竞争力的提高，即"以内促外"。

（四）提升产业链供应链稳定性和竞争力的主要目标

"十四五"时期，重点是统筹发展与安全，提升产业链关键环节自主可控能力，健全和完善产业链创新发展的制度机制，促进全产业链优化升级。具体目标是，到 2025 年，产业基础研究和创新支撑体系逐步健全和完善，重点领域自主可控的技术体系和产业体系基本建成，核心关键技术受制于人的状况得到有效缓解。集成电路、基础软件、工业母机、大飞机、发动机、科研仪器等关键领域自主可控能力明显增强，高铁、电力装备、新能源等领域全产业链竞争优势进一步提高，5G、人工智能、新能源汽车、生物医药、新材料等战略性全局性产业链进一步培育壮大。基础零部件及元器件、基础软件、基础材料、基础工艺和产业技术基础等基础能力补短板取得显著进展。经过不懈努力，一批产业链长板环节进一步涌现。以龙头企业为领航，专精特新"小巨人"企业和制造业单项冠军企业融通创新、协同发展的格局基本形成。产业链供应链数字化、低碳化转型和价值链升级取得显著成效，形成具有更强创新力、更高附加值、更安全可靠的产业链供应链。

"十四五"末到 2035 年，在重点领域、关键环节产业链自主可控程度进一步提升的基础上，重点是全面提升产业链现代化水平和国际竞争力，推动我国成为世界制造业强国和重要的创新策源地。具体目标是，支撑产业链创新的政策和制度环境更加完善，自主可控的技术体系和产业体系走向成熟，产业基础能力进一步提升，整机带动关键零部件配套能力和水平持续稳步提高。核心关键技术形成与国外相互制衡的局面，形成一批不容易替代的撒手锏产品和独门绝技。关键领域实现自主可控，优势领域进一步形成引领全球的产业链竞争力，战略性新兴领域系统性竞争优势初步形成。产业链创新生态建设和产业组织实力得到加强，在全球价值链的位势进一步升级。产业体系完整性、韧性、稳定性和竞争力进一步增强，全面实现产业基础高级化和产业链现代化，参与国际合作竞争的新优势显著增强（见表 3）。

表3   2025年和2035年提升产业链稳定性和竞争力的主要目标

目标	2025年	2035年
总体目标	统筹发展与安全，提高产业链关键环节自主可控能力，健全和完善产业链创新发展的制度机制，促进全产业链优化升级	全面实现产业基础高级化和产业链现代化，参与国际合作竞争的新优势显著增强，我国成为世界制造业强国和重要的创新策源地
创新支撑体系和长效机制建设目标	产业基础研究和创新支撑体系逐步健全和完善，重点领域自主可控的技术体系和产业体系基本建成	支撑产业链创新的政策和制度环境更加完善，自主可控的技术体系和产业体系走向成熟
产业链安全、可控目标	核心关键技术受制于人的状况得到有效缓解，集成电路、基础软件、工业母机、大飞机、发动机、科研仪器等关键领域自主可控能力明显增强	产业链自主可控程度进一步提升
补短板目标	基础零部件及元器件、基础软件、基础材料、基础工艺和产业技术基础等基础能力补短板取得显著进展	产业基础能力进一步提升，整机带动关键零部件配套能力和水平持续稳步提高
锻长板目标	高铁、电力装备、新能源等领域全产业链竞争优势进一步提高，5G、人工智能、新能源汽车、生物医药、新材料等战略性全局性产业链进一步培育壮大	优势领域进一步形成引领全球的产业链竞争力；战略性新兴领域系统性竞争优势初步形成；形成一批不容易替代的撒手锏产品和独门绝技
主体能力提升和生态优化目标	以龙头企业为领航，专精特新"小巨人"企业和制造业单项冠军企业融通创新、协同发展的格局基本形成	产业链创新生态建设和产业组织实力得到加强
产业链现代化目标	产业链供应链数字化、低碳化转型和价值链升级取得显著成效，形成具有更强创新力、更高附加值、更安全可靠的产业链供应链	在全球价值链的位势进一步升级。产业体系完整性、韧性、稳定性和竞争力进一步增强，全面实现产业链现代化

资料来源：课题组整理。

四、新发展格局下提升我国产业链供应链稳定性和竞争力的主要路径

（一）以完善创新生态系统和实现高水平自立自强为根本特征的创新驱动路径

创新是支撑产业链安全稳定和提升竞争力的关键动力。面对新一轮科技革命日益呈现的技术创新密集化、竞争焦点趋同化特征，以及技术保护主义引发的"脱钩""断供"等产业链供应链安全挑战，加快健全和完善科技和产业融合的创新支撑体系，增强产业链供应链自主可控和创新发展能力十分重要。当前我国产业链创新的基础仍较为薄弱，主要是基础科学研究短板较为突出，产业基础研究投入严重不足；战略科技力量和关键共性技术供给主体缺位，难以稳固、持续支撑产业链升级和前沿领域创新。

下一步，应以重塑国家创新生态系统为核心，促进形成创新链和产业链有机融合、开放包容的创新支撑体系，重点提升"体系化支撑能力"，分类施策完善产业链创新布局。

一是建立科技与产业更紧密的联系，完善科学、技术、产业、政策协同衍化的国家创新生态系统。重点突出强化创新主体连接，优化创新整体环境，重组创新管理机构，扩充创新资金来源，加快政府资助研究成果的商业化进程。面向不同产业链的创新类型因业布局、因群施策。对于科学研究型创新，典型行业包括制药、生物材料、半导体设计、电子、有机化学、专用化学品、军事技术等，政策着力点应放在加强基础研究布局、健全科技转化和工程化平台、培育科学商业组织上。对于工程技术型创新，典型行业包括航空航天、汽车、铁路和电信设备等，政策着力点应放在培育有全球竞争力的产业集群上，支持领军企业组建创新联合体，带动中小

企业创新活动。对于规模密集型创新，典型行业包括具有规模经济特征的大宗化学品、食品、纺织、电气设备、工程机械、金属制品等，政策着力点应放在利用大规模市场优势驱动技术创新、流程创新上，培育有竞争力的供应商。对于专业化供应商创新，典型行业包括为其他产业提供新工艺的机械和仪器设备等产业，政策着力点应为培养围绕关键共性技术的产业创新生态，提供良好的市场条件鼓励创业活动。

二是强化国家战略科技力量支撑，实现重大基础前沿技术突破。系统部署国家战略科技力量，推进使命导向型创新，提高基础研究对创新的战略支撑作用。以解决国家重大科技问题、攻克共性关键技术为使命导向，健全和完善以国家重点实验室为引领，国家工程研究中心、国家技术创新中心、制造业创新中心等为重点支撑，新型研究型大学、新型研发机构、科技领军企业等多元化主体协同参与的创新体系。

三是着力打造创新联合体，强化产业链开放式协同创新机制。按照"小核心、大网络、专业化、开放式"架构，形成产学研紧密联系，上下游协同互动、合作共赢的创新联合体。突出领军企业、"专精特新"中小企业和地区头部企业在补链、延链、强链过程中的主体地位，发挥"链主"企业的领航作用。

四是完善市场经济下关键技术攻关的新型举国体制。健全和完善市场经济条件下核心关键技术攻关的新型举国体制。优化完善国家重大科技专项、重点科技计划项目等管理流程和考核机制，梳理"卡脖子"领域的科学问题清单、关键共性技术清单，按照"揭榜挂帅"方式予以支持。按照整机考核部件、下家考核上家、应用考核技术、市场考核产品的模式，促进技术成果和实际应用无缝对接。形成以共同利益为纽带、以市场机制为保障、政府力量与市场力量协同发力的任务导向型创新机制。

（二）以推动能源结构转型和打造绿色供应链为重点的绿色低碳发展路径

应对全球气候变化、减少温室气体排放已成为国际社会的共识。随着欧美等国家和地区进一步推动碳关税落地，以及不少跨国公司提出打造零碳供应链，产业链的绿色低碳水平将成为国际贸易竞争力的重要内容。我国已明确提出力争 2030 年前实现碳达峰和努力争取 2060 年前实现碳中和的目标，加快产业链绿色低碳转型既是高质量发展的内在要求，也是塑造国际竞争新优势的战略选择。

下一步，应按照政策引领、重点突出、系统推进、发挥市场机制的思路，围绕重点产业和产业集群加快能源结构调整以及新能源基础设施布局，健全和完善满足产业链绿色低碳转型要求的技术、产品和服务体系。

一是加快推进能源系统绿色低碳发展。产业链的绿色低碳转型，调整优化能源结构是关键，持续提高电气化率水平，大力发展非化石能源，构建低碳能源系统是核心路径。我国要完成"双碳"的既定目标，非化石能源 2030 年发电占比要超过 50%，2060 年要成为绝对主力。须促进新旧能源融合、接续发展，坚持"安全可靠、绿色低碳、经济高效"三大方向，打造适度超前、具有竞争力的新型能源基础设施，为全产业链的绿色低碳转型提供支撑。

二是加快重点工业领域脱碳技术研发应用，提高低碳竞争力。统筹发挥科研院所、行业、企业研究力量，加快钢铁、有色金属、化工等行业低碳技术攻关，发挥这些行业的规模优势和产业发展综合水平较高的优势，实现低碳转型过程中相对于其他国家的成本优势和新的国际竞争力。

三是实施传统产业绿色低碳行动。通过提升重点行业节能标准、提高能源资源利用效率、推广应用绿色制造等举措，构建绿色低碳工业体系。引导和支持行业龙头企业发展绿色供应链，促进生产制造清洁化、产品供给绿色化、能源消费低碳化、资源利用循环化发展。

四是着力发展绿色低碳新兴产业，抢抓新兴产业发展机遇。抓住全球绿色低碳转型背景下，新能源汽车、光伏、风电等新兴产业快速发展的机遇。我国与发达国家起点差距不大，可发挥产业基础全、规模潜力大的优势抓住抢跑的机会，持续加大对产业链创新的支持力度，努力锻造一批"长板"产业。例如，发展动力电池和电机等技术，避开在传统燃油发动机方面的竞争劣势，实现新能源汽车抢跑。进一步加大对氢能应用等新兴领域的支持，发挥龙头企业优势，引导和支持更多新兴产业快速发展。

五是加强政策引导和市场化机制的协同。一方面，充分发挥政策、标准的支持和引领作用，在低碳技术研发、企业低碳技术改造、推广应用等方面给予政策上的支持。另一方面，通过完善碳交易市场，运用碳税、能源价格调节机制等市场化机制，引导企业走低碳转型之路。吸引和调动市场资源、力量，共同投资低碳能源和低碳经济发展，形成产业和应用的良性循环。

（三）以发展数字化供应链为主要方向的质效提升路径

国内外的实践表明，数字技术、智能技术的应用在促进资源优化配置和降本增效，提升产业链供应链协同性、韧性和竞争力方面发挥了重要作用。这对整体处于工业化中后期，正转向高质量发展的我国制造业而言，意义尤为重大。但我国数字产业化基础相对薄弱、区域和行业发展很不均衡、中小企业数字化转型进展偏慢、工业互联网平台建设推广任重道远等问题仍然比较突出。

建议加强顶层设计，突出问题导向，强化示范引领，推进智能制造和工业互联网普及应用，加快传统产业链数字化改造，促进数字化新型基础设施建设，推动全产业链补链与强链，培育关键产业链数字化发展新优势。

一是加强顶层设计和示范引领。对基础条件好的流程型行业，重点深化全流程的数字化应用，健全关键数据采集、分析和反馈机制，进一步优化生产流程，提高能源利用效率，促进安全生产和质量效率提升。对于离散型行业，针对不同行业特点，重点强化应用示范，推广适合本行业、效益突出的重点应用。推广定制化生产、网络化协同制造、在线运维服务等一批服务型制造样板。围绕重点产业集群化发展，推动物联网建设健全发展。在关键共性技术研发应用上取得突破，不断提高产业基础能力。

二是健全中小企业数字化转型支撑服务体系。针对中小企业面临的数字化转型基础弱、缺技术、缺资金、缺人才等问题，重点完善数字化技术改造、数字化贷款贴息等支持政策，鼓励有基础、有条件的地区率先开展中小企业上云上平台试点示范。加快建设面向中小企业的数字化转型公共服务平台，整合供给侧资源，打造供给侧企业的系统攻关平台，高效、直观、便捷对接中小企业数字化转型需求。定期组织专业性、针对性、实效性、指导性强的数字化相关培训，同时为中小企业之间的学习交流提供平台。

三是促进工业互联网平台应用发展。大力解决工业场景服务能力不足的问题，提供数字化工程建设的专项政策，做好区域、行业垂直平台的建设。支持以龙头企业和供应链主企业、特色产业集群为依托，打造产业链上下游高效协同的工业互联网平台，促进资源优化配置，提高供应链灵活反应能力和韧性。加快突破相关核心技术，将工业互联网平台体系建设与我国工业的基础短板、共性技术、"卡脖子"工程结合在一起，一体谋划和推进。

（四）以推动制造和服务深度融合为主线的产业价值链升级路径

产业链供应链竞争力，在很大程度上体现为终端产品的创新设计能力、质量、管理和服务能力，以及品牌溢价能力。我国制造业要提高面向全球的竞争力，规模化制造能力是优势，也是长板，在创新设计能力、质量效益和品牌影响力等方面还存在短板要补齐。下一步，需要进一步加大研发、设计、信息、管理等知识性和高端生产性服务要素投入，促进制造与服务深度融合，推动产业向价值链中高端跃升。以高质量的供给带动高质量的需求，持续激发超大规模市场潜力。

一是提高产业链自主设计品牌能力。以产业创新平台、先进制造业集群为依托，促进制造企业与服务企业资源整合、空间集聚发展。整合对接科技研发、原型设计、工艺创新等领域的最新成果，推动更多加工制造企业向创建自主设计、自主品牌的中国创造转型。鼓励消费领域和工业领域跨境电子商务发展，促进自主品牌营销推广，进一步提高面向国内外的品牌影响力。

二是提高供应链管理和运行效能。推广供应链管理等先进管理理念和组织方式，推广精益供应链模式与服务。发挥现代物流对优化制造业供应链、降低成本、提高运行效率的重要作用。支持制造企业依托工业互联网、物联网平台，进一步提高与上下游供应链的计划、调度、管理和协同能力。

三是创新发展远程运维、全生命周期管理等服务。鼓励制造企业围绕提升客户价值，基于核心技术优势拓展专业化社会化服务，发展基于客户深度参与的产品个性化定制服务，基于智能装备的远程运维、在线检测与维护等服务，进一步延伸和拓展价值链，实现价值增值。

（五）以龙头企业为领航，大中小企业、产业链上下游企业协同化、生态化、集群化发展的产业组织优化路径

产业链供应链相关主体的核心能力及其协作关系是产业链供应链稳定性的"压舱石"，也是提升产业链竞争力的关键所在。我国已经到了大企业领航、大中小企业融通发展的时期，多数制造业领域围绕终端和整机生产制造已经培育了一批具有引领和带动作用的龙头企业，部分领域涌现出一批发展潜力较好的单项冠军和"专精特新"中小企业，但这类企业还不够多，对标制造强国相关企业在综合实力、技术水平、创新能力、产业链上下游协作水平等方面还有较大差距。特别是从巩固和强化我国制造业产业链安全性与竞争力的角度来审视，我国在产业组织的协同化、生态化和集群化发展方面，还有相当长的路要走。

下一步应从构建大中小企业、产业链上下游体系化能力出发加以系统谋划，重点组建大中小企业融通发展，产业链上下游协同作战的联合舰队，促进产业链生态化集群化发展。

一是以龙头企业为核心，组建规模庞大、实力雄厚、优势互补的联合舰队。要善于发挥大企业、大院所、大集群的平台功能，在龙头企业和配套供应链企业之间、生产企业和科研机构之间、大企业和中小企业之间、企业和行业组织之间，结成强劲的利益纽带。围绕前沿性技术和"卡脖子"领域创新以及产业链技术水平提升的任务导向，以重大科技专项、行业重点研发计划等为载体，推动形成由龙头企业牵头，整机（终端）牵引器件、材料、设备、工业操作系统等企业协同创新的格局，在战略性新兴产业领域尽快攻克"卡脖子"的堵点和难点，将产业链主导权牢牢把握在自己手中。

二是以产业创新联盟为平台，重点培育制造业单项冠军和专精特新"小巨人"企业。落实《及时支付中小企业款项管理办法》，形成中小企业

与大企业长期稳定的供应合作关系，鼓励大企业支持带动核心供应链企业加快成长。支持中小企业开展技术创新，积极参与大企业组建的产业技术创新联盟，不断提高专业化生产、服务和协作配套的能力。对符合条件的"专精特新"中小企业上市融资、发行债券等给予支持。

三是坚持开放、融合和协同发展理念，大力发展先进制造业集群。聚焦锻长板，促进传统优势产业链升级和培育新兴产业链，优化区域产业链布局，加快建设一批世界级先进制造业集群，形成深度嵌入全球价值链的稳定能力。支持中西部符合比较优势的重点产业集群发展，支持区域特色优势产业集群的产业共性技术研发基地建设，支持有条件的集群建设制造业创新中心等重大平台载体，凝聚相关主体围绕平台进一步打造创新联合体和专业化协作网络，提升集群创新发展能力和产业链竞争力。

（六）以优化产业链供应链国内外布局为重点的协调发展、开放发展路径

统筹推进产业链供应链稳定性和竞争力的提升，关键在促进两者的内在有机统一，通过协调优化国内外产业链布局，加快推进产业链升级，达到更高水平稳定性和竞争力的目标。对内，发挥国内产业链布局纵深、体系完备的优势，有序协调区域产业转移和推进产业升级；对外，坚定深化产业链供应链创新链的开放合作，坚持两手对两手，以"融合"对抗"脱钩"，以"伙伴"替代"盟友"，更好利用国际市场、国际资源，在打造开放包容的产业链供应链中进一步提高安全稳定水平，实现竞争力的提升。

一是增强本土产业链布局的稳定性、协调性和竞争力。要通过持续降低制造业成本，稳定产业链供应链。进一步处理好金融、房地产与实体

经济的关系，促进金融资源、高水平人力资源等高质量要素更多配置到制造业和实体经济部门。盘活土地存量，增加工业用地供给。推进石油、电力、通信、铁路、交通等领域的改革，有效降低基础产业成本和公共服务价格水平。要加强市场化、国际化、法治化的高质量营商环境建设，进一步深化公平竞争环境的改革，加大力度吸引跨国公司产业链高端环节落地，提高产业链供应链关键环节本地化配套能力。要有序协调东中西部产业链梯度转移。加强中西部地区新型基础设施和投资环境建设，大力推进依法行政。创造条件鼓励行业龙头企业向中西部地区转移，进一步带动产业链上下游配套转移，促进制造业在国内跨区域转移中实现产业链升级。要以重点行业、重点地区先进制造业集群建设为载体，提升产业链供应链的根植性和竞争力。

二是分类施策化解产业链外迁风险。引导成本敏感型、劳动密集型行业企业向价值链高端升级，通过应用智能制造生产方式对冲劳动力成本上升压力，实现机器换人、智能提质；重点提升研发、设计能力和制造工艺水平，提升产品质量品牌，向价值链高附加值环节升级。支持贸易转移型行业企业拓展多元化市场。鼓励市场拓展型外迁行业企业将核心关键环节留在国内，将中国作为全球总部、重要的研发中心和关键零部件制造基地，提高国内与海外市场的供应链协同能力。支持战略寻求型投资合作企业完善以我国为主的产业链供应链核心能力，强化能源、资源、技术、渠道、品牌等核心要素支撑，提高企业竞争力。

三是进一步提高产业链供应链的开放性、包容性。大力支持科技创新主体面向全球开展自愿互利共赢的产业链创新合作，围绕前沿领域、关键技术工艺等联合开展基础研究，就关键瓶颈问题面向全球创新主体进行"揭榜招标"。加强新兴产业链优势产能的全球布局。在5G、新能源、氢能等我国具备一定基础和竞争优势的新兴产业发展过程中，大力支持有实力、信誉好的企业"走出去",围绕欧美领先市场和若干区域性目标市场优化布局先进产能,在积极参与国际竞争中实现技术、产品迭代和产业升级,形成符合本国和东道国目标市场技术标准的领先优势。

四是主动布局以我国为主的亚太研发生产销售网络。推动落实 RCEP 等高水平开放的区域合作制度,在亚洲区域生产体系中发挥更大作用。积极布局一批高质量产业园区合作平台,促进国内外园区协调联动,深化与东盟国家在电气机械和设备、纺织服装、家电等重点领域的产业链垂直分工与价值链合作,进一步形成面向全球出口、深度嵌入全球价值链的伙伴关系。加强与日韩在先进制造业领域的关键供应链合作,推动中日韩自由贸易协定早日达成,围绕我国对日本、韩国依赖度较大的有机化学品、集成电路、电气机械、农业机械零部件等领域,以及日韩对我国进口依赖度较大的办公设备及自动数据处理、电信及录音设备、钢铁等领域开展利益深度绑定的供应链合作,大力吸引日韩关键零部件企业来华直接投资设厂,防范因贸易环境恶化或类似疫情冲击的供应链风险。争取早日加入《全面与进步跨太平洋伙伴关系协定》(CPTPP),对标对表高标准规则,不断提升国内制度型开放水平,进一步优化政策环境。

五是高质量推动"一带一路"产业链供应链合作。综合考虑市场规模、贸易潜力、消费结构、产业互补、国别风险等因素,引导产业链供应链关键企业开拓一批重点市场。发挥市场机制作用,促进贸易与产业互动,稳步拓展我国产业链供应链国际发展空间。有序推动与"一带一路"共建国家加工制造环节的投资合作,带动当地经济发展的同时促进国内高端零部件出口,促进互利共赢。

五、重点领域产业链供应链稳定性和竞争力提升路径

（一）稳定性和竞争力强的领域：重点是锻长板、强基础、提水平

我国风电、稀土、家电、工程机械等产业链在全球已具有一定的竞争力。这种竞争力基本上是基于终端和整机的强大制造能力以及依托国内市场规模优势形成的，在此基础上进一步稳定支持产业链上游的发展，并形成一批具有一定国际竞争力的龙头企业，在积极参与国际竞争过程中技术能力、管理水平、综合实力等稳步提升。

就这类产业链来讲，其稳定性来源于国内市场的强大依托，一般不太会有产业链成规模集中外迁的风险；就产业链的安全可靠程度来看，大部分已逐渐通过国产化和供应链的本地化得到解决，但因不同产业的进展不同，部分关键环节也难以做到完全的自主可控，尤其是对于高端零部件、高端通用芯片、基础和工控软件、关键材料等向更上游走的基础能力仍然需要进一步提升。

对于这类产业，重点要在较好的发展基础上，锻长板、强基础和提水平。一是加强国内市场和国际市场的联动，坚定推进自主品牌国际化发展，在"走出去"过程中进一步拓展国际市场空间，强化国际竞争力和话语权。二是发挥好终端整机和龙头企业拉动作用，鼓励龙头企业支持和带动本国关键供应链补短板，带动形成全产业链的系统性优势。三是抓住全球产业数字化、绿色化、融合化转型的机遇，努力提高智能化绿色化服务化水平，带动全产业链升级，早日实现由追赶者向领先者的跨越。

（二）竞争力强、稳定性弱的领域：重点是补短板、促升级、固根基

我国纺织服装、钢铁、新型显示、5G、数字化平台等具有较强的竞争力，但也面临一些稳定性的现实挑战，主要有两类情况：一是纺织服装等传统优势产业，产业链较为完备，产品出口国际竞争力较强，但因国内综合成本上升导致产业链外迁问题，影响了产业链稳定性；二是钢铁、新型显示、5G、数字化平台等领域，在制造能力、应用水平、技术工艺等诸多产业链环节展现出较强的国际竞争力，但也存在着一些关键环节自主可控能力弱的问题。其中，钢铁是资源依赖型，铁矿石进口高度依赖国外；新一代主流显示 AMOLED 属于生产线关键设备，高度依赖国外；5G 产业链上游一些关键元器件、数字化平台的技术底座难以做到完全自主可控，尤其在国际环境复杂多变的情况下，存在着产业链供应链安全隐忧。

要解决这些问题，需要分类施策。对成本上升导致的产业链外迁影响稳定性问题，关键是促升级、固根基。依托智能制造实现产业链提质增效，推动产业向价值链中高端升级，同时将核心环节留在国内，提高产业链根植性。对于资源、技术、供应链对外过于依赖导致的产业链不稳定问题，关键是补短板、固根基。通过完善多元平衡的供应链补齐资源、原材料对外依赖的短板；通过支持自主关键技术、核心零部件研发应用，补齐产业链安全可控的短板，进一步依托已经形成的龙头企业、制造能力、应用市场优势，培育全产业链优势。

（三）稳定性和竞争力均较弱的领域：重点是补短板、强基础、提水平

大飞机、高端数控机床、高端科研仪器、集成电路、操作系统等属于产业链供应链稳定性和竞争力均较弱的领域。这类产业链的特点是多属于高技术领域，产业链长，专业化分工程度高，技术较为复杂，我国发展起步较晚，从整机组装或应用环节切入，产业链上游发展较为薄弱。由于这类产业通常属于国民经济基础性、通用性技术领域，部分领域还具有较强的战略性，应该集中资源大力支持，从长远战略角度谋划，支持产业自主可控和做优做强。

重点是统筹发展与安全。遵循产业发展规律，按照"创新驱动、需求激励和供给集中"的原则，避免"卡脖子"风险，以努力缩小我国在产业链关键环节和系统集成能力上与国际先进水平的差距为目标，整合产学研用资源，进行产业链协同攻关和技术应用"一条龙"合作，加快产业链补短板；同步把握前沿领域技术换道的机会，健全完善新技术领域产业链。对我国短期内较难实现突破的环节，要尽量维护多元稳定的供应关系，并通过"引进来"完善本土供应链；对我国企业已实现突破的环节，要发挥需求拉动作用，确保国内供应链企业至少获得与国外同等的竞争机会，并鼓励集成企业尽力支持、培育国内核心供应链发展。要注重提升系统集成的能力和水平，将自主性、经济性、竞争力统筹考虑，始终坚持产业链供应链创新链的国际合作，保持与国际领先技术水平的同步。

（四）稳定性强、竞争力弱的领域：提品质、创品牌、促升级

食品、建材等属于产业链供应链稳定性强、竞争力不突出的领域，这类产业链多具有本地化的特征。

对这类产业链应重点从满足国内消费升级和高质量发展的需求出发，以超大规模国内市场为依托，以促进竞争为动力，支持企业提品质、创品牌，实现绿色发展，以产品升级带动产业链升级。同时，要支持有实力的企业"走出去"，积极拓展国际市场，开展产业链供应链全球布局，与本地化资源、文化和需求相结合，提升产业链供应链国际竞争力。

六、新发展格局下提升产业链供应链稳定性和竞争力的政策建议

要提升我国产业链供应链稳定性和竞争力，既要发挥创新驱动的作用和政府对产业发展的直接引导调节作用，构建开放协同的创新体系和精准的产业政策体系，又要在金融体系、人才政策、企业发展机制上加快建设，培养良好的自主可控的产业生态和创新生态。在建立以我国为主的国内体系的同时，还要用好用活国际市场和资源。

（一）建设基础雄厚、开放协同的创新生态系统

一是推动创新体系布局更加合理化。在研发方向上，要基础研究、应用研究、试验开发3个环节同步发力，增加基础研究的投入。在机构定位上，要调动各方的积极性，发挥各自优势，形成科学合理的创新体系。具体而言，国家实验室和大学主攻基础研究，行业机构主攻共性技术研发，企业主攻产品和工程开发。对于实力强大的企业，可引导其向应用研究和基础研究领域延伸。

二是加快战略性、架构性科技力量的建设。在战略性、关键性、前瞻性领域，建立开放协同的国家实验室和国家科研机构，推动学科交叉融合和跨学科研究，以政府持续稳定投入为主，解决相关领域的原始创新和人才培养问题。在重点行业建设工业技术研究院，采取政府、企业、市场共同投入机制，解决行业发展的共性技术供给问题。

三是依托重大科技攻关，加强产业链与创新链的有机融合。通过重大工程、重大科技攻关项目的牵引提升科技能力。健全和完善以企业为主体的科研项目组织实施机制，对少数战略性产业链，通过牵头建设国家重点实验室、承担国家重大研究任务、制定行业标准等方式进一步强化对龙头

企业的支持。打通从基础研究到应用基础研究、工程化、产业化的全创新链过程，促进科技创新、人才资源、现代金融相协同，以科技重大专项为依托，构建产学研用协同创新联盟，前瞻性地设立一批具有全球引领性的大科学研究计划和实施工程，加速培育若干未来产业。建立重大科技项目资助与管理体制，依据所在领域生命周期阶段、所处创新链位置及其与产业链结合的紧密程度进行差异化布局。

四是积极建立优势互补的创新联合体。鼓励构建应用创新平台，建立以产业管理部门组织实施、行业龙头企业牵头、科教部门和金融财税部门协同的创新联合体，明确各类创新主体在创新链不同环节的功能定位，重点解决跨行业、跨领域的关键共性技术问题。明确提升国产普及率的目标，在合规的前提下优先采购创新联合体的创新成果。促进国有企业和民营企业、龙头企业和中小微企业之间形成分工协作的新型产业体系，国有企业和龙头企业专注于基础和应用基础研究或应用开发和中间试验研究领域，民营企业和中小微企业专注于关键设备、关键零配件、关键原材料的研发和生产，形成产业链、创新链、技术链和价值链融合发展的国内循环体系。

五是进一步完善知识产权保护制度体系。细化并推动实施侵权行为的认定规则，通过专项行动严厉打击各类侵权行为，加大处罚力度，保护创新主体权益。建立维权机制，通过设立举报平台和知识产权保护中心等方式，简化维权流程，降低维权成本。

（二）构建精准的产业政策体系

一是加强产业规划引导和部门协同。一些基础材料、基础工艺、基础零部件和基础软件及计量、检测的科技攻关和产业化项目正在推进，建议从提升规划的统一性和部门的协同性入手，明确产业部门责任，坚持目标导向和问题导向相结合，统筹制定产业基础创新能力建设规划和实施路线图，建立有利于持续创新的基础能力体系和政策实施机制。

二是推动生态性产业和战略性新兴产业中国技术和产品的落地应用。推动对生态性的产业如操作性系统、战略性新兴产业如大飞机、通用性基础性的产品如芯片、高端数控机床的数控系统等的国产化应用，发挥好党的领导和社会主义集中力量办大事的制度优势，在政府部门和国有企业中优先使用本国产品，为相关产业的发展培育早期市场。

三是多措并举优化产业组织。加强顶层设计，瞄准现阶段"卡脖子"严重的环节，提出需重点攻克的任务清单和责任清单，组建工作专班一对一落实解决。搭建以大企业为核心、中小微企业深度融入的协同网络和沟通渠道，发挥龙头企业的带动作用，围绕"卡脖子"环节进行专业化分工，集中优势资源攻坚克难。加快培育"专精特新"企业，推动零部件企业在一个领域快速做大做强。建设地区性产业集群，并围绕产业集群补齐产业链供应链上下游的各个环节。

（三）构建安全的供应链管理体系

一是建立供应链安全管理制度。在关键基础设施领域加强国家安全管理，在重点行业逐步建立供应链安全管理制度。积极发挥行业协会等的组织力量，综合利用行政、技术等手段研判各类供应链安全风险，探讨制定供应链安全管理行业标准、供应链安全管理清单等，进而形成体系化的政策法规。

二是引导企业形成多元化、网络化的供应链体系。对于技术和产品高度依赖国外进口的制造业，引导其建立供应链自主可控的实施方案，形成供应链"1+X"备份系统。既要积极寻求友好国家的替代技术和产品，又要逐步引入国产供应商，避免对某一国家单一供应商的过度依赖。

三是建立矿产品资源市场化储备制度。对于对外依赖度较高的矿产品资源，应建立市场化、网络化的储备制度，在港口、交通枢纽地区建立中转、存储基地，出台相应的安全管理规定。建设全国统一的大数据平台，实时监测、预测矿产品存量和市场需求，对市场预期波动提前做好应急预案和储备。另外，要借助能源供应格局调整契机，支持新一轮产业再布局，鼓励产业链向绿色能源供应中心集聚，提升产业链国际竞争力。

（四）进一步调动市场主体积极性

一是增强国有企业科技创新的动力。在考核机制上，将科技投入和产出纳入创新型国有企业的考核范围，将承担国家重大科技攻关项目和取得的创新成果作为相关企业考核和人员激励的重要参考指标。在人员任免上，要注重专业化，保证主要负责人相对稳定，建立促进其长期投入和大胆创新的干部政策。在容错机制上，对创新难度较高的领域，加快建立健全试错保障机制，特别是完善有利于国有企业发挥战略性新兴产业创新骨干作用的国资管理制度和审计纪检制度，释放创新活力。

二是充分激发并保护民营企业家的创新精神。鼓励民营企业在科技创新，包括战略性新兴产业创新上进行长期持续投入。进一步放宽市场准入，吸引有创新能力、核心技术和优秀领军人才的新兴市场主体进入，在市场准入、研发支持、政府采购、人才培养等方面一视同仁，形成国有企业和新兴市场主体发挥各自优势、高效协同的产业生态。要进一步完善政府采购政策，建立和完善对研发采购的风险补偿机制，减少企业研发失败的后顾之忧。

三是壮大市场主体，为企业开展创新活动夯实基础。研究降低制造业增值税税率，进一步降低制造业税负。通过推动高速公路优先降低货物收费标准，引导各地区进一步降低物流成本。进一步推动电力的市场化改革，促进用户和发电企业双边交易，推动工业用户和民用用户电力交叉补贴，进一步降低用电成本。支持制造业企业率先实施企业年金制度，研究降低制造业就业人员个人收入所得税税率，促进人才队伍稳定发展。

四是优化企业组织管理和决策机制，提升企业抗风险能力。完善企业组织体系和决策机制，确保企业能够在风险因素出现时第一时间做出反应、决策和调整。战略性新兴产业的龙头企业要谨慎推进资本多元化和上市融资，防止企业重大战略决策受到资本利益干扰。建立重大资产变动事件的安全性备案审查机制，防止龙头企业在投机资本的主导下完全垄断市场。

（五）建立健全培养和激励科技人才政策

一是加快引进海外人才。抓住人才回流机遇，以包容和多元化的方式引进领军人才。对于具有引领产业能力的人才一人一议，给予充分的待遇支持；对于成熟的技术团队整体引入，夯实技术与产业竞争能力。

二是加快国内人才培养。围绕核心技术和相关产业发展、基础研究等方面的需要，改革教学内容和教学方法，加快高素质人才和创新型人才培养。畅通高校、科研机构和企业间人才流动渠道，建立企业和政府科研机构贯通的人才培养和评价体系，鼓励通过双向挂职、短期工作、项目合作等方式实现人才共享。

三是加大人才激励力度。完善知识产权收益分配制度，通过推动国有科技企业实施股权激励和明确国家资助的知识产权归属等方式激励创新。

（六）完善高效协同的现代金融体系

一是加大银行信贷支持。继续落实好制造业中长期贷款和银行贷款同步增长，将各银行落实情况纳入宏观审慎管理的框架并逐步提高权重，既解决制造业的融资问题，又降低金融资源脱实向虚、自我膨胀的宏观风险。继续在地方层面推动政、银、保、企合作，减少信息不对称情况，降低实体经济的融资成本。

二是加大资本市场支持。建立证券部门与产业部门的协同机制，发挥科创板、创业板等多层次资本市场作用，支持优质企业上市融资。

三是为创新链的前端注入长期资本。战略性新兴产业创新周期长，可考虑将现有的 5 ~ 10 年的产业投资基金改造为 30 ~ 50 年的政府引导基金，引导早期天使、风险投资和私募股权等机构长期投资。另外，允许社保基金以适度的比例投资风险投资基金和私募股权基金，并延长考核期，使社保基金分享创新发展红利。

四是在战略性领域进行特殊的金融安排。要积极实施集成电路基金二期，在基金管理绩效的考核上，要把为完善产业链、为"卡脖子"技术攻关和商业化应用提供支持作为重要的考核指标。根据需要成立大飞机、飞机发动机、操作系统、工业软件等领域的基金，支持企业发展。

（七）加强国际产业链供应链和科技合作

一是加强国际产业链、供应链合作。鼓励双向投资，既吸引国外先进技术和产品来华投资，也鼓励中国企业到海外投资、并购先进技术。对于我国有优势的高铁、5G、新能源装备、动力电池等领域，鼓励企业"走出去"。积极加入 CPTPP，主动谋划和塑造以中国为枢纽的亚洲生产网络，同时继续推动中欧投资协定生效，加强与欧洲的产业链供应链合作。

二是加强国际科技合作。加强国际科技合作，开放我国基础研究，创新合作方式，吸引国际研究人员加入，加强与相关国家的科技双边合作。积极参与国际标准的制定，提升我国国际标准制定话语权。

三是加强内外部政策的协调。除了极个别关键核心领域外，要按照世界贸易组织和国际通行规则来进行科技投入和产业培育。对当前的补贴进行系统梳理，把更多资金投入基础研究、应用研究和购买者补贴上，从而提高资金补贴效率，加强与国际规则接轨和国际合作。

四是积极参与国际产业规则重塑。推动各有关部门积极参与全球产业规则重构，围绕国际通行规则和商业惯例，系统推进产业政策优化升级。围绕欧美发达国家高度关注的 5G、数据等领域规则，支持相关龙头企业积极参与甚至引领国际规则发展，增强话语权和影响力。在周边"一带一路"共建国家产业合作中，积极推动中国制造标准"走出去"，对外讲好中国故事。

五是在开放发展中牢守安全底线。在必要时运用贸易救济等措施，维护国内产业链供应链发展安全。要做好外商投资安全审查、反垄断执法、贸易救济等国际通行规则的制定，建立健全事中事后监管体系，完善风险防控管理体系，切实处理好开放与安全的关系，更好维护我国相关重大利益。

执笔人：王金照　李燕　路倩　庞超然

专题篇

我国产业链供应链稳定性和竞争力评估

总体来看，规模庞大、配套完备是中国产业链供应链稳定性和竞争力的最大底气；出口规模大、全球竞争力总体较强是中国产业链供应链稳定性和竞争力的主要表现；自主创新能力显著增强，一些领域技术水平已从跟跑、并跑到领跑，是中国产业链供应链稳定性和竞争力的主要支撑；企业全要素生产率逐步提升是中国产业链供应链稳定性和竞争力提升的微观动力。但与此同时，部分领域"卡脖子"风险是影响中国产业链供应链稳定性和竞争力提升的最大不确定因素。

一、产业链供应链安全可控情况

"大进大出"的贸易结构导致中国对海外资源、高端零部件和技术依赖度较高。总体来看，资源能源型产品主要依赖发展中国家，高端零部件对发达国家依赖度较高。特别是在高端零部件和技术领域，中国对美国及其盟友依赖度较高。2001年以来，中国超一半的技术进口来自美国、日本、德国等发达国家。

二、产业链供应链外迁风险情况

部分产品出口份额持续向要素成本更具优势的国家转移。近几年，我国综合生产要素成本不断提升，部分产品持续向周边地区转移。其中，最为典型的产业为纺织服装业。2013年，中国纺织服装出口份额达到历史最高值（38.2%），随后逐年下滑。2020年受新冠疫情影响，东盟国家订单向国内转移，中国纺织服装出口份额由2019年的33.9%升至2020年的38.1%。与之形成对比的是，东盟国家纺织服装出口份额在新冠疫情前持续上升，2020年达到最高（10.7%）。从对纺织服装企业对外直接投资调研情况看，我国纺织服装产业链转移的主要目的地在越南等东盟国家和地区。

综合要素成本上升制约产业链供应链规模发展空间。总体来看，近几年中国制造业生产要素成本快速变化，制约了未来制造业规模进一步发展。其中，入世以来我国工资水平年均上涨17.8%，资金成本一度远高于发达国家，工业用地价格上涨超过1倍，物流成本明显高于国际平均水平，2020年物流成本占GDP比重达到14.5%。此外，我国还存在宏观税负偏高问题。按照国际标准的宏观税负计算方法，中国宏观税负为37.2%，已经超过了发达国家的平均水平。

部分发展中国家对制造业引资竞争力度加大，对我国产业链供应链稳定发展造成一定程度冲击。部分发展中国家通过各种不同的优惠手段与优惠政策，希望吸引更多的跨国公司直接投资，国际引资竞争压力不断上升，部分中国企业向东南亚等地区投资转移步伐逐步加快。

三、产业链供应链发展情况

部分环节和技术领域国内市场份额较高，且在全球具有较强影响力。主要上市公司年报显示，光伏面板、高铁、数字支付这3个技术领域中，中国供应商在国内市场及全球价值链中占据较高份额，国内供应商为本土价值链贡献超70%的价值。其中，这3个产业在国内的市场份额分别达到

100%、100%和95%，光伏面板在国际市场份额达到50%，3个产业中国一级供应商在国际市场占有率分别达到70%～85%、75%～95%和85%以上。风力涡轮机、货船、智能手机、云服务和机器人等领域，尽管国内主要采取外国技术，但中国一级供应商在国际市场占有率分别达到65%、45%、40%、30%和20%等。

从此次评估的15个行业主要情况看，长板环节主要在终端产品加工制造和组装等，部分领域形成了全产业链优势。稀土、纺织服装、家电、工程机械全产业链具有国际领先优势，钢铁除原材料外其他环节均具备国际领先优势，风电、5G、汽车等在中游环节具备国际领先优势，新型显示等在个别环节具备国际领先优势。短板环节则在上游零部件、关键材料和设备等。总体来看，大飞机、高端科研仪器、高端数控机床、操作系统等领域短板环节较多且与国际领先技术有较大差距，5G在关键零部件等领域存在短板，工程机械在上游零部件领域存在短板，钢铁上游原材料供应领域为短板环节，纺织服装在研发设计以及高性能产品等方面存在短板。

专栏2　产业链供应链优势领域

纺织服装产业。我国纺织服装产业规模全球最大、体系最为完善、门类最为齐全。化纤、面料自给率超过95%，纱线自给率超过90%，装备自给率超过80%，高端装备关键基础件的国产化率达到50%以上。上游原料产量优势明显，2020年化学纤维产品市场份额高达70.5%，排名第二的印度仅为8%。国产纺织机械在国内市场上的占有率从2001年的37%提升至2019年的80%以上。我国每年生产约2000万吨的棉纺纱线，提供约600亿米的功能性面料，纱、布产量均居全球第一，骨干企业在棉纺织制造领域已经达到国际领先水平。

家电产业。我国家电产业国际竞争力较强，上游原材料基本实现了全国产化，小家电产品具有垄断优势，智能家电发展领先全球。2020年出口额占全球的比重接近40%，产量占全球产量的份额超过55%；房间空调器、微波炉占全球产量比重为70%～80%，电冰箱/冷柜、洗衣机比重为50%～55%，冰箱压缩机比重为60%～70%，空调压缩机比重为70%～80%。原材料、零部件等全产业链配套体系完备，特别在珠三角、长三角和胶东半岛形成了三大家电产业集群地区。海尔、海信、创维、小米、TCL、科沃斯、格力等一批家电品牌和自主品牌成功入选全球化品牌50强。

风电产业。我国风电产业形成了较为完备的产业链供应链体系。我国风电装机规模、风电发电量居世界第一，并网装机容量达到30015万千瓦，是美国的2.6倍，已连续12年稳居全球第一。2020年新增陆上和海上风电装机容量均位列全球第一，累计陆上风电装机总量全球第一。我国拥有并网风电场4000余座，累计装机12万余台，风电场已遍布全国。

资料来源：课题组整理。

专栏3　产业链供应链短板

高端医学影像装备。我国高端医学影像装备产业链供应链薄弱，大部分医学影像设备生产商均不具备核心元器件自主研发生产能力，高端核心零部件基本从国外不同厂商采购，整机生产过程由组装集成过程向整体制造转变。专用芯片、传感器、闪烁晶体、高性能陶瓷材料、高性能焊接材料、高端球管等核心材料未实现国产化，一些设计所需的基础系统、应用、开发环境、算法库等工具只能依靠进口。

工程机械。我国工程机械关键核心零部件依赖进口。特别是上游的发动机、轴承、液压系统等核心零部件，占总生产成本的一半左右，全球行业竞争已形成了由海外跨国集团主导的市场垄断格局。例如，2020年我国液压系统高端产品市场主要掌握在博世力士乐、派克汉尼汾、伊顿和川崎4家公司手里。轴承方面，具有高附加值的中高端产品对外依赖严重，中大型以上轴承产品产量尚不足9%，中高端产品几乎被八大跨国集团垄断，相关领域暂未取得明显突破。

高端科学仪器。我国高端科学仪器国内基础配套能力薄弱，关键零部件技术起步晚、起点低，面临性价比、专利壁垒等问题，原材料和配套加工环节受限，关键零部件和核心操作系统与数据由美国、日本、德国等控制。2020年我国77%的高端科学仪器市场被国外产品占据，长期处于逆差状态，2016年进口仪器仪表449.6亿美元，是第三大进口产品；2017年专业、科学及控制用仪器和装置进口总额排名第五；2019年仪器仪表进口高达519.93亿美元。

大飞机。我国大飞机产业链供应链的稳定性和竞争力较弱。设计和总装主要由波音、空客、俄罗斯联合航空等掌控，机体结构和材料的供应商主要分布在欧洲、美国和日本，发动机市场主要控制在美国、英国、法国、德国等的手中，机载系统供应商主要分布在美国、英国、法国、德国等几个国家。机电系统、航电系统存在较多关键技术方面的短板，发动机自主可控程度较低，面临的技术封锁较为严重，短期内自主研发替代的难度较高。

资料来源：课题组整理。

国内生产增加值持续提升，中国制造向着全球价值链中高端稳步迈进。2005—2015年，我国在电脑、电子和光学产品制造业，电气设备制造业，机械设备制造业国内增加值提升接近10%，纺织品、服装皮革及相关产品制造业等3个行业国内增加值提升约7%（见表4），工业原材料相关行业国内增加值提升幅度较小，在5%以下。

表4　制造业分行业出口产品国内增加值和国外增加值对比情况

行业	电脑、电子和光学产品制造业	电气设备制造业	纺织品、服装及皮革及相关产品制造业	化学和医药品制造业	机动车辆制造业	机械设备制造业	基础金属制造业	焦炭和精炼石油产品制造业	金属制品制造业	木材及软木品制造业	其他非金属矿产制造业	其他运输设备制造业	其他制造业及制造维修服务	食品、饮料和烟草制造业	橡胶和塑料制品制造业	纸制品和印刷制造业
2005年国内	62.10%	71.33%	81.89%	74.71%	77.46%	74.46%	74.97%	64.49%	75.83%	80.62%	82.30%	74.60%	78.20%	89.45%	73.93%	78.88%
2005年国外	37.90%	28.67%	18.11%	25.29%	22.54%	25.54%	25.03%	35.51%	24.17%	19.38%	17.70%	25.40%	21.80%	10.55%	26.07%	21.12%
2006年国内	62.57%	71.11%	82.53%	74.79%	77.34%	75.38%	74.58%	61.25%	77.30%	80.54%	82.38%	74.17%	80.05%	89.28%	74.39%	79.30%
2006年国外	37.43%	28.89%	17.47%	25.21%	22.66%	24.62%	25.42%	38.75%	22.70%	19.46%	17.62%	25.83%	19.95%	10.72%	25.61%	20.70%
2007年国内	64.32%	72.16%	84.05%	76.39%	77.30%	76.07%	74.43%	62.96%	77.25%	81.54%	83.90%	75.99%	80.70%	89.72%	75.87%	80.90%
2007年国外	35.68%	27.84%	15.95%	23.61%	22.70%	23.93%	25.57%	37.04%	22.75%	18.46%	16.10%	24.01%	19.30%	10.28%	24.13%	19.10%
2008年国内	67.10%	74.01%	85.40%	76.88%	79.10%	77.90%	74.26%	60.06%	78.41%	83.54%	83.48%	78.03%	82.52%	89.51%	77.42%	81.65%
2008年国外	32.90%	25.99%	14.60%	23.12%	20.90%	22.10%	25.74%	39.94%	21.59%	16.46%	16.52%	21.97%	17.48%	10.49%	22.58%	18.35%
2009年国内	70.72%	77.02%	88.40%	81.09%	82.33%	80.49%	75.57%	65.41%	80.09%	86.23%	85.87%	81.47%	85.80%	91.27%	81.03%	85.57%
2009年国外	29.28%	22.98%	11.60%	18.91%	17.67%	19.51%	24.43%	34.59%	19.91%	13.77%	14.13%	18.53%	14.20%	8.73%	18.97%	14.43%
2010年国内	69.51%	75.45%	87.42%	78.94%	80.28%	79.23%	72.23%	61.03%	78.53%	84.49%	84.37%	80.63%	84.46%	90.15%	79.08%	84.41%

续表

行业	电脑、电子和光学产品制造业	电气设备制造业	纺织品、服装皮革及相关产品制造业	化学和医药制造业	机动车辆制造业	机械设备制造业	基础金属制造业	焦炭和精炼石油产品制造业	金属制品制造业	木材及软木品制造业	其他非金属矿产制造业	其他运输设备制造业	其他制造业及制造维修服务	食品、饮料和烟草制造业	橡胶和塑料制品制造业	纸制品和印刷制造业
2010年国外	30.49%	24.55%	12.58%	21.06%	19.72%	20.77%	27.77%	38.97%	21.47%	15.51%	15.63%	19.37%	15.54%	9.85%	20.92%	15.59%
2011年国内	69.41%	74.45%	86.30%	77.11%	78.86%	77.92%	70.11%	56.56%	76.92%	82.56%	82.64%	79.36%	83.08%	88.52%	77.67%	83.04%
2011年国外	30.59%	25.55%	13.70%	22.89%	21.14%	22.08%	29.89%	43.44%	23.08%	17.44%	17.36%	20.64%	16.92%	11.48%	22.33%	16.96%
2012年国内	69.25%	76.65%	87.14%	78.48%	80.32%	78.14%	73.35%	55.67%	79.55%	83.90%	83.93%	81.00%	83.99%	89.02%	79.59%	84.69%
2012年国外	30.75%	23.35%	12.86%	21.52%	19.68%	21.86%	26.65%	44.33%	20.45%	16.10%	16.07%	19.00%	16.01%	10.98%	20.41%	15.31%
2013年国内	69.30%	78.07%	87.58%	79.89%	80.17%	80.24%	73.55%	56.71%	79.59%	84.38%	84.41%	80.49%	83.67%	89.75%	80.63%	85.22%
2013年国外	30.70%	21.93%	12.42%	20.11%	19.83%	19.76%	26.45%	43.29%	20.41%	15.62%	15.59%	19.51%	16.33%	10.25%	19.37%	14.78%
2014年国内	70.12%	78.93%	87.95%	80.55%	80.25%	81.03%	75.76%	57.80%	80.83%	83.85%	84.92%	80.53%	83.52%	89.97%	81.19%	85.55%
2014年国外	29.88%	21.07%	12.05%	19.45%	19.75%	18.97%	24.24%	42.20%	19.17%	16.15%	15.08%	19.47%	16.48%	10.03%	18.81%	14.45%
2015年国内	71.80%	81.21%	89.24%	83.78%	83.23%	83.46%	80.77%	66.91%	84.43%	85.45%	87.48%	82.32%	86.23%	91.03%	83.52%	87.08%
2015年国外	28.20%	18.79%	10.76%	16.22%	16.77%	16.54%	19.23%	33.09%	15.57%	14.55%	12.52%	17.68%	13.77%	8.97%	16.48%	12.92%

资料来源：课题组整理。

四、终端产品国际竞争力情况

中国连续多年保持全球第一制造大国地位，总体显现出较强韧性。1990 年中国在全球制造业总产值中的占比仅为 1%，继 2007 年超过日本、2010 年超过美国后，2012—2020 年，中国制造业增加值从 16.98 万亿元增长到 26.59 万亿元，占总产出比重在 30% 左右。

外向型产品国际竞争力较强，中国连续多年保持第一货物贸易大国地位，2021 年成为 51 个经济体的第一大进口来源国。2021 年上半年，据世界贸易组织统计，中国出口份额约为 14.6%，同比提升 0.9 个百分点，继续保持世界货物贸易第一大国地位。外向型产业特别是中低端劳动密集型产业在全球产业链供应链中占据重要位置，稳定性和竞争力相对较高。

纺织服装等 5 个行业产品国际竞争力处于第一梯队，机械设备等 3 个行业处于第二梯队，化工品等 9 个行业处于第三梯队。根据主要产品出口份额来看，2020 年国际出口份额超过 30% 的产品类别（按照世界贸易组织主要产品类别划分）为纺织品、电子数据处理和办公设备、通信设备、服装、办公电信产品等 5 个产业。其中，服装产品出口份额在 2013 年达到高点（39.2%），随后出现下降，但国际份额仍保持在 30% 以上。集成电路和电子元器件、机械设备和钢铁制品出口份额为 5% ~ 15%，属于第二梯队。化工品等 9 个行业出口份额在 5% 以下，属于第三梯队。

工业原材料、工程机械、消费电子、药品及原料在发达国家具有较高的市场占有率，竞争力强。截至 2019 年底，中国是全球 47 个国家和地区的第一大进口来源国，超过 130 个国家和地区的前三大进口来源地。特别是对于部分发达国家而言，中国是其工业生产、医疗卫生以及电子消费产品的重要来源地。其中，澳大利亚在 595 类商品、新西兰在 513 类商品、美国在 424 类商品、加拿大在 367 类商品、英国在 229 类商品对中国依赖度超过 50%（从中国进口占进口总份额 50% 以上）。相比之下，美国是 25 个国家的第一大进口来源地，欧盟作为一个整体是 68 个国家和地区的第一大进口来源地（如排除欧盟成员国，数量为 42 个）。

五、核心企业国际竞争力情况

中国企业快速成长，支撑产业链供应链稳定性和竞争力稳步提升，但与美国企业相比仍有一定差距。从中国企业在《财富》世界 500 强榜单变化情况来看，近 20 年来中国企业竞争能力快速提升。一是上榜企业所属国家格局发生显著变化，中国企业在数量上快速增加。1999 年，拥有上榜企业最多的 5 个国家分别为美国（184 家）、日本（101 家）、德国（42 家）、英国（40 家）和法国（39 家）；2020 年为中国（133 家）、美国（121 家）、日本（53 家）、法国（31 家）和德国（27 家）。二是中国企业优势领域集中在能源矿业、金融、互联网和一般制造业领域。2020 年中国上榜企业分布在 30 个行业，银行、保险、能源和金属产品行业占比较大。近 5 年来，随着阿里巴巴、腾讯等企业的发展，中国互联网和零售行业进步最大，上榜企业增幅达到 3.01%。从上榜的制造业企业情况看，中国企业主要集中在金属产品、车辆与零部件、电子电器设备和航空制造业，美国上榜企业数量分布更为均衡，在 14 个细分领域均有上榜企业，其中航空制造业上榜企业数量最多，占比达到 18%。

从主要细分行业排行榜看，中国企业在传统行业以及 5G 等新兴领域品牌知名度较高。从各主要咨询机构公布的行业前五大、前十大排行榜来看，中国企业在 5G、钢铁、显示、家电、工程机械以及轨道交通等领域涌现出一批世界知名品牌，总体竞争力强、稳定性高。其中，尽管轨道交通领域只有中国中车 1 家企业上榜，但其市场份额远超第二至五名市场份额之和，占全球份额接近1/4，且主要采用中国技术标准，竞争力、稳定性都走在世界前列。但在汽车领域，只有1家企业上榜，飞机制造、高端仪器、集成电路等领域全球前十大品牌中，没有中国内地企业上榜。可以发现，在高端行业中，无论是竞争力还是稳定性，中国企业与发达国家企业还存在较大的差距。

"隐形冠军"企业发展仍不充分，影响了产业链供应链稳定性和竞争力的提升。中国"隐形冠军"企业与发达国家相比仍有较大差距。根据西蒙在2016年的研究，全球的"隐形冠军"企业共有2734家，其中德国最多，有1307家，其次是美国，有366家，日本有220家，中国仅有68家，排在世界第八位。德国每百万居民"隐形冠军"企业数量是16家，奥地利、瑞士等国家也有13～14家，而中国仅有0.1家，排名第十七位。同时，中国"隐形冠军"企业发展还存在前沿技术产品少、国际化程度低等问题。自2016年工信部开展单项冠军评选活动以来，5年间，我国共遴选出5批340家示范企业和256项单项冠军产品，总数为596个。从产品行业来看，分布在机械行业的企业数量最多，占35.6%，以专用装备、关键基础件类和汽车零部件为主；其次为电子信息行业，占17.3%，主要集中在核心电子器件、高端通用芯片和基础软件产品等领域；石化行业占比15.8%。

执笔人：庞超然

以创新驱动发展战略为引领提升我国产业链供应链稳定性和竞争力

全球主要经济体产业链供应链从效率向韧性和安全性转变，我国与发达国家的产业竞争也将由错位竞争转向正面竞争。强化科技创新是新发展格局下确保我国产业链供应链稳定性和竞争力的关键。近年来我国的科技创新发展迅速，对产业发展起到重要的支撑作用。在新发展阶段，我国由以往的跟踪发展转变为自主创新，亟须打造中国特色的创新驱动发展战略，提升产业链的稳定性和竞争力。

一、科技创新是提升产业链供应链稳定性和竞争力的关键

世界范围内，新一轮科技革命正在重塑世界经济结构和竞争格局，全球科技创新进入空前密集活跃的时期。随着数字化、网络化、智能化深入发展，全球创新资源加速流动。国家间的竞争更多地表现为创新能力和创新体系的竞争。同时，全球产业链布局呈现由效率向韧性转变的趋势，我国与发达国家的产业竞争也将由错位竞争向正面竞争转变（麦肯锡全球研究院，2020）。而我国在众多产业链关键环节对外依赖度仍然过高，随着内外部形势发生深刻复杂变化，我国实现科技自立自强的重要性和紧迫性

日益凸显，尽快通过创新克服关键核心技术"卡脖子"问题成为确保我国产业链供应链稳定性和竞争力的关键。

（一）我国与发达国家的产业链竞争由产品向创新转变

从外部发展环境看，新兴领域的新技术创新发展有可能会扩大不同国家的技术鸿沟，导致后发国家位置固化，同时我国将面临发达国家技术封锁和投资限制的更大阻力，大国协调有被大国竞争取代的趋势。基于新冠疫情之前全球产业链已经存在的发展趋势，结合新冠疫情对于产业体系的影响，预计未来全球产业链的发展方向将会从之前的成本、效率因素主导，转变为兼顾稳定性与效率性的双元驱动，创新的环境和资源也将发生变化。

1. 大国科技竞争加剧，技术民族主义进一步抬头

新科技革命和产业变革加剧全球竞争态势。世界各主要国家基于科技突破将会给产业发展、世界格局带来颠覆性影响的预期，近年来都在持续加大对科技（尤其是前沿技术）领域的投入，力图在新一轮竞争中抢占先机、赢得主动权。

2. 全球对科技的重视度明显提高，科技创新的竞争焦点趋同

世界主要发达国家纷纷在科技前沿领域加快战略布局，试图抢占科技经济制高点。新冠疫情对世界经济造成冲击，全球经济陷入衰退的迹象，促使各国将科技创新作为经济复苏和社会发展的强劲动力，培育未来经济增长新动能。一方面，疫苗研发举世瞩目，主要国家均力求疫苗，并希望借机实现在生物医药、公共健康等领域的领先优势。另一方面，高新技术前沿领域成为未来创新竞争的主要焦点，主要国家所涉及领域交叉重叠现象明显，包括人工智能、量子科技、5G/6G、网络安全、新材料、新能源等在内的领域竞争激烈。

围绕新一代信息技术的加速应用及与其他行业的加速融合，各国对新型基础设施的投资和布局也不断加强，美、德、英、法、日等发达国家均积极在平台建设、大数据中心、新型物流基础设施、工业互联网、无人驾驶、技术发展和行业变革等方面进行新的布局，同时均表示要加大对研发资金的投入力度，试图在绿色经济和数字经济中掌控关键材料技术，抢抓新一轮技术革命和产业变革的先机[①]，积极抢占未来科技经济制高点。

以人工智能、物联网、云计算、量子通信等为代表的新兴技术发展日新月异，逐渐成为重塑国际产业竞争格局的关键力量。这些产业的技术创新活动的复杂性与系统性越来越强，不确定性越来越高，传统的研发与创新组织形式难以适应，加速布局未来产业发展亟须新的技术研发与创新组织模式。

3. 各经济体供应链布局由效率向韧性和安全性转变，价值链体系向研发和创新倾斜

全球范围内贸易与投资保护主义抬头，新冠疫情进一步暴露了全球供应链的脆弱性，凸显供应链安全的重要性，促使世界各国通过推动产业链本土化、多元化、区域化提高产业链韧性和应对极端冲击的能力。当前几乎所有行业的价值链体系都开始更多地向研发和创新倾斜，要素价格在国际竞争中的重要性正在持续下降。随着传统成本型竞争优势的逐渐消退，发达国家与新兴国家间的国际竞争正越来越从错位竞争向正面竞争转变（麦肯锡全球研究院，2020）。

2021 年 6 月，美国白宫发布报告《建立弹性供应链、振兴美国制造

---

① 据不完全统计，自 2021 年 2 月以来，美国国会、国防部、国立卫生研究院等多个部门累计发布科技经济战略部署文件或报告 28 份，主要包括人工智能、量子科技、5G/6G、能源、先进计算、云计算、生物医药、太空技术等方向。欧盟自 2021 年 2 月以来发布科技经济战略 12 份，包括人工智能、量子科技、5G/6G、网络安全、关键原材料、电池生态系统等领域，努力推动欧美共性技术合作。

业和促进广泛增长》，对半导体、药品、关键矿物质、大容量电池 4 类关键产品供应链进行风险评估，并提出加强供应链韧性的几项举措，包括增加资金投入，支持关键药物和先进电池的国产化，提升关键矿物的国内开发与生产，与盟友合作解决半导体供应短缺问题、增加国内芯片产量等。2021 年 5 月，欧盟发布新的产业政策，以提高市场弹性，减少原材料、半导体和电池等 6 个战略领域的对外依赖度，提升产业的"开放战略自主能力"（Open Strategic Autonomy）。日本 2020 年 4 月出台《新冠病毒传染病紧急经济对策》，提出改革供应链，增强供应链韧性，减少对进口的依赖。2022 年 6 月又出台《经济财政运营与改革基本方针》，要求对半导体等战略物资集中投资，重建国内生产体系。

在此形势下，亟须采取适合的科技创新驱动发展战略以在新一轮全球竞争中赢得战略主动，为产业发展和保障国家安全提供可靠支撑；在产业链上下游高端环节强化科技攻关，在存在断供风险的重点环节加快部署创新链，加快国内短板、断点技术的产业化和持续迭代，在国内寻找替代性供应来源，提高国内产业链的自主保障能力，提升产业技术水平和国际竞争力。

（二）基于创新视角看产业链供应链的稳定性和竞争力

各行业本身的特点决定了供应链的布局模式，形成全球供应链的网络化结构。经过了前几十年的发展，相对适合在成本比较优势的前提下生产分散化的供应链，要把生态系统内的生产转移至一个全新的地方，需要系统性的转变。中国在全球价值链体系中发端于进口中间产品，然后出口组装产品。在过去的 10 多年间，中国发展出了较完善的本地价值链和垂直整合的行业格局，与此同时本土企业有能力不断进军新的细分市场。在新发展格局下，产业链供应链的发展对战略科技支撑的需求比以往任何时期都更加迫切。

我国已经积累了较为坚实的科技创新基础,通过加强创新投入和布局,创新链对产业链的支撑作用明显增强。具体表现在以下方面。

1. 创新投入和产出显著增加,为创新链推动产业链发展提供基础支撑

2017—2020 年,全国研究与试验发展(R&D)经费支出保持高速增长,由 17606.1 亿元增加至 24393.1 亿元,在全球位列第二,占 GDP 比重由 2.12% 提高至 2.4%。

2020 年我国科技论文发表数量和引用率均居世界第二,这说明我国高质量的研究产出在迅速增长。我国是全球专利数量增长的主要动力。自 2003 年以来,中国内地每年的 PCT 申请量增长率均在 10% 以上,2020 年中国通过 PCT 境外申请专利 6.9 万件(见图 8),在全球排名第一。

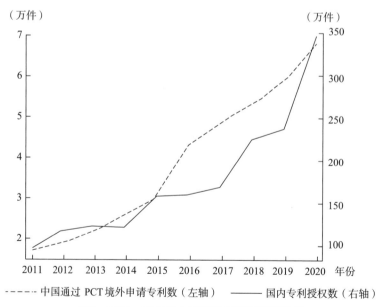

图8　2011—2020年中国专利申请与授权数量

资料来源:世界知识产权组织,作者绘制。

2. 依托重大科技项目，加强自主可控关键核心技术的供给

2017—2020 年，国家科技重大专项资助项目（课题）1149 个，国家自然科学基金共计资助项目 17.93 万个。围绕产业发展需要设立一系列国家科技重大专项，对产业链重要环节布局项目，建立政产学研用协同创新体系，推动产业链补链、延链、强链和产业基础能力提升。

3. 推进建制化科研力量的建设与改革，强化关键技术在产业链的应用

截至 2020 年底，全国运行中的国家重点实验室 522 个，国家工程研究中心（包括国家工程实验室）350 个。2019 年，3450 家高校院所技术开发、咨询、服务合同金额为 933.5 亿元，比上年增长 22.9%。自 2015 年以来，国家科技成果转化引导基金总规模超过 400 亿元，2020 年全国大众创业万众创新示范基地、国家级科技企业孵化器、国家备案众创空间分别达到 212 家、1173 家、2386 家（史丹等，2021）。通过"链式效应"促进创新主体间相互协同，形成了武汉"光谷"、贵阳"数谷"、合肥"声谷"等特色地区产业链集群。

4. 新兴产业领域取得突破，竞争实力增强

战略性新兴产业领域产业跨界趋势愈加明显，在空天海洋、信息网络、生命科学、核技术等领域培育发展了一批战略性新兴产业。新能源发电装机量、新能源汽车产销量、智能手机产量、海洋工程装备接单量等均位居全球第一；在新一代移动通信、核电、光伏、高铁、互联网应用、基因测序等领域也均具备世界领先的研发水平和应用能力。战略性新兴产业成为我国出口贸易的主要支撑，2019 年战略性新兴产业对我国外贸出口总额增长的贡献率达到 67.1%。

2019 年全国数字经济规模已达 31.3 万亿元，位居世界前列，占 GDP 的比重达到 34.8%，成为拉动经济增长的新引擎。人工智能技术和应用飞速发展，催生的新技术新模式新业态不断涌现。以"互联网+"为代表的平台经济迅猛发展。领军型企业具备一定国际竞争地位和市场影响力。2019年，华为、阿里巴巴、腾讯等创新引领型巨头企业入围世界500强，独角兽企业为206家。

5. 规模密集型创新领域表现出色，供应商驱动创新和工程技术型创新领域取得较大进展

我国的消费市场规模巨大、充满活力，新产品与服务快速商业化的能力较强。依托庞大的市场推动，家用电器（中国企业占全球行业总收入的39%）、互联网软件（中国企业占全球行业总收入的15%）以及消费电子（中国企业占全球行业总收入的10%）取得快速发展。依靠中国庞大的消费市场，百度、阿里巴巴、腾讯等互联网企业以及海尔等家电巨头已经成为各自行业（分别为互联网搜索、电子商务、互联网游戏和家电）的全球领导者。

6. 制造业创新主要体现在快速学习、掌握新的生产流程并且设法加以优化

作为全球制造业大国，中国形成了包括供货商、工人、服务企业和物流服务商在内的庞大生态系统，推动了工艺流程创新。例如太阳能电池板组件（中国企业占全球行业总收入的51%）、纺织（中国企业占全球行业总收入的20%）和通用化学品（中国企业占全球行业总收入的15%），以及建筑机械（中国企业占全球行业总收入的19%）和电气设备（中国企业占全球行业总收入的16%）等知识密集型行业的竞争力与日俱增。工程技术创新表现最出色的领域包括高铁列车（中国占全球市场的41%）、风电（中国占全球市场的20%）和电信设备（中国占全球市场的18%）等（麦肯锡全球研究院，2015）。

（三）科技创新存在的主要问题与关键制约

我国已具备从"汲取创新"转变为"领导创新"的潜力，但科技创新领域仍存在以下几方面突出问题。

1. 重点领域关键核心技术严重受制于人

重大原创性成果缺乏，底层基础技术、基础工艺能力不足，尤其工业母机、高端芯片、基础软硬件、开发平台、基本算法、基础元器件、基础材料等瓶颈仍然突出。从知识产权进出口贸易看，2020年全球知识产权出口额前三大国家是美国、荷兰和日本。中国是全球知识产权贸易最大的逆差国，达到292亿美元。

改革开放40多年来，我国很多企业虽然已经嵌入全球生产制造体系，但长期处于产业价值链低端。赶超进程主要依赖劳动力和资源的比较优势，从加工贸易起步，对国外先进的原材料、元器件、高端装备等依存度较高。这种情况的弊端已经非常明显。第一，由于供应链上游企业提供的产品在质量和可靠性方面均与国外高端产品存在差距，终端产品制造企业短期内难以在国内找到"供应替代产品"，例如中兴、华为、海康威视遭遇美国"断供"后，一度因无法找到替代产品，影响高端产品供货。第二，在部分产业领域中，中国企业间还处于低水平激烈竞争阶段，未形成有效的基于共性技术创新的产业联盟。究其原因是尚未建立公平竞争的市场环境以及协同创新机制、利益共享机制（梁正，2021）。

2. 在科学研究型创新领域相对滞后，基础研究布局结构性失衡

在品牌医药行业，我国占全球收入的比例不到1%，生物技术行业则为3%，半导体为5.5%。这些行业的中国企业依然倾向于低附加值产品，例如生产仿制药。科学研究型创新活动主要依赖科学研究的突破，产品创

新密集并且专利化比例较高。典型行业包括制药、生物材料、半导体设计和电子等，这些产业中 15% ~ 33% 的营业收入用于研发，而科研成果转化为市场产品的周期可长达 10 ~ 15 年。

按照技术领域的分析，2020 年授予我国的 PCT 专利中，在全球占比最小的是大分子化学和聚合物领域（2.3%），其次为基础材料化学、生物材料分析领域（均占 2.5%）。中国在与科学联系紧密领域的创新相对落后。而语言视频技术领域在全球占比最高，达到 10.5%，其次为数字通信技术、计算机技术、通信技术领域（分别为 9.9%、8.8% 和 8.5%）。2016—2020 年 PCT 专利按照 35 个技术领域划分中国授予量对应全球授予量的占比数据如表 5 所示。

表5　　2016—2020年授予中国的PCT专利分技术领域全球占比

序号	技术领域	2016年	2017年	2018年	2019年	2020年	创新类型
1	语音视频技术	6.1%	7.3%	7.8%	8.7%	10.5%	工程技术型
2	数字通信技术	8.8%	10.0%	10.3%	10.7%	9.9%	工程技术型
3	计算机技术	5.4%	7.5%	7.8%	8.3%	8.8%	工程技术型
4	通信技术	6.5%	7.2%	8.1%	7.9%	8.5%	工程技术型
5	半导体	4.0%	4.0%	5.0%	6.4%	8.0%	工程技术型
6	热力和仪器	3.1%	4.8%	5.7%	6.5%	7.6%	规模密集型
7	光学	5.7%	6.2%	5.9%	6.7%	7.1%	工程技术型
8	基础通信	2.9%	4.1%	4.5%	4.2%	6.6%	工程技术型
9	IT管理方法	2.5%	4.7%	5.4%	7.2%	6.2%	工程技术型
10	其他消费品	4.3%	4.6%	6.7%	6.1%	5.9%	规模密集型
11	家具、游戏	3.2%	4.5%	5.5%	6.0%	5.8%	规模密集型
12	控制	3.4%	5.3%	6.9%	6.2%	5.5%	工程技术型
13	环境技术	2.3%	3.3%	3.6%	4.5%	5.3%	工程技术型
14	测量	2.2%	2.9%	3.7%	4.1%	5.0%	工程技术型
15	电子设备、仪器、能源	3.3%	3.8%	4.5%	4.4%	5.0%	专业供应商型
16	化学工程	1.6%	2.2%	2.8%	3.3%	4.0%	规模密集型

续表

序号	技术领域	2016年	2017年	2018年	2019年	2020年	创新类型
17	机械工具	2.3%	2.4%	3.4%	4.3%	3.9%	规模密集型
18	处理	1.8%	2.1%	3.1%	3.5%	3.9%	工程技术型
19	有机化学	2.1%	2.3%	2.9%	3.2%	3.9%	科学研究型
20	微观结构和纳米技术	1.9%	1.6%	2.1%	2.7%	3.8%	科学研究型
21	材料	2.2%	2.5%	2.9%	3.2%	3.7%	工程技术型
22	市政工程	1.7%	2.5%	3.1%	3.8%	3.7%	工程技术型
23	生物技术	1.7%	2.1%	2.7%	3.5%	3.4%	科学研究型
24	交通	1.6%	2.5%	3.6%	3.6%	3.3%	工程技术型
25	引擎	1.6%	1.6%	2.0%	2.6%	3.3%	工程技术型
26	制药	2.1%	2.6%	2.8%	3.1%	3.2%	科学研究型
27	纺织和造纸设备	1.7%	2.1%	3.2%	2.9%	3.2%	规模密集型
28	机械工具	1.4%	1.9%	2.4%	2.9%	3.1%	专业供应商型
29	医疗技术	1.5%	2.1%	2.4%	2.3%	2.9%	工程技术型
30	表面技术	1.6%	2.1%	2.6%	3.1%	2.7%	工程技术型
31	其他专用设备	1.6%	2.2%	2.5%	2.6%	2.6%	专业供应商型
32	食物化学	1.6%	1.9%	2.0%	2.4%	2.6%	科学研究型
33	生物材料分析	1.1%	1.6%	1.9%	2.1%	2.5%	科学研究型
34	基础材料化学	1.1%	1.7%	2.1%	2.5%	2.5%	科学研究型
35	大分子化学和聚合物	1.3%	1.9%	2.1%	2.1%	2.3%	科学研究型

资料来源：世界知识产权组织，作者计算。

科学创新的滞后主要源于中国基础科学研究短板依然突出，创新链核心动力和原始创新能力仍然不足。基础研究的投入动力均严重滞后于我国对打造创新型世界前列国家的战略要求。2020年基础研究经费占研发投入的比重仅为6.01%，远低于发达国家15%的总体水平，基础创新占比较低造成科技创新的自主性相对薄弱，影响产业链高质量发展的原始创新能力。这是中国在众多重点产业链体系遭遇"卡脖子"关键核心技术创新制约的基础性因素。

同时，从投入主体看，我国的基础研究投入存在明显的结构性失衡，反映出企业的投入动力和技术能力欠缺。2019年，中国企业基础研究支出占国家基础研究投入总额的比重只有3.80%（见图9），远低于美国等西方主要发达国家中企业基础研究支出15%~30%的占比。

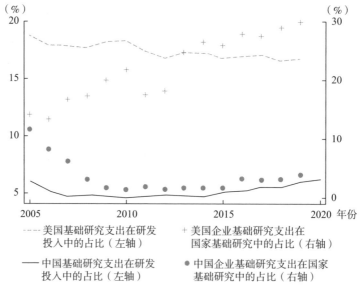

图9　中美两国基础研究支出结构对比

资料来源：经合组织数据库，作者绘制。

3. 创新体系呈现碎片化格局，难以稳固地、可持续地支撑产业突破性创新

产业变革背景下，无论是传统产业还是未来产业都面临着重大突破和重组的机遇挑战。一方面，传统产业，发展的技术来源、技术路线都面临较大变化。我国作为后发追赶国家由于行业知识积累不足，难以实现赶超。另一方面，新兴产业，我国科学理论和前沿技术短缺问题突出，基础研究相对薄弱、原始创新能力不足。其根本原因是体制形成了路径依赖，长期以来造成了科研力量分散、过多关注短平快项目、针对关键核心技术长期攻关的"国家队"缺失等问题。

4.产学研用通道不畅通，难以支撑产业向全球价值链高端迈进

科技成果就地转化和承接技术转移的能力未充分发挥。我国每年的科技成果转化率为10%～15%，与发达国家40%左右的水平相比仍有较大差距，科技资源优势没有完全转化为产业发展优势。产学研深度融合的前沿性和差异化创新水平不高。

科学研究和技术创新这两大主体部门之间存在显著的隔离现象，二者的协同关系尚未有效构建，互利共赢的开放型区域产业链创新链合作制度框架尚未建立。目前产学研深度融合尚存较大障碍，突出问题表现在技术创新体系内在协同性不足、相互传导性较弱、要素间作用转化不畅。由于事业单位管理体制等藩篱的存在，产学研深度融合难以实现，目前仍以局部性、阶段性合作为主，缺乏长期稳定持续深入的合作研究，无法在重大原创性和颠覆性领域深度合作，也无法有效解决制约产业发展的共性问题和技术难题。

企业、高校、科研院所在人事管理、人才评价、考核分配、福利待遇等方面的制度性差异，导致多方难以达成合作目标、价值追求上的一致性，从而增加了有价值的科技成果转移转化的难度。

二、新发展格局下创新驱动发展战略的目标与重点环节

以创新确保产业链供应链稳定性和竞争力需要实现创新链与产业链的深度融合，将短期的"补"链与长期的"强"链相结合。一方面需要降低关键技术的对外依赖度、完善各种不同类型的短板技术以确保产业链供应链的稳定性；另一方面需要前瞻性布局未来产业发展的关键性技术和主导性技术，以确保在未来的全球产业竞争中获得先行者优势。

（一）突破技术路线跟踪导致的创新生态固化

供应链的布局是专业化分工、全球消费市场的接入机会、长期的合作关系和规模经济的综合呈现。全球价值链的知识密集度越来越高，并且更依赖高技能劳动力。而知识密集度高的价值链往往具备特有的生态系统，这些生态系统在特定的地点发展起来，拥有专业的供应商和专业人才。

近年来，我国由于采取以技术引进与技术学习为内核的创新模式，创新体系呈现碎片化的格局，众多企业"孤立"嵌入全球生产体系并处于价值链低端，产生了一定的路径依赖，制约研发投入和技术升级的可持续性。比如，国际著名半导体企业的可持续竞争力，主要来自具有活力和创新力的产业链生态。英特尔、三星半导体形成了从产品设计、制造到销售的全闭合生态链。而国内的大部分企业仅为纯代工企业，既无面向终端市场的产品，又未能绑定设计客户，更无任何能力让国际装备大厂保障其建线的安全。在前沿技术研发上与国际领先水平有很大差距，技术创新与市场应用衔接不畅，没有形成闭合国产产业链。需扭转以代工或贴牌生产模式为主、聚集于低附加值环节的制造发展模式。

同时，研究型大学、科研院所大多以跟踪全球学术热点为导向，基于本土产业发展、企业需求的基础研究供给严重不足。

产业技术创新存在集成演化和迭代机制。关键核心技术创新的系统性、复杂性显著增强，既体现在产品中知识和技术集成化程度的提高，产品子系统和部件数量增多，以及涉及的专业知识领域日益拓宽，又需要使用大量复杂且昂贵的科技基础设施甚至生产设备进行工艺可行性和工程化试验。

因此，确保产业链供应链稳定性和竞争力不是依靠单一领域的突破，也不是一项技术进步催生另一项技术进步的自然演化过程，而是在政府支持、市场需求、要素配置等因素作用下，由牵头者组织诸多参与者，吸纳整合多学科、多方面技术知识并进行协同攻关的诱发性过程创新生态。

（二）降低关键核心技术对外依存度

当前全球供应链的安全不再着眼于建立稳定的供需关系，而是建立更加有弹性的供需关系，这要求供应链体系有足够的广度和深度，为避免供应链断链风险、保障产业链安全，构建具备抵御、承受冲击及从冲击中恢复的能力。

这需要在关键环节拥有足够多的市场主体，能够为供应链运行提供足够的缓冲空间。其中的关键目标是降低关键技术的对外依存度，完善产业创新链条的关键技术，突破瓶颈。目前在信息、生物、航天航空、高端装备和新能源汽车等战略性新兴行业领域，我国存在 600 余项关键核心技术短板；其中，近 400 项核心技术短板对外完全依赖（国产化率小于 20%），近 200 项对外严重依赖（国产化率为 20% ~ 40%）（张于喆等，2021）。

面临方向性、匹配性、适应性和协调性等方面的新挑战，创新活动需增强对产业基础性、底层性技术的支撑，增强产业链供应链的韧性。

（三）实现优先领域前沿突破性创新

一方面，我国经济进入新阶段意味着内需对产品和服务的质量要求在快速提升，并且与国际先进的距离在快速缩小。经过多年持续积累，我国量子通信、5G 等领域已开始挑战重大前沿科学问题。

另一方面，全球科技创新进入空前密集活跃的时期，前沿技术呈现集中突破态势，多个技术群相互支撑，全面涌现的链式发展局面正在形成。众多颠覆性创新呈现几何级渗透扩散，实现优先领域的技术突破有可能引领战略性新兴产业技术在众多领域实现加速发展，并以革命性方式对传统产业产生全面冲击。

（四）培育战略性新兴产业的主导设计与技术

未来，在部分产业关键领域或将形成多元化技术和标准体系。主要经济体之间的科技竞争趋于长期化，在战略性新兴产业领域获得主导设计将取得技术先发优势，形成技术壁垒，确保产业发展的可持续竞争力。在创新产品的主导设计尚未形成时，技术和市场的不确定因素较多。在主导设计的技术路径依赖下，技术轨道的前进方向具有不可逆转性，实现技术轨道之间的跨越也十分困难。

出于战略和安全考虑，主要经济体已经开始在关键数字技术领域谋划自己的技术标准体系，未来全球在数字技术部分关键领域的技术和标准体系或将呈现多元分化态势。我国应在新兴产业领域布局，以确保产业链供应链的竞争力。

三、新发展格局下创新驱动发展战略的调整思路与路径

在新发展格局下，提升产业链供应链的稳定性和竞争力本质上需要培育、更新和重塑国家创新生态系统，促进形成创新链和产业链的融合发展体系，提升"体系化能力"。创新活动的本质是在开放与合作的框架下进行不断试错，更具多元性、包容性的创新生态系统是创新持续力的土壤。

（一）让科学与产业的联系更紧密，完善国家创新生态系统

聚焦基础研究—应用基础研究—应用开发研究—中间试验研究—工程

化研究—产业化研究的全创新链过程（见图 10），重塑国家创新生态系统，推动创新的资源、制度、基础设施和人才的聚集，形成政策、科学、技术、产业协同演化的创新生态系统。加快政府资助研究成果的商业化进程，使企业更好地承接研究部门的知识产出，消除创新链条上工程化、产业化开发环节的断层。

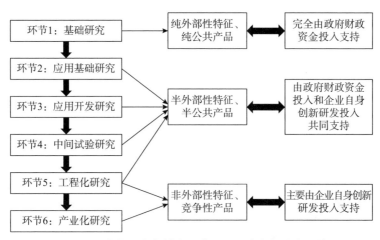

图 10　围绕打通创新链各环节重塑国家创新生态系统

资料来源：张杰，《构建中国国家战略科技力量的途径与对策》，2021。

提升从基础研究到应用基础研究再到中间试验研究的整体性、系统性的自主开发能力，建立以融合化—集群化—生态化为主线的长效机制。在传统制造业、高技术产业和战略性新兴产业的众多重点产业链体系中构建工程化、产业化平台。差异化构建和布局新型的国家重点实验室、国家工程中心和国家技术创新中心，分别以原始创新和前沿创新领域的探索、应用基础研究、颠覆性技术创新和共性技术创新领域职能为侧重点进行布局，形成三者之间合理分工协作的国家创新体系。着力培育和开发工程化自主能力，提升关键设备研发和制造能力、关键零配件研发和制造能力、关键原材料研发和制造能力等。

（二）强化国家战略科技力量，实现重大基础研究前沿突破

系统部署国家战略科技力量，推进使命导向型创新，提高基础研究对创新的战略支撑作用。发挥国家在创新驱动发展战略方向转型中的重要作用，实施"自上而下"的系统性转变。以解决国家重大科技问题、攻克共性关键技术为使命导向，体系化布局，统筹调动多学科团队、优化配置多类型资源，形成合力协同作战攻关，保证科技研发供给与产业技术需求的有效对接。在"需求大、应用广、迭代快"的新兴交叉学科领域率先发力，形成共性基础技术供给体系。同时持续稳定资助"投入大、周期长、见效慢"的基础学科领域。

在持之以恒加强基础研发的基础上，前瞻性地设立一批具有全球引领性的大科学研究计划和实施工程，加速形成若干未来产业。布局实施一批具有前瞻性、战略性的国家重大科技项目，集中优势资源攻关特定领域的关键核心技术。着力构建以国家需求目标为导向的"大科学"与以自由探索为导向的"小科学"协调发展的基础研究结构，形成以建制化科技力量为主导、政府深度参与、社会高效协同的创新系统。

（三）深化开放式创新，着力打造创新联合体

按照"小核心、大网络、专业化、开放式"架构，形成融通互动、紧密协同、合作共赢的创新联合体，打造一批政产学研用深度融合的创新联合体。突出领军企业、"专精特新"中小企业和地区头部企业在补链、延链、强链过程中的主体地位，发挥"链主"企业的领航作用。从市场需求出发，建立产业集群主导型创新联合体，以企业为主体建立创新联合体。采取龙头企业主导的方式，联合产业链上下游企业、科研院所，建设覆盖全产业链的重大协同创新平台，聚焦关键工艺技术，进行设备、材料及零部件共性技术开发和中试，形成产学研用协同创新机制，促进产

业链升级配套、成果转化及知识产权保护，培育出具有规模竞争力的制造企业，保障产业链供应链安全。

强化产业链上下游之间的战略合作与利益绑定，以国家级产业基金为纽带强化产业链资本联动和产业联动，构建自主可控的国内生产供应体系。

（四）创造更好的市场环境，与国家战略需求双重驱动创新

以扩大需求、培育创新市场为导向调整政府采购与标准政策，创造探索性产品的早期市场，加快国产技术迭代发展。鼓励领先用户使用，通过需求侧支持加速前沿技术产业转化，形成一批未来科技创新和产业发展的制高点。通过政府采购，提高新产品新模式的市场认知度和辨识度，引导消费升级，助推新兴产业市场潜力充分释放。

科研人员创业是实现知识在科学与产业界流动的有效途径，其他途径为合作开发或者转让专利。基于科学的创新对创新独占性的正式保护制度（如专利、设计、著作权等）的依赖性高于其他产业。鼓励并确保科研人员和创新者通过申请专利与知识产权实现其创新的垄断利润，加强知识产权保护是激励该领域持续进行创新的重要措施。

（五）面向不同产业链的创新类型因业布局、因群施策

因为产业的特性、相对优势的差异，驱动不同类型产业创新的动能也不相同。在新发展格局下，应分类型支持引导，因业布局、因群施策，实现差异化的集群发展目标。

科学研究型创新的主要知识来源是科学研究的突破，产品创新密集并且专利化比例较高。典型行业包括制药、生物材料、半导体设计、电子、有机化学、专用化学品、军事技术、航空等，这些产业中 15% ~ 33% 的

营业收入用于研发，而科研成果转化为市场产品的周期可长达 10 ~ 15 年，贸易密集度往往极高。

对于科学研究型创新着力点应放在加强基础研究布局，调动科学家创业，建设科技转化和工程化平台，培育科学的商业组织上。这些领域的创新具有"科学技术化，技术科学化"的特性，科学发现和产业的科学基础呈动态发展态势，科学知识来不及转化为易于传播的显性知识，企业一般不具备驾驭这些知识的能力，必须依靠掌握这种稀缺能力的科学家指导创新活动。科学研究本身存在高度不确定性，科学发现的价值不易衡量。虽然科学发现可以获得专利权，但由于基础科学研究面临最高的不确定性，对于科学发现难以精确定价，也就难以向科学家在创新中发挥的作用支付合理的报酬。高效且公平地利用科学家的稀缺能力，并激励科学家发挥其才能的途径莫过于吸引科学家通过创业的形式加入产业创新。

工程技术型创新的新产品设计开发过程多通过整合供应商与合作者的技术完成。主要包括航天、汽车和电信设备等产业，其研发密集度为中到高的水平，研发投入与销售额的占比为 3% ~ 13%，产品开发周期为 5 ~ 10 年或更长时间（麦肯锡全球研究院，2015）。

大型复杂产品的创新与大规模制成品有所差异，如轨道交通装备和飞机等产品包括数万甚至上百万的零部件，预研、立项、研发、测试、生产组装、商业化运营等各个环节都建立在整个产业生态链（包括原材料、元器件、零部件、研究院所、整车企业、用户等）成员之间结成紧密合作、共生共演的产业创新生态系统体系基础上（谭劲松等，2021）。复杂的产品供应链是各家供应商通过市场竞争的方式逐步磨合形成的体系，在短期内改变这类产品的全球供应链体系具有较大的难度。

对于工程技术型创新，着力点应为培育有全球竞争力、在全球处于领先地位的产业集群，支持领军企业组建创新联合体，带动中小企业创新活动。

规模密集型创新通过生产环节的优化来降低成本、缩短生产时间、提升质量。主要包括大宗化学品、食品、纺织、电气设备、建筑机械、金属产业。这些产业的生产活动一般具有规模经济的特征，企业之间主要围绕资源的有效利用开展竞争，技术变革通常是渐进式的，过程创新与新产品开发并存，与其他产业相比整体创新强度较低。降低劳动力成本对这些产业尤其重要。

对于规模密集型创新，着力点应为利用大规模市场优势增加应用，以需求驱动、培育有竞争力的供应商并加强流程创新，推动新技术的应用。

专业化供应商创新主要为其他产业提供新工艺，例如机械和仪器设备等产业。这些产业的创新投入大多来自劳动力中隐含的知识和设计技能，且由于人力资源和体现的知识在创新工作中所起的作用而较少关注降低劳动力成本。部门企业竞争成功的关键在于持续改进产品设计和性能以及对用户需求的快速反应能力，这些用户更专注于产品的性能表现而不是价格。

对于专业化供应商创新，着力点应为培育围绕关键共性技术的产业创新生态，提供良好的市场条件鼓励创业活动。

四、科技创新支撑产业链供应链稳定性和竞争力的政策建议

新发展格局下的创新驱动发展战略实施需着重建设新型举国体制以攻关"卡脖子"环节关键技术，针对技术创新的不同特征和产业发展不同阶段对新兴产业和传统产业采取差异性布局措施，同时培养高质量科技创新

型人才确保创新驱动发展战略的有效实施。

（一）建设"卡脖子"环节攻关的新型举国体制

新型举国体制建设需要以共同利益为纽带、以市场机制为保障，政府力量与市场力量协同发力组织任务导向型创新。其核心在于构建"国家战略科技力量＋企业技术创新能力"一体化体系。塑造以"国家实验室、国家重点实验室、国家工程中心或大学等专业化科研机构＋现代化产业体系"为主导的体系。

探索重大项目"揭榜挂帅"制度，构建"企业出题、政府立题、广泛创新主体协同破题"的创新机制，"自下而上"激发创新活力。在重大科技攻关的组织管理中，建立需求和应用导向。政府作用主要聚焦于整合创新资源、降低新技术商业化成本和风险、弥合实验室技术与市场商业化应用之间的鸿沟等方面。

"政府立题"是关键。组织政府部门、龙头企业、行业专家、国内外学者共同针对集成电路、基础软件、先进计算等重点产业进行产业生态发展路径评估，绘制基于需求驱动、问题导向的覆盖"产品—技术—原理"全链条的产业创新图谱。研判关键技术发展方向，形成重点产业战略技术路线，关键核心技术、共性技术研发攻关专项指南。

围绕"卡脖子"领域的科学问题清单布局国家战略科技力量，并采用"揭榜挂帅"方式予以支持。发挥政府重大科技创新组织者和市场激励的协同作用，促进科技创新边界融合和集成化趋势，并且完善激励机制激发各创新主体的协同创新能力、提高科技攻关的组织化和协同化水平、形成关键核心技术攻关长效机制。探索形成聚焦产业前沿，打造产业链、创新链融合，围绕平台能力建设研发组织模式。

既充分发挥国家财政资金的杠杆作用，又充分利用市场机制撬动企业和其他社会资金的投入。面向关系国家战略的重大科学和工程创新的任务与目标，统筹布局和配置资源，发展壮大一批政产学研用创新联合体，并开展协同攻关，制定相应的激励、共享机制和评价体系等。吸纳技术中介机构、金融机构等科技服务机构积极参与。

（二）加快建设国家实验室与重组国家重点实验室并组建创新联盟

在新发展格局下应面向国家发展战略对科技创新的新要求和科技发展新趋势，对现有的学科方向布局进行调整，在一些重要学科新建一批国家重点实验室，同时加快布局学科交叉综合型的国家实验室。打破已有的实验室分类体系，建立基础研究、应用基础研究、前沿技术研究融通发展的新体系。

进一步明确区分国家实验室和国家重点实验室的定位。国家实验室应根据国家重大战略需求，在新兴前沿交叉领域和具有我国特色和优势的领域，加快建设若干队伍强、水平高、学科综合交叉的国家实验室，整合多学科交叉力量形成"全链条"发展模式；国家重点实验室关注重点的领域，研究的问题更为聚焦。应用技术研究的实验室可整合企业资源在功能上延伸，形成围绕重大研究任务的实验室联动与合作机制。

从科学和技术发展的推动出发，充分发挥国家实验室、国家重点实验室、公共科研机构研发力量的雄厚优势，构建学科集群主导型的创新联盟。以科研机构为主体，联合行业龙头企业和产业链供应链相关企业，用户，高校，建立创新联盟。可采取"国家重点实验室/国有科研机构+企业会员+政府补贴"的形式。改善以往产学研合作中业余兼职、咨询服务、单一性成果转让或者合作开发等形式，建立起目标更为综合、长期、集成式的合作关系。

该创新联盟模式适用于涉及国家关键利益、公众生命安全的战略性新兴产业领域，科学研究密集型创新领域，产业发展面临的科学问题发展不成熟的领域以及需要多学科交叉发展的技术攻关的领域。

要建立以专业管理机构为依托，战略目标为导向，项目经理人为核心，"多阶段、组合式"资助为特点的项目资助与管理体制。应依据所在领域生命周期阶段、所处创新链位置及其与产业链结合的紧密程度进行差异化布局，采用"国家所有—国家运行"或"国家所有—社会力量运行"等多种模式，打造兼具稳定性与灵活性、前瞻性与储备性、持续性与动态性的纵深交叉研究平台。

创新联盟的管理模式可借鉴美国"DARPA模式"项目经理人机制，实现政府部门管理立项和项目经理人管理科研项目推进实施的分层管理，组织产学研联盟共同推动技术研发与应用。采用4种方式：一是组建若干制造业创新研究所，与高校、企业联合开展先进制造业研发；二是通过分包研发合同、下设研发中心开展产学研合作，与其他国家重点实验室合作开展研究和协同创新；三是面向未来新兴技术，成立新兴产业技术研究院；四是面向中小企业发展需求，建立共性技术研发平台。

（三）新兴产业产业链创新的组织布局

新兴产业产业链创新的组织布局，需要在考虑技术和产业发展特点的基础上，向融合化、集群化、生态化发展。

一是加强前沿技术布局，构建跨领域的创新产业集群，以新兴技术群突破推动未来产业发展。基于产业和技术发展趋势的预测，采取超前布局和动态调整相结合的重大科技专项布局方式，有效应对未来科技发展的不确定性。加强对量子信息、基因技术、脑科学、空天科技、深地深海等前沿科技基础研究的支持。从基础前沿、重大共性关键技术到应用示范进行全链条设计，加速基础前沿最新成果对创新下游的渗透和引领，构建一批各具特色、优势互补、结构合理的战略性新兴产业集群，培育新技术、新产品、新业态、新模式。

二是建立工程化和产业化平台，促进科学研究与产业化技术融合。一般新产品开发需要经历技术研发、工程化和产业化 3 个阶段，大致分别对应技术成熟度的 1~3、4~6 和 7~9。当前研发活动主要集中于高等院校和科研院所，科研人员研制出的技术和样机与市场化应用尚有非常大的差距，且这种差距在短时间内难以缩小，目前各种政策体制均不利于此阶段工作的开展，须建立工程化和产业化平台进行支持。

三是培育围绕关键共性技术的产业创新生态。围绕基础材料、核心零部件、重大装备、先进科学仪器和检验检测设备、工业软件等存在重大产业安全隐患的领域或严重制约产业发展的产业链关键短板和痛点布局创新链，以夯实基础研究为依托，强化应用基础研究。以关键共性技术能力建设为纽带，引导并调动大学、科研机构、创新链中的不同企业以及新型研发机构投入关键共性技术创新。

四是增加创新开放性，构建多元化的技术路线。数字技术进步推动了世界更大范围、更深程度的连接，提升了创新资源的流动性和可用性，使得创新要素和资源更易于被获取，创新创业门槛降低，产业组织和社会分工持续深化。推动以用户为中心、多元主体参与，在更大范围合作的开放式创新等新模式。以互联网核心平台为纽带，实现"生态型共建"。激发自下而上的创新活力，加强研发活动的合作。构建良好的创新生态，集聚整合创新资源、提高创新效率。

（四）传统产业链创新的组织布局

传统制造业的创新与效率提升对确保产业链供应链稳定性和竞争力具

有重要作用。但是传统产业倾向于通过维持固有的技术—经济—政治—社会的范式，阻碍新进入者的竞争。在发展新兴高技术产业的同时，应注重为制造业、传统产业的发展创造空间（威廉姆·邦维利安等，2019）。利用传统产业发展优势和超大规模市场优势引导传统产业向数字化、精细化、品牌化、专用化和集群化发展。

一是在提升传统产业链中锻造长板，增强对产业链关键节点的控制力和产业生态的主导力。加大企业设备更新和技术改造力度，同时优化区域产业链布局，推动制造集群化发展，培育新的经济增长极。提升产业基础高级化、产业链现代化水平，进一步做优做强优势产业。全面增强工程化阶段的自主创新能力，实现二次创新。利用独特的大规模生产制造能力，与供应商和合作伙伴合作进行产业基础升级，向全球价值链高附加值攀升，使我国的产业链在全球产业链条中占据中高端的位置。

二是在大企业技术升级的过程中，为中小企业创造市场和技术条件，培育大批"专精特新"企业。鼓励和促进中小企业实施专一化发展战略，做"配套专家"，形成小而强、高经营自主权的发展路径。专注产业链和市场细分领域，选准主攻方向，集聚有限资源，形成核心技术或配件配方，在差异化、小众行业的细分市场中赢得主动，利用研发制造经验的累积，提升研发强度和创新效率。引导和推动中小企业加快建立精细高效的管理制度和流程，开展精益管理，生产精良产品。支持中小企业实施知识产权战略，形成拥有自主知识产权的产品和技术。

三是以数字化推动传统产业转型升级，促进数字技术与传统产业的深度融合。充分发挥数字经济的产业赋能作用，鼓励传统产业应用数字技术助力实体经济转型升级，加大5G网络、数据中心等新型基础设施建设的投入，为传统产业升级和提升产业链供应链现代化水平构建良好的基础条件。促进制造业产品与传感器、物联网、大数据、无线通信、移动互联网、自动控制等技术的集成和跨界融合创新，提升产品数字化、网络化、智能化水平。通过新型基础设施建设推动大规模产业化技术成果的应用，扩大技术创新、技术供给和产品的跨行业流动和使用。积极构建大数据网络中心和互联网服务平台，提升数据分析处理的能力，促进企业实现生产制造与管理决策过程中的数字化转型。在以数字技术为核心的新一代科技革命和产业变革中，确保数字化技术与垂直行业紧密融合，在测试与试用中发现问题，获得改进机会。

四是围绕区域优势产业布局创新链，加快延伸拓展产业链，构建特色创新型产业集群。发挥优质企业重要作用，培养一批具有生态主导力的产业链"链主"企业。整合创新资源和要素，打造一批具有全球竞争力的世界一流企业。重点培育集成能力强、市场占有率高、产业链拉动作用大的"链主"企业和关键领域头部企业，强化"链主"企业、核心配套企业的支撑作用，全力打造全产业链条。围绕区域内优势教育科研资源和产业发展布局产业共性关键技术。建立"企业出题、高校院所破题"的产学研用合作模式，推动建立"高校院所+技术平台+产业基地"的创新链条。

（五）推进资助高风险创新活动的科技金融制度

健全法规政策环境，引导社会资本资助高风险长周期的创新活动，促进形成"科学家+风险投资家"的创业模式，助力科学研究成果的产业化。多渠道拓展风险投资来源，实行高技术风险投资税收优惠政策。鼓励各类资本有序投资，促进新兴产业市场主体多元化发展。完善风险投资机制，引导社会资本为创新活动提供重要的资金支持。在科技成果转化服务平台构建科研人员与风险投资者互动平台。促进政策性与市场化的统一，提高基金运作效率。建立健全转板机制，使不同市场不同企业在股权融资上更好匹配。建立部门联动机制，加强金融部门与产业部门的政策协同。

（六）培养高质量科技创新型人才

构建"科教融合＋校企联合培养博士＋应用技术大学教育＋职业教育"梯度层次分明的科技人才培养体系。建立企业与学术界联合培养博士研究生的机制，通过人才流动促进知识流动。选取知识密集型龙头企业作为试点，给予创新领先企业试点招收培养博士研究生的资格，但学位授予和课程教授由具有博士学位授予资格的高校或科研机构执行，采取校企双导师制，确保其培养质量。在培养创新人才的同时以解决企业创新实际问题为导向攻关科技难题，将产业技术难题还原为科学问题进行攻关。

企业负责提供经费和项目支持，高校负责知识创新和技术传授。可解决目前产业中缺乏创新型人才的问题，并且避免过度引导科研人员从事商业化活动的倾向产生副作用以及导致学术科学工具化甚至被产业控制影响基础研究的质量。

博士生是科研创新活动的重要力量，校企联合培养博士生将成为校企合作创新的新型纽带。而且，在校企联合培养博士生的过程中产生的科研成果既具有学术性又具有应用性，实现了学校、企业、科研机构多方共赢。由于企业创新多从解决实际问题出发，校企联合培养博士生可形成多学科交叉的研究基础，与学术界以学科导向从事的科研活动形成互补。

重视工程师教育，培育中国"工匠精神"，完善现代职业教育体系。建立和完善以企业为主体、应用型技术大学和职业院校为基础、校企合作为主要模式的技能人才培养模式。前瞻布局技能人才培养专业结构，探索发展本科层次职业教育，招生、投入等政策措施向应用技术类型职业大学倾斜。

执笔人：王芳

参考文献

[1] 国务院发展研究中心创新发展研究课题组. 全球科技创新趋势的研判与应对[N]. 经济日报，2021-1-22.

[2] 梁正. 高水平科技自立自强亟待破解的核心问题[J]. 国家治理周刊，2021（1-2）.

[3] 麦肯锡全球研究院. 中国创新的全球化效应[R]. 2015.

[4] 麦肯锡全球研究院. 全球价值链的风险、韧性和再平衡[R]. 2020.

[5] 秦铮，周海球，刘仁厚. 后疫情时代全球科技创新趋势与建议[J]. 全球科技经济瞭望，2021（8）.

[6] 史丹，许明，李晓华. 推动产业链与创新链深度融合[N]. 经济日报，2021-12-1.

[7] 谭劲松，宋娟，陈晓红. 产业创新生态系统的形成与演进："架构者"变迁及其战略行为演变[J]. 管理世界，2021（9）.

[8] 威廉姆·邦维利安，彼得·辛格等. 先进制造：美国的新创新政策[M]. 沈开艳，等译. 上海：上海社会科学院出版社，2019.

[9] 中国信息通信研究院. 全球产业创新生态发展报告[R]. 2021.

[10] 张杰. 构建中国国家战略科技力量的途径与对策[J]. 河北学刊，2021（5）.

[11] 张于喆，张铭慎，郑腾飞. 构建新型科技创新举国体制若干思考[J]. 开放导报，2021（3）.

[12] National Science Foundation. Science and Engineering Indicator 2020[R]. 2020.

[13] White House of US. Building Resilient Supply Chains, Revitalizing American Manufacturing, and Fostering Broad-based Growth[R]. 2021.

以绿色低碳转型提升我国产业链供应链稳定性和竞争力

近年来,随着全球对气候变化问题的重视和更有约束力的碳排放目标被确立,以及碳关税等相关政策工具不断被纳入政策视野,各国产业的低碳化越来越成为产业竞争力的重要方面。我国要尽快适应这一趋势,尽早转型,充分利用我国的规模优势和产业基础能力齐全等优势,在绿色低碳转型中取得更加有利的竞争地位,利用低碳转型的机遇进一步增强我国的产业竞争力,提升产业稳定性。

一、绿色低碳已经成为全球产业发展的重要趋势

工业革命以来,全球经济获得了极大的发展,人类生活水平和物质积累的速度比工业革命前有了翻天覆地的变化,但也带来了全球大量的温室气体排放和越来越明显的气候变化问题。近年来,推动各国产业向绿色低碳转型已经成为全球的共识。

(一)工业革命以来全球经济快速发展伴随着温室气体排放急剧增加的代价

根据安格斯·麦迪森的统计,全球经济在工业革命以前一直处于马尔

萨斯式的增长过程中，全球人均 GDP 基本维持在 400 ~ 650 国际元（1990
年价格），在工业革命以后才出现了持续快速增长。到 20 世纪初，全球人
均 GDP 达到 1500 国际元；到 21 世纪初接近 6000 国际元；而到 2013 年，
已经超过了 8000 国际元（见图 11）。

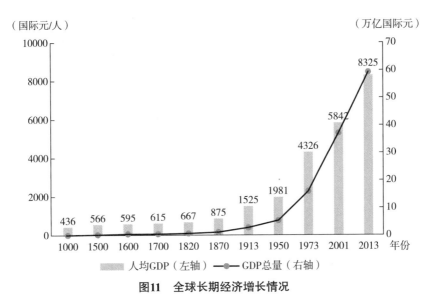

图11　全球长期经济增长情况

资料来源：安格斯·麦迪森，《世界经济千年统计》，北京大学出版社。

传统经济增长模式下，快速经济增长伴随着大量的化石能源消费和
相应的温室气体排放。根据世界银行统计，1971 年，全球能源产量为
58.8 亿吨油当量，到 2012 年增长到 131.6 亿吨油当量。从温室气体排放
看，1960 年，全球向大气中排放温室气体 270.6 亿吨，而到 2018 年时，
温室气体排放量已经增长到 458.7 亿吨。

（二）全球应对气候变化的责任和意识推动绿色化低碳化发展

不少研究发现，工业革命以来的温室气体排放与全球气候变化之间存
在高度相关性。一些国际机构研究认为，18 世纪 60 年代工业革命以来的
200 多年间，全球燃烧化石能源排放的二氧化碳累计达到了 1.22 万亿吨。

在 1906—2006 年，全球温升达到 0.74℃。2007 年联合国政府间气候变化专门委员会（IPCC）第四次评估报告指出，人类排放的二氧化碳很可能是全球气候变化的主要原因（彭近新，2012）。

1992 年联合国环境与发展会议期间，参会国签署了《联合国气候变化框架公约》，这是世界上第一个应对全球气候变暖的国际公约，标志着国际社会对气候变化达成了共识，并开始付诸实际行动。1997 年《京都议定书》在《联合国气候变化框架公约》的基础上，规定发达国家从 2005 年开始承担减少碳排放量的义务，而发展中国家则从 2012 年开始承担减排义务。《京都议定书》还规定发达国家 2012 年要实现在 1990 年基础上减排 5% 的目标。

《巴黎协定》首次确定了在 21 世纪下半叶实现温室气体净零排放的目标，也开启了全球产业绿色低碳转型的新时代。2015 年，第二十一届联合国气候变化大会在巴黎召开，《联合国气候变化框架公约》近 200 个缔约方一致同意通过《巴黎协定》，提出要把全球平均气温较工业化前水平的升高幅度控制在 2℃之内，并为把温升控制在 1.5℃之内而努力。该协定还提出全球将尽快实现温室气体排放达峰，21 世纪下半叶实现温室气体净零排放。2021 年 11 月，在英国格拉斯哥举行的第二十六次联合国气候变化大会上，进一步就《巴黎协定》实施细则等核心问题达成共识，开启了国际社会全面应对气候变化的新征程。

（三）我国确定了力争2030年前碳达峰和努力争取2060年前实现碳中和的目标

2014 年 6 月原中央财经领导小组第六次会议提出了"四个革命、一个合作"的能源安全发展新战略，指明了中国新时代能源发展的方向；2020 年 9 月，国家主席习近平在第七十五届联合国大会一般性辩论上发表重要讲话，指出中国二氧化碳排放力争于 2030 年前达到峰值，努力争取 2060 年前实现碳中和[①]，进一步明确了中国能源发展目标。从碳中和的时间目标看，我国完成工业化进程比发达国家晚了数十年，但实现碳中和的时间仅比一些发达国家晚 10 年，这无疑显示了中国巨大的发展努力和将对全球绿色发展作出的重要贡献。

二、绿色低碳水平将成为产业竞争力的重要内容

（一）低碳化将越来越成为国际竞争力的重要内容之一

碳关税的征收问题已经日渐成为世界各国争论和博弈的焦点。随着全球应对气候变化行动不断深入，各国产品的低碳化正在成为国际贸易的关注点之一。早在 1975 年，Markusen 就提出了通过征收碳关税防止"碳泄漏"的问题。Markusen 认为，各国在碳减排政策方面宽严程度不一，可能会带来"碳泄漏"和不公平竞争的问题，即假设某地区制定了严格的排放政策而其他地区没有这种政策，则本地高耗能企业就可能将生产或者工厂转移到该地区之外，使得减排政策效果打折扣，造成"碳泄漏"问题。另外，不对等的环境约束将对各地企业的竞争力造成影响。

欧美等国家和地区正在推动将碳关税从理论变成实际，各国产品的绿色低碳竞争力将逐步在国际贸易中体现。2021 年 7 月，欧洲议会公布了碳边境调节机制的提案，计划自 2023 年起逐步引入碳关税，并于 2026 年起实施。欧盟碳边境调节机制表面上是防止"碳泄漏"，实则是在保护传统产业竞争力的同时通过绿色产业带动欧盟经济复苏，抢占国际气候规则制定的主动权。2009 年 6 月，美国通过了《清洁能源安全法

---

① 《习近平在第七十五届联合国大会一般性辩论上的讲话》，《人民日报》，2020 年 9 月 23 日。

案》，规定从 2020 年开始，对未达到美国碳排放标准的进口排放密集型产品征收高额的碳关税。虽然此后并未实际执行，但 2021 年，拜登政府已经开始考虑征收碳关税。

不少跨国公司已经制定了全产业链低碳转型的规划，并对产业链上的所有企业提出了要求。2020 年 7 月，苹果公司发布《2020 年环境进展报告》，计划未来 10 年内，所有业务、生产供应链及产品生命周期将净碳排放量降至零，实现碳中和。按照计划，苹果公司将在 2030 年前将碳排放减少 75%，剩余 25% 将通过投资自然环境保护项目等方式来抵消。2020 年，大众汽车集团提出将通过全产品生命周期碳减排，至 2050 年在全球范围内实现碳中和，具体措施包括至 2025 年，在脱碳领域将投资 140 亿欧元，至 2030 年，欧洲和南北美洲工厂的电力将切换为可再生能源，以及通过雨林保护计划，或其他可再生能源项目实现碳补偿等。2021 年，海德堡水泥集团宣布将在挪威 Brevik 水泥厂建设全球水泥行业第一条全尺寸碳捕集和封存项目，预计每年可以捕集 40 万吨二氧化碳并永久封存。该项目预期可以减少该厂二氧化碳排放量的 50%。海德堡水泥集团承诺，到 2025 年，每吨水泥材料的单位净二氧化碳排放量与 1990 年相比降低 30%，最晚在 2050 年提供碳中和的混凝土。

（二）我国产业在低碳化发展方面存在不小的挑战

由于能源禀赋以煤为主，产业结构中传统重化工业比重较高，我国经济在低碳转型方面任重而道远。虽然自 20 世纪 90 年代以来，我国单位 GDP 能源消耗量有非常显著的下降，每千美元 GDP 消费的能源从 1990 年的 538.7 千克石油当量（本段的能源强度单位相同，GDP 为 2017 年不变价购买力平价法）下降到 2019 年的 150.6 千克石油当量，能耗强度平均每年下降 4.5%。但是，与其他国家相比，我国的单位 GDP 能源消耗量仍然明显偏高，不仅显著高于美国（2019 年为 110.4 千克石油当量）、英国（2019 年为 59.2 千克石油当量）、德国（2019 年为 69.7 千克石油当量）等发达国家，还显著高于巴西（2019 年为 95.9 千克石油当量）等发展中大国（见图 12）。

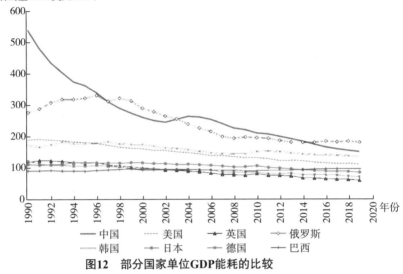

（千克石油当量/1000美元GDP）

图12　部分国家单位GDP能耗的比较

资料来源：Wind。

　　从制造业单位增加值能耗水平的比较看，我国产业低碳化转型任务也很艰巨。工业领域是能源消耗的主要产业，制造业则是工业中参与国际竞争的主体。制造业单位增加值能耗的水平主要与产业结构及制造业生产效率有关，其阶段性变化主要与工业化阶段有关。以高技术、高附加值为主的国家的制造业单位增加值能耗普遍较低，反之则较高。处于工业化早期和中期的国家，随着重化工业比重提升，单位制造业增加值能源有可能增加，而已经完成工业化的国家，这一指标往往基本稳定并随着技术进步而缓慢下降。从各国横向比较看，我国制造业能源效率处于中游水平，显著低于印度和越南等后发国家，低于能源资源丰富的俄罗斯，但仍普遍高于发达国家。2018 年，中国的单位制造业增加值能耗为 1.0 帕焦 / 亿美元，约为俄罗斯的 1/3，为美国、法国的 2 倍（见图 13）。

（帕焦/亿美元增加值）

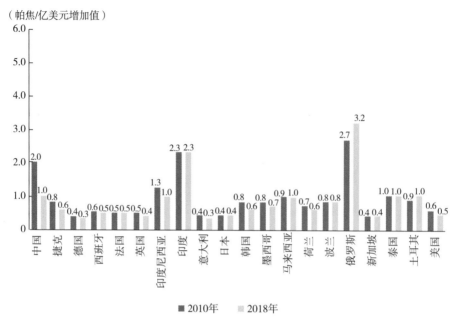

图13　2010年和2018年部分国家单位制造业增加值能耗的比较

资料来源：WDI，EIA，CEIC。

三、绿色低碳转型是我国进一步提升产业竞争力的重要机遇

我国已经明确提出力争在 2030 年前实现碳达峰，2060 年前实现碳中和，与发达国家相比，从碳达峰到碳中和的时间大大缩短，这对我国产业发展提出了重大挑战。但在全球各国均面临绿色低碳转型的挑战下，我国特有的产业基础优势和超大规模优势如果能够充分发挥，仍然可以成为再塑产业链竞争力的重要机遇。

（一）超大的工业规模有助于分摊巨大的绿色转型成本，有可能形成新的成本优势

1. 绿色低碳转型需要巨大的成本投入

根据国务院发展研究中心和壳牌国际联合研究的初步成果（壳牌国

际，2021），未来中国要实现净零排放，需要大幅增加年度新能源基础设施投资。中国2020年在新能源基础设施领域的投资约为2000亿美元。在未来10年，投资需要增加到3400亿美元/年，并且在21世纪30年代达到峰值，即大约3600亿美元/年，然后减少到2750亿美元/年左右。

能源基础设施投资将主要用于电力行业。电力行业（包括输配电投资）在能源基础设施总投资中占有最大份额。在大规模部署可再生能源、储能和能源网络基础设施需求的推动下，2020—2060年，电力系统约占总投资的60%。目前，氢能和碳捕集、利用与封存（CCUS）投资大多局限于小型项目。这两项技术的投资均大幅增加，并且在工业去碳化进程中发挥重要作用。随着电力行业的装机容量从2020年的1800 GW增加到2060年的8300 GW，仅电力、燃料和工业领域的投资总额至少可达12.4万亿美元（2020—2060年累计投资额）。

对于规模较小的经济体而言，绿色低碳转型所需要的能源基础设施投资规模会相应缩小，但仍然会存在较大的固定成本，单位GDP所需要的能源基础设施投资将高于我国。新能源基础设施建设中存在不少的研发和固定成本，比如光伏、风电等新能源并网上存在一定的规模收益，区域越大其电力的稳定性越高；能够吸纳高比例可再生能源的新型电力系统具有较大的外部性，较小的经济体将存在规模不经济的情况，氢能等基础设施的研发和投资也将存在规模经济性等。作为超大规模经济体，我国在这些方面都具有不小的规模优势，单位GDP的新能源基础设施成本可能相对较低，从而成为我国的一个新的比较优势。

2. 我国工业低碳转型具有规模化优势

在从采用脱碳技术形成的规模经济中获益方面，中国处于独特的优势地位。虽然工业脱碳必然会产生成本，但中国庞大的国内市场也为建立低碳竞争力提供了机会。例如，电解槽和碳捕集等支持工业脱碳的关键技术将通过规模经济产生巨大的成本削减潜力。利用这些规模经济可显著降低低碳钢生产成本。

钢铁行业在低碳化发展中的规模优势也非常突出。尽管中国生产的大多数钢材在国内市场销售，但随着国内需求开始放缓，出口的重要性可能会提高，而鉴于钢铁行业利润率较低，要在国际舞台上取得成功，低碳钢的竞争力至关重要。将碳捕集与封存技术应用于高炉，可实现11%的成本削减；使用氢能直接还原铁，可实现20%的成本削减。这将降低钢铁的绿色溢价，使之逐渐获得与传统炼钢工艺相比的竞争力。由于拥有庞大的国内市场，中国在利用规模经济方面处于独特的优势地位。

更多采用环保和节能保温等低碳化新材料，是实现绿色低碳转型的重要路径，我国巨大的工业规模有助于降低新材料的成本。无论是在建筑交通等重要耗能领域，还是在最终工业品或消费品行业，必须充分采用低耗能材料，而不少低耗能新材料价格相对较高，因此相对于使用传统材料的下游生产企业，更多使用低碳材料的下游生产将面临更高的成本，这被称为绿色成本。加快实现这些低碳新材料的规模化生产和创新发展将有助于降低材料价格，有助于降低采用这些新材料的绿色成本。例如，通过实现新材料的规模化生产，使用低碳钢制造汽车产生的绿色成本可降低50%，而使用低碳水泥建造房屋产生的绿色成本可降低25%。假设生产商将绿色成本转嫁给最终消费者，那么总体新增成本约为汽车总成本的1%。虽然这是一个相当低的水平，但中国汽车和建筑市场激烈且不断加剧的竞争状况意味着不断降低绿色成本非常重要。新材料生产效率提高和成本下降还可使某些最终产品对消费者更具吸引力。在交通运输部门，新材料效率可降低车辆运营成本：通过优化材料效率，轻型车每年的燃料成本可降低8%，从而提高制造商的竞争力。虽然电动汽车的燃料节省结果无法直接换算，但轻量化可提高其续航里程，并使其对消费者更具吸引力。

（二）绿色低碳化改变了不少现有产业的技术路线，培育了新的发展赛道

在化石能源为主导的工业化时代，很多工业产业形成了稳定的技术路线，特别是在中高端产品上，发达国家积累了先进而深厚的材料、机械、装配、零部件等系列化知识优势，后发国家很难追赶和超越，而绿色低碳化时代，不少产业的发展形成了新的技术路线，这将给后发国家带来新的发展机遇。这方面，汽车产业的核心部件发动机的转型就是典型的案例。

传统的汽车发动机领域，我国与世界先进水平相比仍然有一定差距。汽车发动机是传统燃油汽车的核心部件，无论是普通车还是豪华车，发动机成本都要占到整车成本的 12% ~ 18%，发动机的性能决定了汽车的动力性、经济性和环保性，是被车企视为"心脏"的核心技术。中华人民共和国成立后，我国汽车工业从无到有迅速发展，市场需求也快速扩大，自2009 年国内销量超过美国后，已经成为全球最大的汽车市场，2020 年我国汽车销售 2531 万辆，超过全球第二的美国（2024 万辆）和第三的日本（459 万辆）之和，国内市场发展也带动了汽车发动机水平快速提升。当前，我国汽车自主品牌中的国产奇瑞第三代 1.6 T 发动机、长安"蓝鲸"2.0 T 发动机、吉利 2.0 T 发动机虽然都有着不错的性能，但和国际知名汽车厂商的发动机相比，其在稳定性、燃油使用率以及耐用程度上还是有不小的差距。背后原因在于汽车整体技术是设计、制造、材料等一系列技术的综合体现，比如发动机的耐用性，其差距源于钢材料金属、合金比例、稀有金属混合制造的能力，以及发动机气缸套和活塞的匹配度等。而发动机的功率输出、稳定性输出和由于零件的精细程度不同所产生的公差数值

有关系。这一系列综合技术是需要长期积累和提升的，后发国家追赶过程一般都比较缓慢。

新能源车的动力电池和电机等技术取得了一定的优势。由于新能源汽车技术与传统燃油车技术有较大差异，传统车企在燃油车生产过程中积累的变速箱、发动机等核心技术和先发优势，在新能源领域不复存在。我国产业技术水平已经居于世界前列。以动力电池领域为例，中国已经抢占新能源技术部分输出高地。在锂电池技术领域，宁德时代、比亚迪等公司已经是世界级行业龙头，出货量世界领先。2019年宁德时代及比亚迪的市场份额分别以50.58%及17.28%占据市场前两名。随着2019年10月宁德时代德国工厂开工及2020年3月比亚迪刀片电池的发布，在电池行业中国制造已经具备国际先进水平。SNE Research公布的2020年全球动力电池装机量数据显示，2020年全球动力电池总装机量达138GW·h，同比增长17%。其中，宁德时代以34GW·h的装机量再次稳坐第一名。同时，比亚迪、远景动力（合资）、国轩高科、中航锂电等多家国产厂商名列前茅（见表6）。

表6　　　　　　2020年全球动力电池装机情况

企业	装机量（GW·h）
宁德时代	34
LG化学	31
松下	25
比亚迪	10
三星SDI	8
SKJ	7
远景动力（合资）	4
国轩高科	3
中航锂电	3
其他合计	13

资料来源：中国电动汽车百人会，《中外电动汽车关键技术对比研究》。

我国电动汽车的电机技术也处于国际前列水平。我国在电机行业有较好的发展基础，加上国内在稀土等材料上有比较强的供应链，我国的新能源汽车电机行业处于全球一线水平。根据中国电动汽车百人会的研究，我国电驱动方面在功率密度、系统集成度、电机最高转速、绕组制造工艺、冷却散热技术等方面基本处于国际一流水平（见表7）。

表7　　　　　　　　　　　国内外车用驱动电机技术现状

技术指标	国内驱动电机	德国宝马i3	美国通用Bolt	美国Remy HVH250-90	日产Leaf
峰值功率（kW）	128	125	130	82	80
最高转速（rpm）	12800	12800	8810	10600	10390
峰值转矩（N·m）	270	250	360	325	260
峰值效率（%）	97	97	97	97	97
功率密度（kW/kg）[1]	2.3/3.8	2.3/3.8	2.6/4.6	2.44	1.5/2.6
转矩密度（N·m/kg）[2]	4.3/7.1	5.2/7.6	7.1/12.7	9.70	4.7/8.5

资料来源：中国电动汽车百人会，《中外电动汽车关键技术对比研究》。

注：[1]功率与总质量比值；[2]转矩与总质量比值。

（三）绿色低碳化发展为不少新兴产业带来了全新的发展机会

在全球绿色低碳转型的背景下，一系列新兴产业将迎来发展机会。在这些新兴产业上各国处于相同的发展起点，拥有更多的发展机会。例如，近年来我国光伏等新能源产业的发展。

我国光伏产业已经实现产量和装机量规模全球第一。根据李美成等（2021）的统计，2007年我国太阳能电池的产量已位居全球第一，此后继续保持全球第一。截至2018年底，我国光伏组件的累计产量占全球光伏组件总产量的2/3以上，多晶硅产量连续10年位居全球第一。我国光伏制造企业的规模和实力也位居全球前列。2020年，我国光伏发电的新增装机容量达到了48.2 GW，已连续8年位居全球第一；截至2020年底，我国光伏发电的累计并网装机容量达到了253 GW，已连续6年位居全球首位。

我国光伏产业已经实现了全产业链的自主可控、部分环节全球领先的成绩。得益于良好的政策环境与技术积累，我国在硅材料生产、硅片加工、太阳能电池制造及光伏组件生产等环节已经具备了成套供应能力。我国光伏产业已形成了完整的产业配套设施，包括光伏专用设备、平衡部件和配套辅材辅料等，并且产业链各环节的规模也实现了全球领先。在全球光伏产业的各个产业链环节（包括多晶硅、硅片、太阳能电池、光伏组件、逆变器）前十位中，我国企业几乎占领了整个版图。在部分光伏设备制造环节，我国的设备在生产效率、生产精度等方面也居于全球领先位置。

四、促进我国产业绿色低碳转型的政策建议

我国已经制定了碳达峰和碳中和的目标，但同时也面临能源结构以煤为主的现实制约，特别是工业领域当前还存在脱碳技术不成熟、脱碳成本过高等诸多制约因素。要推动我国产业发展的绿色低碳转型，提升产业的绿色竞争力，需要切实贯彻落实国家相关规划和政策，从政府、企业和个人多方共同努力，推动全社会的绿色低碳转型。

一是加强科技研发创新能力。不同产业的低碳化转型任务不同，挑战不同，有的需要采用不同的生产工艺，有的需要采用不同的技术，有的需要提高能源使用效率。但总体上，各产业都要充分认识到绿色低碳转型的历史要求，要制造本产业或本企业的绿色低碳化发展战略，加强技术研发，通过管理精益化、技术先进化，节能和技术创新多措并举，尽早进行低碳化转型。

针对当前许多脱碳技术不够成熟的情况，建议政府加大支持力度，既鼓励研发机构进一步发展相关技术，也支持企业对尚处于早期阶段的、缺乏成本竞争力的脱碳技术进行试点应用，通过应用不断优化完善相关技

术，推动产学研用深度融合，鼓励有关行业协会、社会团体、骨干企业共同建设创新基地、联合实验室等合作平台，提升研发效率。推动建设一批科技成果应用示范工程，发挥示范引领作用。除了碳捕集与封存技术、氢能相关技术外，还需要加大对工业领域电能替代相关新材料、新装备等的基础技术研究，加大电能替代关键技术、核心装备攻关力度，为重点工业领域提供电气化解决方案。

二是加快实施能源革命战略，推动现代能源体系建设。要实现产业绿色低碳转型和经济增长的平衡，离不开丰富的低碳能源供应。我国能源资源以煤为主，近年来光伏、风电等零碳可再生能源发展较快，但仍然面临可再生能源的间歇性和消纳能力问题。今后既需要不断加大可再生能源的发展，包括进一步发展水电、核电等清洁能源，提高零碳能源的生产能力，更要加大新型电力系统的建设，加大对可再生能源消纳能力的技术研究，建立更加高效、坚强的智能电网，通过为产业发展提供可靠的低碳电力，为产业绿色低碳转型提供根本性支撑。

三是要加大对碳交易、碳税和能源价格体系等市场化政策工具的研究和推广执行力度。推动绿色低碳转型，需要充分发挥政府的支持和引导作用，更需要充分发挥价格等市场化机制的引导作用。建议加大电价改革力度，科学核定输配电价，将电能替代配套电网建设投资作为国家政策性重大投资纳入电网企业有效资产，将配套电网运营成本足额纳入输配电准许成本。完善售电侧峰谷分时电价，适当扩大峰谷电价差，推行售电侧、上网侧联动的峰谷电价机制。

另外，还要加快推进电力市场建设，支持电能替代项目参与电力市场中长期交易和现货交易。制定建立电能替代项目电量绑定新能源发电量机制。加快绿色债券市场的建立和基金发行，多渠道吸引社会资本，推动工业领域电气化市场化发展。当前，我国全国性碳交易市场已经开始运行，但还需要尽快总结经验，并尽快扩容，把更多高耗能产业纳入碳交易的框架中。此外，还要进一步推进能源价格体系的优化，利用有效的价格体系增强低碳、零碳能源的吸引力，引导更多的社会资源投入低碳能源的生产和供应中，引导企业和居民更多地节约能源，更多使用低碳能源。

四是构建支持低碳工业产品的消费市场。要大力促进低碳工业品的需求，培育有利于工业低碳化发展的外部环境，为此，要建立相关标签和标准，以确保所有用户都能够识别低碳工业产品。提供经验证的可靠信息，是刺激低碳产品需求的首要关键步骤。这些标签和标准应当旨在区分最佳绩效或创新型方案。还要积极通过标准来引导需求，例如，政府可以调整产品的能效标准、建筑和材料的低碳标准等，通过标准不仅可促进工业生产部门的减排，还可促进整个供应链的减排。在公共采购中尤其要注重增加对低碳材料的购买，形成示范效应。

执笔人：许召元

参考文献

[1] 安格斯·麦迪森. 世界经济千年年统计[M]. 伍晓鹰，施发启，译. 北京：北京大学出版社，2009.

[2] 李美成，高中亮，王龙泽，等. "双碳"目标下我国太阳能利用技术的发展现状与展望[J]. 太阳能，2021（11）.

[3] 壳牌国际. 新能源基础设施融资——氢能、生物能源和电气化投资路线图（工作报告）[R]. 2021.

[4] 彭近新. 全球绿色低碳发展与中国发展方式转型[J]. 环境科学与技术，2012（1）.

[5] 中国电动汽车百人会. 中外电动汽车关键技术对比研究[R]. 2018.

[6] Markusen, J. R. International Externalities and Optimal Tax Structures. Journal of International Economics[J]. 1975.

以数字化、平台化发展提升我国产业链供应链稳定性和竞争力

科技革命是推动产业变革的先导性力量。过去几十年，信息化助推了全球化发展，并引发了全球产业链形成等一系列重大变化。当前，数字化、平台化正在全球范围内加速发展，已经开始显著改变很多重要产业链供应链的物质形态和价值形态。对我国而言，需要顺应时代发展变化，加快推进数字化、平台化转型，并以此提升产业链稳定性和竞争力，为实现全局目标奠定更坚实的基础。

一、数字化、平台化发展是大势所趋

数字经济是以数据资源作为关键生产要素、以现代信息网络作为重要载体、以信息通信技术的有效使用作为效率提升和经济结构优化重要推动力的一系列经济活动。数字经济成为继农业经济、工业经济之后的新经济形态，也成为新一轮科技革命和产业变革的典型特征。数字化发展带来的一个重大变化就是平台化，两者是高度关联的。

（一）从全球看，数字化、平台化发展持续加速

根据国际数据公司（IDC）研究报告，2020年全球数字化转型技

术和服务支出增长10.4%，达到1.3万亿美元。从2018年开始，全球1000强企业中已经有67%的企业启动数字化转型战略，数字化转型成为企业培育发展新动能的重要途径。全球前十位市值企业中，数字经济企业数量由2008年的1家增加至2019年的8家，市值占比跃居87.1%，数字经济已成为驱动全球经济发展的重要引擎（见图14）。

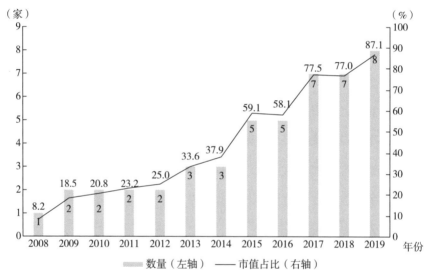

图14　全球市值前十位企业中数字平台的数量与市值占比

资料来源：中国信息通信研究院，作者整理。

随着数字经济发展、智能技术应用、分工协作模式演化的持续推进，平台经济迅速崛起，逐渐成为推动数字经济与产业发展的重要力量。数字平台基于互联网与大数据和算法等数字技术，连接两种以上不同类型（边）的用户群体，高效率且规模化地匹配零散需求与供给，具有强大的网络效应，类型几乎涵盖生产生活的方方面面（见表8）。

表8　　　　　　　　　　　全球典型平台企业

类型	美国	中国	英国	日本	韩国
搜索	谷歌	百度	UK Key	Goo、日本雅虎	NAVER
电商	PayPal（eBay）	阿里巴巴	ASOS、ShopDirect	乐天、Mycloset 租赁平台、Laxus 在线租包平台	Coupang
社交	Facebook、领英（LinkedIn）	微信、微博、陌陌、抖音	WhatsApp	LINE	Kakao Talk
金融	Trade Station、Kickstarter	支付宝、陆金所	Funding Circle、Rate Setter	Monex	Toss
物流	Blue Apron、Fresh Direct	菜鸟网络、丰巢	Ocado	雅玛多	CJ大韩通运
健康服务	Healthgrades、Zocdoc、Vitals	春雨医生	TPP	ALLM	—
制造业	GE Predix	车联网（上汽集团）、树根互联	The Floow	Toyota Rental Car Services	Ocean 研发创新平台（三星）
文化创意	Time Warner	喜马拉雅、知乎	Creative England	电通集团	—

资料来源：国务院发展研究中心产业经济研究部，《平台经济的发展与规制研究》，2019年。

（二）从国内看，数字化、平台化发展已成为新引擎

我国数字经济蓬勃发展，成为当前最具活力、最具创新力、辐射最广泛的经济形态。据统计，我国数字经济规模已由2015年的18.6万亿元增长到2020年的39.2万亿元，占GDP的比重由27.5%上升到38.6%，增速远高于同期GDP增速（见图15）。2020年我国产业数字化规模达31.7万亿元，占数字经济的比重达80.9%，产业数字化已成为经济增长的强大引擎。

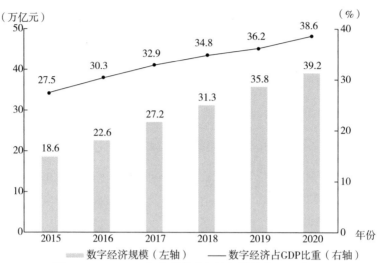

图15　2015—2020年我国数字经济规模及占GDP比重

资料来源：中国互联网协会，作者整理。

数字化平台作为数字经济时代重要的创新模式，与传统企业有显著差异，如成长极为迅速、运营成本比传统企业更低、客户黏性高等。2015—2019年，我国市场价值在10亿美元以上的平台数量增长了近200%，市场价值处在前十名的平台市值占据70%左右的市场份额（见图16）。

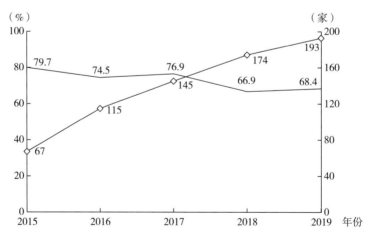

图16　我国市值10亿美元以上数字平台数量和市值处在前十名的平台市值占比

资料来源：中国信息通信研究院，作者整理。

数字化和平台化相互交织融合，是实现数字经济与传统产业链深度融合的重要途径，是新时代背景下推动高质量发展、打造我国产业链数字生态新优势的必由之路。一方面，数字化转型是推动产业链现代化发展的重要抓手。随着数字技术的蓬勃发展及其在产业经济领域的融合应用，数字化转型已然成为重塑产业链分工协作新格局、推动我国产业链迈向全球价值链中高端的新动能。产业链数字化既是产业链现代化的本色体现，也是产业数字化发展的必然结果。另一方面，平台化发展是产业链数字化转型的主要实现方式。平台在我国不同领域发挥信息聚合、资源共享和交易服务的功能，为生产和服务持续赋能，是产业链数字化转型的"工具箱"。培育产业链平台化发展生态，是加快推进产业链数字化转型的重要路径。

二、以数字化、平台化发展提升产业链供应链稳定性和竞争力

以数字化技术为代表的一系列新兴技术的创新发展和扩散应用，极大提升了人类采集、分析、应用数据信息的能力，拓展了人与人、人与物之间的连接范围和深度，再度将人类从一般性工作中部分解放出来，进一步发展了社会生产力。加快实现数字化、平台化发展，在很多领域可以发挥提升效率、促进创新和分散风险的作用，还改变了一些领域产业链供应链的现有形态。

（一）显著提升生产制造效率

数字化技术工具的广泛应用，推动了传统生产的生产线设计、工艺参数设定、物流供应、人与机器协同等诸多业务活动，由实物模拟向数字仿真转变，在很多重要产业领域都产生了重要影响。

先以飞机生产制造环节为例，上游企业可以基于数字孪生技术，建立不同工况条件、不同场景的复杂模型，模拟真实世界的制造设计，在数字世界对飞机进行全生命周期各项活动的仿真分析和评估，过去必须在真实世界里执行的飞机测试工作现在能够在数字世界里完成，大幅提升生产制造全生命周期效率，实现生产过程快速迭代和持续优化。

再以汽车产业为例，产业数字化转型的过程框架主要分为三大层结构：一是以研发、制造和服务为基础的物理层，也是汽车产业最主要的核心业务层；二是基于数字化技术的平台层，通过互联网平台对数据进行集成、处理和计算；三是由数字资产形成的数字层，是汽车产业的物理层通过数字化技术在虚拟空间的映射，实现汽车产业的虚拟制造的全过程。总的来看，数字化是实现该框架体系的关键，包括4个核心技术要点：一是智能产线和智能装备，涵盖了自动化生产线、工业机器人和AGV等智能化生产要素；二是工业互联网，用来收集和传输汽车产业物理层的数据；三是工业大数据平台，用来对采集的数据进行处理和分析计算，形成数字化信息；四是虚拟仿真技术，用于基于数字化的虚拟汽车生产全过程的仿真。

类似的重要例子还有很多。通过对积累的产业知识的软件化或者通过机器学习掌握生产过程中的规律，可以用人工智能系统替代过去机械化或人工从事的工作，大幅提高设备运行效率。比如，图像识别是人工智能相对成熟的细分领域，通过对制造过程中的产品（钢水、液晶面板等）图像与其质量关系的历史数据进行分析，可以生成一套用于该工序的人工智能算法，借助图像识别判断产品的质量。再如，通过对生产过程中各种设备、各个环节产生的数据进行分析和参数优化，能显著提高产品良率、降低物料损耗。阿里云就帮助保利协鑫苏州多晶硅切片工厂优化工艺参数，使切片工厂的良率提高了1个百分点，实现每年节约成本1亿元。

（二）推动产业链形态发生变化

一方面，数字化转型能提升产业链分工前端包容性。在数字化技术条件下，过去几十年分工深化的趋势进一步延伸与发展。例如，在产品设计环节，由于数字化工具的应用，设计方案进展可以实时在各地传输，更多的研发主体和研发人员参与其中，全球 24 小时不间断研发成为可能。在生产制造环节，更加广泛的智能互联体系助力工厂、设备之间解决"信息孤岛"、质量监控等问题，同时极大地提升中间品贸易的便利性，使得企业能够进一步充分利用各地的生产要素禀赋，推动经济从主要依靠人力和资本等生产要素投入向全要素生产率驱动转变，赋予生产要素新的内涵与活力。例如，德国洪堡工厂通过制造执行系统（MES）等技术，以传感器读取零件上射频识别芯片上的数据并传输到数据平台，将零部件、机器、生产管理、运输车辆、工人甚至产品相互连接，极大地提升了生产效率，降低了零部件库存率。

另一方面，数字化转型还会缩短产业链中间环节。数字化生产经营方式使得终端生产与消费之间的环节被压缩。在传统模式下，终端产品与消费者之间存在多个流通环节，消费者与生产企业之间相互割裂。在数字时代，移动互联网、电子支付方式的普及推动信息及时传播，大幅降低了生产端与消费端连接的成本，提高了上下游企业连接的便捷性，推动生产和服务模式发生转变。数字化的普及不仅提高了前端产业链的包容性，也缩短了上游企业与下游企业、终端生产与消费之间的环节，提升上下游活动的运营效率，显著改变了产业链、价值链的构成和特征。以美的电器为例，构建数字供应链预测市场消费趋势，优化中间仓储环节，商品从入仓到送入消费者手中，过去需要 30 ~ 45 天，现在仅需要28 天左右。

（三）形成全产业链有效协同

数字化平台以产业链终端用户为中心，展现出不同于传统模式的新形态。传统的生产经营模式主要以产品为中心，使用传统的、支撑性的信息化工具或技术，实现单域的管理运营，形成单向线性的产业链条。相比之下，数字化平台通过云计算、大数据、物联网、边缘计算、人工智能等，实时监控与分析产业链终端需求情况，以海量用户数据反哺产业链上游的设计环节，形成全链条协同发展的闭环网状生态。

通过协同产业链上各方资源，数字化平台能助推企业实现定制化生产，提供差异化需求解决方案。以海尔智能互联工厂为例。该工厂有三大基本特征：一是定制，将用户碎片化需求整合，实现大规模定制，由为库存生产到为用户创造，用户全流程参与设计、制造等，把用户由消费者变成创造者和生产者。二是互联，包括内外互联、信息互联、虚实互联。三是可视化，全流程体验可视化，用户实时体验产品创造过程。用户可以实时查看产品制造的每一个步骤，包括何时排产、何时上线、何时发货，甚至能追溯到目前产品在生产线上相对应的位置，将生产工厂全面透明化，提升用户使用体验。

总之，这些互联网平台通过实现"软件、硬件、网络、数据"系统集成，有助于打通原本存在的各类"数据孤岛"，促进全系统、全价值链、全产业链和产品全生命周期的互联互通，进而催生大规模个性定制、网络协同制造、服务型制造、智能化生产等新模式新业态，推动生产要素和生产体系全局性优化。

（四）在多层次多链条上分散风险

有利于分散企业内部运营风险。在决策方面，平台化协作模式极大地拓宽专家咨询范围,云计算和大数据分析能加快决策过程,这有助于降低决策风险、压缩响应时间。信息与通信技术的应用还能打破时间和空间的限制,降低企业内部子公司之间、部门之间、上下级之间的沟通成本,使扩大企业规模、延伸企业边界和缩减层级等具备可能。同时,利用大数据、机器学习等进行数字化建模,以精准的数据分析替代笼统的经验判断,还能提高企业内部资源配置效率。

有利于分散产业链上各企业风险。以工业互联网平台为例,有助于打通产业链、供应链、价值链上下游企业,助力企业对物流、资金链、信息流统一管理,提升产业链上下游协同调整能力;设备、产品、业务系统上云,能打破企业之间的"数据孤岛",降低信息不对称,提升企业间交易效率;上下游企业得以精准对接供需资源,降低搜寻成本;工厂设备的运行情况趋于透明化,企业间合作伙伴能更好地监督、跟踪订单状况,降低追踪成本。同时,平台化发展有利于企业对上下游供需波动及时反应并做出调整方案。比如,如果上游企业出现零部件供应不足的情况,企业能够借助网络化协同的平台,及时调度其他渠道的资源,保证产业链供应畅通。此外,企业能够通过设备共享、产能共享、技术服务共享等共享制造模式,开放闲置资源和能力,加速共享经济在制造业转型中的渗透与融合,降低企业运营成本,分散资源贬值风险。

有利于分散国际产业链波动风险。新冠疫情暴发以来,产业资源在线调配、协同制造、产能共享、跨域协作等数字化生产新模式为我国经济在全球率先实现企稳回升发挥了重要作用,形成了一个更加完备灵活的制造业体系。

三、推动数字化、平台化发展仍面临一些突出问题

（一）数字产业化基础相对薄弱

数字产业化无疑非常重要，但如果缺少高水平、高质量的数字产业化基础或者两者之间无法形成良性互动，其发展早晚会遇到很大的瓶颈。目前来看，我国面向数字化、平台化发展的关键核心技术还存在不少"卡脖子"问题，突出表现为：工业用芯片、软件、传感器等关键技术和产品自主创新能力仍旧不足；关键系统、软硬件核心技术自主创新能力仍然不足，在超大规模集成电路、航空发动机、数控机床、先进材料、生命健康等一些关键领域推进数字化转型任重道远；工业大数据、工业云等工业互联网关键技术、平台和应用仍处于起步阶段，规模体量偏小、功能发挥偏弱，等等。这是多方面原因造成的，包括积累时间仍然较短，最高水平领军人才还比较少，资金、人才、装备等各方面创新资源投入还有限，研发投入中基础研究比例偏低等，但形势发展变化要求必须加快解决。

（二）区域和行业发展较不均衡

从区域来看，与地区经济发展基本特征类似，数字化转型也整体呈现"东强西弱、南强北弱"的特征，广东、上海、北京、浙江、江苏等地推进较快，其他区域相对较慢，个别区域差距还比较大。尽管作为一个相对较新的事物，这种推进节奏有一定的合理性，但从更好发挥国内大市场优势、实现区域均衡发展的角度讲，需要予以关注和解决。

从行业来看，目前科学研究和技术服务业，信息传输、软件和信息技术服务业等数字化转型整体成效相对较高，制造业处于中间位置，而

交通运输、仓储和邮政业，住宿和餐饮业转型整体成效相对较低（见图 17）。

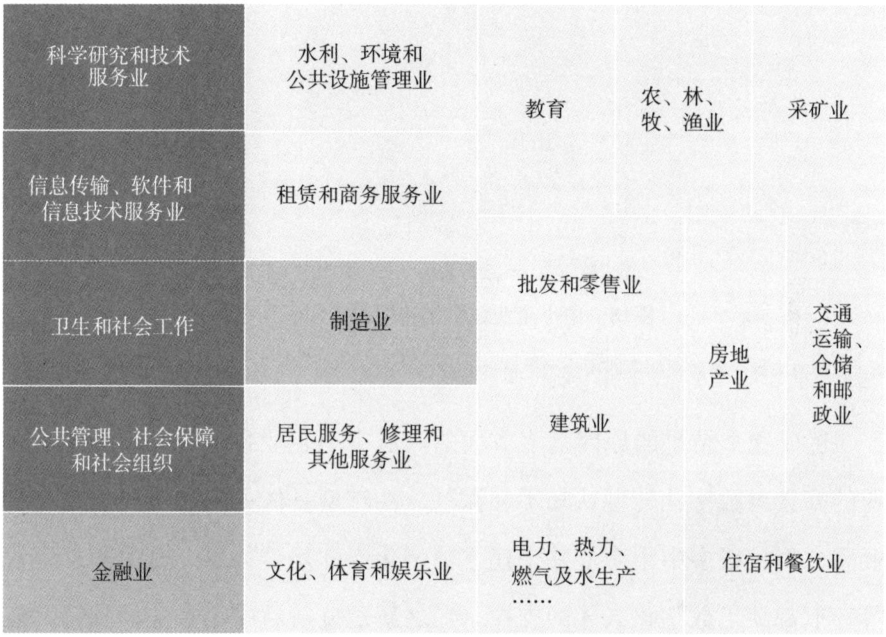

| 科学研究和技术服务业 | 水利、环境和公共设施管理业 | 教育 | 农、林、牧、渔业 | 采矿业 |

图17 不同行业数字化转型综合评价矩形图

资料来源：毛基业等，《中小企业数字化转型现状研究》，2021年。
注：上方矩形图中颜色越深、面积越大代表该行业数字化转型成效越好。

（三）中小企业转型进展缓慢

目前我国中小企业整体仍处于数字化转型初期，大多数企业对于数字化仍在探索阶段。企业内部之间、产业链上下游之间、跨领域各类生产设备与信息系统之间还存在很多割裂的"信息孤岛"，数字化产业链和数字化生态未完全建立，无法形成协同倍增和集群效应。根据第四次全国经济普查对 2608 家中小型制造企业的调查，89% 的中小企业处于数字化转型探索阶段，8% 的中小企业处于数字化转型践行阶段，仅有 3% 的中小企业处于数字化转型深度应用阶段（见图 18）。

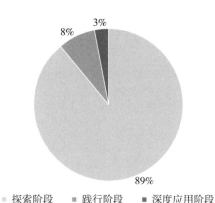

■ 探索阶段　■ 践行阶段　■ 深度应用阶段

图18　中小企业数字化转型现状调研结果

资料来源：作者根据第四次全国经济普查数据整理。

造成这个结果的原因是多方面的。从中小企业自身看，不少中小企业的高管对数字化转型认知不够深刻，在转型具体方向和路径方面存在疑惑，而且很多中小企业并未建立数字化人才培养体系，其生产、运营等环节都缺乏数字化人才的支撑。加之新冠疫情后中小企业面临较大经营困难，数字化转型通常不在最优先事项上。从外部环境看，国内还相对缺乏具备整体综合解决方案和全领域覆盖能力的龙头企业，特别是具备工业技术与信息技术双重竞争力的领军型企业，以龙头企业带动上下游中小企业转型的模式还不成熟。同时，目前市场上的数字化转型服务商大多只能提供通用型解决方案，与中小企业个性化、低成本转型需求之间的匹配还不顺畅。

（四）工业互联网平台建设推广任重道远

工业互联网平台是工业互联网的中枢，覆盖贯穿了从研发设计、生产制造到经营管理、市场服务的全过程、全流程、各环节，是制造业全产业链生产要素的态势感知和资源配置枢纽。建设工业互联网平台对推动产业链数字化转型有着重要意义。目前，我国正进入工业互联网平台快速发展期，生产制造领域已出现 70 多个具有一定行业、区域影响力的工业互联网平台。

与此同时，工业互联网平台渗透应用不够普遍、参与企业不够广泛、合作内容不够深入的问题仍然比较突出，目前主要还是围绕流通、销售、服务等外围环节，研发和生产端的合作仍亟待提升。其原因主要有两个方面：一方面，制造业特别是先进制造业通常技术门槛较高，细分领域之间有很大技术差别，如以人工智能为核心的服务机器人与以控制为核心的工业机器人虽都是机器人，但技术实现大有不同，互联网企业与服务机器人企业的合作模式难以简单移植到工业机器人方面。传统制造企业往往受到重资产拖累，在未见到成熟案例时不敢轻易开展网络化转型与合作。另一方面，制造业往往投入成本高而收益回报期长，且难以达到消费互联网应用动辄千万甚至上亿的用户规模，网络效应难以充分发挥，因此大部分互联网企业不愿涉足。此外，互联网企业能力提供与制造企业业务需求不匹配。互联网企业提供的平台和服务往往是通用性的，但制造业门类众多，行业和企业特性需求庞杂，且越向研发生产端延伸，特性需求越多。出于成本、技术考虑以及自身能力制约，互联网企业整体还难以满足制造企业实际需要。

四、推动数字化、平台化发展的政策建议

（一）加快突破关键核心技术

更好协同我国制度体制、市场规模、人才积累、基础设施等各方面优势，更大程度激发全社会创新创造活力，构建关键核心技术攻关的高效组织体系，充分发挥国家实验室、国家科研机构、高水平研究型大学、科技领军型企业等的作用，改革创新科技计划项目立项、组织和实施方式，不断完善"揭榜挂帅""赛马制"等新机制，力争尽快在数字技术战略前沿取得更大突破性进展，夯实数字化、平台化转型发展的数字底座。加强政

产学研合作，实现创新供给和产业需求密切对接，发挥产业需求对技术创新的反向牵引作用，引导骨干行业更多采购国产装备、材料、芯片、系统等，扩大国产产品的市场空间，加快试错过程和迭代进程。加快制定数字化、平台化发展标准，统筹考虑关键性领域、基础性领域产业链的标准体系建设及推广工作，发挥标准对创新的引领作用。

（二）加快推进工业互联网发展应用

强化供给侧的能力，优化数字服务商主体，包括数字工程总包商、行业工业互联网平台、数据价值应用开发商和专用软件工具商。大力解决工业场景服务能力不足的问题，提供数字化工程建设（技改）的专项政策，做好区域、行业垂直平台的建设。借助大力发展工业互联网平台的机会，"以面带点、以应用促进基础"，以"应用与基础并重"的发展方式，鼓励有实力的企业往前端探索，与高校、院所联合开发。以数据流通为抓手，优先建立行业标准，加大"数据圈"之间的流动和合作。以数据流通作为一条主线，鼓励和推动企业间形成各种"数据圈"的合作，建立一种"共建共用"的互惠数据流通体系。先在区域内，包括产业园区、特色小镇、工业密集区，通过跨设备、跨系统、跨厂区的全面互联互通，实现全要素以数据形态在整个产业链的流动，再以数据流带动技术流、资金流、人才流、物资流，构建数据驱动的网络化工业生产制造体系和服务体系。找出关键技术节点，分任务、分系统进行部署，将工业互联网平台体系建设，与我国工业的基础短板、共性技术、"卡脖子"工程结合在一起，一体谋划和推进。

（三）大力支持中小企业转型创新发展

引导龙头企业构建基于工业互联网平台的产业链生态，推动形成大企业建平台、中小企业用平台的协同发展机制。加快建设面向中小企业的数字化转型公共服务平台或中小企业智能化数字化赋能体验中心。汇聚各类解决方案提供商和产品展示，整合供给侧资源，打造供给侧企业的协同攻关平台，高效、直观、便捷对接中小企业智能化数字化促能力提升需求。打造数字化转型赋能中小企业典型标杆，分行业培育一批中小企业数字化示范标杆企业，集中数字化转型智慧和力量，加大"专精特新"中小企业、专精特新"小巨人"企业培育力度，带动其他行业推广应用数字化新技术、新模式。适当加大财政资金支持力度，研究设立专项扶持资金，用于广大中小企业数字化建设的项目资助、教育培训、考核奖励等方面。同时制定信贷政策，鼓励银行等金融机构对中小企业数字化过程中的贷款需求进行支持。通过政府购买服务，构建以高校、技工院校、金融机构、培训机构、企业等为主体的智能制造咨询顾问团队，为中小企业提供免费顾问咨询和诊断服务。

（四）加快建设多层次人才体系

中短期内要对企业开展员工培训给予支持，中长期内还是要改善教育体系，加大相关人才培养力度，优化人才发展环境。鼓励支持各类企业打造懂制造业、懂信息技术、懂经营管理的复合型专业化人才队伍，形成一批领军型人才。鼓励企业大力引进数字人才，在地方重点产业紧缺人才计划中予以优先支持，对在智能化改造和数字化转型中做出突出贡献的高端人才予以奖励。引导企业对职工加强专业培训，提高职工的信息化技术素养，培养懂专业、精操作的实用型人才。加强职业教育中的数字化相关学科体系和人才培养体系建设，支持企业与学校开展智能化改造和数字化转型实训平台建设。支持各地依托当地产业发展实际需要，积极建设人才实训基地，培养更多实操性人才。定期组织专业性、针对性、实效性、指导性强的数字化相关培训，尤其要为中小企业之间进行学习交流提供平台。鼓励用人单位打破地域、身份、人事关系等刚性制约，抓住当前有利时机，以多种方式引进国外高水平人才。

（五）打造具有更强创新力、更高附加值、更安全可靠的产业链供应链

一方面，要研究更好顺应新冠疫情后全球产业竞争合作的趋势性变化，瞄准那些具有系统重要性影响的产业竞争新赛道，发挥我国诸多显著优势，抓紧构建起一批面向未来的新兴产业链，重塑国际竞争合作新优势。另一方面，加快启动一批产业基础再造共享项目，更好发挥更高层级制造业创新中心作用，在关键共性技术研发应用上取得突破，不断提高产业基础能力，推动现有产业链持续向中高端环节迈进。与此同时，还要更好统筹发展和安全，在重要行业和关键领域建立必要的产业备份系统，围绕技术、资源、能源等有重点地开展国际产业安全合作，加快形成内外联通、安全高效的物流网络，提升产业链供应链稳定性和竞争力。

执笔人：宋紫峰　孙凤飞

参考文献

[1] 国际数据公司. IDC Future Scape: 2021年全球数字化转型预测[R]. 2020.

[2] 国家信息中心，京东数字科技研究院. 中国产业数字化报告2020[R]. 2020.

[3] 赵昌文，等. 平台经济的发展与规制研究[M]. 北京：中国发展出版社，2022.

[4] 中国信息通信研究院政策与经济研究所. 平台经济与竞争政策观察（2021年）[R]. 2021.

[5] 中国信息通信研究院. 中国数字经济发展白皮书[R]. 2021.

新发展格局下制造业强国的"强链战略"与产业组织政策

——优化产业组织提升产业链稳定性和竞争力研究

在新发展格局下，我们需要从产业组织的微观视角出发，以优化产业组织政策为重要手段，以"强链战略"驱动我国制造业的系统性变革，以协同创新取代单兵作战，以开放融合冲破封锁断链，不断优化产业组织和完善产业组织政策，使得中国制造业的产业链供应链更有韧性、更加灵活安全、更具竞争力。

一、"强链战略"背景下的理论溯源与分析维度

从马歇尔 1890 年出版《经济学原理》将组织作为一种新的生产要素算起，产业组织理论已经有 100 余年的演进史。自马歇尔以降，张伯伦、罗宾逊、克拉克、梅森和贝恩、斯蒂格勒、鲍莫尔、威廉姆森、拉丰和让·梯若尔等众多经济学者不断丰富和发展了产业组织理论，形成了包括结构—行为—绩效范式（SCP）、规模经济理论、垄断竞争理论、可竞争市场理论、厂商理论、交易费用理论、契约理论、微观规制理论、新产业组织理论等在内的内容充实、体系严谨、成果丰富的规范性产业组

织理论体系和研究框架，这为我们从微观视角理解和研究产业链供应链问题，特别是其背后隐含的市场与企业行为之间的内在逻辑关系，以及产业组织内部运转机理及绩效，提供了可靠且成熟的理论工具。

2014 年获得诺贝尔经济学奖的法国经济学家让·梯若尔在 1988 年出版的《产业组织理论》（*The Theory of Industrial Organization*）中，将博弈论和信息经济学等理论体系系统地引入产业组织理论当中，形成了新产业组织理论，推动了产业组织理论的革新。近年来，产业组织理论是经济学界最活跃、成果最丰富的领域之一。

一直以来，人们对产业组织进行的理论分析，大体是从企业与市场的关系，以及企业之间的关系这两个层面或两大维度来展开的。但是，我们认为，仅从这两个视角出发尚不足以全面理解和把握当前全球性的供应链危机，特别是美国等国家推动的产业链本土化、供应链"去中国化"的现实与未来演进趋势，特别是当外在的、非经济性的政府力量介入正常的产业链布局和运行当中时，企业往往会陷入进退两难的战略选择。在这种情况下，需要我们增加企业与政府的关系，以及企业治理结构和重大决策机制这两个新维度和新视角来丰富我们的研究，这不仅为我国制造业顺利推进"强链战略"提供了坚强的理论支撑，而且具有深刻的现实意义。

（一）企业与市场的关系

通常情况下，特定产业内部各企业之间为适应外部环境变化和市场竞争格局的需要，会根据各自现实条件和目标而采取不同的竞争策略组合，从而形成完全竞争型、完全垄断型、寡头垄断型和垄断竞争型等不同的竞争形态和市场结构。而不同市场结构下，产业链供应链的安全性、稳定性和竞争力会呈现一定的差异性（见表 9）。对于我国企业而言，采取何种产业链供应链的应对策略，需要从其所在的特定产业的市场结构出发，从安全性、稳定性和竞争力这 3 个不同的维度和目标进行取舍。

表9   不同市场结构下的产业链特征

类型	安全性	稳定性	竞争力
完全竞争	进入门槛低,不存在技术和市场垄断;内资比重越大,产业链主导权越安全;企业竞争激烈残酷,可能出现不正当市场竞争行为,从而伤害产业安全	同业竞争者甚众,替代者随时进入,产业链稳定性不够;每个供应商都面临很大生存压力,面临随时被踢出供应链的风险	企业创新动力强,替代性竞争激发创新活力;由于缺乏行业龙头,产业链易受国外大企业和大资本的冲击与控制;产业链境外布局遇到竞争力不足的困难
垄断竞争	有一定进入门槛,存在市场垄断现象;外资与内资全面竞争,外资占比大的产业安全性降低;垄断企业在市场秩序和产业安全上有主导性话语权	市场有一定替代性,但部分产业由大企业主导;产业链稳定性增强,依附于大企业的中小供应商稳定性增强	创新活动主要由大企业驱动;替代性竞争在大企业一端较弱,而在中小企业一端会不断促使其提升竞争力;外国企业和资本不易进入,转而寻求与垄断企业开展产业链合作
寡头垄断	市场准入门槛较高,产业链话语权被少数几家企业把控,寡头的资本属性、法律和行政力量对产业链安全异常重要	少数寡头占据产业链支配地位,产业链稳定性较强;中小企业对寡头企业的产业链依附性更强;国外资本控制本国产业链困难重重	创新活动受到寡头抑制;替代性竞争仅限于全球市场;寡头竞争力强大,足以控制本国产业链并进军海外;因忌惮寡头控制,外国政府会通过法律和行政命令来限制该国垄断寡头进入目标产业链和目标市场
完全垄断	产业链完全由一家垄断企业把控;外国资本难以进入,国内产业链的安全性得到充分保障;但替代性的颠覆性技术出现时,独家垄断也会面临安全性挑战	上下游供应商完全依附于独家垄断企业,而后者对产业链的供应条件、价格、服务等拥有完全的话语权,中小供应商随时可能被踢出供应链,产业链的稳定性受到极大伤害	创新动力大幅度消退且近乎停滞,独家垄断企业感受不到国内竞争压力,但开拓国际市场时会遇到竞争力不足的困难

资料来源:作者整理。

（二）企业与企业之间的关系

具体来说，特定产业内部企业之间为寻求共同的利益而结成相互联系、相互影响的组织形态和互动关系。这种关系是多样化的，既有基于所有权的、纵向的、金字塔型企业集合（集团公司），也有基于契约关系的、横向的、网络型企业集合（企业联合体），还有上述两者兼具的混合型企业集合形态；既有以单极大企业为中心、以众多中小企业为外围支撑的"中心—轮辐式"企业集合，也有大企业与大企业之间相对均衡支撑、相互聚合在一起形成的寡头型企业集合，还有由无数中小企业组成、没有巨无霸式大企业为核心的群星式企业集合；既有本国企业之间的企业集合，也有本国企业与境外企业（包括本国企业跨境投资形成的子企业）之间的企业集合。

一直以来，我们研究企业之间关系大多是重点研究第一种企业集合与组织形态，即少数核心大企业与众多中小企业之间形成的"中心—轮辐式"组织关系。这种关系在大多数行业普遍存在，特别是一个国家内部比较容易通过政府和行业自律机制来协调企业界的行动。但是在跨国投资与贸易活动中，上下游企业分属不同国家，受制于各国贸易管制、产业政策、法律法规等方面的差异性，企业之间的产业链供应链的协调关系就变得异常复杂，各国政府介入上下游企业之间产业链供应链的借口也多种多样。例如，近年来很多国家以危及国家安全为由任意干预跨国企业与本国企业之间业已存在的上下游供应链关系，而且这种干预行为正呈现日益泛化的趋势，给全球投资与贸易的正常运转与经济增长带来严峻挑战。

（三）企业与政府的关系

在现实生活中，政府与企业之间的关系盘根错节，绝非单纯的线性关系和正相关关系。在大多数情况下，企业与"发展型"政府保持紧密沟通与联结，甚至采取共同行动，是一个常态，而且被普遍认为是东亚发达经济体和新兴经济体实现快速发展的秘籍。从优化和提升产业链供应链管理的角度来看，一方面，企业需要及时了解和把握政府发展计划和产业政策的走向，弄清政策意图和内涵，在涉及产业链供应链的重大决策上未雨绸缪，建立预警机制，以避免在产业链供应链方面的重大决策与政府的长期政策导向和公共利益撞车。另一方面，无论是中央政府还是地方政府的管理部门也都有意愿与企业保持紧密和畅通的交流沟通渠道，便于将政府公共政策的意图完整和准确地传达给企业，也便于及时了解企业在产业链供应链问题上的真实诉求，掌握政策落地后的实际效果，以确保政府针对产业链问题而出台的产业政策既对症又见效。

相比于企业与企业之间的关系，企业与政府的关系更加复杂、更加多样、更加不确定。特别是对于企业而言，既要依靠政府、信任政府，又不能依赖政府、等待政府；既要紧紧依靠本国政府的大力支持，深深地根植于赖以生存的土壤和大本营，又要善于与国外大客户所在国的政府管理部门进行有效沟通，避免其全球产业链布局和供应链中断的突发事件袭来，给企业带来重大、不可预见和不可挽回的损失。在企业和政府之间，行业协会是一个重要的沟通桥梁和缓冲地带。无论是企业还是政府管理部门，都应当利用好行业自律组织这个有效的沟通机制，在产业链供应链的重大问题上相向而行。

（四）企业治理结构与企业决策机制的关系

企业的法人治理结构在很大程度上影响企业在产业链供应链问题上采取的策略与应对措施。上市公司由于股权多元化和可交易性，境外资本有可能通过股票交易持有甚至控制特定上市企业的股份，从而干预企业产业链布局、企业重组、组织重构等重大经营决策。非上市公司的股权结构具有一定的封闭性与稳定性，使其不受境外资本的控制，但对其自身的融资能力提出了一定的挑战，毕竟股权融资较银行融资而言，成本更具优势。除了股权因素，影响企业产业链供应链的重大决策因素还有生产与技术上的严重对外依赖，而且短期内没有其他的替代选项。在同一行业里，为什么面临相同的外部冲击，有的企业愈挫愈强，而有的企业则一蹶不振，差异在于企业策略和企业家精神。

二、"强链战略"的战略方向和总体目标

要提升产业链供应链的稳定性和竞争力，无论是采取何种企业关联关系和组织形态，采取何种市场竞争策略，都应坚持以下几个方面的产业组织优化方向和最终目标。

（一）保障要素供给

从企业角度来看，要确保生产要素供给的安全性与稳定性，特别是技术的自主可控、数据与平台的丰富安全、资本的充足安全以及人力资本的充沛保障等，需要制定和实施一揽子有针对性的计划和行动，包括进行前瞻性的全球战略投资和产业链供应链布局，通过资本控制解决供应链的稳定性问题；与战略伙伴签署长期的供应合约并设置高额的违约金，以巩固上下游厂商的战略合作关系；对核心供应商进行战略投资或进行相互股权投资，实现一荣俱荣、一损俱损式的利益捆绑；对核心供应商进行一体化整合，特别是利用资本市场的力量取得标的企业的控股权；优化产业链供应链管理，瞄准"卡脖子"的核心配套部件和外源性技术，尽快进行多元化调整，避免将所有鸡蛋置于一个篮子里。

（二）优化制度供给

对于巩固和提升我国产业链稳定性和竞争力而言，需要我们不断优化政策与制度体系的供给能力与水平。这里有两层含义：一是要培育适应能力，即国内企业在不可预见的制度性因素已经出现、对企业造成了实际性的断链冲击时，要有稳健的处置性预案和及时的补救措施，将断链带来的损害减小到最低程度。二是要培育分级预警和多重防范能力，要善于从制度建设入手，积极构建制度性防火墙，运用经济、法律、技术和行政等手段设置好制度性保护措施。当产业链供应链危机真正来袭的时候，能够有条不紊地应对。

（三）确保全链条稳定与可靠

当发生对产业链供应链的稳定性和竞争力造成重大不利影响的突发事件时，企业要具备及时处置、积极缓解和有效化解的综合能力。这需要产业链上的各个环节衔接紧凑且灵活富有弹性；需要生产能力充足、持续而有弹性，要保持生产、服务的各个环节处于合理平衡和动态可控的状态；需要确保核心技术、能源、矿产、原材料和关键零部件等来源可靠、供应及时、价格稳定、质量上乘，需要确保生产技术、核心专利、工艺诀窍和产品标准等掌握在国内企业手中。

（四）化解市场约束

在现实生活中，无论是上游厂商还是下游厂商，都会遇到各种经济的或非经济因素（如国外禁运）的影响，造成短期内市场震荡、价格大幅度波动，使得市场正常调节功能失效。市场需求非预期性的剧变，对于任何企业而言都是一种强烈冲击。有的冲击是短期的，如供应链后端企业被前端企业从其传统供应商网络中剔除，使公司核心业务遭受重大挫折。后端企业可以通过扩展和强化其他客户和其他业务来弥补损失。有的冲击是长期的，例如出现了颠覆性的替代性技术和产品（如新能源汽车对传统燃油车的替代），就需要企业未雨绸缪，及早采取应对策略。

三、"强链战略"驱动系统变革

知己知彼，方能百战不殆。为打赢旷日持久的总体战、持久战和攻坚战，我们必须尽快制定和实施旨在提升我国产业链供应链安全性、稳定性和竞争力的"强链战略"，通过优化产业组织这个微观途径，聚焦重点、集中发力、综合施策，助力我国制造强国战略目标的实现。

（一）"取胜之钥"：从意识到行动

对于当前及今后一个时期我国产业链供应链的稳定性和竞争力所面临的各种风险与挑战，无论是政府还是企业，都应当保持战略定力，加强顶层设计、精心组织和系统谋划，找准着力点和切入点，打好政策"组合拳"，实现从战略被动向战略主动的转化。

加强战略研判与顶层谋划。我们要对全球产业链供应链时局保持客观清醒的判断，需要伺机选择、灵活运用各种手段来有效化解困境。对于现阶段我们在全球产业链供应链中所处的位势而言，要有充分的物质和精神准备。既不能被动挨打、无所作为，也不能盲目发力、四处出击。要系统谋划、系统推动、系统调控，制定并实施"补短、强基、协同、升级、创新"五位一体的制造业国家"强链战略"，确保打赢这场产业链供应链的持久战、保卫战、攻坚战。

处理好"四大关系"、锚定"四大目标"。要妥善处理好企业与市场、企业与企业、企业与政府、企业治理结构与决策机制等四大关系和着力点。锚定"四大目标"是指从优化产业组织出发,积极化解产业链供应链困境与危机的 4 个重要目标,即保障要素供给、优化制度供给、确保全链条的稳定可靠和化解市场约束。

打好政策"组合拳"。要从政策链对产业链和供应链的匹配度和支撑度出发,及时发现政策链中的堵点和难点,及时清理和优化不适应的政策措施,及时响应企业的政策诉求,推动企业之间的战略联合和协同配合,确保政策措施及时、精准和管用。

(二)必须坚持的基本原则

坚持改革开放和经济全球化。要坚定信心,坚守安全底线,坚持久久为功,在更高的战略和历史高度上积极谋划应对和化解产业链供应链的困境与挑战。不能因为暂时的产业链供应链困局而放弃推进全球化的努力。中国参与 RCEP 和申请加入 CPTPP,都是坚定地走全球化道路的重要举措。

坚持以我为主和协同发力。我们要善于汇聚和调动各方力量形成合力,始终坚持把主动权和主导权牢牢掌握在自己手中。外部资源和力量可以为我所用,但不能形成依赖之势,更不能放弃监管,特别是涉及国家经济安全和战略安全的信息产业和数字经济领域。

坚持精准施策和能力提升。在新形势下,对于政府管理部门而言,破解产业链供应链困局的政策体系需要强调精准、精细和精确,精准强调的是路径,精细强调的是措施,精确强调的是效果。需要从政府到企业、从供应侧到需求侧全方位的能力提升。

坚持矛盾导向和战略导向相结合。在产业链供应链问题上,我们既面临着战略性环节"卡脖子"的短期矛盾,也面临着全链条上自主创新能力不足的长期问题;既需要实现顺畅链条、促进循环的短期任务,也需要确立补链强链、塑造竞争优势的长远目标。

四、打好"强链战略"下的战术"组合拳"

从优化产业组织入手,我们需要推动实施一整套精心设计、协同连贯、激励相容、执行有力,旨在提升产业链供应链稳定性和竞争力的措施体系,并确保这些措施落地、落实、落细,发挥出最大政策功效。

(一)系统谋划、清单管理、协同整合

当前及今后一个时期,我们以优化产业组织体系为抓手来提升产业链供应链的安全性和竞争力,需要自上而下地做好两项工作:一是由国家有关部门牵头进行系统谋划、整合力量、统筹安排和精心组织,特别是瞄准现阶段"卡脖子"严重的环节,按轻重缓急和近中远期提出需要重点攻克的"三张清单",即问题清单、任务清单和责任清单。针对"三张清单"的要求组建高层级工作专班,统筹协调龙头企业、配套厂商、服务提供商、大学与科研机构、金融机构、标准化机构、行业协会、商业龙头等各方力量,组建战略联合体,提高目标和行动的一致性,保障资源、人力、技术、信息和融资等的可获得性。二是搭建协同网络和沟通渠道,特别是中央与地方之间、各部门之间、各企业之间,要围绕产业链供应链上的"卡脖子"堵点进行专业化分工,各司其职、齐心协力、利益共享,避免内耗。要充分发挥行业协会和战略联盟的独特桥梁、纽带和引领作用。

(二)卧薪尝胆、未雨绸缪、保持定力

面对产业链供应链的短期外部冲击,我们一方面要尽快调动资源、攻关克难、弥补短板,培育自主可控的替代性技术,以最大程度地缓解外部冲击所带来的震荡;另一方面要进行全面体检、系统梳理、查漏补缺、制

定预案、分级防控、消除隐患，针对潜在的风险点进行针对性的补强，提高系统的抗风险能力。对于短期内处于被动防守的态势，特别是某些行业的核心技术、关键原材料和元器件、数据库与平台软件、全球客户等仍然被断供和围堵，要有充分的心理准备和物质准备、充足的战略定力和取胜信心。对于新能源汽车等少数处于领跑态势的产业，也不能盲目乐观，要未雨绸缪、夯实基础、强壮体魄。

（三）联合行动、战略联盟、协同作战

要全面突破产业链供应链的危局，靠单边作战、单打独斗肯定是不行的，必须围绕产业链供应链上的核心企业组建战略联合体。特别是产业链上的龙头企业要发挥"链长制"的指挥中心和枢纽平台的功能，与产业链供应链的上下游核心供应商、外围供应商、金融服务商、信息服务商、商业应用厂商等，结成紧密的战略联盟和利益共同体，完善利益分配机制和风险共担机制，各司其职、资源互济、协同发力，尽快攻克我国产业链供应链上最薄弱的环节。政府要承担起强基筑堤、营造环境、积极引导、鼓励创新、规制市场等重要职责。

（四）多链合一、立体作战、合纵连横

强化产业链供应链的安全性、稳定性和竞争力，要始终坚持多链条整合，特别是整合需求链、资源链、数字链、创新链、人才链、资金链和政策链等各种链条，从而形成一个功能互补、相互强化、相互贯通、灵活变通的网络体系。

从波士顿咨询公司发布的 2021 年创新能力 50 强企业榜单中不难发现，塔吉特、沃尔玛、西门子、通用电气、耐克、阿迪达斯、可口可乐、百事可乐等传统零售企业和制造厂商也位列其中，其根本原因是这些传统

制造业和零售业厂商将数字经济与传统业务深度融合，特别是大数据和云计算、人工智能等现代信息技术的深度应用，使这些厂商可以更高质量地服务客户的需求。西门子公司旗下的交通部门将关键的轨道交通设施和机车车辆的数据与其云计算系统解决方案相链接，从而使其客户实现更高质量的管理与运营，确保核心业务更安全、更高效，同时又不失灵活性。实际上，这种多链条整合要发挥出更好的功效，离不开软件和硬件的结合。

（五）苦练内功、完善机制、优化治理

从企业角度来看，破解当前全球产业链供应链的困局甚至危机，归根结底还是要依靠企业自身能力和免疫力的增强。企业应当从资源整合、治理结构、决策机制、竞争战略、薪酬制度、激励机制、风险管理、数字转型、人事制度等方面入手，逐一分析、逐一排查可能存在的影响产业链供应链稳定性和竞争力的因素，并制定详细的风险应对防控预案。特别是完善组织体系和扁平化的决策机制，以确保产业链条上的某一个或某些风险因素出现时，企业能够在第一时间做出反应，第一时间做出决策，第一时间做出调整，第一时间实现脱困。

在企业内部治理结构方面，要协调处理好股东、决策层和经营层之间的关系。要防止股东群体为追求短期利益而干扰企业长远战略实施，从而影响企业重大战略决策。

对于战略性新兴产业的龙头企业，要按照国际通行做法，建立引进股权出售、企业重组、控制权转移等重大资产变动的安全性审查机制，防止龙头企业被境外资本收购并垄断国内市场，阻碍行业的技术进步，从而损害国家产业链供应链安全。

（六）强基固本、精准施策、对等反制

鉴于产业链供应链的安全性涉及国家安全，政府采取合理的国家行动和行为约束是必要的。这种国家行动应当在制造强国战略、创新驱动发展战略和网络强国战略等现行战略体系的框架下，在人工智能、高端芯片、飞机发动机、增材制造、生物医药和新材料等重点领域，与国家"工业强基工程"等重大工程相衔接，以智能制造龙头企业、国家工程实验室和行业"隐形冠军"等为平台载体，以"工业强基工程"的重点产品、工艺"一条龙"应用计划示范企业和示范项目为重点，系统推进制造业的国家"强链战略"。

其中一项重要任务就是不断优化产业组织政策，提高政策的集成化、协调性和靶向性，使之更加精准化，更好地服务于提升产业链供应链安全性和竞争力战略目标的实现。要重视综合运用除财税和金融等传统手段以外的其他政策工具，如行政手段、法律手段、市场规制和中介机构的行业协调；要重视政策的有效性，避免稀缺的政策资源流于形式或"撒胡椒面"；要重视对产业组织政策进行定期评估，并依评估结果进行政策的不断调整和优化。

执笔人：石耀东

新发展格局下构建具有竞争力的能源基础设施

　　能源是经济社会发展的物质基础，能源基础设施是提供、改善能源供给的基本保障。在全球推动实现碳中和的大势下，加快构建以国内大循环为主体、国内国际双循环相互促进的新发展格局，为我国能源基础设施建设提出了新的要求。以发展新能源为主导方向的能源变革，正在催生新一轮能源技术革命和生产生活方式革新。从更长的时间周期和更广的国际视角，顺应大势、防范风险，打造适度超前、具有竞争力的能源基础设施，提供"安全可靠、绿色低碳、成本低廉"的能源，是建设能源强国、提升国内产业链稳定性和竞争力的必然选择。

一、能源基础设施是影响产业链供应链稳定性和竞争力的重要环节

　　能源基础设施用于供应能源，通过提供电、热、蒸汽等发展动力，为产业链供应链赋能。能源基础设施是提升能源资源开发利用质量，提高能源资源共享水平和利用效率，助推可再生能源规模化发展的核心着力点。高质量的能源基础设施是产业高质量发展的起点，是经济社会高质量发展的根基。

（一）能源基础设施是产业链供应链稳定运行的前提保障

能源基础设施在确保产业链供应链能源安全稳定供应中发挥举足轻重的作用。2021年多国出现的能源供需失衡问题，诱发能源成本大幅飙升，正常生产秩序遭到破坏，大宗商品价格一路走高，凸显了能源稳定可靠的重要性。从国内看，受煤炭供需持续偏紧的影响，叠加其他各方面因素，2021年多地也出现电力紧张局面，辽宁、吉林、江苏、浙江、广东等地不得不采取有序用电甚至拉闸限电的措施维持系统安全。据相关报道，2021年9月10—22日，辽宁省有序用电涉及2.3万家次企业；广东省限电严重的地区实施企业"开二停五"甚至"开一停六"，企业的生产经营受到极大冲击，产业链供应链的稳定性遭到牵连，直接影响到了经济的平稳运行。我国产业链供应链对能源的依赖程度较高，2020年，我国单位GDP能耗为0.55吨标准煤/万元，约为德国的3倍，这决定了能源供应的波动将对产业链供应链的稳定性产生传导效应，更说明了打造坚实的能源基础设施体系势在必行。

（二）能源基础设施是提升产业链供应链竞争力的必要内容

能源是生产的基本要素，能源的成本水平将直接关乎产业链供应链的国际竞争力水平。2019年，经合组织国家的工业电价平均值为0.908元/千瓦时，我国工业电价平均值为0.635元/千瓦时，约为经合组织国家平均水平的70%，与韩国、瑞典等国相当，高于加拿大、美国等国。相对较低的能源资源要素成本是近年来我国产业持续快速增长扩张的原动力之一，也是企业挖潜成本优势、提升国际竞争力的重要因素。但需要注意的是，当前我国正处于加快构建清洁低碳、安全高效能源体系的关键时期，随着风电、光伏等随机性、波动性电源占比的持续增长，在储能尚未成熟、灵活性不够的情况下，有可能导致系统度电成本上涨。以控制优化成本为基本原则，统筹把握能源基础设施的开发节奏、空间布局、系统集成，是维持我国产业链供应链能源要素成本优势的重要考量。

（三）能源基础设施是协同产业链供应链创新升级的驱动源

全球实现净零碳排放必须要"重塑能源"，这将催生新的产业体系。一是在以电气化为方向的能源发展主方位下，产业链和供应链将匹配新型能源基础设施实现协同创新。以充电基础设施为例，2015—2020年，我国公共充电桩保有量由5.8万台快速增长到80.7万台，年均增速69.3%，保障了新能源汽车2015—2020年年均32.8%的增速。二是气候变化政策正从"软约束"向"硬约束"转变，全球规则重构倒逼能源基础设施升级和产业转型。2021年7月，欧盟正式提出建立碳边境调节机制，应对所谓的"碳泄漏"问题，并拿出了初步的实施细则。这类以碳为约束的新规则，将对多数高碳排放产业链供应链造成深远影响。三是能源基础设施的改造升级有利于提振经济，促进上游黑色、有色金属和非金属矿采选业、制造业，以及下游新模式新业态等相关产业链供应链的持续发展。2020年，全国主要电力企业电力工程建设完成投资10188亿元，其中电网投资4896亿元，发电企业投资5292亿元；基建新增220千伏及以上输电线路长度和变电设备容量分别为3.5万公里和2.2亿千伏安。

二、能源基础设施的发展现状

改革开放以来，我国能源基础设施建设快速发展。电力基础设施稳步提升，煤炭基础设施趋于完善，油气基础设施快速发展，新能源基础设施建设加快推进，支撑了能源需求的持续增长，保障了经济社会的稳定发展。

（一）电力基础设施稳步提升

电力基础设施一步一个台阶，全国电力装机容量由 1980 年的 6587 万千瓦快速增长到 2020 年的 22 亿千瓦，基本解决了长期以来电力短缺的困扰。分结构看，2020 年，我国火电（含煤电）、水电、核电、风电和太阳能发电装机容量分别为 12.5 亿千瓦（煤电 10.8 亿千瓦）、3.7 亿千瓦、0.5 亿千瓦、2.8 亿千瓦、2.5 亿千瓦。

积极推进特高压工程建设，促进高比例可再生能源接入能力稳步提升。特高压输电能够调和我国火电、水电、风电资源的区域分布不均以及负荷和需求不匹配问题，为形成风光水火电共济互补的能源供应格局提供技术保障。截至 2020 年底，我国已建成"14 交 16 直"、在建"2 交 3 直"，共 35 个特高压工程，在运在建特高压线路总长度 4.8 万公里。特高压工程的建设，提升了"水、风、光"等可再生能源远距离输送能力，降低了弃水、弃风、弃光率，并进一步促进内蒙古、山西、陕西等大型能源基地的集约开发和电力外送，变运煤为输电，使西北部地区资源优势向经济优势转化，在保障电力可靠供应、服务经济社会发展、改善生态环境质量等方面发挥重要作用。

（二）煤炭基础设施趋于完善

煤炭生产能力较强，区域布局逐步集中。煤炭是我国主力优势能源品种，近年来煤炭产区集中度大幅提高，2014 年和 2020 年全国原煤产量分别为 38.7 亿吨和 38.4 亿吨。在产量几乎不变的情况下，区域结构发生较大变动，山西、内蒙古、陕西三地的产量占比由 63.1% 提升至 71.4%。西南、华中、华东和东北 4 个区域自给率大幅下降，2020 年区域产量分别较 2014 年减少了 1.45 亿吨、0.94 亿吨、1 亿吨和 0.59 亿吨，分别下降了 41.7%、44.9%、29.4% 和 38.7%。

基本满足长距离、集中式调运需求，应对区域性时段性供应紧张能力不断提升。随着京沪高铁、京广高铁、众多客运和城际铁路相继建成运营，包西铁路、集包铁路第二双线完工，大秦线、朔黄线持续扩能，铁路煤运通道的保障能力得到极大提高；在借助国家铁路货运及客货混用干线进行煤炭大宗运输基础上，建设了若干连接大型煤炭基地及重要港口或用煤企业（电厂等）的铁路重载煤炭运输专用线，一方面与普通铁路交会进行煤炭的集聚和分流，另一方面直达大型煤炭港口，构成煤炭"铁水"联运系统。已形成"九纵六横"铁路运输通道和内河沿海水运运输通道的煤炭物流通道网络，依托"公铁水联运""公铁联运""铁水联运"等多种运输方式，构成西煤东调、北煤南运的运输格局。现阶段，我国铁路建设成果显著，煤炭铁路运输瓶颈基本解除，运力总体宽松，铁路运力基本可以满足"北煤南运、西煤东调"的煤炭运输需求。2001—2020 年，铁路煤炭货运量由 7.7 亿吨提升到 17.0 亿吨，年均增速 4.3%（见图 19）。

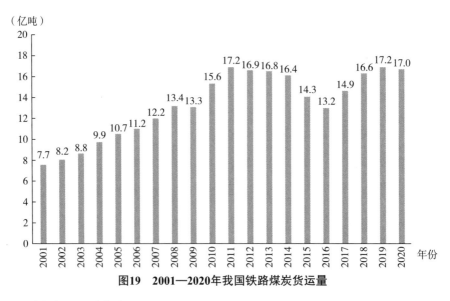

（亿吨）

图19　2001—2020年我国铁路煤炭货运量

资料来源：国家统计局。

此外，煤炭港口建设卓有成效，煤炭水路运输长足发展。截至 2019

年底，我国共建成煤炭专业化码头泊位256个，并以秦皇岛港、黄骅港、天津港、唐山港为建设重点，在环渤海地区建成世界上吞吐量最大、煤炭专业化程度最高的煤炭输出港群。其中秦皇岛港是中国装载能力最大且最重要的煤炭运输铁路——大秦线的主要中转港口，拥有23个煤炭专业泊位码头和堆存能力达1027万吨的专业化煤炭堆场，并建立了一系列高度自动化的干散货运输系统，有效转运西北地区开采的煤炭，为实施"北煤南运""西煤东调"的煤炭调运奠定了坚实的基础。2001—2020年，我国主要港口煤炭及制品吞吐量由3.7亿吨提升到16.5亿吨，年均增速8.2%（见图20）。

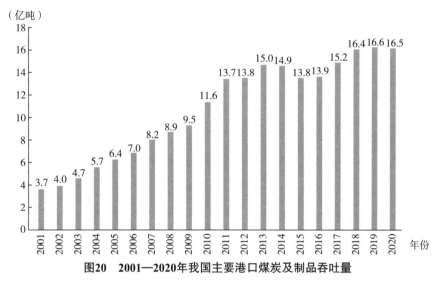

图20　2001—2020年我国主要港口煤炭及制品吞吐量

资料来源：国家统计局。

（三）油气基础设施快速发展

目前我国油气基本满足生产生活对资源调配的需求，适应季节性用气需求波动及应对上游大规模中断供应能力加速提升。我国已基本形成连通海外、覆盖全国、横跨东西、纵贯南北、区域管网紧密跟进的油气骨干管网布局。截至 2020 年底，我国油气长输管道总里程已达 14.4 万公里，其中天然气管道约 8.6 万公里，原油管道约 2.9 万公里，成品油管道约 2.9 万公里，占比分别约为 59.7%、20.1%、20.1%。为保障国家油气供应能力，西北、西南、东北、海上四大油气战略通道基本建成。其中，西北通道为中哈原油管道、中亚天然气管道；西南通道为中缅油气管道；东北通道为中俄原油管道一线及二线、中俄东线天然气管道；海上通道主要是非洲、南美、中东、澳洲通过海上运输将能源送至东部沿海一带。

（四）电力新能源加快推进

可再生能源基础设施建设持续快速发展。截至 2020 年底，我国可再生能源发电装机容量约 9.34 亿千瓦。其中，水电装机 3.7 亿千瓦（常规水电 3.4 亿千瓦，抽水蓄能 3149 万千瓦），占总电源装机的 16.8%。风电装机 2.81 亿千瓦，近 10 年年均增速高达 24.6%。太阳能光伏发电装机容量 2.53 亿千瓦，自 2010 年来年均增速 88%。生物质发电装机容量 2952 万千瓦。水电、风电、光伏、生物质发电装机容量均居世界首位。

核电基础设施建设稳步推进。截至 2020 年 12 月底，我国在运核电机组 49 台，核电装机达到 5102.72 万千瓦，占总装机容量的 2.3%。2020 年田湾核电 5 号机组和福清核电 5 号机组共两台核电机组完成首次装料，并分别于 2020 年 8 月和 11 月首次并网。在建核电机组 14 台，在建装机容量 1553 万千瓦。2020 年我国核电基础设施建设已形成"三代为主、四代为辅"的发展格局，并已储备一定规模的沿海核电厂址资源，主要分布在浙江、江苏、广东、山东、辽宁、福建、广西。

（五）非电新能源潜力巨大

非电领域新能源的基础设施建设主要集中在生物质能源和氢能两大领

域。生物质能源在非电利用的基础设施建设方面有待拓展，截至 2020 年底，我国生物质清洁供热约 21 亿吉焦，其中居民采暖 1 亿吉焦（折合采暖面积近 2 亿平方米），工业供热约 20 亿吉焦。2020 年生物天然气产量 1.4 亿立方米、沼肥 106 万吨、生物柴油 120 万吨、生物燃料乙醇 284 万吨。

我国制氢基础设施建设持续发展，绿氢替代空间巨大。2020 年我国氢产能约为 4100 万吨，产量约 3342 万吨，是全球第一产氢国，但制氢来源主要为煤制氢。储氢、运氢方面的基础设施建设尚不完备，一般采用长管拖车转运方式，长距离管道输送方式较少，2020 年仅有一条长度为 25 千米的跨市管道运行；铁路深冷槽车、船载低温绝热罐需配置相应的冷却设备，主要用于大批量运输，实际使用较少。加氢站的建设正在提速，2020 年国内已建成加氢站 69 座，仅次于日本（142 座）和德国（100 座），位列全球第三。

三、面向未来具有竞争力的能源基础设施的发展特征

（一）新发展格局下，能源基础设施的发展面临三大挑战

能源供需与环境压力交织，能源安全风险因素持续增加。能源安全是关系国家经济社会发展的全局性、战略性问题，对国家繁荣发展、人民生活改善、社会长治久安至关重要。我国是世界上最大的能源生产国和消费国，但国内能源生产难以满足消费需求。受资源禀赋影响，我国部分能源品种对外依存度较高，2020 年，石油对外依存度已经超过 70%，天然气则超过 40%。从国际看，能源领域战略博弈持续深化，能源秩序深刻变化，未来能源安全面临的风险因素将进一步增加。从国内看，随着经济的持续发展，对能源的需求仍将持续增长，能源供应压力仍会持续增大，我国面临能源需求压力持续增大、能源供给制约较多、能源生

产和消费对生态环境影响较重、能源技术创新水平仍待提高等挑战。多因素叠加下将给能源安全供应带来更多不确定性因素，保障产业链供应链稳定运行的压力仍然很大。

全球气候变化压力与日俱增，能源基础设施亟待向绿色低碳转型。能源基础设施直接或间接导致的大气污染物和温室气体排放体量庞大，清华大学对现有和拟建能源基础设施的"碳锁定"效应评估结果显示，如现有能源基础设施按历史平均服役寿命和设备投运率运行，其在未来将产生的碳排放约为 658 吉吨，超过 1.5℃温控目标下的碳排放预算。当前距离 2030 年不到 10 年，距离 2060 年不到 40 年，而能源基础设施的服役年限一般在 40 年左右，今后 10 年将是中国能源基础设施转向绿色低碳发展的关键期。但是，在当前的技术条件下，风、光等可再生能源的波动性、随机性仍未得到有效解决，如不妥善应对系统稳定问题，有可能给产业链供应链的平稳运行带来挑战。

新旧接续发展面临新变数，国际能源危机不确定性加剧。我国作为世界最大的能源消费与生产国，能源价格的稳定和保持低位对于经济社会的发展具有重要意义，也是提升产业链供应链国际竞争力的要素。能源转型走在世界前列的欧洲，在 2021 年出现了严重的能源危机，能源供应趋紧、能源价格大幅上涨，并向全球蔓延，给全球产业链供应链造成巨大影响。从诱因看，一个重要因素是欧洲各国激进的绿色能源政策导致煤电等传统能源基础设施过快退出，能源可控供给能力下降严重，这充分揭示了要高度重视新旧能源转换增加的不确定性。2021 年 8 月下旬至 10 月中旬，我国动力煤期货价格持续上涨，煤炭市场价格大幅上涨，一度高达 2000 元 /吨以上；液化天然气价格飙升至超 6000 元 / 吨，与 2019 年同期相比，价格增长超过 50%，给国内产业链供应链的稳定性和竞争力带来了不利影响，放缓了 2021 年上半年经济快速增长的势头。

（二）面向未来能源基础设施需具备三大特征

面对三大挑战，未来能源基础设施建设要着眼提升产业链供应链稳定性和竞争力需求，全面向高质量发展转变，在"安全优势、低碳优势、成本优势"3个方面下功夫，主要特征是安全可靠、绿色低碳、供能价廉。

安全可靠保障能源安全。能源基础设施涵盖能源开发、输送、转化、储存等各个环节，是保障能源安全的基本条件。当前全球能源形势正在发生巨大变化，以清洁化、低碳化为特征的能源发展趋势愈加清晰，能源清洁化、低碳化转型过程中，能源供给与需求之间不匹配问题凸显。我国经济在较长一段时间内仍将保持中高速增长，能源需求仍存在较大释放空间，能源转型应坚持稳字为先、稳中求进的总基调，始终将能源安全摆在突出位置，能源基础设施建设应强化系统思维、底线思维以及前瞻思维，要全国一盘棋统筹能源发展、先立后破，同时适度超前推进新型能源基础设施建设，将能源的饭碗牢牢端在自己手中。

绿色低碳提升国际竞争力。面向未来，能源基础设施既要保障能源安全需求，又要坚持面向未来绿色低碳转型的总体站位，紧扣气候韧性特征，弥补仅从保障能源供应出发支撑产业链供应链稳定性的不足，从更长远的产业链供应链竞争力视角审视当前能源基础设施的发展趋势和存在问题，加强绿色低碳能源基础设施建设，着力提升绿色低碳运营水平，促进产业链供应链全面绿色低碳转型，塑造未来发展新优势，提升国际市场竞争力。

新旧融合发展维持能源价格低位。能源基础设施是能源供给的核心载体，对能源价格起到决定性作用。新形势新目标新要求下，能源基础设施如何发展，将关乎能源成本的走向。随着可再生能源技术的发展，风光发电成本持续下降，部分地区光伏已经成为度电成本最低的电源选择。由于风电光伏等新能源不稳定的特性，目前仍离不开其他能源特别是传统能源的补位，从系统效益和系统安全看，新旧能源转换替代仍是一个长期的过程。能源基础设施建设必须要坚持实事求是原则，坚持以成本最优为出发点，传统能源逐步退出要建立在新能源安全可靠的替代基础上，协调做好传统能源与新能源的融合和接续发展。

四、构建具有竞争力的能源基础设施的发展路径

按照新发展格局下能源基础设施的主要特征，未来应在提升能源基础设施的安全可靠、绿色低碳、融合联动、协同创新等方面持续发力。

（一）提升能源基础设施安全稳定可靠水平

一是筑牢安全底线。如表 10 所示，2012 年以来，我国能源自给率保持在 80% 左右，为进一步强化能源安全保障，必须把能源的饭碗端在自己手中，将能源自给率提高到 85% 以上。发挥好煤炭"压舱石"的作用，保障煤炭生产供应，有效发挥煤电基础性调节性作用；继续加大油气勘探开发力度，将石油年产量维持在 2 亿吨左右的规模，持续增加天然气产量；大力提升风电、光伏发电规模，加快大型清洁能源基地建设，安全稳妥推动沿海核电建设。加快补齐能源基础设施安全领域结构性、功能性防灾短板，加强防灾减灾能源基础设施建设，增强抵抗灾害能力。加强弹性配套，提升能源基础设施网络稳定性可靠性，提升网络安全防护能力。加强能源基础设施应急防控和跨部门、跨地区突发事件应急会商与联动处置能力。

二是优化能源基础设施配置。着力挖掘存量能源基础设施潜力，以新

技术、新模式拓展能源基础设施发展空间，推进能源供应和运输通道多元化发展，保障能源生产、转换和储运安全。统筹规划布局增量能源基础设施，推进油、气、电输送网络一体化建设，多渠道开拓能源资源，有序推进能源储备基地建设。着力推进存量和增量能源基础设施资源、通道、数据整合共享，提升能源基础设施配置水平。

表10 2012—2020年我国能源供给情况

年份	一次能源消费总量（亿吨标准煤）	一次能源生产总量（亿吨标准煤）	能源自给率（％）
2012	40.2	35.1	87.3
2013	41.7	35.9	86.1
2014	42.8	36.2	84.6
2015	43.4	36.2	83.4
2016	44.1	34.6	78.5
2017	45.6	35.9	78.7
2018	47.2	37.9	80.3
2019	48.7	39.7	81.5
2020	49.8	40.8	81.9

资料来源：根据国家统计局数据整理及测算。

三是提升高比例可再生能源供应可靠性。我国电源结构以煤电为主，灵活调节的能力相对偏弱，不利于高比例新能源的并网。应着力对现役煤电全面实施灵活性改造，加快能源技术创新，挖掘燃煤机组调峰潜力，提升火电运行灵活性，全面提高系统调峰和新能源消纳能力。提升智能电网水平，通过数字基础设施建设响应市场的工业需求和电动汽车充电需求，释放电力需求的灵活性。大力推进储能发展，挖潜区域电网互济能力，提升电网运行的弹性。构建灵活、实时、稳定的电力市场，构建灵活高效、负荷侧积极响应的系统，实现源网荷储协同互动。

（二）加快能源基础设施绿色低碳发展

一是加快传统能源基础设施绿色低碳转型。加快升级现役煤电机组，提升传统能源基础设施能效水平，研究试点二氧化碳捕集与封存设施。进一步强化现役煤电、燃气发电的环保治理水平，深入推进烟气脱硫、脱硝、除尘超低排放治理，加快实施电厂废水零排放，逐步提高脱硫石膏等资源综合利用效率。加强能源基础设施信息化、智能化建设，建设以电力为核心的智慧能源平台，集合能源生产、输送和消费大数据，构建新型智能调度运行系统，以优化调度促进能源基础设施绿色低碳转型。

二是加快新能源基础设施布局建设。全面推进风电、光伏发电大规模开发和高质量发展，坚持集中式与分布式并举，加快建设光热发电与光伏和风电互补调节的风光热综合可再生能源基地。大力推广光伏建筑一体化技术，创新"光伏+"模式，推进光伏发电多元布局；坚持陆上与海上并重，推动风电协同快速发展。积极推进西南大型水电基地建设，优先推进在建水电站投产。保持核电合理布局和平稳建设节奏。统筹协调生物质能发展，逐步推进生物质发电、生物液体燃料替代石油燃料、非粮生物燃料逐步实现商业化和规模化应用。加快推进氢能、地热能、海洋能等新能源技术的研发与应用。加快建设新型电力系统，提高新能源涉网技术水平，推动柔性直流输电、局域智能电网和微电网等能源基础设施试点示范。

（三）加强能源基础设施融合联动发展

一是完善电力综合输送基础设施。积极推动电网相邻区域接续外送，优化远距离跨区输电布局；加快送受端区域电网建设，促进供需衔接平衡，加强区域电网统筹衔接。

二是建立互联互通高效油气输送基础设施体系。统筹油田、进口管道、港口、石化基地和储备基地布局，完善原油管道，优化成品油管道布局。加大天然气基础设施建设力度，统筹国际和国内、管道和海运、天然气和液化天然气，推进西气东输、北气南下、海气登陆，完善储气库及其他储气设施建设。

三是加强能源基础设施与交通、信息等基础设施规划衔接、协同布局、共建共享。统筹交通运输网络与油气、电力、煤炭等能源基础设施布局建设，加强管网及液化天然气接收站与交通运输设施衔接和配套，积极推进液化天然气多式联运；完善天然气能源管道运输网络，推动天然气与氢能基础设施融合发展。加强能源运输与特高压电网建设分工，注重发挥铁路煤运便捷性与跨区输电清洁性的组合优势，避免功能、流向重叠，加快形成需求保障与绿色发展兼顾的能源通道布局。充分利用铁路、公路站场及线路两侧闲置空地建设光伏电站，推动交通、物流、市政等存量基础设施能源高比例自给改造，系统挖掘既有基础设施能源化潜力。推动 5G 基站、大数据中心等新型基础设施与分布式可再生能源融合发展，推动各类"新基建"绿色升级。积极发挥新能源汽车对电力系统的削峰填谷，加强电动汽车充电桩与电网协调发展。

（四）促进能源基础设施与产业链供应链协同创新升级

能源基础设施具有投资规模大、建设周期长、产业链供应链涉及面广等特点，是协同产业链供应链"共转型、共发展、共创新、共升级"的重要突破口。一是以能源基础设施绿色低碳发展促进产业链转型升级。联合相关企业、科研院所、高等院校等各类创新主体，加快各类能源基础设施共性和个性关键技术攻关及产业化应用，增强产业链供应链自主可控能力，提升全球范围竞争力。二是以能源基础设施优化布局引导先进制造业产业集群，谋划和构建供应链生产组织网络。用好能源基础设施优化布局契机，支持中西部地区精准承接东部产业转移，合理规划区域内产业链布局，加强产业集群分工合作。构建与能源基础设施和产业链优化布局相适应的供应体系，提升供应链现代化水平，促进上下游供应链融通发展。

五、构建具有竞争力的能源基础设施的政策建议

新发展格局下构建具有竞争力的能源基础设施是一项基础工程，更是一项系统工程，需要整体谋划、重点突出、有序推进，为提升我国产业链供应链的稳定性和竞争力创造条件。

（一）做好能源基础设施发展的顶层设计

加强国家层面在能源基础设施规划布局的顶层设计和总体规划，以安全可靠、绿色低碳、成本最优为发展方向，逐步从适应能源发展向引领能源发展转变，处理好能源基础设施长期与短期、整体与局部、传统与新型、保供与发展之间的关系，统筹各类能源基础设施规划布局与生产力布局相协调，以能源基础设施高质量发展为抓手，带动产业链供应链协同升级，支撑产业链供应链稳定性和竞争力。探索推进综合能源服务，以传统能源为基础，协调、匹配新能源电力基础设施建设和应用，提高整体能源基础设施利用效率，提升保供稳供能力，减少资源闲置和浪费。

（二）市场化改革激发新型能源基础设施活力

以构建高质量能源基础设施建设为目标，建立定价合理、灵活响应的新型定价机制，推进能源供需两端联动，激发新型能源基础设施建设活力。注重协同发展，强化能源与交通、信息等基础设施的融合。构

建能源基础设施的投资风险预警机制，统筹环境、价格及下游产业链供应链发展等因素，实施能源基础设施风险管控。以价格政策为抓手，建立跨省跨区能源基础设施综合协调机制，优化能源整体布局。制定完善价格大幅波动的干预机制，将煤、油、气以及电等能源的价格调控在合理区间。持续推进碳市场建设，确立科学的碳价形成机制，引导全社会减碳。

（三）能源基础设施创新由资源驱动型转向科技驱动型

一是以需求促科研。依托能源基础设施转型升级巨大市场空间，促进科技创新研究，集中力量打好关键核心技术攻坚战，引导和组织优势力量，下大力气解决一批能源领域"卡脖子"问题，加快突破基础软硬件、先进材料、核心零部件等方面的制约，努力实现关键核心技术自主可控。二是瞄向远方，超前攻关。充分发挥国家作为重大科技创新组织者的作用，用好国家战略科技力量，聚焦可能取得革命性突破的重大创新领域和技术，持续加大投入，实施一批具有前瞻性、战略性的国家重大科技项目。特别是在美国、欧洲等关注的领域，开展跨学科、多领域、大协作协同创新，力争在能源革命新赛道取得先机。三是择机适度超前启动一批能源基础设施重大工程。推进传统能源基础设施升级改造，加快新型能源基础设施建设布局，着力提高能源基础设施建设融资水平和资金使用效率，不断推动基础设施建设向更高水平发展，进一步提升综合国力和国际竞争力。

（四）优化布局，大规模开发可再生能源

坚持生态优先、因地制宜、多元融合发展，在东北、西北、华北地区优化推进风电和光伏发电基地规模化开发，在西南地区统筹推进水风

光综合开发，在中东南部地区重点推动风电和光伏发电就地就近开发利用，在东部沿海地区积极推进海上风电集群化开发，稳步推动生物质能多元化开发，积极推动地热能规模化开发，稳妥推进海洋能示范化开发，积极推进氢能技术研发与示范。在工业园区、经济开发区及油气矿区等负荷中心周边地区，推进风电分散式和分布式光伏多场景融合开发，科学推进整县屋顶分布式光伏开发。加快推进以沙漠、戈壁、荒漠地区为重点的风电光伏大型基地建设，以风光资源为依托、以区域电网为支撑、以输电通道为牵引、以高效消纳为宗旨，统筹布局建设好风电光伏基地与支撑调节电源。

执笔人：吕斌　付毕安

参考文献

[1] 安学民，孙华东，张晓涵，等. 美国得州"2.15"停电事件分析及启示[J]. 中国电机工程学报，2021（10）.

[2] 电力规划设计总院.中国电力发展报告2020 [M]. 北京：人民日报出版社，2021.

[3] 冯保国. 能源安全遭遇基础设施瓶颈[J]. 中国石油企业，2021（6）.

[4] 高鹏，高振宇，赵赏鑫，等.2020年中国油气管道建设新进展[J]. 国际石油经济，2021（3）.

[5] 国家发展和改革委员会能源研究所.中国中长期能源基础设施转型发展投资战略研究[R]. 2020.

[6] 国家能源局. 2020年全国电力工业统计数据[R]. 2021.

[7] 国家统计局. 中国统计年鉴2021[M]. 北京：中国统计出版社，2021.

[8] 国家统计局. 中华人民共和国2020年国民经济和社会发展统计公报[R]. 2021.

[9] 国家统计局能源统计司.中国能源统计年鉴2020[M]. 北京：中国统计出版社，2021.

[10] 刘宝昌.数字化、智能化、云化时代，需加快构建能源基础设施安全防御能力[J]. 电信工程技术与标准化，2020（9）.

[11] 水电水利规划设计总院. 中国可再生能源发展报告2020 [M]. 北京：中国水利水电出版社，2021.

[12] 王仲颖，康艳兵，姚明涛."十四五"能源基础设施协同融合发展思路与举措 [J]. 中国经贸导刊，2021（7）.

[13] 闫坤，张鹏.加快构建新形势下的新发展格局[N]. 经济参考报，2021-5-25.

[14] 张治棠.国家发展改革委煤炭保供稳价组合拳成效显著[N]. 中国经济导报，2021-10-26.

[15] 中国煤炭工业协会.2020煤炭行业发展年度报告[R]. 2021.

[16] Tong D, Zhang Q, Zheng Y, et al. Committed emissions from existing energy infrastructure jeopardize 1.5 ℃ climate target [J]. Nature, 2019.

深化高水平对外开放　提升产业链供应链稳定性和竞争力

当今世界正在经历世界之变、时代之变、历史之变。全球经济的重心持续向东转移，国际规则进入重塑期，全球产业链供应链加速重构，绿色数字化转型是当前及今后一段时期国际格局变化的基本形势和特点。对此，宜高质量实施RCEP，积极对标高标准国际经贸规则，坚持实施更大范围、更宽领域、更深层次对外开放，围绕重点国家、重点区域，立足我国产业链供应链特点，抓紧当前及今后一段时期国际力量对比的调整期，分类施策、有保有压，更好激发我国产业链供应链发展内生动力，推动国内开放水平由商品、要素流动型开放向规则、规制、管理、标准等制度型开放转变，为新发展格局下产业链供应链高质量发展营造良好的外部环境，推动经济高质量发展和社会全面进步。

一、国际格局变化总体形势

（一）国际力量对比发生深刻调整，全球经济格局"东升西降"态势明显

一是"东升西降""南升北降"发展态势明显。"二战"后，欧美日

等发达国家和地区开始主导全球经济的发展，其经济占全球比重持续上升，在 1992 年达到 84.8% 的峰值水平；随后，其占全球经济份额持续下降，新兴经济体开始群体性崛起。新冠疫情前，发达国家和发展中国家占全球经济份额分别为 62.9% 和 37.1%。与此同时，部分亚洲和非洲国家有可能成为全球经济增长的领跑者，预计到 2035 年包括新兴经济体在内的发展中国家 GDP 规模将超过发达经济体，在全球经济和投资中的比重接近 60%。特别是中国，自改革开放以来经济快速发展，对全球经济的贡献作用明显加强。自 2006 年以来，中国对世界经济增长的贡献率已经连续十余年稳居世界第一位，成为世界经济增长的第一引擎。

二是全球制造中心"东移"趋势更加明显。改革开放以来特别是加入世界贸易组织后，中国顺应国际产业分工变革和产业转移的趋势，充分利用劳动力成本优势承接国际产业转移，成为世界重要的劳动密集型产业和环节的生产和出口基地，促进了全球产业向中国聚集，形成了较为完整的全球产业链供应链体系和"大进大出"的贸易格局。1990 年，中国在全球制造业总产值中的占比仅为 1%，继 2007 年超过日本、2010 年超过欧盟、2011 年超过美国后，2012—2020 年，中国制造业增加值从 16.98 万亿元增长到 26.59 万亿元，占总产出比重的 30% 左右，连续 13 年保持世界第一制造大国地位。截至目前，中国是全世界唯一拥有联合国产业分类中所列全部工业门类的国家，拥有 41 个工业大类、207 个中类、666 个小类，220 多种工业产品产量居世界第一位。

三是中国逐渐从全球价值链参与者和追随者不断向全球价值网络重要中心节点和引领者的角色转变。20 世纪 90 年代，中国主要是以日本为领头雁的东亚生产体系的追随者和参与者，承接了外部转移产业。随着国内人口红利的释放、经济潜力的发挥和产业升级的发展，中国生产的产品质量和效益不断提升。2000—2003 年，中国逐渐承接日本、韩国相关转移产业，成为日本和韩国贸易网络的直接参与者。2004—2007 年，中欧贸易开始快速发展，中国制造在全球贸易生产网络的地位进一步提升，逐步摆脱对亚洲领先贸易国（地区）的依赖。2008 年以来，中国贸易伙伴不断增加，与美国、澳大利亚、俄罗斯、墨西哥等的贸易伙伴关系不断建立、稳固和成熟，从全球贸易生产网络的全球价值链贸易的参与者和追随者逐步向全球价值网络重要中心节点和引领者的角色转变。

（二）全球经济治理体系加速变革

一是全球经济治理体系进入加速变革期。经济全球化给国际经贸格局带来深刻变化，全球经济治理进入快速变革期，呈现出治理主体多元化、多极化趋势以及新的全球议题不断涌现等新特点。特别是技术革命、绿色发展和全球价值链深入发展给全球带来新的治理理念和规则制定需求，各国合作需求不断增强；全球经贸规则重构和博弈日益凸显，规则标准水平不断提升，数字贸易、"监管一体化"和 21 世纪议题等逐步成为各方关注的重点。在此过程中，美欧等发达国家和地区也发起了诸如印太经济框架、关键矿产协议等非典型贸易协定，给全球经济治理带来更多冲击。

二是区域贸易协定快速发展，标准程度不断提升。从 20 世纪 90 年代开始，区域经济合作快速发展，开放的区域主义成为一种流行趋势，大型甚至巨型区域贸易协定谈判出现快速发展。欧盟经济一体化成为全球的典范，国家之间可以通过区域经济合作从共同市场发展到共同货币联盟，最终形成政治、安全和经济共同体。亚洲地区，RCEP 将中国与东盟、日本、韩国等国家和地区紧密联系在一起。南美地区，智利、秘鲁、墨西哥和哥伦比亚正组建太平洋联盟。非洲地区，南部非洲发展共同体（SADC）、东部和南部非洲共同市场（COMESA）以及东非共同体（EAC）正努力达成协定，共同扩大区域经贸合作的规模。美国退出后，CPTPP 仍继续达成，反映了各国积极参与区域一体化的愿望。

（三）绿色数字化转型成全球共识

一是全球产业绿色化转型成为各国共识，各国推动产业转型力度之大前所未有。截至 2022 年，超过 190 个国家和地区提交了第一轮国家自主贡献数据，涵盖了全球 90% 以上的能源相关和工业过程的二氧化碳排放量；27 个国家和欧盟已经按照《巴黎协定》的要求，向《联合国气候变化框架公约》通报了低温室气体排放的长期发展战略。相比之下，我国产业结构和能源结构需要适应国际趋势，妥善处理好发展和减排、短期和中期的关系。总体来看，我国是全球第一位的制造、工业大国，工业万元能耗强度是第三产业的 4 倍左右，钢铁、有色、建材、石化和化工五大产业能耗占总能耗的 80%，开展"稳妥有序、安全降碳"的工作重点在能源、工业领域，与世界主要国家面临的问题基本一致。国际机构测算，欧盟如在 2050 年实现碳中和，未来近 30 年要投入 28 万亿欧元。中国如果要实现碳中和，投资须超过 130 万亿元。

二是全球数字经济快速发展，成为未来推动产业链供应链重构的新方向。2020 年全球数字经济增加值达 32.6 万亿美元，同比提升 3%，占全球 GDP 比重为 43.7%。从具体行业情况看服务业数字经济占 GDP 比重最高，为 43.9%，主要为通信、金融等生产性服务业；其次为第二产业（24.1%）和第一产业（8%）。伴随技术迭代和进步，以 5G、半导体、集成电路、人工智能等为代表的数字产业加速发展，工业互联网、智能制造、先进制造等成为全球产业数字化发展的主要驱动力。2020 年，产业数字化增加值占数字经济比重为 84.4%。美、中、德、日、英成为全球数字经济规模最大的 5 个国家。规模方面，2020 年，这 5 个国家数字经济规模占全球的

79.2%。其中，美国数字经济规模全球第一（13.6 万亿美元，占 41.7%），中国位居全球第二位（5.4 万亿美元，占 16.6%），德国、日本并列第三位（各 2.5 万亿美元，占 7.7%），英国位居第五位（1.8 万亿美元，占 5.5%）。

（四）全球创新格局面临深刻变革

一是国家战略科技力量成为大国经济产业实力的基础。近代以来，登上世界科技舞台中心的美国、日本、德国，都是依靠国家战略科技力量的支撑。美国通过组建国家实验室，开展基础性、前沿性和战略性的跨学科研究，并从武器研发扩展到能源、信息、材料等重大科学前沿，出现了互联网等诸多颠覆性技术，引领世界科技发展。颠覆性技术的群体突破已经形成并在全球范围内迅猛发展，科技因素对国家间实力对比、战争形态演变以及国家外交资源造成的影响进一步上升，进而推动国际格局的演变。

二是中国创新能力和水平不断提升。在科技论文发表和引用方面，尽管发达国家仍处于主导地位，但中国上升较快，在被引用论文数量上跻身世界前五位。根据世界知识产权组织（WIPO）的数据，亚洲的全球专利申请量已经占全球的 65.1%，其次是北美（20.3%）和欧洲（11.2%）。在科技人才方面，发达国家对高端人才仍然具有较强吸引力。根据花旗银行和牛津大学 2018 年的报告，经济合作与发展组织国家吸引了 2/3 的高技术移民，美国是全球最大的科技人才流入国，中国从海外回国的人才数量快速增长。在全球创新集群和创新城市数量方面，东亚地区已经超越欧美，根据《2018 年全球创新指数报告》和《2018 年自然指数—科研城市》的数据，美国高质量创新集群数量从 30 个降至 26 个，中国从 7 个增加至 18 个。

二、高质量实施 RCEP，积极对标高标准国际经贸规则

（一）高质量实施RCEP，更好推动我国产业链供应链全球布局，积极拓展国际市场发展空间

RCEP 有效整合了东亚生产网络，提升了区域内产业链供应链循环运转效率，为我国产业链供应链国际化发展拓展了市场空间，有助于以高水平开放促进产业链供应链发展。RCEP 成员国人口、GDP、贸易总额均占全球30%，是世界上人口最多、经贸规模最大、最具发展潜力的自由贸易区。

一是用好 RCEP 带来的国际市场空间扩大红利，加快布局跨境产业链供应链。从货物贸易开放水平看，RCEP 实现 90% 以上的货物贸易自由化，实施累积原产地规则，允许出口商或生产商出具原产地声明，简化海关通关手续，便利要素等在区域内跨境自由流动。从服务贸易开放水平看，RCEP 的开放部门数量高于之前各方之间"10+1"自贸协定水平的开放承诺，除了柬埔寨、老挝和缅甸 3 个国家，其他成员国承诺服务部门数量均有 100 个以上。从投资准入保护水平看，采用负面清单方式做出准入承诺，开放水平具有"棘轮效应"；要求成员国加入必要的国际公约，提升知识产权保护力度；暂时搁置了 ISDS 条款，保护东道国对于外国投资的必要的规制权力。

专栏4 RCEP对产业链供应链的开放红利定量测算

商务部国际贸易经济合作研究院根据全球动态一般均衡模型（GDYN）预测，到2035年，RCEP将带动区域整体的实际GDP、出口和进口增量分别较基准情形累计增长0.86%、18.30%和9.63%，出口和进口累计增量规模将分别达到8571亿美元和9837亿美元，区域投资将累计增长1.47%，区域经济福利累计增加1628亿美元。全球层面，到

2035年，RCEP将带动世界实际GDP和进出口贸易分别较基准情形累计增长0.12%和2.91%。

（1）从实际GDP的增长率来看，东盟国家受益最大。相较于基准情景，到2035年，东盟整体GDP累计增长率将因RCEP增加4.47%。其中，柬埔寨、菲律宾、泰国、越南的GDP获益较大，累计增幅分别为7.98%、7.04%、6.38%和6.33%。RCEP对中国、日本、韩国、新西兰和澳大利亚实际GDP增幅也均有积极贡献。

（2）从进出口增长率来看，东盟成员国中菲律宾、柬埔寨、泰国、越南累计增幅超过20%；非东盟成员国中，韩国的出口累计增幅最大，而中国的进口累计增幅最大。到2035年，菲律宾、柬埔寨、泰国和越南的出口增幅将分别高达57.81%、30.82%、24.23%和22.12%，进口增幅分别为67.71%、33.15%、27.94%和23.38%。印度尼西亚、马来西亚和东盟其他成员国（文莱、缅甸和老挝）进出口增幅则在10%以上。非东盟成员国中，韩国的出口增幅最大，为7.84%；中国的进口增幅最大，达到10.55%。

（3）从经济福利的角度看，RCEP对主要成员国经济福利的影响均为正向效应，其中中国、东盟和日本改善幅度最为显著。模拟结果显示，到2035年，中国、东盟和日本经济福利较基准情形将分别累计增长996亿美元、670亿美元和512亿美元。

（4）从劳动力要素的角度来看，RCEP生效后东盟成员国的非熟练和熟练劳动力的工资水平将有较大幅度提高。其中柬埔寨、越南、菲律宾等国增幅最为显著。这说明RCEP将为东盟成员国提供更多的就业机会，提升东盟成员国人力资源水平。

资料来源：商务部国际贸易经济合作研究院。

二是通过用好 RCEP 新规则，推动我国产业链供应链绿色数字化转型发展。以电子商务规则为例，RCEP 电子商务规则主张促进无纸化贸易，推广电子认证和电子签名，保护线上消费者权益，保护电子商务用户个人信息，加强针对非应邀商业电子信息等的监管。不强制要求计算设施本地化，不得阻止通过电子方式跨境传输信息等，但设置了实现公共政策目标的例外条款，并规定若为保护基本安全利益则可不执行该条款，有助于带动中国数字贸易在区域内更好发展。

（二）积极加入CPTPP，稳步提升国内制度型开放水平

CPTPP 重点在于标准和规则，对标高标准国际规则可更好带动我国制度型开放，有助于以高水平开放促深层次改革，为产业链供应链高质量发展提供支持。对标 CPTPP 高标准规则，有助于不断提升国内制度型开放水平，优化政策环境，促进深层次改革。CPTPP 以"全面且进步"为目标，被视为 21 世纪新型国际经贸规则的典范。CPTPP 对贸易自由化、经济全球化、区域经济一体化的高度追求，与中国维护多边贸易体制、深化国内改革、扩大对外开放的核心利益总体相符合，加入 CPTPP 将在规则层面、经济层面对中国产生积极效益。

一是用好高标准 CPTPP 规则，推动我国产业链供应链与协定成员国开展深度合作。从货物贸易开放水平看，CPTPP 成员国货物贸易降税模式较为统一，即适用一张统一的关税承诺表，仅有个别特殊安排，实现 100%贸易自由化，且过渡期较短，原产地规则承诺水平更高，对区域价值成分要求、累计规则和原产地证明要求较为严格。从服务贸易开放水平看，CPTPP 成员国的平均限制部门数量为 5；就国民待遇限制而言，CPTPP 成员国的平均限制部门数量为 12，开放力度总体上高于 RCEP。从投资准入保护水平看，对投资者保护要求更高，对知识产权的保护范围更广，除了

域名、声音商标等，也将气味商标纳入保护范畴，对农业化学物质产品未披露的试验或其他数据提供保护，且加大司法执法力度。

二是用好CPTPP竞争政策、政府采购、国有企业等"21世纪新规则"，倒逼国内深层次改革。CPTPP包括保护私人诉权义务、维护政策透明度义务等内容，且对竞争执法中的程序公正规定更加具体细致，可操作性更强。CPTPP要求相互合理开放政府采购市场，给予他国政府采购产品和服务国民待遇，给予投标者公平待遇，加强政府采购信息的可获得性。各成员国均有一份实质性开放清单，清单中包括政府采购开放实体、开放金额门槛、开放部门、服务项目、例外情况等具体规定。此外，CPTPP国有企业章节专门用于规范国有企业，主要包括非歧视待遇和商业考虑、非商业援助、透明度、技术合作和争端解决等条款，对于产业补贴做出明确规定。CPTPP规定，缔约方应采取和维持国际劳工组织宣言中所述的权利，对于产业链供应链劳工权益重视程度较高。CPTPP要求进行臭氧层保护，保护海洋环境免于船舶污染，提升公众参与度和透明度等，要求区域内产业绿色化发展。CPTPP专门规定公布信息等透明度要求，囊括范围很广，包括相关法律、法规、程序和行政裁定等，附件还有专门对药品和医疗设备透明度的规定，对于相关商业合规行为做出了更高要求的约束。

三、进一步深化高水平开放的政策建议

总体来看，开放格局下产业链供应链发展面临的挑战前所未有，错综复杂的国际环境带来新矛盾新困难，新冠疫情影响持续深化，经济全球化遭遇逆流，国际经贸规则碎片化，世界进入动荡期，发展外部环境不稳定性不确定性明显增加。但随着我国产业不断发展、制造业实力逐步增强，经济进入高质量发展阶段，总体判断机遇大于挑战。对此，有如下建议。

一是要坚定不移推动高水平开放，为推动产业链供应链高质量发展营造良好的外部环境。坚持实施更大范围、更宽领域、更深层次对外开放，全面提高对外开放水平，推动贸易和投资自由化便利化。建设更高水平开放型经济新体制，持续深化商品和要素流动型开放，稳步拓展规则、规制、管理、标准等制度型开放，推动构建与国际通行规则相衔接的制度体系和监管模式。积极参与全球经济治理体系改革，以自主开放促进全球开放合作，深化多双边、区域、次区域经贸合作，促进国际经济秩序朝着平等公正、合作共赢的方向发展，为产业链供应链稳定性和竞争力提升营造良好外部环境。

二是用好区域贸易协定，针对性指导重点产业链供应链深化国际合作交往。围绕我国产业链供应链发展的关键领域和重点环节，用足用好RCEP带来的发展红利。在制造业领域，要充分发挥我国产业链完整、配套设施完善的综合优势，借助RCEP的达成，不断拓展国际市场发展空间，持续提升自身国际竞争力。如石化行业要积极开展与国际先进产业水平的对标，加大研发投入，推动开拓东南亚市场；电子行业要提升产业基础能力，稳定电子信息制造产业链，调整重构电子新兴产业分工；机械行业要推动机电全产业链"走出去"，加快装备质量和安全标准与国际接轨；汽车行业要抓住对外开放水平全面提升的有利机遇，用好对65%的汽车零部件做出的零关税承诺，持续开展国际合作和竞争；轻工行业要推动区域内产业布局，提升中国品牌国际影响力，加大国内科技创新力度；纺织等传统行业要积极考虑加强对日本出口市场的开拓，引进先进设备，加强产能合作，推动传统产业提质升级。

三是积极参与全球经济治理，为产业链供应链国际化发展提供良好的规则环境。坚定维护多边贸易体制，积极参与世界贸易组织改革，保障发展中国家权益和发展空间。不断提升国际合作水平，积极参与联合国、世界贸易组织、二十国集团、亚太经合组织等机制合作，加强贸易和投资、数字经济、绿色低碳等领域议题探讨，贡献更多维护自由贸易、加强开放合作的中国智慧。主动对标高标准国际经贸规则，实施自贸区提升战略，积极推动加入CPTPP、《数字经济伙伴关系协定》（DEPA），加快构建面向全球的高标准自贸区网络。构建新型国际经贸关系，推进大国协调合作，深化同周边国家的经贸关系，加强与发展中国家的合作，扩大互利共赢范围，积极营造良好外部环境。

四是更好统筹发展和安全，妥善应对挑战。充分用好国内大市场优势，用足产业部门齐全和综合配套能力强的有利条件，维护国内产业链供应链发展安全。做好外商投资安全审查、反垄断执法、贸易救济等，建立健全事中、事后监管体系，完善风险防控管理体系，切实处理好开放与安全的关系。

五是加大国内深层次改革力度，为国内产业链供应链稳定性和竞争力提升探索新发展路径。密切关注高标准国际经贸规则最新变化，积极妥善吸收借鉴与我国改革开放方向一致的规则。在知识产权方面，加强知识产权保护力度，打通知识产权创造、运用、保护、管理和服务全链条，可以推动部分地区为开展知识产权保护、强化执法进行试点。在电子商务方面，按照RCEP细化落实数据管理等具体规定。在政府采购方面，自主提升政府采购透明度，利用RCEP审议机制，进一步丰富和完善政府采购内容，纳入更多实质性政府采购条款。继续优化出价清单，保持与《政府采购协议》（GPA）成员国沟通，加快加入GPA进程。

执笔人：庞超然

从日韩经验看如何突破后发劣势提升产业链供应链竞争力

——以汽车和半导体产业为例

自 20 世纪五六十年代以来，日本和韩国依靠出口拉动进入了经济高速发展期，产业链竞争力不断提升。20 世纪 80 年代，日本达到了发达国家的经济水平，2021 年 5 月韩国被联合国认定为发达国家。日韩作为后发国家的产业发展经验，对我国在当前国际背景下实现产业升级、提升产业链供应链竞争力具有重要借鉴意义。日本和韩国的汽车和半导体产业的发展和升级过程极具特色，本专题以这两个产业为例，总结日韩提升产业链供应链竞争力的具体举措。

一、日本提升产业链供应链竞争力的经验

"二战"后，日本基础产业严重落后，选择了出口导向型经济发展路线，在政府产业政策和民间企业的带动下先后发展了煤炭、钢铁、石油化学、合成纤维、汽车、产业机械、家用电器等产业，经历了经济复兴期和高速增长期，实现了工业化；之后发展半导体、计算机、飞机等高新技术产业和知识密集型产业，进入稳定增长期，实现了产业结构高级化；此后

由于经济泡沫和技术路径选择失误，日本新兴产业发展进入低迷期；21 世纪后，汽车产业始终保持支柱性地位的同时，新材料、金融保险、信息通信、运输、动漫、养老健康等服务业逐渐发展壮大。

（一）日本提升汽车产业竞争力的经验

日本的汽车产业在"二战"后几乎从零开始，仅用 40 余年就发展成为全球市场的重要一极，该过程具有重要的参考价值。

1. 利用产业扶持政策实现了汽车产业的起步和发展

日本的汽车产业起步较晚但发展迅速。欧洲、美国的汽车产业在 20 世纪 20 年代已基本成熟，相比之下，日本 20 世纪 40 年代末才将汽车产业确定为战略性新兴产业，1951 年出台政策重点扶持轿车产业，20 世纪 50 年代后期产品结构逐渐多元化，20 世纪 60 年代后期家庭轿车迅速普及，1979 年产量首次超过美国。20 世纪 70 年代石油危机后，日本的小排量汽车开始进入美国市场，20 世纪 90 年代以后进入了全球化市场，2006 年北美、亚洲市场的产量分别占日系车总产量的 36.5%、37.6%；2013 年海外整车产量 1675.6 万辆；2019 年国内外产量共 2755.6 万辆，占全球总产量的 30%。2020 年，丰田、本田、日产等三大日本汽车品牌销量居全球销量前十，占全球总销量的 17.5%。

日本汽车产业的迅速发展壮大离不开汽车产业政策的积极作用。主要分为完善基础条件和产业保护扶持政策（小宫隆太郎等，1988）。其中，完善基础条件的政策包括完善公路网、制定排气标准和限制，产业保护扶持政策主要包括对汽车产业实施物品税、保护性关税、限制进口、外汇限制、低息贷款、补贴、特别折旧、进口设备免税、引进技术等方面的支持和资本自由化政策。这些产业政策推动了日本汽车产量高速增长，1980 年产量突破 1000 万辆，占世界汽车总产量的 30% 以上，逐渐占领了国际市场。2021 年，丰田、日产、本田、铃木四大日本汽车品牌销量居全球销量前十，占全球总销量的 28.7%。

2. 产业链上下游协同发展提升了全产业链竞争力

日本汽车产业在发展整车制造的同时，形成了基于生产流程的纵向协同发展模式。日本 1956 年颁布的《机械工业振兴临时措施法》将汽车零部件产业列为扶持对象之一，1966 年将机械工具、内燃机、整车等产业链上下游行业纳入扶持范围，积极促进全产业链的国产化。自此，上游的装备制造、零部件制造和下游的整车行业进入高速发展时期。

1943 年日本商工省将整车与零部件分包商"纵向分层一体化"的塔式分包结构以法令的形式确定了下来。日本探索形成了整车厂商和多级零部件分包商的多层次垂直分包体系，按照总成件、稍加工组合件和单纯加工件，将零部件厂商分为一次、二次、三次分包商，将业务层层转包。整车企业通过与分包商交叉持股的方式，组织各级分包商生产，形成金字塔形结构。在分包体系中，大部分分包商附属于某一家整车企业，为其专制零部件产品；但这些分包商又拥有独立的产权，可以为其他整车企业服务。以丰田汽车为例，一次分包商成立了"协丰会"，二次分包商组建了"精丰会"；丰田对"协丰会"中的企业投资 30% 左右，对分包商进行技术和资金支持。此外，以日野汽车、日产汽车等为中心，各级分包商都成立了不同体系的协会组织，分包商可以同时为多个体系服务。

这种"整零"关系提升了产业链供应链的协同合作能力。整车厂商以大企业为骨干，吸收上下游中小企业，构建了广泛的协作网和完整的国产化汽车产业链。整车厂与零部件分包商签订长期合同，二者之间严密分工、紧密合作，形成了长期、稳定的交易关系，在市场发生变化时，供应链可协同产业链快速做出响应（陈燕春、王琨，2010）。2021 年《财富》杂志公布的世界 500 强企业中，日本 7 家整车企业、4 家零部件企业入选，这 11 家企业年度营收和利润分别占日本全部 500 强企业总营收、总利润的 28% 和 18%。

3. 积累技术优势，把握两次"石油危机"机遇进入全球市场

在技术引进与合作政策的支持下，日本企业逐渐积累了技术优势和先进的管理方法。例如，日本汽车产业在 1951—1969 年先后从美国、英国、意大利等国引进了 405 项先进技术。1955 年，日本政府提出了"经济型轿车发展计划"，成功研制出低油耗、低排放、低噪声的内燃机。到 1957 年，日本的汽车零部件生产全部实现了国产化（刘家磊，2012）。此后，日本汽车产业常年是国民经济中自主研发投入最多的产业部门。此外，日本车企形成了先进的管理方式，比如著名的丰田生产管理模式（Toyota Production System），在全球化的过程中成功保持了竞争优势。

把握"石油危机"机遇成功开拓海外市场。第一次石油危机后，日本的紧凑型汽车就以省油、性价比高、售后服务好等优势打入了国际市场（朱晶、张艳菊，2008）。第二次石油危机后，以省油著称的日本小型汽车在美国大受欢迎。1979 年日本汽车在美市场份额为 17%，1980 年上升到 24%，1984 年达到 35.2%。

4. 通过自愿限制出口、全球化投资布局等措施有效应对贸易摩擦

日本在经济高速发展的过程中，与美国、欧共体（欧盟）等发生了多次贸易摩擦，例如在纺织品、家电、汽车、半导体等领域。汽车产业有效应对了贸易摩擦，并在此过程中形成了全球化的产业链供应链体系，但半导体产业在贸易摩擦中大受冲击。

日本汽车产业的蓬勃发展引来了日美汽车产业贸易摩擦。在日本汽车产业逐渐进入美国市场的同时，美国的汽车产业却大幅亏损，每年有近 6 万人失业。1980 年，全美汽车工人联合会根据《美国统一商法典》第 201

条，向国际贸易委员会提出日本进口导致美国汽车产业受损的申诉，之后里根政府要求日本对汽车出口实行自愿限制。到了 20 世纪 90 年代，日美汽车贸易逆差持续扩大，围绕汽车产业的贸易矛盾再次激化。

日本通过多种方式缓和日美汽车贸易摩擦。一是通过自愿限制措施减少对美国的整车出口、扩大对美国零部件和整车的进口。1981 年 5 月，日本决定控制对美国汽车出口量，1992 年、1995 年，日本制定了自愿采购计划，扩大对美国汽车零部件的采购，至 2001 年，日本汽车出口量震荡下行。二是积极通过多边谈判和民间宣传解决贸易争端。1983—1984 年，日本通商产业省（简称通产省）与美国政府举行多次会谈，并与美国达成了市场导向型个别领域谈判协议，汽车贸易摩擦有所缓和。20 世纪 90 年代后，日美在世界贸易组织的框架下磋商汽车贸易问题。另外，日本还积极开展多种境外宣传活动改善日本的国际形象、影响民间舆论，赢得当地企业和消费者的好感。三是通过海外投资建厂、放开资本准入融入全球产业链供应链。日本车企对美国大规模投资，由整车出口转变为现地生产和销售，日本零部件厂商也积极在美国投资建厂，给美国人提供了大量就业机会，日美贸易摩擦逐渐平息。20 世纪 90 年代后，日本还积极推进了汽车产业的自由化，欧美汽车厂商逐步进入日本。

日美汽车贸易摩擦过后，日本加大了对欧洲、亚洲等地汽车产业的投资，深度融入了汽车产业链供应链的全球分工，但 2009 年以后，其竞争力逐渐被德国赶超。例如，2016 年日本汽车出口占全球出口的 13.2%，德国则远高于日本，占 21.8%。日本汽车品牌的影响力也逐渐被德国赶超，在英国品牌评估机构"品牌金融"全球最有价值汽车品牌 100 强中，2021 年日本汽车品牌价值 1.43 亿美元，有两个日本品牌进入前十，而德国汽车品牌价值约 2.02 亿美元，有 5 个德国品牌进入前十。德国汽车产业凭借大力度研发创新、斯图加特汽车产业集群等，聚焦全球高端汽车市场和高质量服务，成为最有价值汽车品牌的来源国（见表11）。

表11　2021年全球最有价值汽车品牌总价值和它们在所有品牌总价值中的占比

国家	品牌总价值（亿美元）	占比（％）
德国	2018	34.4
日本	1432	24.4
美国	1005	17.1
中国	282	4.8
英国	214	3.6

资料来源：品牌金融（Brand Finance），《全球最有价值汽车品牌100强报告》，2021年。

（二）日本提升半导体产业链竞争力的经验教训

日本半导体产业虽然起步比美国晚5年，但迅速实现了赶超，曾占全球市场近50%的份额，存储器芯片DRAM技术也一度领先美国，但日美半导体贸易摩擦带来了产业发展的转折点。

1. 依靠美国技术支持和日本的产业政策扶持实现快速起步

日本半导体产业在起步时得到了美国支持。晶体管于1947年在美国诞生，5年后被日本试制成功。20世纪50年代后期，日本从美国引进技术，投资建设晶体管工厂。日本企业频繁选派技术人员深入美国晶体管工厂参观学习，根据考察记录及见到的设备试制出了一些关键的生产设备，改进了本国生产技术。利用收音机、电子计算器等民用电器市场，日本半导体产业迅速发展壮大，并进入美国、中国等海外市场。到1960年，日本晶体管产量突破1亿个，连续两年超过了美国（冯昭奎，2018）。

20世纪60年代中期，日本的产业政策转向大力扶持大规模集成电路。1966年，日本开始生产大规模集成电路，但规模相对较小，因此政府实行了保护扶持政策，包括严格限制进口配额、设定保护性关税、制定"超高性能计算机开发计划"对企业开发提供资助等，还将美国半导体企业的对日投资计划推迟了8年之久。1976年，日本通产省联合设计、生产、测试的专家和企业组建了"超大规模集成电路技术研究组合"机制（见表12），对企业提供了免息贷款，计划在1980年前共同突破最先进DRAM存储器芯片的基础技术、实现加工精度突破1微米。

表12 日本"超大规模集成电路技术研究组合"机制

内容	基本情况	说明
组织架构	通产省电子综合技术研究所牵头；富士通、日立、三菱、日本电气、东芝5家公司联合组成	政府、企业共同出资，设立共同研究所；所长为电子综合技术研究所半导体专家垂井康夫
决策机构	理事会	由通产省官员和5家公司的领导担任理事
原则	研究共同的、基础的课题，可平等使用研究结果	抽调技术工程师参与，商业化开发由各公司独自承担
任务	①微精细加工技术；②结晶技术；③设计技术；④工艺技术；⑤检验评价；⑥元件技术	设立6个研究室：第一、第二、第三研究室分别由日立、富士通和东芝负责协调；第四研究室由电子综合技术研究所负责协调；第五研究室由三菱负责协调；第六研究室由日本电气负责协调

资料来源：作者整理。

日本半导体产业在快速崛起的同时实现了全产业链协同创新发展。"超大规模集成电路技术研究组合"开发出1200多项专利和300多项商业机密技术，日本存储器芯片技术也在1977年赶超美国，并与美国保持了领先两年的代差。企业与科研机构共同研制出各种类型的电子曝光机、干式腐蚀机等关键制造设备，并培育出了一批半导体制造装备的龙头企业。到1980年，日本半导体制造设备的国内份额超过了50%，初步实现设备的国产化，还主导了光刻机的世界市场（冯昭奎，2018），成为硅片、光刻胶、高纯度氟化氢等半导体原材料的主要生产国。

2. 贸易摩擦和决策失误致使产业发展陷入停滞

随着日本半导体产业的发展壮大，围绕半导体的日美贸易摩擦也正式拉开序幕。1980—1986 年，日本半导体产品的全球市场份额从 26% 上升到 44%，而美国半导体产品的市场份额则从 61% 下降到 43%。1985 年起，在美国打出的系列"组合拳"下，日本半导体产业遭遇了沉重打击。

一是贸易诉讼迫使日本交出了本国市场。美国半导体行业协会（SIA）怀疑日本市场存在不公平，1985 年依据《美国统一商法典》第 301 条提起了对日诉讼。1986 年，美国提出诸如美国半导体产品在日本市场份额达到 20%、提供日本企业生产成本信息、设定基准价格并接受美国监督等条件，最终与日本达成了《美日半导体协议》。这导致日本对本国半导体需求减少，削减了企业对计算芯片的研发投资动力，加上自主选择技术路线失误和全球代工模式的兴起，日本以本地集成制造为主的半导体产业错失了逻辑芯片的黄金发展期。

二是"IBM 案件"和"东芝事件"导致日本高新技术龙头企业一蹶不振。20 世纪 70 年代，计算机程序不具有著作权，为免费使用 IBM 的操作系统，日本厂商模仿 IBM 生产计算机，销量因此大增。IBM 在 1981 年发布新机型后，日立、三菱等公司为获取 IBM 的机密资料，多名技术人员和高层管理人员被 FBI 逮捕。案件发生后，日立公司、富士通公司向 IBM 支付了巨额技术使用费，并接受 IBM 监视。另外，意大利、德国、日本等国在 20 世纪 80 年代向苏联秘密出售高精度数控机床装置及软件，使苏联的核潜艇能力大幅提升。日本东芝的子公司被告发后，东芝公司被禁止在 5 年内向美国出口任何产品并承担 100% 关税罚款。自此，日本高新技术企业的竞争力大幅下降。同期，韩国半导体企业大力发展存储器芯片业务，逐渐取代了日本企业。

三是《广场协议》后日元大幅升值引发了日本经济泡沫，日本进入了"失去的十年"。受日本汽车、半导体产业的冲击，日美贸易出现巨额逆差，美国联合英国、法国等签署了《广场协议》，允许美元对日元贬值，从而化解美国的巨额贸易赤字。为防止经济因出口下降而大幅下滑，日本一再下调利率，导致大量过剩资金流入房地产、股票等市场，吹起了巨大泡沫。面对经济过热，日本政府又大幅提升利率、对房地产贷款实施"总量限制"，导致股票、房产、土地等价格暴跌。1990 年，日本仅因地产和股票下跌就损失了 1500 万亿日元（石海峰，2009）。在此后的 10 余年中，日本经济持续低迷，进入了"失去的十年"。

二、韩国提升产业链供应链竞争力的经验

20 世纪 60 年代以前，韩国因长期战乱出现产业和经济基础薄弱，在美国的经济和技术援助下，根据经济环境合理选择并集中力量发展不同的重点产业，实现了快速发展。韩国 20 世纪 60 年代开始承接全球产业转移，基于廉价优质的劳动力资源和成本优势将轻纺工业作为重点产业，之后将重点转移到重工业，发展电力、煤炭、钢铁石化和造船等产业，到 20 世纪 80 年代重点发展精密器械、电子等技术密集型产业，20 世纪 90 年代发展微电子、稀有材料、生物工程等产业，2000 年后向高新技术产业过渡，重点发展绿色低碳技术、智能汽车、5G、智能机器人等产业。

（一）韩国提升汽车产业竞争力的经验

韩国的产业政策以产业发展计划为代表。1962—1991 年，韩国共实施了 6 个五年计划。五年计划涵盖 5 年内重点发展的产业和目标经济增长率，从重点发展出口导向的轻工业、重化工业到技术密集型产业，动态推动韩国产业结构从初级向高级演进。除五年计划外，韩国政府还推出了相

关法律和工业发展计划。

以汽车产业为例，韩国在"一五"计划中提出了以引进技术和零部件组装的方式发展汽车制造业，1962 年制定汽车产业发展规划、颁布汽车工业保护法，大幅提高汽车进口关税。"二五"计划颁布汽车工业振兴法、发展汽车工业基本计划，20 世纪 70 年代初提出小轿车生产国产化、大轿车生产国产化目标。"三五"计划将整顿和发展汽车工业列为重点，1973 年将汽车工业列入"十大战略产业"之一，予以贷款、设备融资、技术引进援助等支持措施。受石油危机影响，1974 年制定了长期汽车工业振兴计划，扶持大企业集团，推进汽车产业现代化。到 20 世纪 70 年代末，韩国主要汽车品牌的国产率达到了 85% 以上。1985 年后转向国际市场，1987 年起逐渐取消了保护扶持政策，开放汽车市场，鼓励竞争，促进了汽车产业升级。20 世纪 90 年代，韩国政府明令汽车企业将销售额的 5% 用作技术开发资金（杨再舜，2018），并建立企业附属研究所研制开发汽车顶尖零部件。近年来，韩国汽车企业逐渐国际化，全球销量一直名列前茅。例如，2021 年现代起亚集团的全球销量达 667 万辆，高居全球第三，其中海外市场营收占 81%。

（二）韩国提升半导体产业竞争力的经验

近年来，韩国半导体产业不断发展壮大，三星和 SK 海力士等企业成为全球半导体领域的头部企业，销售额稳居全球前五，并带动产业链上下游形成了庞大的半导体产业集群。截至 2020 年，半导体在韩国出口总额中已连续 9 年占比第一，成为韩国的"支柱产业"。

1. 承接全球半导体产业转移，实现替代式发展

积极迎接跨国公司投资建厂，政府通过产业政策扶持存储芯片技术发展。1965 年美国 Komy 公司在韩国投资建厂，标志着韩国半导体产业的起步，之后美国仙童、摩托罗拉和日本东芝等公司纷纷在韩国投资建厂。起步阶段，韩国利用廉价优质劳动力资源为跨国半导体公司组装生产，生产的产品全部出口，竞争力较弱。为此，1975 年韩国政府出台了扶持半导体产业的六年计划，建立电子技术研究院等科研机构培育专业技术人才；1982 年后相继发布了半导体工业扶持计划、半导体产业育成计划、半导体工业振兴计划，提出成立官产学研联盟，主攻 DRAM 存储器芯片，提升生产能力；20 世纪 90 年代提出半导体设备国产化五年计划、新一代半导体基础技术开发项目等，研发半导体的战略性和先进基础性技术。

通过加大研发投入、开展逆周期投资等方式提升竞争力，承接日本半导体市场。在日美半导体贸易摩擦期间，全球存储器芯片供应短缺，美国为抑制日本半导体产业的发展，选择大量入股韩国半导体企业，支持韩国生产存储器芯片。此时，韩国注重技术开发，通过加快技术装备投资、自主研发、引进人才，缩小了与日美半导体技术之间的差距，形成了自主的技术体系，并于 1994 年实现了对日本存储器芯片的技术赶超。1996 年，全球半导体价格骤降，韩国半导体产业受到巨大打击，但以三星为代表的半导体企业敢于决策，通过逆周期投资进一步压低市场价格、将竞争对手挤走，1998 年取代日本成为存储器芯片的第一生产国。由于存储器芯片利润空间相对较小，英特尔等美国企业逐渐退出存储器芯片市场。此后，韩国存储器芯片市场份额继续扩大，2019 年成为全球半导体第二大市场，占全球市场份额的 19%。

韩国半导体产业逐步优化产品结构，提高抗风险能力。20 世纪 90 年代后，以三星为代表的韩国半导体企业市场份额不断提升，但由于过度偏重存储芯片业务，产业抵御市场波动风险的能力较弱。为降低对存储业务的过度依赖，韩国开始大力发展附加值更高的逻辑芯片。例如，三星 2005 年开始承接晶圆代工业务，2011 年自有品牌 Exynos 逻辑芯片面世，2019

年 Exynos 逻辑芯片的市场份额达到 14.1%，为全球第三。2021 年三星是唯一可以与台积电竞逐 5nm 及以下最先进制程的半导体制造企业。2019 年 4 月，三星宣布将投资系统芯片的技术研发，计划到 2030 年共投入 133 万亿韩元，成为全球第一大逻辑芯片制造商。

2. 关键环节对日本单一依赖阻碍了产业竞争力进一步提升

韩国与美国经济贸易结构长期呈现"垂直依赖"的关系，因而与日本相比，面临的贸易摩擦较少。韩国半导体产业发展壮大后，美国也并未挑起半导体贸易摩擦，这是由于美国资本在其中发挥了重要作用。以三星电子公布的股权结构为例，2021 年第三季度，三星普通股和优先股中分别有51% 和 72% 由外国投资者持有（见图 21）。

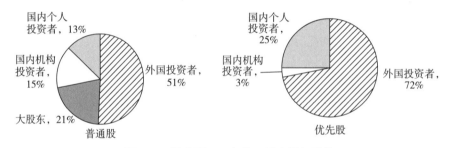

图21　三星电子2021年第三季度股权结构

资料来源：三星电子官网。

主导韩国半导体产业链上游原材料和制造设备的日本发起了日韩半导体贸易摩擦。日本在原材料和设备领域处于高度垄断地位，例如硅片、光刻胶、靶材料、保护涂膜、引线架、陶瓷板、塑料板、焊线等 14 种原材料的全球市场份额超过 50%，电子束描画设备、涂布 / 显影设备、清洗设备、氧化炉等 10 种重要前端设备的全球市场份额超过 50%。2019 年 7 月，日本经济产业省将韩国从适用宽松管制的"白色清单国"中删除，并严格限制对韩国出口含氟聚酰亚胺、光刻胶、氟化氢等原材料（朴光姬、李天国，2020），日韩半导体贸易摩擦拉开序幕。日韩半导体贸易摩擦反映出产业链稳定性和竞争力不足。据统计，2018 年韩国含氟聚酰亚胺、光刻胶、氟化氢 3 种原材料自日本的进口比例分别高达 93.2%、84.5%、41.9%。贸易摩擦爆发后，三星和 SK 海力士营收大幅下降，2020 年第三季度的营业利润分别下降了 40%、36%（朴光姬、李天国，2020）。这反映出韩国半导体产业在关键原材料、设备领域呈现对日本单一依赖的特点，这大大阻碍了韩国半导体产业竞争力的进一步提高。

三、对我国提升产业链供应链竞争力的启示

在世界百年未有之大变局加速演进的背景下，我国应借鉴日本和韩国产业发展经验来提升产业链竞争力，加快构建新发展格局。

（一）产业的健康发展需要动态调整产业政策

日本和韩国的产业发展经验表明，正确的产业政策可以发挥积极的作用，在产业发展的不同阶段需采用相适应的产业政策。

一是产业的健康发展需正确选择重点和战略产业，根据产业的不同发展阶段采用适宜的产业政策积极引导。主要包括：①为产业发展创造条件的基本经济法规；②保护扶持产业发展的培育振兴法规；③调整衰退产业的援助法规；等等。

二是在产业发展的不同阶段，需采用相适应的产业政策。具体来说，对于幼小产业进行有效的培育扶持。例如，对特定行业的投资和研发提供补贴，给予贷款、税收、征地等优惠，提高产业的准入门槛并集中投资，组建合作联盟资助研究开发活动等。

对于成长型产业，积极提升产业链供应链安全性，培育技术设备本地生产能力。例如，鼓励企业引进最先进设备技术并"吸收—消化—产出"，

设置产业技术情报机构为企业提供技术指导和情报，通过低息或无息贷款鼓励民间投资研发，实行政府采购，采用特别折旧等方法鼓励企业技术改造等。

对于成熟型产业，减少政府干预，保障公平竞争。例如，放开市场准入和进出口限制，统一生产标准，制裁垄断行为，营造公平竞争的市场环境。在某一产业领先后，主动选择知识密集型新兴产业进行新一轮的培育等。

对于衰退型产业，实施调整活化政策。例如，实行特定萧条产业临时安定和改善措施，要求衰退产业制订调整计划，设立特定萧条产业信用基金帮助企业处置过剩设备、改善生产经营方式等。

（二）应把握技术变轨带来的掌握核心技术机遇

日本、韩国在汽车和半导体产业主动把握技术变轨机遇，通过自主创新实现了关键环节自主可控的经验值得借鉴。

准确把握产业变革趋势和技术变轨机遇，集中力量发展先导性、引领性、战略性的新兴技术产业，把握技术变轨机遇，掌握产业发展的主动权。一是要大力发展以信息技术、新材料技术、绿色产业为代表的新兴技术产业。日本的发展经验表明，一国新兴技术产业的竞争力对该国在全球价值链中的地位具有重要影响。基于我国经济、文化等独特条件，充分发挥新型举国体制优势，构建基础软件、半导体等产业联盟进行联合攻关，并对早期投资项目适当管控，避免过量、重复建设和过度竞争。二是要加强科技创新，把握正确的技术路线。作为当时汽车、半导体领域的后发国家，日本、韩国的跟随发展能力较强，但实现技术赶超后，在自主选择前沿领域和技术路线时都出现了不同程度的失误。我国需引以为戒，应加大基础研究投入，加快技术应用转化，合理布局，降低技术路线选择失误的风险。

统筹发展与安全，提升产业链关键环节的本地生产配套能力。日本、韩国的产业发展经验表明，提升产业链竞争力应注重提高重点领域原材料、装备、制造等关键环节的本地生产和配套能力。在掌握产品制造能力的同时，以龙头企业为核心带动全产业链协同发展，保证关键、核心环节掌握在自己手中，促进产业体系向价值链上游收缩。

（三）在妥善应对贸易摩擦的同时扩大国际市场

历史经验表明，以美国为代表挑起的贸易摩擦具有规律性。一是起因大体相同，例如大幅贸易逆差、失去战略领域的领先优势、他国产业保护扶持政策阻碍本国相关产业发展等。二是主要目的基本一致，即通过打压对手来保持美国在经济、科技领域的领先优势。三是手段类似，主要通过双边谈判、单边贸易条款等手段来实施对其他国家的制裁。例如，使用或威胁使用《综合贸易与竞争法》的"301 条款""超级 301 条款"和"特别301 条款"。此外，联合盟友参与制裁、借助汇率战缩小贸易逆差、设局扣押对方的技术和管理人员也是美国的常用手段。

应探索利用多边和谈解决贸易摩擦，提升产业链竞争力。1995 年世界贸易组织建立后，日本按照世界贸易组织规则，解决了之后的日美汽车及零配件、照片胶卷、印刷纸张等贸易争端，提升了产业链供应链的竞争力。可借鉴日韩经验，有效利用世界贸易组织和多边谈判处理和解决贸易争端。同时利用好国际组织和民间力量，积极宣传我国优秀传统文化和互利共赢的合作理念，逐步改善国际舆论环境。

应积极开拓新的国际市场，避免陷入贸易摩擦僵局。以日本为例，20 世纪 90 年代末，开始积极开拓亚洲各国的市场；2002 年日本与新加坡签署经济合作协议，贸易路线开始多元化；2017 年，日本在亚洲的汽车产量已占其海外总产量的 50% 以上。日本在开拓海外市场的过程中，不仅逐渐降低了对美国市场的依赖，还提升了本国产业链供应链的全球化水平和国际竞争力。因此，我国应主动扩展多边外交关系，利用好全球性和区域性合作框架，在友好国家布局产业链供应链，积极扩大海外投资、拓展合作渠道。

（四）不轻易放弃核心发展利益，探索发挥自身优势

虽然日本、韩国的后发赶超过程为我国提供了有价值的发展经验，但无法解答如何实现从阶段性赶超迈向可持续领先这一关键问题。

一方面，日韩主动收缩甚至放弃国内外市场来避免与美国直接竞争的方法并不可取。这直接导致多个产业的竞争力下降。以日本为例，在主动限制对美汽车出口、扩大进口后，日本汽车出口量在之后的 10 余年内连续下滑，汽车产业竞争力被德国赶超。虽然日本在半导体上游的原材料和设备领域具有垄断地位，但其半导体市场占全球半导体市场份额已不足10%，逻辑芯片技术严重落后，技术人才大量流失，直接导致智能手机、智能家电、5G 等产业失去了竞争力。

另一方面，日韩曾尝试以扩大内需来提振国内经济，但均未成功，无法提供经验借鉴。日韩在主动限制海外市场后，都试图以通过扩大内需来替代海外市场需求，但受限于国内市场体量较小等原因并未成功。相比之下，我国拥有超大规模市场和全球最大的中等收入群体，居民消费快速升级，具备以扩大内需增强发展内生动力的条件。即便如此，放弃国际市场也会大大压缩发展空间，必须坚持对外开放基本国策，统筹国内国际两种资源、两个市场。

在新发展阶段，既要虚心学习借鉴国外的有益经验，又要立足国情、坚持独立自主，在涉及核心发展利益的领域不轻易妥协退让。发挥我国超

大规模市场和完备产业体系的优势，坚持自主创新，加快推动供给侧高质量发展，不断满足并扩大国内市场需求，同时加强国际市场合作，推动产业链供应链多元化，形成国内国际双循环相互促进的新发展格局。

执笔人：路倩

参考文献

[1] 小宫隆太郎，奥野正宽，铃村兴太郎. 日本的产业政策[M]. 黄晓勇，韩铁英，吕文忠，等译. 北京：国际文化出版公司，1988.

[2] 陈燕春，王琨. 日本汽车产业"整零"关系演变对我国的启示[J]. 汽车工业研究，2010（3）.

[3] 朱晶，张艳菊. 日、韩汽车产业发展国际经验的总结及对我国的启示——兼论幼稚产业的发展[J]. 时代人物，2008（7）.

[4] 刘家磊. 中、日、韩汽车产业政策对比[J]. 时代汽车，2012（Z1）.

[5] 冯昭奎. 日本半导体产业发展与日美半导体贸易摩擦[J]. 日本研究，2018（3）.

[6] 石海峰. 日本"失去的十年"与我国当前经济对比及启示[J]. 改革与开放，2009（1）.

[7] 朴昌根. 解读汉江奇迹[M]. 上海：同济大学出版社，2012.

[8] 朴光姬，李天国. 日韩贸易争端的起因、走向及启示[J]. 东北亚学刊，2020（2）.

[9] 杨再舜. 韩国汽车产业发展的经验借鉴[J]. 汽车与配件，2018（15）.

行业篇

新发展格局下提升我国纺织服装产业链供应链稳定性和竞争力研究

纺织服装产业是我国在全世界居于领先位置的产业之一，在我国制造强国建设进程中处于第一梯队。随着我国产业发展迈入新阶段，如何突破技术创新瓶颈、合理引导产业转移、持续优化产业结构和妥善处理贸易摩擦等问题，在稳固世界第一生产大国的基础上实现高质量发展是时代交给我国的一个重要课题。因此，现阶段有必要对我国纺织服装产业进行深入研究，分析其产业链供应链稳定性和竞争力的现状、挑战、机遇和提升路径。

一、纺织服装是各国竞争力持续转换、稳定性较差的典型产业

纺织服装产业是比较典型的劳动密集型产业，工业革命以来曾多次出现产业的迁移。作为典型的劳动密集型产业，劳动力成本占较大的比重，因此纺织服装强国发展到一定的水平后，会出现向后发国家转移的情况。从发展迁移的历史来看，工业革命后纺织服装产业从英国兴起，随后迁移到美国再迁移到日本；在全球经济发展过程中，国际分工不断深化，纺织

服装产业的设计与销售板块留在欧洲、美国和日本，加工板块则向中国、东南亚和南亚迁移。第一次、第二次的产业迁移，伴随着世界经济中心的转移，而第三次至第五次的产业迁移则是社会分工深入的结果（朱启兵，2019）。

专栏5 全球纺织服装产业中心变迁

第一次工业革命后，英国成为全球纺织业中心。

第一次工业革命后，英国使用机器化工厂逐渐取代家庭小作坊模式的纺织生产，到19世纪初英国棉纺锭数的出口值占全球总出口值的70%，自此英国成为全球纺织业中心。

20世纪初纺织制造中心转移到美国。

美国利用丰富的土地以及劳动力资源大力发展棉花种植。1793年，美国的轧棉机发明使籽棉加工处理效率极大提高，随后棉纺织业也快速发展，棉纺锭数从1832年的120万锭上升到1895年的1610万锭。1913年，美国棉纺织总量占世界棉纺织总量的比重首次超过英国并成为全球纺织制造中心。

"二战"后，日本成为新的全球纺织产业中心。

"二战"结束后，美国劳动力成本大幅提高，并开始将纺织等传统工业向外转移，日本成为重要的受益国，并很快成为新的全球纺织产业中心。

1970年后，亚洲新兴国家和地区接力日本成为全球纺织产业中心。

日本经济起飞后开始主动推进产业升级，纺织业率先向海外转移。此后，对外开放程度高、劳动力成本低的韩国、中国台湾和中国香港等地成为新的全球纺织产业中心。

中国加入世界贸易组织后逐步成为全球纺织制造中心。

2001年中国加入世界贸易组织，纺织品出口市场迅速打开，中国充分利用劳动力优势和市场优势逐步成为全球纺织制造中心。

2012年前后，东南亚国家劳动力优势开始显现。

进入新发展阶段，中国产业转型升级进程加快，纺织服装产业的低附加值部分开始向劳动力成本更低的越南、柬埔寨、非洲等地转移。

资料来源：前瞻产业研究院，《中国纺织产业迁移路径及纺织产业发展趋势全景图》，2019年。

二、我国纺织服装产业发展态势及国际竞争力变化

（一）我国纺织服装产业进入规模回落结构优化的新阶段

1. 纺织服装产业的规模已经出现显著回落

改革开放以来，我国纺织服装产业规模呈现先快速增长后触顶回落的趋势，特别是 2016 年以来，无论是纺织服装产业营业收入的绝对值还是在整体工业企业中的占比都呈现下降的趋势。2020 年，全国纺织服装产业实现营业收入 3.73 万亿元，同比下降 7.3%，占全国工业营业收入的 3.4%，同比下降 8.7%（见图 22）；利润总额也是在 2016 年达到峰值 4471.3 亿元后逐年递减，2020 年仅为 2299.3 亿元，同比下降 10.5%（见图 23）。

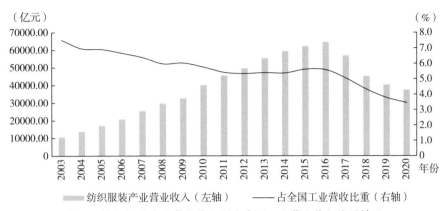

图22 纺织服装产业营业收入及占全国工业营业收入比重情况

资料来源：Wind。

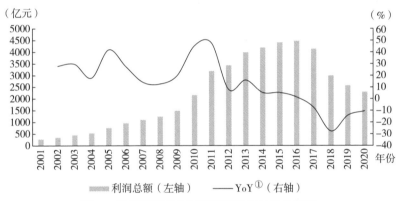

图23 纺织服装产业利润总额及历年增长情况

资料来源：Wind。

从纺织服装产业代表性产品的产量和就业总量看，同样出现了触顶回落的现象。我国纺织服装产业链主要产品生产方面，纱和布的产量在2016年分别达到3732.6万吨和906.75亿米后开始回落。2020年，纱的产量为2618.3万吨，同比下降7.4%；布的产量为459.2亿米，同比下降17.3%（见图24）。就业人员在2013年达到峰值455.4万人后开始回落，2020年为237.6万人，同比下降10.4%（见图25）。

———————————

① YoY，全称Year-on-Year，指同比增长率。

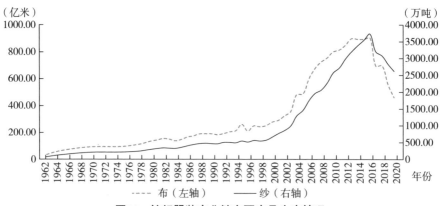

图24　纺织服装产业链主要产品生产情况

资料来源：Wind。

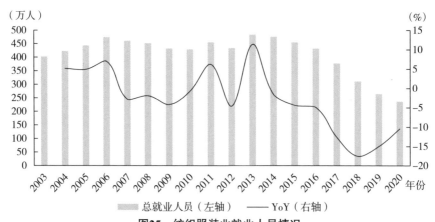

图25　纺织服装业就业人员情况

资料来源：Wind。

2. 纺织服装产业出现了多方面的结构优化

结构调整稳步优化。"十三五"期间，服装、家纺及产业用纺织品三大终端产品纤维消耗量比重由 2015 年的 46.4∶28.1∶25.5 调整为 2020 年的 40∶27∶33。"十三五"末，我国高性能纤维总产能占世界的比重超过 1/3，产业用行业纤维加工量达 1910 万吨，较 2015 年增长 40% 以上，有效满足多元化、多层级、多领域市场需求。

行业创新投入不断加强。高新技术纤维产业化和应用不断推进，产业用纺织品的开发应用不断加快，纺织装备自主化水平不断提高。2019 年纺织服装类上市公司全年研发实际支出总计 206.66 亿元，同比增长 22.36%。截至 2020 年底，纺织行业共有国家制造业创新中心 2 个、国家重点实验室 6 个、国家工程研究中心 2 个、国家企业技术中心 81 家（含 5 家分中心）、国家认定企业工业设计中心 12 家；中国纺织工业联合会认定的行业重点实验室 59 个、技术创新中心 37 家。2019 年，规模以上纺织企业研发投入强度超过 1%，其中化纤行业的研发投入强度达到 1.4%。国产纺织装备国内市场占有率达到 75% 以上。

区域分布上的调整和优化特征明显。东部地区积极发挥引领作用，加速产业升级步伐，推进中心城市都市产业建设。重点发展纺织服装的研发设计、品牌营销、市场推广等生产性服务业和纺织总部基地，培育建设全球或区域性纺织服装时尚创意中心、营销中心、贸易中心、品牌中心和购物（消费）中心。发展纺织服装高端制造业，进一步细化产业分工，发展高技术、高附加值、时尚化、差异化终端产品制造业；发展资金密集型、技术密集型、科技含量高的化纤、产业用纺织品、纺织机械制造业（工业和信息化部，2010）。截至 2020 年，我国纺织行业 75% 左右的生产力仍分布在东部沿海地区。东部纺织企业广泛吸收和统筹国内外优质创新资源，在技术研发、时尚创意、品牌营销和高端制造等价值链高端环节均有突破。中部地区完善纺织产业制造体系，利用产业基础优势发展特色产业，发挥比较优势发展终端产品制造业。"十三五"期间，中部地区规模以上纺织企业纱、布和服装产量分别占全国的 35.0%、20.1% 和 22.7%，与 2015 年末相比均有所增长。中部地区的纱产量主要集中在河南和湖北，均超过 320 万吨；布产量以湖北为主，为 57.2 亿米；服装产量平均分布在江西、湖北、河南、安徽和湖南，均为 10 亿件左右。西部地区重点发展特色产业，加快资源优势向产业优势转化。西部地区仅在纱、布环节占比超过全国的 5%，主要得益于近年来新疆和四川纺织产业的发展。

专栏6 国内纺织服装产业链发展历程

第一阶段：立足解决"温饱"阶段（1978—1991年）。

1978年改革开放后，纺织服装产业成为乡镇企业和沿海开放区率先发展起来的先导产业。受益于纺织品外贸体制改革，一大批纺织行业的工贸企业得到了迅速发展。20世纪80年代中后期起，纺织业逐步形成了服装、装饰、产业用三大终端产品，以及轻纺优先、两头在外、大进大出的大纺织格局，基本建成了新的纺织工业体系。

第二阶段：快速增长阶段（1992—2000年）。

1992年以后，随着改革开放的深入推进，一大批国外新机械、新工艺、新技术在我国珠三角、长三角等东南沿海地区得到推广与应用，我国纺织业整体水平快速提升，产能快速扩张，行业整体竞争力与综合实力得到了显著增强。2000年，中国纤维加工总量占世界24.7%，纺织服装出口量占世界14.8%，全行业出口额已达530.4亿美元，比1998年增长23.7%，成为世界纺织大国。

第三阶段：国际化发展阶段（2001年至今）。

2001年中国加入世界贸易组织，中国纺织服装产业加快了"引进来""走出去"的步伐，纺织业的比较优势得到了充分释放，在技术和管理方面不断缩短与发达国家差距，甚至在不少领域开始领先。但近年来，我国纺织服装产业也出现了成本上涨较快、竞争优势减弱的现象，纺织服装中低端环节开始逐步向我国中西部地区、东南亚地区转移。

资料来源：陈文晖，《中国纺织服装业升级发展的思考——改革开放40年纺织业发展考略》，2018年。

（二）我国纺织服装产业在全球竞争力的比较

在全球化时代，各国都需要参与到全球分工中去，通过出口一方面扩大产品销售市场，另一方面交换本国需要而又不能生产或不具有比较优势的产品，而各国在国际贸易中的参与程度又直接取决于产品的出口竞争力，因此国际贸易状况是最能客观准确地反映各国产业竞争力的指标之一。

测度出口竞争力的指标很多，比如国际市场占有率、显示性比较优势指数、市场渗透率指数、贸易竞争指数、显示性竞争优势指数[①]、出口产品质量指数等。根据数据可得性及各类指标的优缺点，本报告采用显示性比较优势系数判断各行业的出口竞争力，并结合国际市场占有率判断竞争力变化情况。

1. 纺织服装出口规模和国际市场占有率仍保持在较高水平

我国纺织原料、纺织制品以及服装服饰等产品的出口规模呈现各不相同的情况（见图26），其中保持持续增长的产品主要有絮胎、毡呢及无纺织物，特种纱线，线、绳、索、缆及其制品，帽类及其零件，地毯及纺织材料的其他铺地制品，化学纤维长丝。

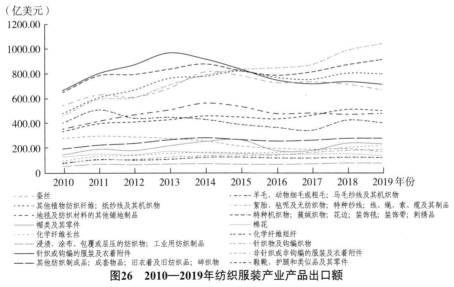

（亿美元）

图例：
- 蚕丝
- 其他植物纺织纤维；纸纱线及其机织物
- 地毯及纺织材料的其他铺地制品
- 帽类及其零件
- 化学纤维长丝
- 浸渍、涂布、包覆或层压的纺织物；工业用纺织制品
- 针织或钩编的服装及衣着附件
- 其他纺织制成品；成套物品；旧衣着及旧纺织品；碎织物
- 羊毛、动物细毛或粗毛；马毛纱线及其机织物
- 絮胎、毡呢及无纺织物；特种纱线；线、绳、索、缆及其制品
- 特种机织物；簇绒织物；花边；装饰毯；装饰带；刺绣品
- 棉花
- 化学纤维短纤
- 针织物及钩编织物
- 非针织或非钩编的服装及衣着附件
- 鞋靴、护腿和类似品及其零件

图26　2010—2019年纺织服装产业产品出口额

资料来源：WITS数据库。

[①] 市场渗透率指数是某国在某一特定地区的市场份额；贸易竞争指数是某一产品的净出口与进出口总额之比；显示性竞争优势指数是出口的显示性比较优势指数减去进口的显示性比较优势指数。

各产品的国际市场占有率在经历了加入世界贸易组织后的快速增长，近几年已经趋于稳定（见图27）。2019年，国际市场占有率在10%～20%的产品有羊毛、动物细毛或粗毛，马毛纱线及其机织物，地毯及纺织材料的其他铺地制品；20%～40%的产品有棉花，其他植物纺织纤维，纸纱线及其机织物，化学纤维短纤，絮胎、毡呢及无纺织物，特种纱线，线、绳、索、缆及其制品，浸渍、涂布、包覆或层压的纺织物，工业用纺织制品，针织或钩编的服装及衣着附件，鞋靴、护腿和类似品及其零件；而40%以上的产品有蚕丝，化学纤维长丝，特种机织物，簇绒织物，花边，装饰毯，装饰带，刺绣品，针织物及钩编织物，其他纺织制成品，成套物品，旧衣着及旧纺织品，碎织物，帽类及其零件。此外，2010—2019年，针织物及钩编织物、非针织或非钩编的服装及衣着附件、鞋靴、护腿和类似品及其零件分别下降了8.54个百分点、4.46个百分点和6.47个百分点。

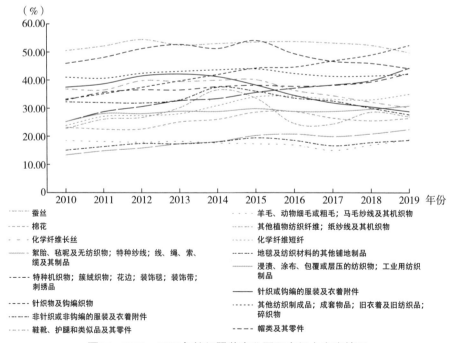

图27　2010—2019年纺织服装产业国际市场占有率情况

资料来源：WITS数据库。

根据 Trade Map 数据计算，近年来我国纺织服装产品不仅出口额不断攀升，在全球和主要发达国家的市场份额也增长明显。在全球市场方面，针织物及钩编织物所占份额不断增加，2020 年已经高达 51.4%；化学纤维占 41.8%，蚕丝占 41.8%，帽类及其零件占 41.7%，鞋靴、护腿和类似品及其零件占 30.2%，浸渍、涂布、包覆或层压的纺织物和工业用纺织制品占 30.1%，服装及衣着附件占 29.8%，棉花占 23.5%。同时可以看出，我国纺织服装产业的主要产品在 2020 年的出口情况受新冠疫情影响较小，这说明我国在该产业链上竞争优势明显。

2. 从相对比较优势看，多数纺织服装产业的竞争力在下降

在不少纺织服装的细分领域，我国都占有全球市场 30% ~ 40% 的份额，比较优势仍然较为明显。经计算，我国纺织原料、纺织制品以及服饰产品的显示性比较优势指数大部分在 1.25 以上，其中 2019 年具有极强国际竞争力的有蚕丝、化学纤维长丝等产品（见表 13），同时需要注意的是服装及衣着附件、鞋靴等产品从原来的极强竞争力降为较强竞争力。

表13　　　　　　我国纺织服装细分行业的比较优势

产品	HS编码	RCA			中国出口（亿美元）	全球规模（亿美元）	市场份额（%）
		2002年	2012年	2019年			
蚕丝	50	7.12	4.83	3.68	9.95	19.97	49.82
羊毛、动物细毛或粗毛；马毛纱线及其机织物	51	1.83	1.59	1.40	23.59	125.01	18.87
棉花	52	2.68	2.00	1.95	141.43	534.87	26.44
其他植物纺织纤维；纸纱线及其机织物	53	3.32	2.37	2.00	13.68	50.51	27.08
化学纤维长丝	54	1.59	2.71	3.28	222.12	500.82	44.35
化学纤维短纤	55	2.23	2.43	2.59	123.95	353.73	35.04
絮胎、毡呢及无纺织物；特种纱线；线、绳、索、缆及其制品	56	0.70	1.40	1.66	60.62	269.59	22.49
地毯及纺织材料的其他铺地制品	57	1.35	1.55	1.38	29.21	156.44	18.67

产品	HS编码	RCA			中国出口（亿美元）	全球规模（亿美元）	市场份额（%）
		2002年	2012年	2019年			
特种机织物；簇绒织物；花边；装饰毯；装饰带；刺绣品	58	2.55	3.24	3.14	53.19	125.35	42.43
浸渍、涂布、包覆或层压的纺织物；工业用纺织制品	59	0.91	2.49	2.28	79.70	257.93	30.90
针织物及钩编织物	60	2.43	3.31	3.88	186.72	355.93	52.46
针织或钩编的服装及衣着附件	61	3.65	3.67	2.14	714.40	2471.9	28.90
非针织或非钩编的服装及衣着附件	62	3.72	2.82	2.05	667.98	2404.5	27.78
其他纺织制成品；成套物品；旧衣着及旧纺织品；碎织物	63	4.64	3.76	3.12	279.18	661.23	42.22
鞋靴、护腿和类似品及其零件	64	4.36	3.52	2.24	478.04	1576.7	30.32
帽类及其零件	65	4.64	4.54	3.27	46.53	105.30	44.19

资料来源：作者计算。

综合考虑规模、技术、装备、管理以及产品研发、品质等因素，我国纺织工业实力已居世界前列。在纺织产业链重点环节中，我国骨干企业已经达到国际领先水平。纺织工业是我国最有潜力率先跨入世界制造强国行列的产业之一。

（三）我国纺织服装产业在全球的价值链位置持续提升

纺织服装产业作为劳动密集型行业，其未来仍是向原料端和消费端两个方向发展。在全球的价值链条中，品牌和销售主要掌握在美国、欧洲和日韩少数企业手中，先进面料生产日韩处于领先位置，高品质羊毛等原材料澳大利亚具有话语权。而中国、东南亚及南亚国家主要位于价值链条的低端。2021年，我国纺织服装产业进入《财富》世界500强的企业有纺织行业的恒力集团有限公司和山东魏桥创业集团有限公司，分别排在第67名和第282名，服装行业无上榜企业；进入世界品牌500强的企业有纺织行业的恒力集团有限公司、盛虹集团有限公司和山东魏桥创业集团有限公司，分别为第 379 名、第 399 名和第 462 名，同样无服装行业的企业上榜。中国未来的发展方向在于提高产品的附加值（如纤维和纺织材料的研发），向产业链的两端优质原材料及品牌销售延伸，产业的低附加值部分向中西部地区及周边国家转移是发展趋势。

1. 从全球价值链指数看我国纺织服装产业在全球价值链的位置持续提升

对于纺织服装产业，1995—2017 年后向垂直专业化指数（VS）变化较大，从 1995 年的 17.84% 小幅下降到 1998 年的 14.57%，然后上升到 2004 年的 20.51%，随后持续下降到 9.39%。前向垂直专业化指数（VS1）波动幅度较小，从 1995 年的 11.26% 上升到 2000 年的 15.18%，之后基本稳定在 12% ～ 14%。全球价值链下游度（VS/VS1）总体呈下降趋势，从 1995 年的 1.58 到 2017 年的 0.68，可以看出 2005 年以来纺织服装产业在全球价值链中的分工逐渐向上游环节移动（见图 28）。

图28　1995—2017年纺织服装产业垂直专业化率与全球价值链下游度

资料来源：作者计算。

2. 其他研究结果同样显示我国已经成为全球纺织服装产业的中心节点

"十三五"期间，我国纺织行业在全球价值链中的位置稳步提升，产业链整体竞争力进一步增强。2020 年，我国纺织纤维加工总量达 5800 万吨，占世界纤维加工总量的比重保持在 50% 以上，化纤产量占世界比重的 70% 以上。2020 年，我国纺织品服装出口额达 2990 亿美元，占世界的比重超过 1/3，稳居世界第一位，其中纺织品出口额占全球的比重从 2016 年的 36.6% 上升到 2019 年的 39.2%。纱线、织物和纺织制成品的出口竞争力指数分别提升到了 27.9%、85.5% 和 88.7%。

三、我国在纺织服装产业链供应链主要环节的发展情况

（一）我国纺织服装产业链供应链的总体情况

纺织工业产业链长，链条各环节专业化程度高，产品种类繁多，涉及上游原辅料制造，中游织造、印染环节，下游服装、家纺、产业用三大终端（见图 29）。纺织服装产业链主要包括纺织工业及化学纤维、棉纺织、毛纺织、丝绸、麻纺织、长丝织造、印染、针织、服装、家用纺织品、产业用纺织品、纺织机械 12 个子行业。

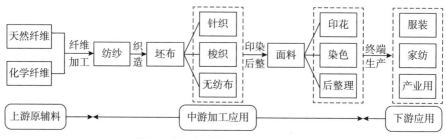

图29　纺织服装产业链基本示意图

资料来源：作者根据公开资料整理。

我国纺织工业拥有全球规模最大、体系最为完善、门类最为齐全的纺织产业链，不仅有覆盖全产业链的大型纺织集团作为行业领军，还有以中小企业为主的纺织产业集群抱团发展。世界上制造能力覆盖纺织全产业链

的大型纺织企业集团绝大部分是中国企业。

近年来，纺织行业自主可控、安全高效的产业链供应链持续巩固，稳定性持续提升。我国纺织行业原料和装备的保障能力不断提升。纺织产业链配套自给能力在我国工业体系中位居前列，截至 2020 年，化纤、面料自给率超过 95%，纱线自给率超过 90%，装备自给率超过 80%；高端装备关键基础件的国产化率达到 50% 以上；化纤炼化一体化取得重要进展，主要原料自给率持续提升，对二甲苯（PX）、乙二醇（EG）等原料的进口依存度均为 50% 以上。纺织机械技术也不断进步，国产品牌已可基本满足国内市场部分需求，中国纺织机械在国内市场上的占有率从 2001 年的 37%提升至 2019 年的 80% 以上，实现了飞跃式提升。

（二）上游原料和部分纺织机械环节我国具有一定优势

上游原料产量优势明显。2020 年，全球棉花产量中国占比超过 1/4，与印度和美国形成三足鼎立之势；化学纤维产品更具有绝对的市场份额，高达 70.5%，排名第二的印度仅为 8%。

部分纺织机械具有一定优势。我国是全球纺织机械大国。随着我国纺织机械技术不断进步，国产品牌已可基本满足国内市场部分需求。目前，我国部分大型纺织机械企业已具备较强的综合竞争力；一批中型规模的纺织机械企业在特定品类专业化装备领域也达到了较高水平。

高端纺织机械关键技术与装备需依赖进口。我国仍有 10 项纺织装备与零部件依赖进口，估算年进口金额 5 亿多美元，约占纺织机械与零部件进口额的 1/7，包括自动络筒机用电子清纱器、空气捻接器和槽筒，无梭织机用高速电子多臂装置，自动穿经机，纺织用工业喷墨印花喷头，印花导带，等等。同时，纺织装备行业对部分高性能金属材料、高精度传感器、高速轴承、芯片、密封件等高端通用零部件和原材料存在进口依赖性。

（三）中游原料加工应用环节我国具有较强优势

棉纺产业综合实力很强。我国棉纺产业历史悠久，是较为传统的行业，不仅在全国及全球纺织工业中占据着重要地位，而且在纺织产业链中发挥着承上启下的作用。

多年来，我国棉纺行业通过不断提高技术装备水平，提升产品质量，每年不仅生产约 2000 万吨的纱线，还提供约 600 亿米的舒适环保的功能性面料，每年使用棉花 700 万 ~ 800 万吨，使用非棉纤维 1200 万 ~ 1300 万吨，间接为针织、印染、服装、家纺、产业用消费市场提供了多元化的选择。

目前，我国纱、布产量均居全球第一。骨干企业在棉纺织制造领域已经达到国际领先水平，一大批企业在企业规模、技术装备、产品开发、运营管理等综合竞争力方面具备较强实力。从装备水平的先进程度与行业生产能力看，我国棉纺行业综合实力全球领先。

常规纤维世界领先。一些企业生产规模、装备水平及产品品质均可达到国际领先水平。

高性能纤维与生物基原料方面，我国与发达国家有显著差距。国外代表性企业如日本东丽株式会社、帝人株式会社以及美国陶氏杜邦公司等，在高强高模碳纤维、对位芳纶等高科技纤维材料领域始终处于技术引领乃至技术垄断地位。另外，我国关键原材料、溶剂、催化剂、萃取剂等质量稳定性较低，关键树脂、上浆剂等辅料仍依赖进口。

印染优势明显。我国印染布产量居全球首位。骨干印染企业在产业规模以及总体技术装备水平方面已经达到国际先进水平。

（四）下游应用环节具有综合竞争优势，但设计和品牌能力仍然不足

服装产业具有较强综合竞争优势。我国已成为全球最大的服装生产国、消费国和出口国。发达国家已经没有大规模的服装制造企业，主要从事服装设计与品牌运营。欧洲尚有少量从事高端定制的服装企业，但规模普遍较小。除我国外，东南亚地区也有大型服装制造企业，整体制造水平较高，但均是国外品牌企业的代工工厂。相比较而言，我国大型服装企业在生产制造、产品设计开发、自主品牌培育与市场渠道建设等方面的综合竞争力优势更为明显。

家纺产业梯队式发展。我国已形成品牌众多、竞争激烈、分散的发展格局。从当前品牌市场格局来看，目前市场品牌分为 4 个梯队。第一梯队为优秀龙头生产商；第二梯队为"中国名牌"家纺生产商；第三梯队为市场上活跃的 1000 多家品牌家纺生产商；第四梯队为上万家中小家纺生产商。

产业用纺织品竞争力不强。我国一些企业虽已跻身全球前二十强，但全球非织造布生产商前十强目前尚无我国企业。我国产业用纺织与国际领先水平的差距，主要是产业集中度偏低，缺乏具有国际影响力的骨干企业，基础研究相对薄弱，具有自主知识产权的核心技术不足，行业仍处在全球价值链体系的中低端；同时，产业链配套和产需衔接体系不尽完善，部分专用原料和高端装备仍依赖进口，行业标准体系仍需健全，与上下游领域标准衔接协调不畅。

服装的研发设计方面，国产品牌与国际一流品牌相比能力不足。国外高端运动品牌研发某一个特定技术或者一个广泛的系列产品，都会提前十几个月或者数十年。耐克在 1980 年设立了运动研究实验室，收集大量的研究数据，其中很多数据都来自优秀的运动员。耐克和阿迪达斯在为球

员设计一双专业运动鞋的时候，历时很长，从球员的个人喜好、运动特点和脚形的特殊性来进行设计。国产品牌在鞋类设计上的创新大多是在模仿与追随，很难达到开拓新领域、超越国际一流的程度。尤其是在专利技术上，国产品牌与国际品牌差距悬殊。依据 Patentics 的检索结果，截至 2019年 3 月，安踏拥有发明专利 166 项、实用新型专利 135 项和外观设计专利622 项，李宁则拥有发明专利 84 项，实用新型专利 149 项，外观设计专利170 项。作为对比，耐克仅仅在鞋底领域的专利数就达到了 2868 项，差距明显（刘婧、程凯芳，2019）。

国产品牌在营销方式和品牌文化塑造等软实力方面也有待加强。品牌文化作为品牌价值最核心的体现，是凝结在品牌上的企业文化。消费者购买的不仅仅是物品或者服务本身，同时也希望得到消费以外的情感体验和相关联想，从而与品牌产生共鸣与认同感，形成忠诚度。蕴含着品牌文化的运动鞋正成为青少年自我个性、信仰理念的一种物体语言传播符号。国际一流的体育品牌往往还会将自身品类体系与体育运动项目、不同年龄及性别的消费者群体精准对接进行营销，一旦人们从事相关的体育运动时，这些品牌就会成为消费者的首选，从而主导体育用品市场。相比之下，国产运动服装龙头企业安踏、李宁和特步等的产品定位泛化，聚焦不够，没有形成其主要的体育项目产品类别，品牌相关性较低。同时，国产品牌缺少品牌文化的塑造。其广告作品也没有将品牌理念进行全方位的诠释和演绎，没有将品牌文化通过各种营销手段精准地定位到消费者的心中。

专栏7　运动鞋服行业现状

国内运动鞋服行业集中度高，龙头格局稳定，呈现"两超多强，强者更强"格局。据欧睿统计，2020年耐克和阿迪达斯市场占有率分别为25.6%和17.4%，安踏、李宁、斯凯奇、特步和361°国际市场占有率分别为15.4%、6.7%、5.6%、4.7%和2.6%。从行业集中度看，2020年运动鞋服前五大品牌企业的市场占有率高达70.8%，远高于服饰、鞋类、男装、女装和童装的7.4%、33.8%、15.9%、6.3%和12.9%，且行业集中度在持续走高，2016—2020年，运动鞋服前五大品牌企业的市场占有率从57.9%上升到70.8%。

综合各项财务指标来看，在运动服装产业方面，我国的龙头企业与国际龙头企业之间还有明显差距。公司体量方面，截至2021年12月6日，安踏的总市值为3349亿港元，即约为430亿美元；李宁的总市值为2207亿港元，即约为283亿美元；耐克总市值为2696亿美元，约为李宁的10倍；阿迪达斯的总市值约为487亿美元，与安踏市值相当。销售收入及利润方面，2020年，安踏营业收入54.43亿美元，净利润8.54亿美元；李宁营业收入22.16亿美元，净利润2.6亿美元；耐克的营业收入为445.38亿美元，净利润57.27亿美元；阿迪达斯营业收入244.06亿美元，净利润5.45亿美元。2020年安踏仅在净利润上实现对阿迪达斯的反超，但与耐克仍有很大差距。

资料来源：作者根据公开资料整理。

四、纺织服装产业链供应链稳定性和竞争力的主要挑战及机遇

尽管我国纺织工业拥有全产业链综合竞争优势，但我国纺织工业发展

正面临发达国家"再工业化"和发展中国家加快推进工业化进程的"双重挤压"。发达国家在科技研发和品牌渠道方面优势明显，在高端装备、高性能纤维、智能纺织品服装等领域的制造能力仍将增长。亚洲、非洲地区的发展中国家劳动力成本优势明显，印度、越南、孟加拉国、巴基斯坦等发展中国家纺织业呈明显上升趋势。发达国家在科技研发和品牌渠道方面的优势和发展中国家的劳动力成本优势使得我国纺织工业面临"双重挤压"。

同时，我国在大数据、云计算、电子商务及网络设施的演进等方面发展较快，数字化和智能化为纺织服装产业的下一步发展升级提供了新的驱动力。

（一）相对成本优势已经持续下滑

近年来，我国纺织服装产业的企业数量在 2011 年经历了大幅度减少后逐渐趋于平稳，主营业务成本在 2016 年之后开始回落。2020 年，纺织业企业单位数为 19122 个，纺织服装、鞋、帽制造业企业单位数为 14827 个，纺织业主营业务成本 2.43 万亿元，纺织服装、服饰业主营业务成本 1.45 万亿元（见图 30）。

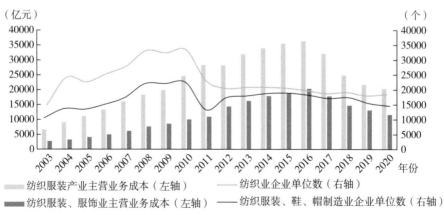

图30 纺织服装产业主营业务成本及企业单位数

资料来源：Wind。

劳动力工资方面，我国制造业总体工资不断增长，2020 年已经达到年均 74641 元，其中专业技术人员年均 106681 元，生产、运输设备操作人员及有关人员年均 61324 元（见图 31）。与东南亚和南亚等国家相比，劳动力优势不再。以各国首都平均工资做比较，2021 年 9 月数据显示，北京月平均税后工资 1341 美元，约为曼谷 703 美元的 2 倍，并远高于东南亚和南亚的国家（见图 32）。

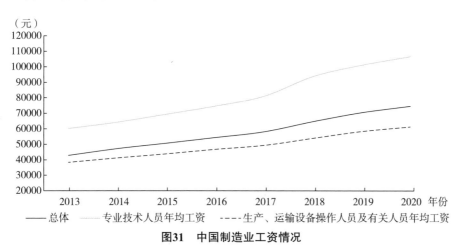

图31 中国制造业工资情况

资料来源：Wind。

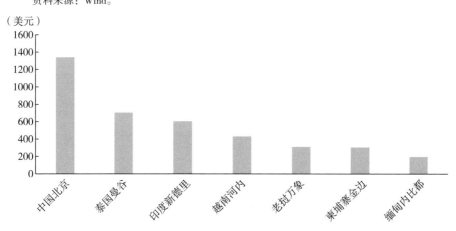

图32 各国首都月平均税后工资情况

资料来源：Wind。

（二）全球市场份额较大但部分产业下滑明显

我国纺织原料、纺织制品以及服饰等产品的出口规模在经历了2013—2016年的下滑调整之后，近几年已经趋于稳定，整体规模总量仍然处在一个很大的区间内，各产品的国际市场占有率在经历了加入世界贸易组织的快速增长之后，也呈现不同的走势。截至2019年的统计数据显示，绝大部分产品仍然保持20%以上的占有率。但下游的服装鞋帽产品下滑趋势明显，其他产品也面临着短期内贸易摩擦、长期上产业转移等风险。

（三）产业链部分环节开始向外转移，产业链稳定性面临挑战

目前，我国纺织行业境外投资合作项目涵盖全球。根据中国商务部统计数据，2003年以来，纺织行业全球投资存量超过110亿美元。近年来对外投资波动较大，2013—2016年，行业骨干企业主动进行国际布局的意识明显提高。对外投资迅速加快，特别是2016年，我国纺织行业对外直接投资创下历史新高，达26.6亿美元（见图33），同比增长89.3%，而2015年的同比增速也高达47.96%。随着投资规模的爆发式增长，部分企业非理性投资的情况逐渐增多。2016年下半年开始，政府各部门连续出台了一系列对外投资政策，从国家层面加强了对企业境外投资管理和海外投资真实性审查，中国企业对外投资更加趋于理性化、更加注重效益化。纺织行业对外投资也随之"降温"。2017年行业对外直接投资额为11.84亿美元，同比下降55.5%。到2019年行业整体对外投资增速"由负转正"，全年投资总额达12.95亿美元，同比增长31.87%。其中纺织业5.2亿美元，同比增长5.05%；纺织服装、服饰业2.7亿美元，同比下降28.47%；化学纤维制造业5.1亿美元，同比增长367.89%，化纤行业对外投资增长明显。2019年，纺织行业对外投资占全国制造业比重为8.8%，

与 2018 年相比上升 3.6 个百分点。受新冠疫情影响，纺织行业 2020 年全年对外投资增长速度明显放缓，对外直接投资总额仅为 7.35 亿美元，较 2019 年下降 43.1%，占制造业整体对外投资份额下降至 3.68%，较 2019 年减少 5.1 个百分点。分行业来看，纺织业对外投资额为 4.3 亿美元，同比减少 17.3%；纺织服装、服饰业为 2.1 亿美元，同比减少 22.2%；化学纤维制造业为 1.0 亿美元，同比减少 80.4%。

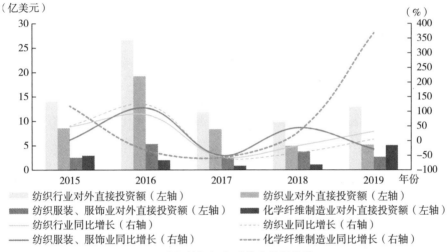

图33 我国纺织行业对外直接投资情况

资料来源：商务部。

对外投资国家主要集中在东南亚地区，湄公河流域继续成为行业对外绿地投资首选区域。湄公河流域各国在要素禀赋、产业层次、出口市场和产品结构等方面与我国纺织行业存在相似性，该地区相对低廉的生产要素成本、丰富的劳动力资源和对发达地区出口关税优惠等方面的优势成为纺织企业对上述地区进行新增产能投资的主要原因。根据《2020/2021 中国纺织工业发展报告》，2020 年纺织行业对湄公河流域国家（越南、缅甸、柬埔寨、泰国、老挝）投资额为 2.72 亿美元，占全年行业对外投资总额比重约为 37%。其中，越南依旧是纺织行业的首选投资目的地，2020 年行业对越投资额为 1.73 亿美元。缅甸和柬埔寨分列行业对外投资目的地第三和第五位，投资额分别为 5525 万美元、3008 万美元。此前较少受到纺织投资企业关注的泰国，一跃升至行业对外投资目的地第七位。2020 年纺织行业对泰投资额为 1411 万美元，该金额超过 2013—2019 年行业对泰 7 年投资总和（1135 万美元）。泰国也成为纺织行业 2020 年为数不多呈正增长的投资目的地之一。

国内对外投资地区主要为东南沿海"五省一市"。浙江、山东、江苏、广东、福建和上海是纺织行业对外投资主力军。根据商务部快报统计数据，2016—2020 年"五省一市"纺织行业对外投资总额为 62.3 亿美元，占全国纺织行业对外投资总额比重约 90.9%。

随着国际采购商对纺织服装采购区域趋于多元化，采购订单更加碎片化，全球纺织产业链供应链格局也在发生变化。当前我国在欧盟、美国、日本等全球重要纺织品服装进口市场的份额已部分被越南、孟加拉国、印度、巴基斯坦、柬埔寨等东南亚和南亚国家取代。中美贸易摩擦以来，该趋势更加明显。《纺织导报》统计显示，越南纺织服装产业以成衣制造为主，2018 年纺织服装产业出口额达 360 多亿美元，同比增长 16.01%，一举成为世界第三大纺织品服装出口国，仅次于中国和印度（赵永霞，2020）。美国仍是越南纺织品服装出口的最大市场，2019 年对其出口额达 152 亿美元，同比增长 8.9%，占出口总额的 38.97%；对欧盟出口额达 44 亿美元，同比增长 2.23%，占出口总额的 11.28%；对中国出口额达 42.5 亿美元，同比增长 7.05%，占出口总额的 10.9%；对日本出口额达 42 亿美元，同比增长 4.79%，占出口总额的 10.77%；对韩国出口额达 40 亿美元，同比增长 4.42%，占出口总额的 10.26%；对东盟出口额达 21 亿美元，占出口总额的 5.38%。印度方面，纺织品出口已成为其纺织服装产业的核心项目。2011—2018 年，印度的纺织品出口保持稳步前进状态，2018 年其出口总额达到 392 亿美元，在印度贸易出口总额中占有较大比重（赵永霞，2020）。在服装方面，印度是全球服装生产大国之一，成衣产品是印度纺织出口最大的贡献者，在整个纺织品出口中约占40%。印度的服装市场规模曾在 3 年时间内从 13.60 亿美元发展到 21.15 亿美元。但近几年受中国大陆激烈的竞争、卢比升值、印度国内产能限制及缺乏高级面料的影响，成衣的出口增长缓慢。全球纺织产业链供应链格局的加速重塑，一方面对我国现有纺织产业发展造成了不小压力，另一方面也为全行业进一步提质增效、转型升级、加快向全球产业价值链高端布局提供了发展动力。

纺织服装产业在国际上的转移也呈现转移领域向纺织服装产业链的上下游环节延伸和外包这两个新特征。

第一，相对而言，产业的最终产品制造环节进入门槛较低。不少发展中国家的纺织服装产业在接受了发达国家转移生产能力的基础上，逐步具备了通过国内积累实现自我发展的条件。在这种情况下，纺织服装国际产业的转移步伐并未因此停止，而是其转移的重点领域和方式发生了新的变化。欧、美、日等国家和地区纺织服装产业的大跨国公司开始在纺织原料、高级服装面料等产业的上游环节以及设计、展示、营销等下游环节进行大规模的海外直接投资。产业转移向上下游环节的延伸为发达国家在发展中国家投资的纺织服装企业以及当地企业提供了更全面的配套，有助于在当地形成产业集群效应，从而完善产业链条，进一步降低生产和销售成本。

第二，在日趋激烈的国际竞争环境下，纺织服装产业的"外包"已经不再仅局限于传统意义上的"代工"（OEM）和"贴牌生产"，外包业务的范围从成品加工逐步扩展到了纺织原料和纺机研发、产品设计、展示、营销等更多领域。一方面，纺织服装产业出现了越来越多专门从事研发、设计、展示、营销的公司，这些公司凭借其突出的核心能力掌控着行业的战略资源；另一方面，随着发展中国家纺织服装企业生产规模的扩大及其设计能力和产品质量的改进，其中一些企业已经不再被动地接受发达国家大跨国公司的资产转移，而是更广泛地参与跨国公司的全球生产体系，其作为合同制造商在行业分工体系中的地位有所提高。外包的发展使纺织服装产业国际产业转移的方式更趋多样化。同时，外包并不排斥资产转移，相反，外包为全球纺织服装产业内部的要素流动和资源整合提供了更加灵活、多样化的组织方式。在这种方式下，纺织服装企业可以形成多种有效的分工和战略合作关系（杨丹辉，2004）。

（四）数字化、智能化转型是提升我国纺织服装产业稳定性和竞争力的重要机遇

从目前纺织行业整体情况来看，设备自动化、数字化改造力度较大，设备联网、生产实时监控成效明显；纺纱和化纤长丝智能制造生产线将实现夜间无人值守、纺纱过程的无人化；电脑横机、经编设备的数字化和数字加工中心，提升了针织生产的整体智能水平；印染行业生产工艺流程的自动化控制和智能物流输送技术的应用越来越广泛，代表性的数字化印染工厂初步形成；非织造布全流程自动化以及前端加料与后端分切、卷绕、包装自动化进展较快；服装缝制单元自动化水平明显提升，缝纫过程实现吊挂化，服装智能制造整体解决方案日趋成熟，服装大规模个性化定制与协同制造得到发展；家纺的毛巾、床品等品类的智能生产逐步兴起，智能输送、智能悬挂、智能仓储取得较大进步。终端成品的销售还可以借助电子商务优势实现线上引流线下、实体门店智慧化升级等。

纺织行业智能制造的实践，在提高生产效率、提升产品质量、加快

市场反应速度、缓解用工短缺和环境制约方面发挥了重要作用。但目前仅仅实现了自动化、数字化和信息化，离真正智能化要求还有不小的差距。与国外先进水平相比，我国在纺织装备互联互通，纺织产业链各领域的数据采集、信息融合、智能执行，以及企业智能运营等方面还有一定差距。

数字化转型能力已成为中国纺织服装产业赢得当下和未来发展的关键所在与核心动能。人体大数据支撑了"一人一码"的定制化版型，人工智能软件大幅提高了设计效率，区块链技术已用于设计版权的溯源保护，虚拟实现运用可立体展示设计效果增强消费者的体验感，数字技术与时尚设计融合展现出巨大的前景。国家工业信息安全发展研究中心报告显示，近年我国纺织行业开展服务型制造的企业比例已达 20% 以上；纺织工业个性化定制企业比例为 10% 以上，实现网络化协同企业比例近 40%，数字化研发设计普及率近 68%。纺织工业的数字化、协同化生产程度不断提升，数据驱动的柔性供应链成为重要发展方向。

五、纺织服装产业链供应链稳定性和竞争力的提升路径

（一）提升纺织服装产业链供应链稳定性和竞争力的主要思路

纺织工业是我国最有潜力率先跨入世界制造强国行列的工业部门之一。目前，我国纺织工业实力已居世界前列，在产业链重点环节中，我国骨干企业已经达到国际领先水平。当前，纺织服装产业要构建以内需市场为战略基点、以国际市场为优质补充的发展新格局。国内要加快产业数字化转型降本增效，发挥工业互联网、供应链管理、个性化定制、电商平台和国潮文化发展等各种优势塑造竞争新赛道；国际上以有引导的对外转移保留产业链控制力，继续坚持高水平对外开放，引进先进装备、技术、资

本、人才、优质国际产业资源。最终实现持续提升供给质量、提高供给效率、创新供给方式、丰富供给内涵。

（二）政策建议

1. 加快纺织服装产业的数字化智能化改造

全行业应加强协同创新，不断完善和改进智能制造基础水平。夯实基础，不断规范和完善智能制造标准体系；促进集成，培育智能制造生态；扩大应用，进一步提升智能制造改造传统产业的力度。

在制造模式变革方面，传统纺织要从大量用人的制造模式转变为自动生产、自动物流、自动仓储、自动检测的少人、无人制造模式；从基于工艺准则的制造模式转变为数据驱动的智能优化制造模式；从线性制造模式转变为互联互通的网络化生产模式；从基于大规模订货的制造模式转变为多品种小批量柔性化制造模式，从单一工厂运营模式转变为分布协同式制造运营模式。

在服务制造变革方面，传统纺织要从生产决定消费的制造模式转变为消费决定生产的模式，消除生产者和消费者界限，推动纺织制造满足个性化消费趋势。

2. 发挥我国电子商务新优势

强化电子商务培训，提高运营管理能力。各地应加强电子商务人才引进与培育方面工作，分门别类地开展电子商务基础、操作及能力提升培训，加快培养一支实际操作能力强的电商带头人队伍。

开展会展等商务对接，促进线上线下同步发展。推动各大电子商务机构组织会员参加展会，或者组团直接与上下游客户采购对接，提高销售成效。

加强技术服务，提升企业智能化水平。根据企业发展需求，专业服务机构研发实用性软件，为企业网络化智能化创新做好基础服务。例如，为纺织服装企业提供从微网站到微营销等一系列技术支撑服务；基于服装档口传统管理方式的特征以及亟待解决的运营难点，研发设计数字信息化解决方案，集管理、销售等多功能于一体的创新型商户档口运营管理工具，通过微线上货品展示，预订单下单，快捷准确及时地把采购商的需求传达给商户；深度融合了线上虚拟交易平台与线下实体档口，帮助商户开拓线上销售渠道，打造全渠道营销。

完善物流及售后服务体系。充分利用原有的实体空间完善其仓储，并且确保大中城市有较为全面的仓储建设，以方便补充和调配货源。售后服务方面，保证企业在电子商务渠道下的服务内容与传统渠道一致。

进一步发挥我国电商平台优势，更好地掌握市场渠道，助力纺织服装企业更好发展。我国在电商、互联网等数字化技术上走在全球前列，建议进一步发挥这一优势，支持跨境电商平台更好发展，提升对国际市场的渗透率。引导纺织服装企业利用电商平台和数字技术，更快地了解国内外消费者需求，持续不断地推出符合国内外市场潮流的产品，打造同传统国际品牌商的竞争新优势。

3. 强化品牌发展战略

产品的质量是品牌发展的根本。加快完善纺织工业创新体系。要把对关键纺织机械、高性能纤维等短板领域的发展上升到强国战略的高度，加强创新资源的整合共享，发挥国家工程中心、企业技术中心、国家工程实验室等科研基地的引领和辐射作用，加快纺织机械行业技术、高性能纤维创新服务平台建设。加强共性技术研发和推广应用，特别是关系行业发展的重大关键技术、共性技术、基础工艺技术、重大装备和新技术的研发等。加强知识产权保护，引导和支持纺织机械、纺织纤维企业创建自主品牌。

服装产品方面实现产品差异化。从服装的面料、色彩选择、设计风格等方面入手，避免低端同质化现象。服装产品对设计水平的要求很高，需要健全设计师培养体系，培养更多优秀人才，在面料开发、款式设计上有所突破，提高设计水平才能从根源上提高产品的品牌辨识度。此外，企业也可以寻求在各个环节上的跨界合作，通过与其他领域的合作商合作研发出不可替代的产品，强调产品的独特性，培养客户忠诚度。

充分挖掘中国文化。一是产品设计上，更加注重中国文化元素与民族精神的融合运用，包括美好寓意的传递、个性主张的表达、中华文化的植入；二是营销模式上，更加注重与中国文化的机构、场所联合，提升品牌的中国文化内涵；三是品牌文化建设上，更加明晰战略定位，合理定位品牌消费人群，建立与消费人群相适应的品牌文化，注重以品牌引领生活方式，倡导"时尚、自由、自然"等当代生活方式，最终利用品牌文化赋予产品品牌个性和更高的附加值。

4. 充分利用国际资源推动产业链各个环节的升级

吸引大跨国公司对纺织服装产业投资，优化产业链，完善产业体系。我国纺织服装产业仍具有吸引外商投资的有利条件和较大空间。一方面，要继续优化中西部地区的投资环境，促进因东部沿海地区成本上涨而意欲转移的资本向中西部流动，以提高中西部地区的工业化水平。另一方面，为纺织服装产业大跨国公司对华投资创造有利条件。在跨国公司的全球布局中，争取获得其产品价值链的关键环节，从而完善纺织服装产业体系，进一步提高我国纺织服装产业的国际分工地位。在吸引大跨国公司投资的过程中，各地应根据自身的比较优势和发展战略，对引资的重点领域进行重新定位，形成"产业集群"效应，扩大规模经济。

引导企业合理、有序开展对外投资。有关部门加强研究纺织企业对外投资产业政策，开展纺织行业海外投资重点领域、重点区域指导，提高行业跨国布局效率。重点引导企业继续整合国际产业链、价值链高端资源，包括高端制造能力、品牌及渠道、研发技术资源等；投资纺织原料基地，弥补国内天然纤维和石油资源短缺。着重引导纺织企业加强与"一带一路"沿线巴基斯坦、乌兹别克斯坦、埃及、埃塞俄比亚等亚非重点国家的国际产能合作，打造现代纺织工业园区、现代纺织生产性服务体系，将纺织行业打造为"一带一路"倡议标志性合作示范项目。

5. 优化纺织和服装业市场结构，培育具有全球竞争力的纺织服装集团

优化纺织产业布局。完善中西部地区政策环境与投资环境，鼓励和引导先进、优质纺织制造产业优先选择国内进行产业转移，鼓励纺织企业通过产业区域转移加快技术装备更新升级，更好地化解环境、成本压力。加强政策协调，针对中西部地区研究更为有力的税收、土地、财政支持以及排污指标倾斜等激励措施，增强企业投资积极性。加强政府服务功能，解决基础设施、人才短缺、投资政策不连续等制约产业转移的基础性问题，改善投资环境。支持相关行业性公共服务体系发展，搭建投资对接平台，开展咨询、培训等公共服务，推动纺织行业国内产业转移进程。

完善营商环境。妥善解决中美贸易摩擦问题，稳定对外贸易环境和企业发展信心。落实好禁止环保"一刀切"有关政策措施，对政策落实情况进行跟踪调查，切实保障企业生产运行环境稳定。加强对金融机构的信贷指导，不断拓展产融合作措施路径，有效解决企业长期面临的融资难、融资贵问题。完善产业政策，增强产业政策的普惠性和正向引导作用，促进资本、人才等相关市场资源向纺织行业有效流动。

激发内需市场消费潜力，扩大产业用内需应用。积极引导纺织企业落实"三品"战略，提升品牌产品与内需消费的适应性；加强对优势自主品牌的宣传推广，扩大自主品牌消费需求；加强质量、知识产权及电子商务监管，规范市场竞争秩序。多方采取措施稳定就业与收入，减少个人所得税纳税额，降低消费信贷利息及费用，提高居民购买力。运用好政府采购措施，扶持自主品牌，增强结构、土工、建筑等纺织产品参与采购竞争。完善应急产品政府采购以及实物储备和产能储备机制，增加救灾帐篷、防洪抗汛土工模袋等特殊纺织品需求。对生物质纺织农膜等生态环保农业用纺织品给予应用补贴。

执笔人：许召元　孙昊

参考文献

[1] 陈文晖.中国纺织服装业升级发展的思考——改革开放40年纺织业发展考略[J].经济研究参考，2018（61）.

[2] 郭晶.新零售时代快时尚服装业发展模式研究[J].纺织科技进展，2020（8）.

[3] 李锋白.分类施策纺织行业审慎推进智能制造[J].中国工业报，2018（12）.

[4] 刘婧，程凯芳.李宁vs安踏：体育用品专利技术竞争情报研究[J].中国发明与专利，2019（4）.

[5] 杨丹辉.纺织服装业国际产业转移的特征与我国利用外资的趋势[J].中国经贸导刊，2004（22）.

[6] 赵永霞，刘凯琳，张荫楠.世界纺织版图与产业发展新格局（四）[J].纺织导报，2020（1）.

[7] 赵永霞.世界纺织版图与产业发展新格局（五）——越南篇[J].纺织导报，2020（2）.

[8] 中国纺织工业联合会.纺织行业"十四五"发展纲要[J].纺织科学研究，2021（7）.

[9]　中国纺织工业联合会.中国纺织工业发展报告[M].北京：中国纺织出版社，2021.

[10] 朱启兵.劳动密集型制造业转移与产业集聚——以纺织服装业为例[R].中银国际证券，2019.

[11] 朱茜.中国纺织产业迁移路径及纺织产业发展趋势全景图[R].前瞻产业研究院，2019.

[12] WTO. Global Value Chain Development Report 2019[R]. 2019.

新发展格局下提升我国钢铁产业链供应链稳定性和竞争力研究

我国钢铁行业已经形成完整产业链，在国际市场具有较强的竞争力。但当前钢铁行业短板问题依然突出，具体包括四大问题：铁矿石、合金材料供求矛盾加剧，节能减排、实现碳中和目标存在较大压力，高性能合金钢存在技术瓶颈，智能化程度不高。为了提升产业链供应链稳定性和竞争力，关键在于创新，具体措施包括：建成高质量原料保障体系，坚持推进我国钢铁行业向绿色化与低碳化转型，促进钢铁行业智能化与数字化发展，始终将核心技术攻关作为科技创新的主攻方向。

一、钢铁产业链基础框架概述

（一）钢铁生产基本流程

现代钢铁生产主要包括两种典型流程：一种是以铁矿石、焦炭为源头的长流程，另一种是以废钢和电力为源头的短流程。具体而言，长流程包括焦化工序、烧结工序、高炉炼铁工序、转炉炼钢工序、连铸工序和轧钢工序 6 个工序；短流程主要包括电炉炼钢工序、连铸工序和轧钢工序。我国钢铁行业形成以长流程为主、短流程为辅的生产格局。

（二）钢铁产业链上游：煤炭及铁矿石

1. 中国因素推动世界对铁矿石需求持续旺盛

2021 年，虽然全球电炉钢产量占比已逾三成，但我国仍以长流程工艺为主，2019 年我国转炉生产工艺产钢比例达到 71%，粗钢产量约为 13 亿吨，所需铁矿石 20.8 亿吨，中国对铁矿石的旺盛需求使得国际炼钢长期以铁矿石为主要原料。

2. 四大矿商对全球铁矿资源高度垄断

目前，全球优质铁矿石原产地主要分布在澳大利亚、俄罗斯、巴西与非洲部分国家，诞生了淡水河谷、力拓、必和必拓和 FMG 四大矿商，四大企业垄断世界过半铁矿石资源，它们的铁矿石价格常年保持在 20 美元 / 吨上下，仅为世界铁矿石平均成本的 2/3，淡水河谷矿石开采成本甚至低于 10 美元 / 吨。

3. 长流程将长期作为世界钢铁主流的生产工艺

目前，世界钢铁生产依旧以长流程为主要的生产工艺，铁矿石将长期位于原材料的主导地位。以中国为例，虽短流程工艺有了长足发展，但由于铁矿石价格上涨、新冠疫情下电炉钢开工率不足，电炉钢未来发展前景不太好，这决定了长流程工艺将长期在世界钢铁生产中扮演主要角色，意味着铁矿石需求将长期保持高位。

（三）钢铁产业链中游：冶炼及加工

钢铁行业的中游环节包括从生铁制备粗钢再到加工生产各类钢材的全过程。我国钢材产品主要包括螺纹钢、线材、冷轧板卷、热轧板卷、涂镀层、中厚板等。目前我国已经涌现出一大批龙头企业，包括宝武钢铁、河钢、沙钢、鞍钢等。

（四）钢铁产业链下游：生产及制造

我国钢铁产品分布行业广泛，主要涉及基建、房地产、机械、汽车、船舶与家电行业。钢铁下游总体需求稳定，保持着持续增长，这和基建、房地产市场的稳健运行密切相关。此外，钢铁产业链下游具有明显的区域特征，钢铁产品消费企业主要集中于长三角地区与珠三角地区，龙头企业则主要分布在山东、江苏与广东。

二、钢铁产业全球竞争力分析

（一）产品门类优势

我国钢铁产业门类齐全，已经形成包括选矿、烧结、焦化、炼钢、轧钢、耐火材料、钛合金，以及勘探、设计、施工、科研等门类齐全、结构完整的工业体系。目前，我国 22 大类钢铁产品已经有 19 种完全实现自给自足，其余 3 种自给率也达到了 98.8%（贾林海，2021）。

（二）产业规模优势

中国作为世界上钢铁产量第一大国，2020 年钢铁产量占全球总产量的 56.7%，远超钢铁产量第二大国印度。同时，中国也是世界上最大的钢铁出口国，钢铁出口总量占全球的 14.63%，约是钢铁产量第二大国日本（7.59%）的两倍（胡兵，2021）。

（三）炼钢技术优势

我国炼钢技术优势体现在 3 个方面：第一，汽车用钢，大型变压器用电工钢，高性能长输管线用钢，高速钢轨、建筑桥梁用钢实现全球领先；第二，部分钢材完成了减重减碳的任务，如宝钢 QP1500 高强度汽车钢，其重量相较于上一代降低了20%（邢娜等，2021）；第三，解决了部分高性能钢"卡脖子"的难题，如极低钢损取向硅钢、600MPa～750MPa级高精度磁轭钢、先进核能核岛关键装备用耐蚀合金、核电用不锈钢、高品质汽轮机叶片钢、低温管线钢、基地特种低温钢等。

（四）炼钢装备优势

在焦化供需方面，我国大容积焦炉顶装达8米，我国炭化室高5.5米及以上先进水平焦炉产能已占55.6%，其中干熄焦、上升管余热利用、循环氨水余热利用、焦炉烟道气脱硫脱硝、酚氰废水深度处理等先进技术实现了全部国产化（陈健、陈志，2020）。在铁前工序方面，1000立方米以上高炉近20年扩增9倍，已达450座，其中130平方米以上烧结机占比达到75%，单机生产能力不低于120万吨/年的球团装备产能增加至1.5亿吨，占比60%左右（张燕明，2020）。在连铸方面，我国连铸设备实现大型化、国产化。其中100吨以上转化率占比超过50%，达到440座，初步实现100吨级主力化。

三、钢铁产业短板问题

（一）铁矿石、合金材料供求矛盾依然存在

目前，钢铁行业原材料供应链脆弱主要体现在以下方面。

第一，我国铁矿石品质差、难开采，产能无法满足国内需要。我国90%以上铁矿石均属于贫矿，平均品位仅有35%。除了含铁量较低，我国铁矿石以磁铁矿和赤铁矿为主，部分为假象赤铁矿和半假象赤铁矿，冶炼难度极大、成本极高。第二，我国原材料对国外过于依赖，进口来源过于集中。我国铁、锰、镍对外依存度已突破80%红线，铬矿甚至全进口，并

且这种高度依赖状况将会维持很长一段时间。

（二）碳中和目标实现任重道远

钢铁行业占能源活动领域碳排放量的17%，远高于分别为第二位、第三位的建材（8%）和化工（6%）行业。2017年，我国重点大中型钢铁企业钢综合能耗达555千克标准煤/吨，远高于德国251千克标准煤/吨、美国276千克标准煤/吨。

（三）高性能合金钢存在技术瓶颈

我国高端设备用钢材料整体处于中低端水平，生产高端设备用钢的核心零部件与设备尚不能实现自给自足。基建领域，特种耐腐蚀油井管、船用耐蚀钢、高速铁路用车轴及轴承钢、高标准模具钢尚不能实现国产；海洋工程与船舶用钢领域，普通海洋装备用钢可以基本实现自给自足，但是高端领域尚未实现零的突破（见表14）。

表14   高端设备用钢关键品种国内外差距

关键品种	国内先进水平	国际先进水平	自我评价
高强度厚板	460MPa～690MPa，E级焊前预热80℃～120℃	690MPa～785MPa，F级室温焊接不预热	并跑
690MPa级齿条钢特厚板	620MPa，E级厚度114mm～152mm	620MPa～720MPa，F级厚度127mm～256mm	跟跑
大口径高强度无缝管	690MPa～720MPa，E级最大壁厚20mm	690MPa～720MPa，F级最大壁厚40mm	跟跑
高强度大规格H型钢、T型钢	355MPa～390MPa，E级翼缘厚度小于40mm	460MPa～550MPa，F级翼缘厚度100mm，腹板长430mm	跟跑
高强度大规格球扁钢	非调质355MPa，D级最大厚度规格36#	非调质390MPa，E级最大厚度规格43#	跟跑
货油舱用耐候钢	315MPa～355MPa，上甲板ECL=1.28mm，内底板C.R.=0.24mm/a	315MPa～355MPa，上甲板ECL=1.53mm，内底板C.R.=0.5mm/a	并跑

资料来源：《中国钢铁工业年鉴2020》。

四、提升钢铁产业链供应链稳定性和竞争力的主要思路与路径

（一）提升产业链供应链稳定性和竞争力的总体思路

钢铁行业应充分认识到国内外政治、经济形势转变，抓住机遇，加紧调整产业结构，争分夺秒发挥创新驱动新产能，补短板、强长板，培养钢铁行业竞争新优势。

（二）提升产业链供应链稳定性和竞争力的总体布局

第一，加速科技创新，打造发展新动能。要想实现从钢铁生产大国向钢铁制造强国的转变，完善科技体系、培养核心技术成为关键。我国钢铁行业应加强人才培养，集中力量攻克前沿技术、核心工艺、关键品种生产流程，实现在低碳冶金、近终形制造、智能制造等方面快速超车。

第二，补足原材料短板，维护钢铁生产安全。自 2015 年起我国铁矿石对外依存度超过 80%，产业链存在巨大风险，钢铁原料供应脆弱极易引发钢铁生产系统性风险。

第三，加快并购重组，提高行业集中度。我国虽是钢铁生产大国，但是行业集中度过低，存在部分低价竞争导致我国在国际市场缺乏议价权，行业利润长期低于发达国家，行业集中度尚未达到世界平均水平，重组的步伐还需加快。

五、钢铁产业锻强产业链供应链的政策建议

（一）建设稳定、高质量钢铁原材料保障体系

新发展格局对我国钢铁行业原材料供应链安全与保障体系建设提出了

新的要求，加快构建长期、多元、稳定的原材料供给体系成为目前亟须解决的重大课题。

供给侧层面，为打造稳定的原材料保障体系，国内市场需要对原有矿产材料进行进一步整合深化，在保证产量的基础上，调整供给结构，有序提高铁矿石品位。

需求侧层面，我国应把握兼并重组的关键期，通过成立大型钢铁企业，逐步实现掌握定价话语权的目标。

（二）钢铁行业加快绿色化、低碳化转型

"十四五"期间，我国出台了有史以来最严格的环保标准，钢铁行业也面临超低排放的现实压力，为实现我国钢铁行业可持续绿色发展，需要从以下两个方面着手。

1. 碳排放交易市场落地

碳排放交易核心是将碳排放权商品化。2011 年我国已启动试点工作，2013 年首个碳排放交易中心正式落地深圳，并于 2020 年在全国正式启动。钢铁行业需要进一步建设碳排放核算体系，完善控碳生产流程，加强从业人员培养，为钢铁市场进入碳交易市场铺路。

2. 进行碳减排工艺改造

钢铁绿色生产摒弃过去长流程冶炼技术，以电炉钢与氢能炼钢为主。电炉钢以废钢为原材料，以电力为主要能源，具有能耗低、排放少的特点，符合当前的环保要求。氢能炼钢则创造性地以氢气代替一氧化碳作为炼钢还原剂，让炼钢完全脱碳成为可能。

（三）加速钢铁智能化与数字化转型

目前，智能制造成为国际产业发展的攻坚方向。钢铁行业需要充分抓

住信息革命这一重要的历史时期，在钢铁生产与管理运营中融入物联网、人工智能、大数据与云计算等技术，优化生产流程，减少决策失误，降低生产成本，培育后发优势。

1. 构建精准数据库

数字化的核心是大数据，数据质量将直接影响大数据的运用结果。钢铁企业进行数字化转型，构建精准数据库是首要前提。数据库要求逻辑清晰、构建完整，注重业务与实物紧密联系，注重数据框架、频次、分析三位一体，不可偏废，同时企业也要根据自身特点建立数据库，为数字化转型打下坚实基础。

2. 加速生产智能化

钢铁行业生产流程复杂、环节把控较难、能源浪费现象较普遍，开展智能工厂、智能公司的建设可以实现智慧赋能，对提高产品质量、增强产品效益、保障生产安全、协同产业链发展具有重要作用。

（四）将核心技术作为钢铁行业发展的主攻方向

2019 年，我国进口钢材 1230 万吨，其中约 20% 未实现国产化，这部分钢材涉及我国重大基建项目、保密国防军工、重大科技设备等关键领域，过于依赖国外进口。此外，制造业对钢材防腐、轻便、焊接提出了新的要求，而我国在这些领域还处于跟跑状态。

因此，想要实现从钢铁生产大国到钢铁制造大国转变，本质上需要统筹人、财、物，集中攻克"卡脖子"的技术难关，一方面注重基础研究；另一方面紧追业界诉求，生产具有前瞻性、在业界有广阔发展前景的钢铁产品，最终实现快速超车，成为技术迭代升级的领导者。

执笔人：杨建龙　常哲仁

参考文献

[1] 胡兵.某钢铁集团产业链生态圈转型战略的构建与实践[J].冶金自动化，2021（45）.

[2] 邢娜，曲余玲，秦勉.汽车供应链安全对钢铁企业的影响[J].冶金经济与管理，2021（2）.

[3] 陈健，陈志.提升我国产业链现代化水平的方略——以钢铁产业为例[J].科技中国，2020（9）.

[4] 张燕明.疫情过后，关于加快我国钢铁业智能制造步伐的思考[J].冶金管理，2020（8）.

[5] 贾林海.钢铁产业链仍有"组合拳"可打[N].中国冶金报，2021-9-7.

[6] 汤莉.钢铁进出口关税政策导向延续[N].国际商报，2021-12-23.

[7] 汪国梁.锚定提质扩量增效 奋力打造制造强省[N].安徽日报，2021-12-25.

新发展格局下提升我国稀土产业链供应链稳定性和竞争力研究

　　经过多年的发展，我国稀土产业从无到有，形成了全球储量、产量、消费量、出口量最大并拥有全球唯一稀土全产业链的国家，但高端提纯技术和高端产品应用技术落后，同时缺乏全球定价权。从产业链供应链稳定性和竞争力情况看，资源端，国内消耗较快、国外供应逐步跟上，我国资源优势逐步减弱；生产端，我国不再是全球稀土冶炼分离产品唯一供应链来源；消费端，国内市场大而不强，同时难以消纳高附加值产品，高端市场在外问题较为突出。与此同时，近期欧美发达国家高度关注稀土供应链安全性，在政策指引、资金支持以及国际合作等方面，大力推动稀土供应链多元化布局，力图弱化我国稀土产业国际优势。对此，应立足我国稀土产业链发展实际情况，推动我国稀土产业从资源优势向产品优势转变，稳定我国加工冶炼全球市场份额。建议密切关注欧美发达国家相关动向和举措，加强与"一带一路"共建国家合作，加大对稀土资源开发资金支持力度，推动我国稀土产业持续健康发展，稳固国际竞争优势地位。

一、稀土产业链供应链基本情况

"中东有石油，中国有稀土。"稀土是我国传统优势产业，同时也是国防科工、新能源产业发展所需要的关键资源。对此，本报告全面梳理了我国稀土产业链供应链情况（见图34）。

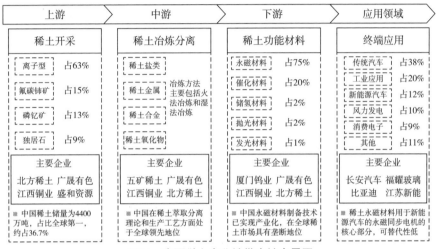

图34 我国稀土产业链供应链全景图

资料来源：根据证券公司研究报告公开资料整理。

（一）我国稀土产业链发展历程

一是奠基建设阶段（1949—1977年）。中华人民共和国成立后，我国稀土产业才开始起步，之前稀土产品主要依靠进口。随后，稀土冶炼研发产业逐步开始，得到快速发展，并于1964年建设了首条稀土生产线。1976年，中国自主研发串级萃取分离技术，这为我国今后稀土产业发展奠定了扎实的技术基础。

二是高速发展阶段（1978—1995年）。改革开放以来，随着国内工业体系不断完善，我国稀土产业快速发展。1986年，稀土产量首次超过了美国。随着政府对稀土产业重视程度不断提升，"七五"期间，稀土技术改造和技术进步工作纳入了国家计划管理。1990—1995 年，我国稀土冶炼产能年平均增速达 20%（钱九红、李国平，2003）。

三是结构调整阶段（1996—2012 年）。1998 年，由于环境约束和成本不经济性，美国企业正式宣布关停芒廷帕斯稀土矿，中国成为世界上最重要的稀土供给国。进入 21 世纪之后，我国稀土产业国际竞争力和产业稳定性快速提高，政府也对稀土行业提出了新的发展思路，即"开拓市场，推广应用，保护资源，合理开采"，改变原来"小散乱"发展格局，加强对冶炼生产管控。2011 年，工业和信息化部推出相关政策文件，正式对稀土产业进行综合治理管理，实施稀土资源开采总量控制。

四是高质量发展阶段（2013 年以来）。随着国内稀土产业竞争力不断提升，国内外对我国稀土产业的重视程度快速提升。2014 年，按照多边体系相关要求，我国取消了多项稀土产品出口管理措施。随后，在政府部门、行业协会和主要企业的共同努力下，以合理开发、有序生产等为代表的稀土行业发展新格局开始形成，稀土行业也逐步从重视上游开采向注重提升产品高附加值、拓展中高端领域应用的方面转变。

（二）我国稀土产业链主要特点

总体来看，我国稀土产业链供应链优势在于 4 个最大——全球储量、产量、消费量、出口量最大，具备 1 个唯一——全球唯一拥有稀土全产业链的国家。但也面临一些劣势问题，一方面，高端提纯技术和高端产品应用技术落后；另一方面，缺乏对全球稀土市场的定价权。

一是从量的情况看，我国稀土产业在储量、产量、消费量和出口量等方面均位居世界第一。据美国地质调查局相关数据，2020 年全球稀土储量达到 1.2 亿吨，分布在十余个国家，但中国储量和产量规模相对较大。2020 年，我国稀土矿储量 4400 万吨（见表 15），占全球储量的

36.7%，内蒙古等地区轻稀土储量较为集中，江西等地区中重稀土资源较为集中，逐步形成了总体储量规模大、各类元素矿种齐全、北方以轻稀土为主而南方以重稀土为主（北轻南重）的发展格局。特别是在中重稀土方面，我国在全球的份额曾分别达到储量占七成、产量占八成的峰值水平（程建忠等，2010）。长期以来，我国稀土矿供应占据全球最主要地位。2020年，中国稀土产量占全球62%、消费量占全球57%、出口量占全球42%。我国稀土出口额见图35。

表15 　　　　　　　　　　2020年全球稀土矿储量

序号	国家	储量（万吨）
1	中国	4400
2	越南	2200
3	巴西	2100
4	俄罗斯	1200
5	印度	690
6	澳大利亚	410
7	美国	150
8	全球其他	850

资料来源：美国地质调查局。

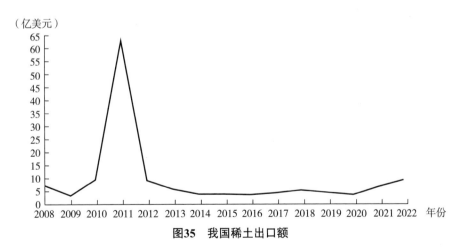

图35　我国稀土出口额

资料来源：海关总署。

二是从产业格局情况看，我国建有全球最完备的稀土全产业链。稀土元素有一定的特殊性，主要是在元素周期表的位置相近、各种元素化学物理性质趋同，在稀土金属冶炼分离方面难度较高，有一定的技术门槛。与此同时，由于稀土产业属于高污染、高耗能产业，特别需要在发展过程中形成高度集约化的产业结构，减少生产的边际成本，同时也要注重开采过程中的环境保护。企业从事稀土产业链每一个环节，总体分布呈现中游大、上下游相对较小的特征。但相比其他产业链，中国企业在稀土上游和下游的总体控制力和竞争力位居世界前列。2013 年开始，我国稀土产业逐步形成了 6 个主要稀土集团的发展格局（见表 16）；2021 年，我国成立了中国稀土集团，主要整合了南方地区重稀土资源开发企业，进一步提升了行业的集约程度，同时避免了国内企业相互竞争造成的资源浪费，同时也为稀土产业高质量发展提供了保障。

表16　　　　　　　　　　我国稀土开采指标　　（折稀土氧化物，单位：吨）

序号	单位名称	2020年				2021年			
		第一批		第二批		第一批		第二批	
		岩矿型	离子型	岩矿型	离子型	岩矿型	离子型	岩矿型	离子型
1	五矿稀土集团有限公司	0	1005	0	1005	0	1206	0	804
2	中国稀有稀土股份有限公司	7175	1250	7375	1250	8730	1500	5820	1000
3	中国北方稀土(集团)高科技股份有限公司	35375	0	38175	0	44130	0	56220	0
4	中国南方稀土集团有限公司	13875	4250	18875	4250	19650	5100	14300	3400
5	广东省稀土产业集团有限公司	0	1350	0	1350	0	1620	0	1080
6	厦门钨业股份有限公司	0	1720	0	1720	0	2064	0	1376
	合计	56425	9575	64425	9575	72510	11490	76340	7660

资料来源：工业和信息化部。

三是高端提纯技术和高端产品应用技术发展落后。从产业实际情况看，稀土金属的纯度对于后续产品的性能影响较大，提纯技术是稀土产业发展的关键核心技术。2020 年，美国普渡大学（Pudue University）开发出从煤灰、回收磁铁和原矿石中提纯稀土的技术，同时不会对环境造成破坏，被视为"改变游戏规则的技术。"应用技术方面，中国稀土应用专利数低于日本，居全球第二位；产业应用方面，大量进口高端产品，如中国稀土永磁体均价 46.6 美元/千克，进口均价为 84.9 美元/千克。

四是缺乏市场定价权。尽管中国在稀土产业具有绝对优势，但仍陷入买卖资源"定价难"的怪圈。第一，对外出口分散程度高，国际市场议价能力不足。超半数的稀土产品市场在外，产品仍依赖出口。与此同时，我国出口市场比较集中，主要在欧美日等发达国家，买方议价权相对较大。2020 年 4 月以来，稀土金属价格迎来了快速增长时期，主要原因在于新能源汽车、风光电等产业发展提升了对稀土材料的需求，远大于其供给能力，未来稀土产品的价格可能还将延续一段时间。第二，产业集中度低，国内六大集团 10 家公司具备采选冶炼能力，相互压价竞争市场，无法形成议价能力。第三，行业协会发展慢，无法形成有效自律。第四，金融市场发展不足，尚未推出稀土期货产品，仍依赖分散的、线下的和传统的交易方式，没有形成有效的价格机制。

二、稀土产业链供应链稳定性和竞争力现状与差距

总体来看，稀土产业链供应链当前稳定性和竞争力均面临一定冲击。其中，上游方面，国内资源快速消耗、国外供应逐步跟上，我国资源优势逐步减弱；中游方面，中国不再是全球稀土冶炼分离产品唯一供应链来源；下游方面，国内市场大而不强，高端市场在外不在内。总体判断：一是全方位被挤压，欧美发达国家加速稀土产业链"去中国化"。二是产业链转移风险低，上游和中游环节被竞争性替代风险高。三是威胁主要来自美国和澳大利亚。

（一）上游资源"外升内降"

这几年，我国稀土储量持续下降。中国稀土资源经过多年开发，储量在 2013 年达到 5500 万吨，2021 年大致在 4400 万吨，下降了 20% 左右，占全球的比例下降了 10 多个百分点。2019 年，全球稀土氧化物粗产量达 21.3 万吨，中国为 13.2 万吨，占 62%。

（二）中游生产"不再唯一"

随着发达国家意识到中国稀土产业链的威力，并开始逐步加强自身产能建设，美国和澳大利亚两国冶炼分离能力快速提升。其中，澳大利亚莱纳斯公司控制了马来西亚关丹工厂，冶炼能力达 1.9 万吨 / 年，占全球 10.6%（黄小卫等，2011）。澳大利亚莱纳斯公司与美国企业计划通过合资的方式，在美国建立稀土分离生产线，美国 MP Materials 公司计划重启美国现停产的 4 万吨稀土分离线，澳大利亚 Peak Resources Limited 计划在英国蒂斯谷（Tees Valley）建设稀土分离厂（季根源等，2018）。

（三）下游市场"大而不强"

中国钕铁硼材料（永磁体）产量全球第一，但国内八大集团全部依靠日本日立金属专利许可证，但也只能满足中低端生产要求，核心高端产品的生产技术被日美企业垄断。稀土加工及产品应用市场发展较为落后，稀土产品回收再加工能力比较薄弱，国外技术发展较快，在稀土高价背景下有盈利空间。

三、增强稀土产业链稳定性和竞争力亟待解决关键问题

（一）产业链全而不强，国际影响力不高

一是中国对稀土产品定价能力不足。中国是全球唯一拥有稀土全产业链的国家，自2000年至今生产了全球95%以上的稀土冶炼分离产品，但并没有稀土产品定价权，稀土价格与消费价值不相匹配，长期处于较低水平，这与必和必拓、力拓、淡水河谷全球三大铁矿石生产商对全球铁矿石价格走势的影响形成了鲜明的对比（黄小卫等，2007）。

二是国内主要依靠供给限制控制价格，而非依靠产品自身竞争力（见图36）。国内控制开采总量，提振稀土价格，但主要依靠限制供给实现，产品竞争力并未得到有效提升。此外，总量控制指标易上难下，各企业博弈激烈，难以对市场情况作出有效反应。

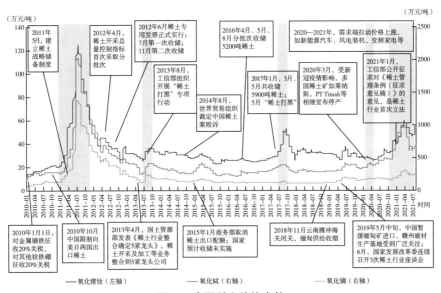

图36 我国稀土价格走势

资料来源：根据证券公司研究报告整理。

（二）资源开发过快，采选冶炼环节污染较高

稀土产业开采治理规范仍待完善。产业规模主要取决于资源，产业的规模大小主要取决于稀土原料供应的规模，国内储量下降对于未来产业发展可能会带来严重不利影响。对此，应按照"谁开采、谁治理"的原则，稀土环境治理的责任主体应该是稀土开采企业，但是稀土矿山生态环境破坏的历史欠账太多，原来的责任主体无法落实。

（三）欧美发达国家加速推动产业链"去中国化"

在保护主义、逆全球化政策影响下，美国及盟友试图实现稀土"自主可控"，推动稀土供应链"去中国化"逐步从理念落到实际，主要表现如下。

一是政策上积极倡导摆脱对我国稀土产业依赖。美国方面，前总统特朗普 2020 年 9 月颁布一项行政令，宣布稀土对外国"敌对者"的过度依赖已构成"国家紧急状况"，下令加快矿山开发；同期，美国国会提出《收回美国稀土法案》，要求对美国稀土产业提供减税优惠，并资助稀土实验项目。2021 年 6 月，美国商务部要求对钕永磁体开展"232 调查"，确保供应链安全；7 月，美国众议院军事委员会发布报告，要求五角大楼将供应链的安全视为"战略重点"，推动包括稀土在内的关键材料摆脱对中国的依赖。欧盟方面，2020 年 9 月，欧盟委员会提出提升关键原材料供应弹性战略，提出要减少稀土等关键矿产对外依赖，提升供应多元化能力。日本方面，2020 年 3 月，推出新国际资源战略，提出海外资源投资、回收和替代材料开发以及建立应急储备等措施。

二是支持企业打造"去中国化"稀土产业链。据路透社报道，2019 年，美国国防部获得授权，直接投资分离稀土产能。2019 年，澳大利亚政府推出 15 个稀土及关键矿业项目，希望调动私营部门积极性，挖掘澳"稀土发展潜能"。2020 年，美国政府宣布拨款近 1300 万美元资助 3 家公司筹建

稀土设施。2020 年 7 月，美国国防部提供资金，资助澳大利亚企业莱纳斯与美国蓝线公司合作，在美国得克萨斯建设稀土加工工厂。2021 年彭博社报道指出，现在仅澳大利亚韦尔德山稀土矿和美国加州芒廷帕斯矿山的稀土产量达到了全球稀土供应的 1/4，而中国在全球稀土供应市场份额已经从 2010 年接近 100% 的水平下降到 2020 年的 60% 左右。

三是美国及其盟友加强合作，不断打造"稀土国际联盟"。政府层面，2019 年美国、日本、印度、澳大利亚四国领导人计划联手构建稀土供应链，研发低成本、低放射性废料排放的稀土精炼技术。2021 年 6 月，美国、澳大利亚、加拿大三国合作推出稀土与关键矿物数据库，帮助制定稀土等关键矿物的开发策略，加强供应链安全。2021 年 6 月，加拿大和欧盟宣布围绕关键矿物供应链建立新的战略伙伴关系，共同减少对中国稀土依赖。企业层面，2010 年日本石油、天然气和金属国家公司以优惠利率的政府贷款对澳大利亚稀土企业莱纳斯进行长期投资，并签署日本企业优先购买产品的承购协议。2019 年美国企业蓝线公司执行长表示，与澳大利亚企业联手在得克萨斯兴建稀土加工厂。2020 年，日本石油、天然气和金属国家公司获取加拿大、纳米比亚关键金属公司在纳米比亚矿产项目股权，并承诺继续注资以获取稀土原材料。2021 年，美国企业能源燃料公司（Energy Fuels）与加拿大企业新性能材料公司（Neo Performance Materials）合作，利用后者在爱沙尼亚的生产基地，对稀土原材料进行加工生产。

四是发达国家政府限制中国企业对当地稀土相关企业的投资并购。2020 年 4 月，宝武钢铁接到澳大利亚财政部通知，禁止其对澳大利亚北部矿业公司 2000 万美元的投资。该投资禁令旨在阻止中国对澳关键矿产镝和铽的垄断，目的是帮助美国获得新的关键金属供应，减少美国对中国的依赖。2023 年 3 月，澳大利亚外国投资审查委员会拒绝了中国投资者对其稀土企业的增资。

四、对稀土产业发展的政策建议

一是在上游，努力推动全球稀土资源合作。从全球稀土资源分布情况看，超六成稀土资源分布在巴西、俄罗斯、印度、澳大利亚、越南、美国、缅甸、老挝、挪威以及部分非洲国家，美国及其盟友正加紧对这些国家矿产资源勘查、投资和开采力度，试图借海外资源与我国进行储量博弈。随着未来下游应用市场规模不断扩大，确保稳定、持续的稀土矿产来源在经济上特别是战略上对我国意义重大。从我国国内情况看，上游开采对环境破坏程度较大，开采规模受到相关法规政策限制，供给总体较为紧张，促进稀土资源进口有利于我国中下游产业发展，经济上也比较划算。与西方国家相比，我国"走出去"的稀土企业数量少，大部分企业国际化程度有限、海外矿产资源份额不高。对此，宜考虑推动我国上游稀土企业在确保国内稀土资源合规和可持续开发基础上，积极探索全球稀土资源合作开发。

二是在中游，支持企业发挥规模优势、降低边际成本，持续稳固我国在稀土加工冶炼上的传统优势。美国等西方发达国家正不断加大对稀土加工冶炼的投资力度，逐步侵蚀我国在全球的加工冶炼份额。值得一提的是，美国芒廷帕斯稀土矿曾长期进口到我国进行冶炼，目前已转移到美国、加拿大在爱沙尼亚合作开办的加工厂，冶炼领域自主化的趋势在加强。对此，应持续推动稀土资源进口，在确保符合环保要求前提下，提升我国稀土冶炼加工产业规模优势、促进技术水平提升、降低边际成本。

三是在下游，不断拓宽稀土产业应用领域，推动我国从资源优势向产品和技术优势转变。从稀土功能材料情况看，我国钕、铁、硼产能持续增加，在稀土磁材行业全球市场占有率从 2002 年的 56.5% 提升至 2017 年的86.7%，已经成为全球稀土永磁材料的制造中心，综合竞争优势全球领先。

从稀土催化材料情况看，我国催化技术还相对落后，铈锆固溶体复合氧化物催化材料基础也比较薄弱。该类材料技术和生产主要掌握在比利时、加拿大和日本等国的国际巨头手中，2019年国际巨头市场占有率超过70%。对此，应统筹各类政策资源，以稀土新材料领域为重点、终端应用为拓展方向，加大对稀土产业下游开发利用的支持力度，持续提升我国产品技术水平和国际竞争力，打造我国在稀土全产业竞争新优势。

执笔人：庞超然

参考文献

[1] 程建忠，车丽萍.中国稀土资源开采现状及发展趋势[J].稀土，2010（2）.

[2] 黄小卫，李红卫，王彩凤，等.我国稀土工业发展现状及进展 [J].稀有金属，2007（3）.

[3] 黄小卫，张永奇，李红卫.我国稀土资源的开发利用现状与发展趋势[J].中国科学基金，2011（3）.

[4] 季根源，张洪平，李秋玲，等.中国稀土矿产资源现状及其可持续发展对策[J].中国矿业，2018（8）.

[5] 刘荣辉，黄小卫，何华强，等.稀土发光材料技术和市场现状及展望[J].中国稀土学报，2012（3）.

[6] 刘余九.中国稀土产业现状及发展的主要任务[J].中国稀土学报，2007（3）.

[7] 钱九红，李国平.中国稀土产业的发展现状[J].稀有金属，2003（6）.

[8] 王登红，等.我国三稀（稀有稀土稀散）矿产资源调查研究成果综述[J].地球学报，2016（5）.

[9] 杨斌清，张贤平.世界稀土生产与消费结构分析[J].稀土，2014（1）.

[10] 张博，宁阳坤，曹飞，等.世界稀土资源现状[J].矿产综合利用，2018（4）.

[11] 郑明贵，陈艳红.世界稀土资源供需现状与中国产业政策研究[J].有色金属科学与工程，2013（4）.

新发展格局下提升我国家电产业链竞争力研究

改革开放 40 多年来，我国家电产业经历了从小到大、从弱到强，从跟随到并跑再到部分领域实现引领的重大转变，已经成为我国少数几个具有较强国际竞争力的产业之一。家电产业的发展史也是我国制造业在改革开放历史进程中始终坚持自立自强、厚植国内市场，同时积极主动参与全球竞争，不断向产业链高端迈进的一个缩影。进入新发展阶段，家电产业需要把握好新一轮科技革命和产业变革的历史机遇，坚持创新驱动发展，大力推进产业链智能化、绿色化、服务化转型，促进全产业链优化升级，坚定走自主品牌国际化道路，在加快构建新发展格局中塑造能够引领全球的竞争新优势。

一、我国家电产业在开放竞争中不断增强产业链综合实力

终端产品生产规模稳居世界第一。改革开放后我国家电产业围绕满足国内市场需求，同时积极承接国际产业转移，迅速成长为全球最大的家电生产国和出口国。2020 年，我国家电产业营业收入 1.48 万亿元，利润总额 1156.9 亿元，分别较 2015 年增长 5.7% 和 16.5%。主要家电产品产量多数居世界前列，其中空调、微波炉全球占比为 70% ~ 80%，电冰箱 / 冷柜、洗衣机占比为 50% ~ 55%，空调压缩机占比为 70% ~ 80%，冰箱压

缩机占比为 60% ~ 70%。"十三五"期间，家电出口持续快速增长，2020
年全年累计出口额 837 亿美元，比 2015 年增长 48.1%，首次突破 800 亿美
元大关，占全球总体出口额近 40%。

原材料、零部件等产业链配套较为完备。我国家电产业在长期的市场
竞争中不断发展，已形成以空调、冰箱、洗衣机等大家电为龙头，小家电门
类齐全，零配件配套较为完整的产业链。特别是在以佛山、深圳、珠海等
城市为主的珠三角地区，以宁波、杭州、上海等城市为主的长三角地区，
以及以青岛、烟台等城市为主的胶东半岛地区形成了具有一定全球竞争力
的区域特色产业集群。龙头企业美的空调、格力空调中包括压缩机、电机、
芯片模块等所有核心零部件均实现了自研自产，老板电器、苏泊尔、九阳等
小家电龙头企业也都实现了国产化，一批生产改性塑料、非金属新材料、分
立器件等相关零部件配套企业不断发展，促进本土产业链日臻完善。

产业链技术水平迈入国际前列。家电产业龙头企业海尔、美的、格力等
持续推进产品创新和技术升级，已实现研发中心的全球布局。2020 年，家电
产业 32 家上市公司中，21 家公司保持了研发投入正增长，平均研发投入占
比达到 3.5%，与德国博西、瑞典伊莱克斯、美国惠而浦等跨国巨头分别为
5.1%、3.3%、2.95% 的研发投入占比几乎持平。近年来企业拥有专利数量明
显上升，2020 年家电企业新增专利数量近 35 万件，创 11 年来新高。其中，
美的（含东芝）累计专利申请量突破 16 万项；格力 7.9 万项，累计发明专利
授权数量超过 1 万件；海尔超 6 万项，专利范畴已覆盖全球 28 个国家和地区。

新技术应用处于全球第一阵营。智能家电作为家电产业发展的主要
趋势，2020 年我国智能家电市场规模达 5155 亿元，占据全球智能家电产
业的 50% ~ 60%。AIoT 技术生态、应用语音控制、图像识别等人工智能
技术不断实现突破，领先的技术应用水平和巨大的智能消费市场为我国家
电行业智能化升级、进一步提升全球竞争力奠定了坚实基础。受人工成本

上升等因素影响，家电产业在智能化生产方面发展亦较为迅速，领先企业均建立了智能制造生产车间甚至智能工厂，并开始探索以用户为中心的大规模定制生产模式。其中海尔构建的用户参与交互的工业互联网平台COSMOPlat能够实现规模化定制、需求实时响应、全程可视化和资源无缝对接，已成为全球工业互联网创新发展的旗舰，并主导了 ISO 和 IEEE 等大规模定制方面的全球标准的制定。

产业链龙头企业具有较强国际竞争力。在全球传播集团 WPP 和谷歌联手发布的全球化品牌 50 强中，海尔、海信、创维、小米、TCL、科沃斯、格力等一批家电企业成功入选。根据行业调研机构欧睿国际的数据，在全球大家电市场，2020 年世界家电品牌占有率前五名中，海尔和美的分别以 16.5% 和 7.1% 的份额位居全球第一和第三，二者份额相加超过第二名惠而浦（10.6%）、第四名博西（6.2%）、第五名伊莱克斯（5.9%）的总和。其中，海尔家电的全球零售量份额已经连续 12 年全球第一，2009—2020 年，海尔品牌制冷设备、洗衣设备的销量在全球大家电品牌中分别已连续 13 年和 12 年蝉联榜首。

从我国家电产业的发展中可以得出以下论断。一是后起国家和地区利用后发优势，在一定条件下可以实现赶超发展。改革开放后，我国家电产业高起点、大规模引进国外先进技术设备和生产线，并通过消化、吸收和再创新，形成满足大规模生产制造需求的产业链配套能力，在积极承接国际产业转移、参与国际产业分工和竞争中，进一步形成引领创新发展和产业升级的能力。二是自主发展与开放合作相结合是不断增强和保持国际竞争力的重要途径。家电产业技术来源初期是引进，但很快转向开放条件下的技术自立，特别是重视产业链核心零部件的国产化和自主开发能力的培育，这是家电产业在国际竞争中能够行稳致远的关键。积极发挥比较优势，主动融入全球价值链，同时保持与本土外资企业的竞争合作，使我国家电产业始终保持与国际领先技术水平的同步。三是市场化竞争是造就国际一流企业的重要因素。市场竞争增强了我国家电企业的质量、创新、品牌意识，促进了纵向流动和优胜劣汰，提高了产业集中度和产业链发展水平。四是保持持续创新和升级的能力是应对复杂变化的外部环境和挑战的关键。我国家电产业链的竞争力很大程度上源于国产品牌不断推陈出新的能力以及顺应和把握产业变革的能力。

二、我国家电产业链仍存在一些短板

一是自主品牌海外市场占有率有待提升。现阶段我国家电自主品牌出口仍以 ODM 业务（自主设计生产、贴牌销售）为主，相较于巨大的生产规模，自主品牌的海外市占率明显偏低。例如，目前我国空调产能约占全球的 70%，但市场品牌占有率不足 20%。根据《中国家电行业深度调研与投资战略规划分析报告》，2019 年在全球各大区域大家电市场零售额前五位中，在亚洲只有我国企业的份额较高，海尔和美的位居前二。而在北美、西欧、东欧和澳洲等地区，市场领先份额依然掌握在美国惠而浦、德国博西、瑞典伊莱克斯等国际老牌家电企业手中，长期塑造的区域品牌认可度和用户群体基础使我国企业在短期内很难超越它们（见表 17）。

表17　　2019年全球各大区域大家电市场零售量排名前五情况

亚洲	北美	西欧	东欧	澳洲
海尔	惠而浦	博西	惠而浦	伊莱克斯
美的	海尔	惠而浦	博西	海尔
LG	伊莱克斯	阿赛利克（Arcelik）	海尔	LG
三星	LG	伊莱克斯	阿赛利克（Arcelik）	三星
松下	三星	海尔	伊莱克斯	博西

资料来源：前瞻产业研究院，《中国家电行业深度调研与投资战略规划分析报告》，2021年3月。

二是未来智能家电所需的上游元器件、传感器等高端核心零部件自给能力与国际老牌家电企业还有差距。随着智能化时代的到来，关键控制器芯片和温、光、声、压、气等各类传感器都是智能家电设计中不可或缺的核心零部件，这方面我国还有一定技术差距。例如，国外的智能洗衣机已在纤维、衣物的传感识别方面实现了产品的终端化应用，可通过重量感知、布质感知、脏污程度感知、泡沫感知等，自动选择洗涤程序和水量，而我国在传感零部件精度、电器设计及感知算法研究等方面成熟度较低，与国外同类产品相比还有一定功能差距。我国在开发智能冰箱、智能微波炉、智能烤箱等产品方面，所需的食品智能识别技术与国外相比在识别准确率、信息数据与通信传输、控制、管理分析等集合处理的准确性和效率方面也有差距，成为产品创新应用的重要制约。家电产业链如图37所示。

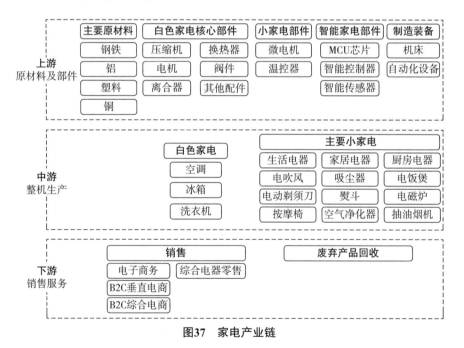

图37 家电产业链

资料来源：作者自绘。

三是长期以来偏重产品应用创新，底层基础性、机理性研究和原型创新不够。在长期的市场竞争和快速的产品迭代压力下，我国家电企业对产品性能提升主要依赖经验数据和试验，在涉及机理性、共性技术方面以及跨领域的基础研究方面积累不足，这也影响了系统集成创新的后劲。例如，我国洗衣机技术创新更多注重对现有结构的拓展，而国外领先企业则更加重视对新材料、新工艺以及新系统和洗涤方式等基础方面的探索；绝热传热方面，虽然我国终端产品性能已经可以和国外产品并跑，但对热传导特性、换热性能等基础研究尚需加强，只有这样才能更好地对密封材料、发泡材料、换热涂层材料等进行改进和创新；此外，家电变频控制器中所需的变频控制逻辑核心算法等研究还相对欠缺。

四是海外销售渠道主要依靠国际电商，国内平台支持不足。当前线上销售已成为家电产品的重要流通渠道，全球超过 31% 的大家电是在线上销售的，小家电线上销售占比更是高达 49%。2020 年海外家电市场零售总额已高达 3152 亿美元，市场空间约为国内市场的 3 倍。但目前我国家电企业在海外线上渠道的布局主要依靠入驻亚马逊、eBay 等国际电商平台。这些国际大平台已经开放第三方卖家入驻多年，有实力、有技术、有资源的先进入者已经将品牌做大做强，基本处于垄断地位，平台上小家电更是品牌众多、产品同质化竞争激烈，对于像国内家电企业这样新入驻的商家而言，获取流量成本高、突围难度较大。这就亟须我国的电商平台加大力度"走出去"，更好整合家电行业资源，为自主品牌拓展全球市场、增强国际竞争力提供渠道支持。

三、加快构筑引领全球的家电产业链竞争优势

过去 40 多年里，我国家电产业充分利用国内国际两个市场、两种资

源，为实现跨越式发展提供了关键支撑。进入新发展阶段，已经迈入全球领先者行列的家电产业如何才能构筑引领全球的竞争优势？关键还是要在以新发展理念为引领，加快构建新发展格局上下功夫，特别是在服务好高质量内循环的同时，坚定走好自主品牌国际化道路，加强全球研发体系和产业链供应链的优化布局，以高水平国际化推动国内国际双循环相互赋能，在增强产业链创新能力、推进产业链智能化绿色化服务化转型，提升自主品牌价值创造能力和国际影响力方面发挥重要引领作用。

一是全面提升产业链创新能力。目前，我国家电领军企业在研发投入方面已处于世界前列，下一步应在产业链基础研究和引领未来的前沿创新研究方面加大力度，带动产业链整体技术水平的提升和系统性创新。要健全终端和整机企业带动的产业链上下游协同创新机制，将产品应用创新与核心零部件、智能传感器件、新材料等的研发和应用相结合，引领家电产品功能创新和性能提升。鼓励家电领先企业依托自身优势打造与全球创新资源对接的开放式创新平台，吸引国内外研发、设计、仿真、创意等各方面资源，打造开放式协同创新网络。要坚持标准引领，依托产业链创新和产业规模优势将具有自主知识产权的技术标准推向国际市场。

二是做产业链智能化升级的引领者。人工智能、5G、物联网、大数据技术等正在引领的智能化浪潮为全球家电产业创新发展带来难得的机遇，也必将带来新格局的重塑。我国家电龙头企业已走在数字化、智能化浪潮的前列，下一步应抓住机遇，在引领时代的智能家电原型设计和智能家居应用创新上发挥领军作用。要围绕满足人民群众高品质生活需要，以用户为中心，将智能化嵌入家电产品功能设计，整合软件、数据、网络、内容、服务资源，赋予家电产品更多的创新功能，推动家电产业由同质化竞争转向基于创新的差异化竞争。同时，建设高质量的智能家电产业链供应链。要积极探索平台化服务模式，探索智能家电企业平台化转型，积极打造智能家居产业生态。要继续推广应用智能制造生产方式，在有效对冲劳动力成本上升压力的同时，带动家电产业质量、效益升级。

三是争当产业链绿色变革的先锋。家用电器作为居民第二大能源消耗来源，在居民碳排放占比中高达30%。我国已提出"双碳"的目标，国际上围绕碳概念的新兴贸易规则也在酝酿之中。我国家电行业在节能、减排等方面已经是制造业的"排头兵"，随着领军企业的群体性崛起，有条件也有能力成为全球家电绿色低碳技术应用的引领者。应以打造家电产业绿色供应链为主线，稳步提高节能环保低碳的技术标准，带动上下游企业整体绿色低碳水平的提升。从源头做好绿色家电产品设计，积极采用能效比高的压缩机核心部件，应用低碳环保的制冷剂原料，推广可回收、可降解的绿色新材料。生产过程中积极推行节能减排绿色生产工艺，有条件的企业探索建立绿色样板工厂，引入碳足迹评价和温室气体排放管理。加强政策引导，健全相关管理规范，完善废旧家电回收处理产业链条，推动变废为宝，加快行业绿色发展。

四是探索服务化带动价值链升级的有效模式。目前，家电产业产品技术已经具有相当的成熟度，企业间的竞争比拼从原来关注技术、规模的领先逐渐转向更加关注产品整个生命周期内消费价值的实现。面对后端万亿服务市场的巨大增长潜力，我国家电企业应加快由生产型制造向服务型制造转型，由单纯提供产品向提供"产品＋服务"转变，积极拓展产业价值链。重点探索大规模定制、产品全生命周期管理、信息增值服务等新模式。建议推广海尔的定制化服务模式，探索用户参与设计、家电家居全屋定制和按需生产，提高差异化服务水平。做好家电维修、清洗保养、以旧换新等在内的全生命周期服务。围绕智能家电和智能家居定制智慧化生活场景，积极拓展在线支持、数字内容、电子商务等线上线下相结合的多元服务，健全行业数据采集利用规范，提高信息增值服务的安全性和有效性。

五是提升自主品牌全球化布局能力和国际影响力。多年来，我国家电企业已积累起海外市场拓展和国际化经营的宝贵经验，一批有国际视野的领军企业在对外销售、出口产品的同时，通过投资设厂、并购等方式，在全球开展产能布局，一方面化解了贸易摩擦风险；另一方面通过装配环节外移带动国内高端零部件和原材料出口，使得中国家电在国际化的道路上进一步升级。未来，我国家电产业要持续获得国际市场的认可并形成引领全球的竞争优势，必须深化自主品牌的国际化拓展，在优化产业链供应链全球布局中，进一步提升高端、高品质、创新产品的形象和国际影响力。要积极拓展欧美等成熟领先市场，围绕不同层次消费者需求和使用习惯，将产品研发设计与本土文化理念有机融合，加强创新产品推广和产业链后端服务延伸，不断扩大自主品牌市场份额。要努力开拓新兴经济体和发展中国家市场，抓住"一带一路"建设加快发展的有利时机，创新境外投资方式，培育新的增量市场。要抓住跨境电商发展机遇，大力支持国内电商平台向海外延伸拓展，推进国际电子商务规则谈判和政策协同，支持海外仓储等跨境物流基础设施建设，为我国家电企业深度参与全球化竞争保驾护航。

执笔人：李燕　孙海尧

加快构筑我国新型显示产业链系统性竞争优势

新型显示产业是新一代信息技术的基础核心产业，也是面向智能互联时代无所不在的人机交互的重要窗口。我国新型显示产业经过十余年快速发展，探索出了一条开放发展和科技自立相结合，龙头企业引领的规模化、市场化、国际化发展道路，已经从追赶走到国际竞争的前沿。目前我国技术成熟度最高的 TFT-LCD 液晶显示器出货量已居全球第一位，但在新一代主流显示技术 AMOLED 和更前沿的 Micro LED、QD-OLED 技术发展方面与国际领先企业仍有差距，加之产业链上游基础薄弱，难以形成系统性创新能力和产业链综合优势。建议加强政策引导和支持，加快补齐产业链短板，完善协同创新机制，探索技术追赶向创新引领的有效模式，进一步巩固和增强国际竞争优势。

一、新型显示产业链长，专业化、协同程度高，
产业竞争格局处于加速重塑之中

新型显示产业具有产业链长，专业化、协同程度高，辐射带动能力强等特点。新型显示的产业链涵盖上游的材料、元器件及设备，中游的面板制造及下游显示终端等几大环节。其中上游的材料和元器件主要包括液晶材料、OLED 有机发光材料、玻璃基板、彩色滤光片、偏光片、背光模组、驱动芯

片等。所用设备根据不同的技术方向，包含了曝光机、等离子体辅助化学气象沉积、准分子激光退火、磁控溅射式物理气象沉积、离子注入设备，以及蒸镀机、喷墨打印设备等。中游制造工艺与集成电路等半导体制造技术具有共通性，但又有所不同。下游则面向电视机、智能手机、笔记本电脑、VR/AR、工控、车载设备以及可穿戴设备等多种丰富的应用终端。由于显示技术的创新主要以材料的技术工艺突破为前提，同时需要先进设备和元器件的支撑，因此无论是既有技术、工艺和产品的迭代升级还是新一代颠覆性技术的创新，均离不开产业链上材料、装备、器件"三驾马车"的协同。

目前全球新型显示制造环节的竞争主要集中于中国和韩国，美欧日韩企业在供应链上游材料和设备方面拥有绝对优势。液晶显示技术发源于美国，产业化在日本。日本夏普和精工等企业凭借对新技术的敏感在美国企业手中接棒 LCD 技术，从最初商用于液晶数显手表、计算器等逐渐过渡到大尺寸平板。到 20 世纪 90 年代中期，日本已培育了完整的产业链，TFT-LCD 产量占据全球的 95%。随后，韩国三星、LG、现代等企业开始加入竞争，凭借之前在半导体领域存储芯片业务上丰厚的技术和资金积累大规模投资建厂。20 世纪末，三星的液晶面板出货量反超日本跃居世界第一。我国显示产业起步较晚，在经历了早期"缺芯少屏"的阵痛后，通过引进技术消化吸收和自主创新，依托大规模工业化和市场优势实现快速发展，带动中国大陆液晶面板产能占全球的比重从 2016 年的 30% 升至 2020 年的 56%。2020 年全球液晶出货量中国大陆占比 50%，韩国和中国台湾各占 23% 左右，日本液晶面板出货量收缩至 4% 左右。但从产业链体系看，日本的产业链能力最强，在许多关键设备和材料方面，日本企业都是全球主要甚至唯一的供应商。韩国显示产业进步也带动了上游供应链的发展。目前液晶材料全球主要供应商为日本 JNC、日本 DIC，以及德国默克。高品质玻璃基板主要受控于美国康宁、日本

AGC、日本 NEG。偏光片主要来自 LG 化学、日本日东电工、日本住友化学等。设备方面，以美国应用材料以及日本的尼康、佳能等为主。

新型显示产业技术迭代升级和市场竞争遵循一定的规律，目前正处于竞争格局加速重构之中。新型显示产业属于资本、技术和人才密集型产业，建线投入大、回收周期长，建设一条普通的 8.5 代液晶生产线，一般需要 200 亿～300 亿元的资金投入。同时，显示产业发展市场需求波动和价格竞争的周期性规律，要求企业必须持续不断提升技术水平和产品性能，这样才能保持自身的盈利能力，在激烈的市场竞争中立于不败之地，这也使得全球显示产业形成了高集中度的寡头竞争格局。对领先企业来讲，一时的领先并不意味着持续领先，只有保持对前沿新技术的引领性创新能力，才能构筑持续不断的领先优势。当前，全球新一代显示技术创新发展正处于活跃期，日韩等领先企业已相继宣布退出 LCD 市场，将重点放在新一代显示 OLED，其中有我国液晶产业崛起、面板成本大幅下降、利润空间压缩的原因，更是领跑未来的主动选择。我国掌握着全球液晶面板制造的半数产能，并同步加快新技术追赶，已走到国际竞争的前列。未来 5 年可以说是显示产业国际竞争格局重塑的关键期，其中我国是关键的变量，如果能够抓住机遇创新突围，强化产业链系统性优势，我国就有可能实现由追赶者到领先者的战略转变。

二、我国新型显示产业实现跨越式发展

21 世纪初以来，以京东方等为代表的行业企业抓住全球新型显示产业发展的机遇，通过投资并购与自主建线相结合，学习国外先进技术与建立自主开发平台相结合，在国家政策和市场力量的共同支持下，迅速成长为满足大规模工业化生产能力和技术迭代升级能力的领军企业，带动我国新

型显示产业实现了跨越式发展，也为我国高技术产业后发追赶探索了有益的模式。目前，我国新型显示产业已形成制造能力、龙头企业、市场应用三大产业链优势。

一是面板产能大幅增长，产业规模领跑全球。截至2020年底，中国大陆已建成6代及以上面板生产线35条，年产能达到2.2亿平方米，2020年全年TFT-LCD出货面积首次达到全球一半以上。2020年，尽管受新冠疫情影响，我国显示产业仍然保持了逆势增长，TFT-LCD优势进一步巩固，AMOLED量产进程持续推进，新型显示产业全年营收达到4460亿元，同比增长19.7%，高出全球增速近6个百分点，全球占比40.3%，产业规模居全球首位。

二是龙头企业持续壮大，带动技术创新和产业链生态建设稳步发展。2020年，在产能建设和兼并重组的推动下，大尺寸液晶面板向头部企业集中趋势更显著。其中京东方收购中电熊猫后，拥有5条8.5代线、1条8.6代线、2条10.5代线，LCD面板年产能提升至7700万平方米。华星光电收购苏州三星后，TCL华星拥有3条8.5代线、2条10.5代线的高世代产能，全部达成满产后年产能将提升至5226万平方米。2020年，两家企业产能已位居全球前二，占比合计达到42.8%，推动行业形成双寡头格局。相关企业在掌握核心技术的基础上，通过正向创新，协同头部终端厂商实现了一些局部领先的创新突破，如维信诺发布了全球首个量产屏下摄像解决方案、全球首款"透明A柱"电动SUV，拥有自主知识产权的"鼎排"像素排布方案被国内头部厂商作为指定方案。相关企业同步加大新一代主流显示Micro LED研发布局，2020年，该领域全球专利申请前十大主体中，我国企业占据4席，其中京东方和华星光电居前两位。龙头企业发展在产业链生态带动方面也发挥了重要作用，产业链整体呈现面板领跑、材料和装备稳步发展的良好势头。

三是下游应用市场迅速发展，对产业链形成强力拉动。我国作为全球电子信息产品生产、消费和出口大国，随着制造技术的成熟以及自主品牌的崛起，对显示产业的带动作用日益增强。2018 年，我国电视机、智能手机、计算机产量全球占比分别保持在 70%、85% 和 90% 左右，其中 70% 以上的彩电屏幕、80% 以上的手机屏幕、90% 以上的计算机屏幕都由国内面板企业提供。巨大的电子消费市场带动了我国新型显示产业飞速发展。预计进入万物互联时代，车载显示、智能家居、智能可穿戴、工业互联网等更为丰富的终端应用需求将成为壮大产业发展新的重要拉动力。

三、我国新型显示产业链基础仍然薄弱，产业链综合实力有待加强

从产业链环节看，我国基本主导了面板制造环节，但上游关键材料和核心设备对外依赖严重，影响了自主可控能力和产业链话语权。2020 年，在全球显示产业总营收 2189 亿美元中，面板营收为 1192 亿美元，占比 54.5%，其中中国大陆地区面板营收占全球比重为 42.3%。材料和设备方面，全球营收分别为 837 亿美元和 160 亿美元，中国大陆地区全球占比分别仅为 16.4% 和 4.4%，材料和设备日韩合计占比则分别高达 76.2% 和 70.5%（见图 38、表 18）。我国在产业链上游关键环节自主化程度较低。TFT-LCD 用关键材料中，高世代面板所用玻璃基板几乎完全依赖于美国和日本厂商，合计占比超过 95%。其他重要材料的国产化供给能力偏低。AMOLED 所需关键材料中，有机蒸镀材料国产化率低于 10%，圆偏光片以及金属掩膜版、透明 PI 膜等几乎 100% 进口。6 代线上主设备几乎全部依赖进口。由于核心供应链受制于人，我国新型显示产业发展长期受到技术、价格、供给等方面的瓶颈制约。特别是由于上游关键材料和设备企业

已形成较高的进入壁垒，拥有较强的议价权，而面板制造竞争激烈，毛利率低，使得面板企业一方面要应对液晶周期带来的市场不确定性和价格波动，另一方面还需长期为上游原材料企业支付高昂的成本。

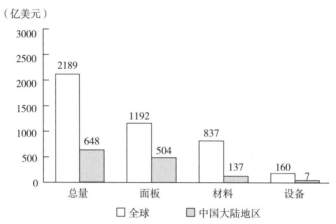

（亿美元）

图38　2020年全球以及中国大陆显示产业营收情况

资料来源：中国电子视像行业协会。

表18　　　　2020年部分国家和地区显示产业分环节营收占比情况

国家和地区	材料占比	设备占比
日本	45.2%	27.6%
韩国	31.0%	42.9%
中国大陆	16.4%	4.4%
中国台湾	2.0%	10.4%

资料来源：中国电子视像行业协会。

从产业链技术水平看，我国在技术成熟度较高的 TFT-LCD 领域已达到国际领先水平，但在新一代主流技术大尺寸 AMOLED 以及前沿技术创新方面仍有差距。新一代主流显示技术 AMOLED 在小尺寸上，技术和市场都是成熟的。大尺寸方面，此前只有韩国 LGD 能够实现供货，采用的是蒸镀白光 WOLED 技术路线；三星 2021 年底实现量产，采用 QD-OLED 技术路线。国内京东方、华星光电、惠科等能够实现小尺寸供货，大尺寸方面同时跟踪 WOLED 和喷墨打印技术路线，在技术成熟度上，仍有至少3年的差距需要追赶。华星光电已启动了喷墨打印产业化进程，并通过战略性投资推动产业链发展，但要实现大规模量产还需要时间。此外，在Micro LED、电子纸、光场显示等先进显示技术方面，我国与国外领先企业也存在研发和产业化周期上的差距。

从产业链创新看，产业链上中下游之间、产学研之间协同创新不足，制约了系统性创新能力的形成。新型显示技术复杂度高，上下游企业间高度依赖，三星等领先企业早就与关键材料和核心装备企业形成了天然捆绑关系，紧密合作开发定制产品，协同推进重大创新。我国新型显示产业链上游起步晚，基础研究投入少，积累不足，材料、设备企业在规模化、技术水平、研发能力、定制服务等方面仍存在较大差距，难以对面板企业的技术迭代和前沿创新形成有效协同和支撑。在基础理论研究和应用技术创新方面，高校和企业这两大主体还未真正形成合力。一些前沿新技术的突破既涉及基础理论研究和基础材料的创新，同时也需要在研制过程中通过试产积累大量数据不断优化配方，没有长期稳定的合作关系是不行的。

从产业链布局看，尚未形成面板产能整体规划协调机制，亟须防止无序、低端竞争导致资源错配。近年来，随着国内多条高世代TFT-LCD生产线的建成，国外面板企业在生产成本、销售渠道等方面逐渐失去优势，开始陆续退出TFT-LCD面板制造领域，国内一些非主流面板厂相继承接替代下来的生产线并新增投资继续生产，而且各地从经济发展角度考虑，也有支持面板产能做大的意愿。然而调研中一些企业却表达了对产能过剩的担忧。尽管2020年新冠疫情造成的供给短缺导致2021年上半年面板行业利润水平整体提升显著，但未来几年TFT-LCD产能供过于求的局面将不可避免。如果国内企业仍继续在成熟生产线上加速扩产，则有可能陷入产能过剩和价格竞争，不利于产业链良性发展，也不利于将资源引导到产业链上游及更高端显示技术发展上。

四、强化创新引领、增强产业链系统性优势的政策建议

我国新型显示产业经过跨越式发展已走在国际竞争的前沿，在由技术追赶者迈向创新引领者的角色转变过程中，面对技术和市场的双重不确定性，产业政策的重点应转向支持产业链核心企业能力建设，推动产业链系统性升级。围绕新一代显示产业发展和下一代显示技术研发及产业化，着力提升产业链水平，完善全产业链协同创新机制，以新发展格局为战略引领，深化创新链、产业链、供应链国际合作，推动新型显示产业向价值链中高端迈进，进一步提升国际竞争力。

一是促进供应链本地化发展，提高关键环节国内配套能力和水平。近年来国际贸易摩擦引发的供应链安全隐忧，以及新型显示产业技术迭代升级、产业链协同创新的特性使得我们更加坚定了推进国内产业链生态建设的信念。一方面，应充分利用市场规模和产业集聚优势，吸引具有先进技术水平的国外供应链企业本地化发展。另一方面，针对高世代面板生产线可能"卡脖子"的环节以及新技术领域（中大尺寸 AMOLED、Micro LED）亟须突破的关键材料、新型器件和核心设备，建议由面板企业牵头，与上游供应链相关企业组建创新联合体，持续推动核心技术研发和产业化，带动我国关键供应链发展。

二是加大力度支持产业链创新，培育具有国际竞争力的龙头企业和单项冠军企业。围绕产业链部署创新链，聚焦喷墨打印、量子点显示、Micro LED、硅基 OLED、裸眼 3D、光场显示等新一代技术及前沿技术研发和产业化，重点加强科技专项、财税、金融等政策支持，推动面板企业、材料、设备、器件协同创新攻关。鼓励面板企业与应用厂商加强研发合作，促进新型显示产品与 5G 通信、超高清视频、人工智能、虚拟现实等融合发展。研究设立新型显示产业链竞争力提升专项，重点支持一批在新型显

示材料、元器件和装备领域基础较好、有发展潜力、成长性强的创新型企业发展，推动其成为重点细分领域的全球单项冠军企业。支持龙头企业牵头组建新型显示创新平台，向产业链上下游企业和高校院所开放共享研发、中试服务，打造大中小企业、产学研用协同发展的创新网络。

三是坚定落实窗口指导制度，引导产业链资源合理优化配置。按照主体集中、资源集中、区域集聚的原则，引导行业产能和新项目合理布局，在保持 TFT-LCD 产能供需基本平衡的基础上，引导企业和社会资本将主要资源、财力投入技术创新和产业链核心能力建设上。加快提升新技术领域产业链配套能力，不断优化产业结构，培育新的增长点。要加强产能信息、市场信息监测与共享，在产品价格大幅波动时根据市场需求合理排布现有产能释放。鼓励骨干企业通过投资、兼并等方式整合已有产业资源，加快做大做强，进一步提升产业集中度，推动我国新型显示产业聚合化、集群化、生态化发展。

四是深化创新链、产业链、供应链国际合作，拓展合作共赢新局面。新型显示产业具有高度国际化的特征，技术创新、产业链布局和人才流动须保持与全球深度链接和互动。要进一步深化与欧美日韩等国家和地区企业、研究机构在技术、资本、人才等方面的国际合作，积极打造开放式协同创新网络。充分发挥行业协会桥梁作用，利用中日韩三方在光学电子、新型显示、半导体等民间合作的良好基础，进一步拓展相关领域交流合作。鼓励海外显示上游关键装备与材料企业来华投资建厂，支持国内企业开展国际化布局，进一步打造开放协作、富有竞争力的产业链供应链。

执笔人：李燕　孙海尧

新发展格局下提升我国高端医学影像装备产业链供应链稳定性和竞争力研究

——以高端 CT 为例

医学影像装备是生物医学、物理学、电子技术、计算技术、人工智能、材料科学、精细加工等众多高新技术在临床医学综合应用、相互渗透的产物。医学影像装备种类较多,主要包括 X 线机(X-ray machine)、计算机断层扫描(CT)、磁共振成像装备(MRI)、超声成像设备(US)、核医学成像装备、光成像装备(医用内窥镜)、数字减影血管造影(DSA)、CT 引导下放射治疗装备(CT-RT)以及 PET-CT 与 PET-MR 等一体化融合装备等。这些装备随着技术进步而不断迭代,也有高端、中端和低端之分。高端医学影像装备以型号先进的大装备为主,其中的 X 线机、CT、MRI 都是不同时代诺贝尔奖的创新成果。高端 CT 具有技术先进性强、产业链供应链复杂度高、应用广泛的特点,是高端医学影像装备的典型代表。

高端医学影像装备产业体现国家科技实力,对多行业技术创新具有较强带动性,也是提高国民健康福祉的重要保障。美国、德国、荷兰、日本等少数国家长期占据全球医学影像装备产业链制高点,具有产业基础高级化、产业链现代化的特征。我国已成为全球医学影像大国,拥有最大的需求市场。2021 年，我国高端医学影像装备产业规模接近 1000 亿元，全球占比从 2014 年的 19% 大幅升至 2020 年的 33%。个别产品在国内市场占有率甚至超过了强国品牌，例如新一代高端多层螺旋 CT 机 uCT780。但我国仍处于产业"大而不强"阶段，存在产业链供应链短板，释放产业潜力亟须提升产业链供应链的稳定性和竞争力。

一、高端医学影像装备产业链长而复杂，供应链全球化：以高端 CT 为例

医学影像装备为医疗提供了精准诊断技术与工具，开启了精准医疗新时代。1895 年 11 月 8 日，德国物理学家伦琴博士偶然发现了 X 线，开创了放射诊断新学科，11 月 8 日于 2012 年被定为"国际放射日"。1896 年，德国西门子公司生产出全球首台医用 X 线设备，拉开医学影像装备产业发展序幕，经过 100 多年的发展形成了产品类别多样的格局。高端医疗装备产业链均可大致分为原材料 / 元器件、设计与制造、关键部件、整机生产四大环节，四大环节加上下游医疗机构共同构成了供应链网络。整体来看，高端医学影像装备产业链供应链的特点是长而复杂且全球化。本报告重点以 uCT780 为例具体分析。

（一）医学影像装备始终走在科技的时代前列

医学影像装备为医疗提供了精准诊治技术与工具，开启了精准医疗新时代。相比 2500 多年的医学史，100 多年的医学影像装备发展史并不长。X 线的发现与应用，被誉为 19 世纪末物理学三大发现之一，伦琴也于 1901 年成为第一位诺贝尔物理学奖获得者。当年诺贝尔基金会授奖于伦琴，既是为了表彰他的巨大贡献，更是希望借助伦琴的影响力来提高第一

次颁发的诺贝尔奖的知名度。此事充分表明，医学影像学是当时世界最前沿科技的代表与产物。在随后的发展历程中，医学影像装备相关科技成果更是多次获得诺贝尔奖，如 1972 年前后制造出第一台 X-CT 的两位英美科学家于 1979 年获得诺贝尔生理学或医学奖。自 20 世纪 40 年代以来，磁共振就被称为"诺贝尔奖专业户"，直接或间接超过 10 次获得物理学、化学、生理学或医学等奖项。全球医学影像装备产业的主要发展历程见表 19。

医学影像技术与装备兴于第三次工业革命。特别是 20 世纪 70 年代以后，随着美国阿波罗登月计划的完成，大批优秀的电子和计算机等技术方面的科学家、工程师纷纷转向生物医学工程研究和医疗仪器设备制造领域，医学影像装备产业得到了空前发展。在物理、化学、机械、真空、电子、电磁和计算机等相关学科技术的支持下，医学影像技术进入成熟期，开始普遍应用于人体解剖、组织学分析和临床诊断学等形态学科领域。1972 年与 1977 年，第一台 X-CT 与 MRI 分别在英国和美国问世，给医学影像诊断技术带来了新的革命，显著提升了影像信息量，成为 X 线被发现以来医学影像技术史上的新里程碑，也开启了医学影像装备的黄金时代。

医学影像装备伴随时代步伐走向智能化与平台化。21 世纪以来，人类社会迎来了第四次工业革命，产业融合成为新现象，智能化与平台化成为新特征。医学影像装备也出现了相应的发展模式与趋势。一是功能融合提升诊断智能化。2000 年出现的 PET-CT 是将 PET 和 CT 有机结合在一起，使用同一个检查床和同一个图像处理工作站，将 PET 图像和 CT 图像融合，可以同时反映病灶的病理生理变化和形态结构，实现诊断的多模态融合。2010 年出现的 PET-MR 一体化装备能够以相同成像中心提供不同成像方式的数据，通过一次扫描获得 MRI 成像的形态学、功能信息和 PET 成像的分子代谢活动信息，是一种诊断多模态融合。2017 年，上海联影医疗

表19　医学影像装备产业主要发展历程

19世纪	20世纪						21世纪
	10—40年代	50年代	60年代	70年代	80年代	90年代	
发现X线（1895） X线管（1896）	发射超声成功（1917年）	闪烁扫描（1951年）		X-CT（1972年）	DF, DSA（1980年）	CT: 多层CT, 组合CT	移动式DR, DR乳腺机
	X线机（10—20年代）	影像增强器（1954年）	X-TV（1960年）	超声CT（1974年）	CR（1982年）	CT内镜	数字平板DSA
	电子显微（透射）（1932年）	B超（1954年）	六脉冲高压发生器（1963年）	电子扫描（1975年）	多普勒图像（1982年）	数字成像：旋转DSA, DDR	宽探测器CT（320排）
	旋转阳极X线管（1938年）	质子放射技术用于临床（1954年）	热成像设备（1963年）	MRI（1977年）	PACS（1982年）	MRI: 开放型MRI, FMRI	双源CT
	A超（1942年）	γ相机（1957年）	介入放射学设备（1964年）	小型回旋加速器（1978年）	螺旋CT（1983年）	核医学：微型摄像机、全数字闪烁相机	胶囊内镜
	发现磁共振现象（1946年）	纤维胃镜（1958年）		SPECT, PET（1979年）	超快CT（1983年）	SRS: γ-刀、X-刀	PET-CT, PET-MR
				DR（70年代末）	电子内镜（1983年）		干式激光照相机
					超声内镜（80年代初）		智慧天眼CT
					超导MRI（1985年）		CT-RT

资料来源：徐跃、梁碧玲，《医学影像设备学》，人民卫生出版社，2010年，有增减。

推出世界首台 CT 一体化直线加速器（CT–RT）装备，首创同轴同床技术，将 CT 与直线加速器一体化结合，以诊断级 CT 进行精准模拟定位、高清影像引导，提升放疗精度，拓展放疗新应用，实现快速、精准高效的放射治疗，拓展了医学影像装备与治疗设备多模态融合的新模式，展示了医学影像诊疗一体化新趋势。二是 AI 融合提升现代诊疗效率。AI 在智能社会赋能各行各业，体现在生活与工作的方方面面。一直走在时代科技前列的医学影像装备通过 AI 赋能，实现智能数据获取、智能数据处理和智能诊疗应用。如 2020 年美国通用电气医疗与上海联影医疗几乎同步推出的"智慧天眼 CT"，利用深度学习的自动化定位技术，实现一键精准定位和零接触进床的自动化扫描。此外，影像大数据管理也是 AI 赋能医疗的重点。在医疗信息中医学影像数据约占 90%，但只有 3% 的数据被分析或投入使用。数据处理恰恰是 AI 的优势所在，也是 AI 迭代升级的基础。当下 AI 赋能的智能医学影像装备不仅成为数据的来源，更成为数据处理的载体，并很可能成为辅助诊断与自动诊断的智能装备。三是平台助力生态建设。无论是 AI 赋能医学影像装备还是辅助诊断都以特定平台为支撑，如美国通用电气医疗与荷兰飞利浦医疗近两年分别推出爱迪生平台（Edison Platform）与飞利浦星云平台（ISAI），联影医疗也于 2021 年推出联影智能平台（uAI Portal）。当然，平台离不了生态系统，否则，"平台就变成了阳台"。实践中，医学影像装备产业的头部企业都在着力构建有效的生态系统。

（二）高端医学影像装备产业链长而复杂

高端医疗装备产业链较长，在全球已经形成了非常完善的产业体系，带动了上下游十余个行业的发展。上游为高端医疗装备产业的基础领域，涉及电子工业、生物医学、光电技术、机床工业、复合材料与通用部件等细分行业，主要参与者为原材料、元器件、零部件、电子配件与线材耗材等供应商；中游最重要，与计算机学、影像学、临床医学、诊断医学、放射医学等密切相关，主要是整机制造和软件开发；下游涉及各级医疗机构及衍生服务机构，包括公立医院、民营医院、远程影像平台和独立影像中心等，衍生服务机构包括维修托管公司与医疗器械租赁机构等。

高端医学影像装备是技术含量、产品附加值和学科交叉程度都比较高的产业，因此产业链非常复杂。例如高端 CT 装备的核心元器件，包括 X 线球管、高压发生器、滑环和数据传输、探测器、采集系统等，占 CT 成本的 60% 以上，会大量用到控制电路板、功率器件和芯片，以及稀有金属材料。这些上游的元器件供给都需要集成电路产业和原材料产业的支撑，比如数据采集系统用的是高速运算放大器、探测器芯片等集成电路电子器件，均是信号收集和转换的核心器件。每个核心元器件又构成自身的产业链，都包括原材料、设备、设计、制造和封测五大部分，每个部分还会细分出诸多领域。这些半导体材料及电子器件广泛应用于医疗装备的研发制造，为高端医学影像装备产业的发展提供了基础器件支持和技术支持。同为上游的原材料也是如此，涉及生物医用材料、医用高分子、医用金属和合金、医用生物陶瓷、复合材料、生物衍生材料等。每一类又形成各自的产业链。再看高端 CT 的核心部件，主要由扫描系统、计算机处理系统和图像显示系统三大部分构成。其中，扫描系统包括高压发生器、X 线球管、探测器、扫描架、滑环、冷却系统、病床、电源柜等；计算机处理系统包括扫描控制系统、控制台计算机等；图像显示系统包括图像处理系统、图像重建系统、重建计算机、显示器等。

具体产业链以 uCT780 为例。uCT780 是目前中国品牌 CT 机主流产品，实现了"0"噪声、"0"信号损耗、"0"失真图像。该装备搭载我国首个自主研发的时空探测器，采用全数字化 3D 架构，万倍缩短 X 线传输路径。

当前，全球具备探测器独立自主知识产权的医学影像设备制造企业只有美国通用电气医疗、德国西门子医疗、荷兰飞利浦医疗、日本东芝医疗和我国的联影医疗。此外，该设备从临床实际应用场景出发，具有高效便捷的临床扫查工作流和重建性能，可支持医院进行每日超过 200 人的临床扫查；采用冠状动脉多扇区扫描成像技术，增加时间分辨率，实现冠脉扫描瞬时冻结，精准获取心电信号，从而提高冠脉检查成功率；配合多项低剂量技术，迭代重建技术，不仅可以减少对患者的辐射，也可以减少球管等核心损耗。

uCT780 的产业链长而复杂的特性非常显著（见图 39）。制造商联影医疗带动中上游联合创新，建立起了由多家国内供应商参与的供应体系，逐步完善产业链和供应链。

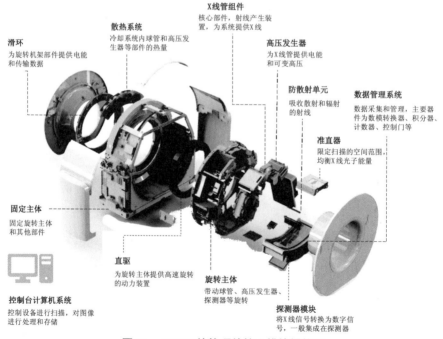

图39 uCT780的软硬件核心模块爆炸图

资料来源：联影医疗。

（三）高端医学影像装备供应链全球化

医学影像装备供应链可以集中在一个国家和地区，但多分布在全球少数国家和地区，形成医学影像装备产业全球分工体系。

首先，全球高端医学影像装备供应体系长期以强国强企为主。进入 21 世纪以来，基于全球价值链的产业分工和贸易结构的深刻变化，高端医学影像装备供应链逐渐形成了以美国、德国、日本、荷兰等发达国家的几个主要跨国公司为主导的全球化供应新格局，美国、德国等以工业尖端技术长期占据高端医学影像装备产业链供应链的制高点。其中，美国、日本与西欧国家的医学影像装备产业规模长期占全球总量的 3/4 左右。即使在这些国家，也往往都是一家或几家企业主导。行业最负盛名的"GPS"，分别是美国通用电气医疗、荷兰飞利浦医疗与德国西门子医疗，合计市场份额的全球占比约为 65%。强国强企共同垄断着全球医学影像装备市场，这从 2017 年全球医学影像装备市场格局及前十名企业销售额中也可略见一斑（见表 20、表 21）。

表20 2012—2017年全球医学影像装备产业的区域集中情况[①]（单位：亿美元）

国家和地区	2012年	2013年	2014年	2015年	2016年	2017年
美国	57.6	69.5	83	87.1	86.6	91.3
西欧	96.4	117.5	141.3	150.8	152.1	162.7
日本	42.7	53.5	66.1	72.4	75.2	83.2
其他国家和地区	47.3	61.6	78.5	89.7	97.2	112.3
总计	244.0	302.1	368.9	400	411.1	449.5

资料来源：中金企信国际咨询，2020年。

---

① 由于统计口径不同，不同研究资料的全球医学影像装备产业规模不完全相同，但不影响相关结论。

表21 2017年全球医学影像装备市场格局及前十企业销售额 （单位：亿美元）

排名	企业	销售额	市场份额	备注
1	西门子医疗（Siemens Healthineers）	91.68	23.2%	德国
2	通用电气医疗（GE Healthcare）	87.69	22.2%	美国
3	飞利浦医疗（Philips Health）	77.87	19.7%	荷兰
4	佳能医疗（Canon Health）	38.90	9.8%	日本
5	富士医疗（FujiFilm Healthcare）[①]	21.89	5.5%	日本
6	锐珂医疗（Carestream Health）	11.80	3.0%	加拿大
7	日立医疗（Hitachi Medical）	11.69	3.0%	日本
8	柯尼卡美能达（Konica Minolta）	8.71	2.2%	日本
9	万睿视影像（Varex Imaging）	5.99	1.5%	美国
10	豪洛捷（Hologic）	5.57	1.4%	美国
	前十合计	361.79	91.5%	–
	其他	33.65	8.5%	–
	总量	395.44	100.0%	–

资料来源：作者根据中国医学装备协会调研所得相关资料整理。

其次，我国医学影像装备业从追赶走向世界制造中心之一。在少数发达国家垄断格局下，少数国家在成为其用户市场的基础上发展出本国的医学影像装备业。我国医学影像装备业就是其中之一。

专栏8 我国成为全球医学影像装备制造基地

深圳安科高技术股份有限公司成立。1986年，中国科学院牵头与美国的安络杰公司在深圳经济特区蛇口工业区，成立了中国医疗仪器行业首家中美合资公司——安科公司。1988年7月，安科0.15T永磁型磁共振成像系统通过鉴定，标志着我国高精尖大型医学影像装备已迈

---

① 2021年3月31日，富士胶片株式会社宣布，完成对株式会社日立制作所旗下影像诊断相关业务的收购程序，标志着日立为继承相关业务而成立的新公司"富士胶片医疗健康"正式成为富士胶片集团全资公司。通过此次收购，富士胶片旗下医疗业务扩展至CT、MRI、X线摄影系统、超声诊断设备、内镜、体外诊断系统和PACS等广泛的产品线，能够根据医疗机构的需求，提供一站式的全面解决方案。

向国际先进水平。1989年12月，安科首台ASM-015P永磁型MRI在河北省邢台矿务局医院投入运营。我国MRI产业化由此开始。

通用电气医疗、西门子医疗在中国建设生产基地。1991年6月，航卫通用医疗系统有限公司在北京正式成立，开始了我国CT规模化制造。1992年，西门子医疗在上海建立德国以外第一个CT生产基地。

东软医疗系统股份有限公司成立。1989年，沈阳医学院附属中心医院"洋CT"突然出现故障。很多国内专家和美国工程师都无法修复，东北工学院（现东北大学）的教授们却修复了"瘫痪"的CT，这引发了教授们制造中国自己的CT的梦想。1989年，东北大学计算机影像中心成立，开始CT整机研究，1997年我国第一台全身CT在东软集团下线，1998年3月东软医疗成立。

上海联影医疗科技股份有限公司成立。安科与东软的成功，引发国人创建国产品牌大型医学影像装备热潮，也吸引了不少多年前赴美欧深造的医学影像高精尖人才和在全球医学影像装备头部企业担任高级职务的华人回国创建医学影像装备企业，直接把我国医学影像装备自主研发与全球医学影像最前沿科技连接起来，既开启了我国医学影像装备研制高端化与智能化新时代，也加快了全球医学影像装备头部企业中国本土化研制进程。加之正赶上我国进入工业提速和经济快速发展阶段，不到20年，我国就跃升为医学影像装备业的世界制造中心之一。1998年9月，薛敏博士从美国回到深圳创建迈迪特仪器有限公司，致力于研制具有当前国际先进水平的医学磁共振成像系统，一年半时间便成功研发出了中国首台1.5T超导磁共振系统。该系统于2000年在海军401医院装机，结束了我国高场（超导）磁共振系统全部依赖进口的历史。迈迪特的成功引起西门子医疗的高度关注与兴趣，2001年11月双方达成合作意向，迈迪特于2002年4月正式成为西门子医疗控股子公司，并更名为西门子迈迪特（深圳）磁共振有限公司，薛敏任总裁，在深圳研制生产当时世界上领先的冠名西门子医疗的1.5T超导MRI。通过与西门子医疗合作，西门子迈迪特实现了薛敏当初设定的"生产在中国，生产为中国且为世界"的目标。2011年3月，上海联影医疗成立，薛敏担任首席顾问；2014年8月，联影医疗首批11款全线产品首次对外亮相，拉开了同全球医学影像装备龙头企业竞争的序幕。

飞利浦医疗在中国投资。在迈迪特并入西门子医疗至联影医疗首批产品亮相之际，我国医学影像装备业发生着深刻变化。2004年2月，东软医疗与荷兰皇家飞利浦电子集团合资的东软飞利浦医疗设备系统有限责任公司成立，为中国和全球市场提供包括CT机、X线机、超声设备、磁共振成像设备。

海外留学、工作人员回流。2005年6月，时任通用电气医疗全球副总裁、磁共振事业部大中华区总经理的留美科学家邹学明博士离开通用电气医疗，并在成都创建奥泰医疗系统有限责任公司，2007年成功研制出中国首台具有自主知识产权的1.5T大孔径超导磁体和超导磁共振医学成像系统整机。2005年6月，香港大学教授、哈佛大学研究员马启元博士回国在上海创建美时医疗技术有限公司，致力于向客户提供完整的医学成像解决方案。曾任8年通用电气医疗超声研发中心总经理的奚水，2010年在苏州创建飞依诺科技股份有限公司，专注高端数字化彩色超声诊断仪的研发与生产。2011年，明峰医疗系统股份有限公司在杭州成立，2014年聘请留美博士江浩川担任明峰医疗总裁兼研究院院长。江博士曾在美国通用电气医疗担任CT探测器材料部首席工程师多年。曾任通用电气医疗影像子系统中国研发总经理的付诗农于2012年在北京创建赛诺威盛科技股份有限公司，专注CT研发与生产。2012年，应峥嵘博士从美国归来并在苏州创立波影医疗技术有限公司，专注CT开发。

通用电气医疗、西门子医疗、飞利浦医疗加速在中国布局。2011年，西门子迈迪特成为西门子医疗全资子公司，2013年更名为西门子（深圳）磁共振有限公司。2009年11月，荷兰皇家飞利浦公司在苏州成立飞利浦医疗影像中国基地，主要从事医用核磁共振成像系统、X线计算机断层摄影设备、彩色超声诊断系统等符合中国以及全球市场需求的主流影像系统的研发与生产。2013年2月，飞利浦公司向东软医疗出售东软飞利浦医疗设备系统公司股权。2013年5月，飞利浦中国本土研发生产的基础医疗设备在苏州影像基地下线。2014年6月，通用电气医疗天津磁共振生产基地开建，专注于高端磁共振的生产和制造。这是通用电气医疗在美国本土以外设立的唯一一家具备生产核磁共振所用磁体和磁共振系统的工厂，也是通用电气医疗"中国智造，服务全球"的战略布局。

资料来源：作者根据文中所列企业门户网站和调研所得资料整理。

由多种类型中外企业组成的我国医学影像装备业格局基本形成，我国成为世界制造中心之一。2014年以来，我国医学影像装备业快速发展，步入产业与科技、工业及市场紧密互动阶段。我国医学影像装备业规模占全球比重在2014年大幅提升至20%左右，到了2020年已达33%左右。2020年，我国医学影像装备业规模接近1000亿元，约占全球的1/3，真正成为世界制造中心之一。在我国医学影像装备市场中，CT是最大的细分市场。中商产业研究院统计表明，2020年，CT、超声及MRI市场规模占我国医学影像装备市场总额分别为27%、25%及23%。

近年来，我国高端医疗设备行业在产业链的部分领域具备了全球竞争力。高端医学影像装备产业进入快速发展期，呈现高度集中的态势。以联影医疗、万东医疗、东软医疗和迈瑞医疗为代表的国产影像设备企业正逐渐开始掌握核心技术，在主机制造方面处于快速成长的阶段，在某些领域逐渐显现出赶超之势。比如以联影医疗、东软医疗为代表的 MRI 产品，以万东医疗为代表的 DR 产品以及以迈瑞医疗、开立医疗为代表的超声设备等，部分产品已经跻身世界一流水平，相应零部件的自产率也在持续上升。国家食品药品监督管理总局 [①] 数据显示，截至 2018 年，我国医学影像产品获批上市，且在售的产品共计 2112 种，共有 645 家企业参与医学影像装备研发生产。

随着我国高端医学影像装备产业迅速崛起，全球高端医学影像装备供应链企业会保持一定的供应链连接，并在一定范围内形成高科技技术竞争。整机企业主要分布在美国、德国、荷兰、日本、中国等少数国家。我国是后起之秀，其他国家都是传统强国。中上游关键核心元器件、零部件、原材料制造企业则以传统强国为主。例如，uCT780 的供应链即是全球供应链，核心零部件供应商分布在中国、美国、德国、意大利、日本（见表 22）。

表22　　　　　　uCT780核心零部件供应商全球化分布

核心部件	进口厂家	国内厂家	基本情况
X线管组件	美国Dunlee、美国Varex、意大利IAE	上海联影医疗、珠海瑞能、昆山医源	高端依赖进口、低端已经实现国产化
探测器	日本佳能医疗、日本日立医疗	上海联影医疗、浙江明峰、沈阳东软	基本实现国产化，但上游的元器件依赖进口
高压发生器	美国Spellman、美国Varex	苏州博思得、上海埃斯凯（合资）、上海联影医疗	高端依赖进口、低端已经实现国产化
滑环	德国Schleifring、美国Moog	上海联影医疗	高端依赖进口、低端已经实现国产化

资料来源：联影医疗提供。

---

① 2018年3月，单独组建国家药品监督管理局，由国家市场监督管理总局管理，不再保留国家食品药品监督管理总局。

二、我国高端医学影像装备产业链供应链稳定性和竞争力有待提升

对我国高端医学影像装备产业来说，从上游到下游构成医学影像装备附加值不断增加的产业链，反过来，从下游到上游构成医学影像装备向上溯源的供应链。一个国家和地区的医学影像装备产业链供应链越完善，或者占据了产业链供应链的若干关键或高附加值环节，其整机装备的国际竞争力就越强，反之亦然。

（一）我国各类医学影像装备起步不同、发展态势不一

10年前，我国一直不具备高端医学影像装备的自主核心技术。自"十二五"以来，在国家鼓励高端医疗器械自主技术创新、提升制造水平等政策的驱动下，国产医疗设备企业纷纷加大创新和研发投入。目前，我国不仅有能力在中低端医疗设备方面完全实现进口替代，而且在高端医疗设备领域也快速提升技术水平。我国现已掌握MR、CT、PET-CT、DR、直线加速器等全系列高端医学影像设备核心技术和关键部件的自主研发能力，开始从低端水平向中高端水平迈进，打破了进口企业在高端医疗设备领域的技术封锁，实现了产业技术的创新升级。

总体来看，我国高端医学影像装备起步阶段与发展模式都不同，发展状况与产业链供应链水平也有较大差异。现以高端CT为例重点分析。

我国CT研发并不晚，目前进步显著。1979年，上海医疗器械研究所立项研制颅脑CT并于1983年通过鉴定；1987年，上海医疗器械厂等单位立项研制中华Ⅰ型全身CT，并于1990年通过鉴定。但这两款CT均未投产。1995年，东北大学的CT项目并入东软集团。1997年，我国第一台具有自主知识产权的CT在东软下线并于次年投放市场，开启了我国CT产业

发展之路。东软依托国内薄弱的工业基础和进口零部件，从单层平扫 CT 开始量产，逐步升级到单层螺旋 CT，从中低端向中高端升级，并带动了国内 CT 整机装备和相应产业链供应链的发展。联影医疗自 2015 年推出第一台 64 排 128 层 CT 后，整体市场占有率逐步攀升，打破了进口品牌垄断的局势。80 排 160 层的 uCT780 即是典型代表。数据显示，在现代化医院中，75% ~ 85% 的治疗信息来源于医学图形和图像，医学影像已经由临床辅助检查手段发展成临床诊断疾病的主要方法。得益于时空探测器的科技突破，uCT780 获得了密度分辨率和空间分辨率的双重提升，为精准临床诊断提供了有力抓手。80 排 160 层 CT 相比传统 64 排 128 层 CT，能够从数据源头获取更多的原始数据，对于人体解剖结构的信息还原得更加精准（见图 40）。

图40　联影医疗高端CT的核心优势

资料来源：联影医疗。

此外，我国 MRI、X 线机等高端医学影像装备技术也取得了根本性突破，跻身全球一流水平。1984 年，全球首台 MRI 开始进入商业化市场。成立于 1986 年的安科公司一方面利用安络杰公司提供的核心电子部件，另一方面将 MRI 项目分成磁体、物理、射频、软件、硬件等子系统逐个攻关。1987 年，安科研制出超导磁体，1992 年研制出我国首台 0.6T 超导磁共振系统。

2002 年，国内 X 线机存续时间最长的企业北京万东医疗研制出国内首台 DR，实现了 X 线球管、X 线高压发生器、平板探测器、机械部件和图像系统的自主研发。2004 年，安健科技成功研制出我国首个 DR 数字探测器。2013 年安健科技自主研制的我国首台动态 DR 面世，开创了我国 X 线机全新的技术发展路径，并由此成为当时国内唯一掌控 X 线机部件研制的整机厂商，于 2020 年跻身全球十强 DR 企业。

（二）我国高端医学影像装备产业链供应链稳定性和竞争力有待提升

我国高端医学影像装备产业链与供应链薄弱，还存在着或多或少供应采购壁垒。美、德、荷、日等国的医学影像装备业发展历史过百年，都是工业与科技强国，各自形成了完整的医学影像装备产业链与供应链，共同主导着全球医学影像装备市场。我国高端医学影像装备业是伴随着国家经济、工业、科技发展而发展起来的，而且是在引进、模仿美德等国家医学影像装备的基础上发展起来的。东软 CT 的起步模式后来成为业内模仿式研发的标准模式，即把国外装备买回来，摸索、拆解、研究，再购买配件组装成新产品，在低端市场起步，从县市医院再到省城医院推广应用。这些厂商擅长整机组装与全球供应链采购，却缺乏核心部件的研制能力。安科选择全球顶尖医学影像装备核心部件供应商的合作发展模式，不仅快速研制出 MRI 并量化，而且利用好安络杰公司供应超声及 CT 核心部件的优势。与此同时，由于医学影像整机装备的快速发展，以及全球医学影像龙头企业加大在我国的国产化布局力度，国内医学影像装备产业链供应链水平也大幅提升，但产业链供应链中自主研制的薄弱环节仍然不少。

我国大部分医学影像设备生产商均不具备核心元器件自主研发生产能力，各类零部件基本依靠从国外不同厂商采购，整机生产过程实际为组装集成过程。只有联影医疗、东软医疗等少数厂家具备核心零部件的自主研发和产业化能力，例如 CT 产业，我国 CT 产业起步之时，国内产业基础差、产业链供应链薄弱，主要部件均需进口。近年来，国产品牌 CT 整机的起步既带动了国内 CT 产业链供应链的发展，也促使国际 CT 龙头企业加快在我国的国产化步伐与产业链供应链构建，目前已形成了较为完整的 CT 产业链供应链。不过，占据 CT 装备成本六成以上的核心部件探测器、球管、高压发生器与滑环中的高端产品仍然被国外品牌占据。在 CT 三大核心部件中，国产品牌厂商进展情况不一，在球管量产方面发展较快，在探测器方面取得的突破较小，国产品牌厂商在这些产业链供应链环节占据的位段不一样，若干技术与产品还高度依赖国外进口，导致产业链供应链还存在一定程度的不稳定性。具体而言：

在原材料、元器件方面，我国在专用芯片、传感器、闪烁晶体、真空高温轴承、大容量旋转靶盘、高性能陶瓷材料、高性能焊接材料、高压电缆和接头、精密微型电机、射频高功率 MOSFET、高性能射频无源元件、无氧铜材料、阴极材料、大功率高频 GBT 等核心材料方面还未实现国产化（见表23）。此外，在一些已实现国产攻关的原材料中，国内供应商工艺在稳定性、一致性、可靠性等方面与国外供应商相比还存在明显差距，尚无法真正运用于整机产品。

表23　　　　　　　　　关键元器件及原材料技术依赖情况

具体环节或方向	当前国内技术成熟情况（薄弱环节）	基本情况	国外主要供应商
CT专用高精模数转换芯片	传统的能量积分型CT探测器现在已经可以国产，但是CT探测器用到的3个核心元器件（CT专用高精模数转换芯片，X光闪烁陶瓷，以及多层陶瓷基板）都依赖进口	依赖进口	美国ADI、TI，奥地利AMS

续表

具体环节 或方向	当前国内技术成熟情况 （薄弱环节）	基本情况	国外主要供应商
多模态生理信号采集SOC	多模态生理信号采集SOC是可穿戴设备的多模态生理信号采集芯片，目前依赖进口	依赖进口	美国ADI、TI、Maxim
真空高温轴承	用于中高端CT机的大热容量球管，目前依赖进口	小部分国产，大部分进口，高端领域依赖进口	荷兰飞利浦医疗（液态金属），德国西门子医疗（液态金属），美国通用电气医疗（液态金属），日本佳能医疗（液态金属），德国Myonic、GMN（OEM，滚珠），日本Koyo（OEM，滚珠），美国Barden、Timken（OEM，滚珠）
大功率X线管用靶盘	实现5MHU、8MHU用靶盘	小部分国产，大部分进口，高端领域依赖进口	美国通用电气医疗
高转速轴承	实现CT机架高速运动	小部分国产，大部分进口，高端领域依赖进口	德国Frank
基体陶瓷	实现探测器和电子学部分的固定和连接	小部分国产，大部分进口，高端领域依赖进口	日本京瓷

资料来源：中国医学装备协会，优秀国产医疗设备产品目录。

在设计环节，我国在一些设计所需的基础系统、应用、开发环境、算法库等工具方面，还只能依靠进口产品。

在关键部件与整机生产环节，我国已具备大部分核心部件的研发与制造能力，但对部分更高性能部件还需依赖进口。其中，在大功率CT高压发生器、CT探测器、平板探测器、X光球管、超高场超导磁体、低液氦磁体、超大功率梯度放大器、超高频射频放大器、电子加速管、固态调制器、电动多叶光栅、电子成像平板、六维治疗床方面，国内企业开始布局；而大功率CT球管、高速滑环、高功率磁控管、栅控三极电子枪等方面尚未突破。

（三）我国高端医学影像装备产业链竞争力偏低：以高端CT为例

相比强国强企，我国高端医学影像装备以中低端为主，产业链竞争力偏低。现阶段，我国已实现 16 排、64 排到 320 排的 CT 整机，1.5T、3T MR、PET-CT、PET-MR、DR，乳腺断层成像系统、CT 引导直线加速器等整机系统的开发，但在更尖端领域，如光子计数 CT、能谱 CT、7T 以上 MR、DSA、MR 引导直线加速器、影像引导手术机器人等，尚未实现国产化攻关。

以高端 CT 为例。我国 CT 国产化率不断提高，但国产厂商 CT 配置主要以 16 排及以下中低端产品为主。这些国产品牌的产品价格在 400 万元以下，而 16 排 CT 进口产品价格在 400 万 ~ 500 万元。国产厂商凭借价格优势在国内中低端 CT 市场占据超过 70% 的份额。在 CT 领域，跨国巨头技术优势领先，产品线齐全。中国品牌产品与国际领先产品技术存在差距，且普遍缺乏核心零部件生产能力，导致可生产高端 CT 产品的国产品牌较少。64 ~ 128 排的 CT 市场主要参与者为美国通用电气医疗、飞利浦医疗、西门子医疗等进口厂商，国产厂商有联影医疗、东软医疗、明峰和安科公司等少数企业，但均未达到一定规模，64 ~ 80 排领域 CT 装备品牌在中国市场份额见图 41。国产品牌的 64 排 CT 产品价格在 600 万元左右，进口产品约 1000 万元。80 排 uCT780 的市场终端价格在 700 万 ~ 900 万元，"GPS" 的相似产品价格在 800 万 ~ 1000 万元。

128 排以上的 CT 市场仍由国际巨头主导，目前，国产 CT 设备生产商仅有联影医疗、东软医疗等极少数具备此类设备的研发和产业化能力。国内 128 排及以上 CT 市场中，国产品牌产品占比不足 10%，价格在 2000 万 ~ 3000 万元，未来有望凭借性价比突破进口设备的垄断。

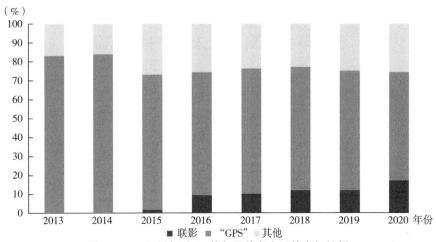

图41 64～80排领域CT装备品牌在中国的市场份额

资料来源：联影医疗。

　　需要强调的是，国产品牌高端医学影像装备在对"GPS"产品形成一定替代的同时，还显著降低了同类装备的市场价格，在减少国内患者医疗费用方面发挥了重要作用。自2013年以来，国外厂商的一些产品，如64排CT的出厂平均价格整体呈现波动下降趋势（见图42）。

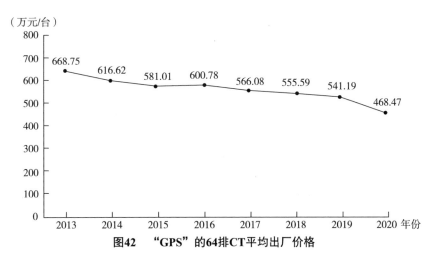

图42 "GPS"的64排CT平均出厂价格

资料来源：联影医疗。

三、新发展格局对高端医学影像装备产业链供应链稳定性和竞争力提出新要求、带来新机遇

党的十九届五中全会上，党中央根据我国发展阶段，环境、条件变化，特别是基于我国比较优势变化，审时度势作出了构建以国内大循环为主、国内国际双循环相互促进的新发展格局的重大决策。从根本上说，新发展格局是适应我国发展阶段新要求、塑造国际合作和竞争新优势的必然选择。构建新发展格局是事关全局的系统性、深层次变革，是立足当前、着眼长远的战略谋划，是应对新发展阶段机遇和挑战、贯彻新发展理念的战略选择。

（一）新发展格局旨在提升供需适配的高质量发展

新发展格局能够推动我国医学影像装备业高质量发展。未来一段时期内，国内市场主导国民经济循环特征会更加明显，经济增长的内需潜力会不断释放。世界经济发达国家人均 CT 保有量都较高。2019 年我国每百万人 CT 保有量仅为 18.2 台，略高于芬兰与加拿大，与日本、韩国相差较大。与欧美日等发达国家和地区相比，我国 CT 和 MRI 装备的普及程度均处于较低水平。随着我国从富起来向强起来转变，我国这些医学影像装备普及率也会向这些发达国家靠近。另外，我国人口数量位居世界第一，人口老龄化速度加快。这些因素决定了我国将是全球医学影像装备最大市场之一，高端医学影像装备发展潜力巨大。

迈入新发展阶段的百姓对美好生活有着众多期盼，其中之一是盼望着更高水平的医疗卫生服务。高质量的医疗卫生服务，需要高质量的医疗装备，更需要高质量的医学影像装备。只有高质量的医学影像装备才能符合高质量的医学影像诊治需求，高质量医学影像装备又能创造高质

量的医学影像诊治需求。医学影像装备与医学影像诊治的紧密互动与迭代升级，是供给与需求高适配性的高质量发展。

我国制造业虽然门类齐全但长期处于"大而不强"的阶段，存在"卡脖子"技术与短板。在新发展阶段，我国完整的工业体系既能强力推动医学影像装备业高质量发展，也亟须医学影像装备业高质量发展引领相关制造业的高质量发展。高端医学影像装备技术先进、附加值高、品质高，对产业链供应链的要求高、拉动性强，是制造业高质量发展的重要标志。

（二）构建新发展格局最本质特征是实现高水平的自立自强

经过几十年的发展，我国医学影像装备业形成了中低端市场以国产品牌企业为主、高端装备市场以国外品牌企业为主的发展态势。我国高端医学影像装备业在一些关键核心技术方面受制于人，有些领域的科技储备不足，整个产业总体上还处于全球产业链价值链中低端。

值得关注的是，我国部分高端医学影像装备业正处于从全球医学影像装备的跟跑并跑者向并跑领跑者转变的关键时期。科技是国之利器，而医学影像装备更是高新技术的结晶，因此加大医学影像科技创新力度，着力提升科技创新能力，将我国打造成为世界医学影像装备科技强国、全球医学影像装备研发中心和创新高地之一，是新发展格局下高端医学影像装备企业的光荣使命。在新发展格局下，我国应大力拉动高端医学影像装备国产品牌的崛起，支持高端医学影像装备科技创新实现跨越式发展，努力超越发达国家水平，加快高端医学影像装备业持续升级。

（三）新发展格局对高端医学影像装备产业链竞争力提出新要求、带来新机遇

高端医学影像装备业的产业链长、专业化程度高、结构复杂、涉及面

广，任何重要环节的薄弱都会制约产业整体的高质量发展。新发展格局对提高高端医学影像装备产业链竞争力具有积极的促进作用。构建新发展格局，需要实施更大范围、更宽领域、更深层次的对外开放，依托我国大市场优势，促进国际合作，推动高端医学影像装备业形成全方位、多层次、多元化的开放合作格局。

另外，新发展格局为高端医学影像装备企业发展提供了难得的机遇期。目前国外巨头的影像设备基本处于技术瓶颈期，缺少重大突破，这也给国内的企业提供了一个非常难得的赶超机会。当前国内厂商在主机制造方面已经取得一定的成果，但是在产业链的上游，如原材料（传感器、信号链）及核心组件（球管、探测器、发生器、射频线圈等）的自主率还不够高，性能与国际品牌尚有一定差距，需要研发端加快研发投入。

四、提升高端医学影像装备产业链供应链稳定性和竞争力需要新思路

当前，全球依然面临不确定性，强大的供应链支撑是畅通国内循环，衔接参与国际循环的重要保障。

（一）基于链环的精准固根基和强弱项

通过梳理各类高端医学影像装备的产业链供应链，根据价值、技术含量、研制与采购难度等指标，明确各链中的重点部件及相应的技术、工艺、原材料与元器件等"四基"。把这些重点部件及其"四基"与全球同类最先进装备的核心部件及其"四基"对标，尽可能量化指标及其差距，从中识别出亟须固根基、强弱项的核心部件及其"四基"。进一步剖析这

些固根基、强弱项环节的难点与"卡脖子"技术,大力鼓励企业自主创新,积极支持相关产学研联合体共同攻关。根据"四基"的现实及突破的可能性和经济性对固根基、强弱项环节进行分类突破,实现供给与需求的匹配与良性互动。对暂时难以突破而必须外购的固根基、强弱项环节进行动态风险评估与管控,严防固根基、强弱项环节"掉链子"和"卡脖子",确保这些装备及其核心部件的供应链稳定。优先采购固根基、强弱项装备,促进固根基、强弱项装备在频繁应用中迭代升级。另外,MRI 与 CT 等装备的核心部件都有复杂的产业链供应链,存在若干根基不实的薄弱环节,需要相应的固根基与强弱项工程,应遵循相应装备的固根基、强弱项方式。

(二)优化国产品牌高端医学影像装备业结构,培育优质企业梯度格局

我国医学影像装备业处于产业"大而不强"的阶段,产业组织结构不合理是瓶颈之一。产业组织高端部分主要是规模大、实力强、技术先进的全球领航企业在中国的分支机构,国内整机企业多处在中低端位势,仅有个别企业能够参与高端市场竞争。产业链呈现"头大、身弱、尾细"的不协调特征,自主品牌整机企业数量相对多,零部件供应商较少,原材料供应商更少,关键核心零部件和原材料供应商少之又少。此类结构问题是我国诸多制造业的通病,问题的破解重在培育以产业链领航企业为主导的优质企业梯度格局。

优质企业是创新能力强、质量效益高、在制造业基础和产业链供应链中发挥独特作用的企业,包括专精特新"小巨人"企业、制造业单项冠军企业与产业链领航企业,是名牌企业。紧扣产业链供应链部署创新链,不断提升科技支撑能力,培育一批掌握关键核心技术的优质企业。

优化国产品牌高端医学影像装备业结构，梯度培育优质企业格局至关重要。在全球医学影像装备业发达的国家中，整机装备企业数量很少。我国国产品牌医学影像装备整机企业数量过百家，至今已入选优秀国产医疗设备产品目录中的医学影像装备整机企业数量65家，其中CT装备整机企业11家。但优质企业不多，领航的优质企业更少，在各类医学影像装备产业链上的"小巨人"企业和行业单项冠军更稀少。工信部于2016年和2018年先后启动了单项冠军和"小巨人"培育遴选工作，截至2021年8月21日，医学影像装备业仅安健科技（重庆）有限公司、上海奕瑞光电子科技股份有限公司、赛诺威盛科技（北京）股份有限公司和深圳蓝韵医学影像有限公司等几家公司上榜。因此，要加快行业结构优化步伐，通过"政府引导、市场驱动"的方式，推进整机装备行业兼并重组，培育出一两家能够跻身全球医学影像装备头部企业的领航企业和一两家行业单项冠军企业，并在相应的产业链上培育出若干"小巨人"企业与行业单项冠军企业，形成合理的优质企业梯度格局。

（三）构建以科技创新联合体为主的自主创新新体系，着力提升相关优质企业自主创新能力

龙头企业主导构建产学研用深度融合的创新联合体是强化国家战略科技力量的一项重要举措。2021年11月，"高场磁共振医学影像设备自主研制与产业化"项目荣获2020年度国家科学技术进步奖一等奖。该项目是由医学影像装备整机龙头企业牵头的创新联合体历时十余年的重大联合创新成果，实现了我国在高尖端装备PET-MR领域的零的突破。现阶段，我国医学影像装备业与美国、德国、荷兰、日本等全球强国相比仍有较大技术差距。建立有效的创新联合体是促进我国医学影像装备业科技进步的有效途径。

（1）我国医学影像装备业科技创新需依托创新联合体。我国医学影像装备业起步晚，近3年才在世界高端医疗市场实现零的突破。一方面，我国医学影像装备业迈向了更多、更广、更深参与全球前沿竞争的上升阶段，企业未突破的科技难题成为产业的"卡脖子"问题；另一方面，全球医学影像装备业也在快速进步，呈现产品越来越复杂、多学科融合特征越来越显著、科技创新难度越来越大的趋势。我国的技术短板依靠尚在成长中的个别企业已很难突破，须通过集体行动来解决，即构建创新联合体。支持创新联合体是科技强国抢占医学影像装备业全球制高点的战略性举措。美国通用电气医疗、荷兰飞利浦医疗、德国西门子医疗3家全球最负盛名的医学影像装备制造商均与全球知名医院、大学、中上游供应商等广泛开展创新合作，其间也获得了本国政府的研发资金支持。"十三五"时期，我国医学影像装备业快速进步。与此同时，美国成立了医疗器械创新联盟，旨在"促进创新型的试验设计和以患者为中心的药品和医疗器械的试验终点研究，提高临床试验的效率"。

创新联合体的优势在"高场磁共振医学影像设备自主研制与产业化"项目中得以充分体现。PET-MR被业界誉为"科技皇冠上的明珠"，此前全球只有美国通用电气医疗和德国西门子医疗具备相关产品的生产能力。联影医疗是牵头单位，主要负责核心部件攻关和整机系统合成；上海交通大学、清华大学和中山大学负责成像序列和人机交互算法；北京中山医院和中国人民解放军总医院负责临床验证；首都医科大学宣武医院探索临床应用。其间，北京中山医院立足临床提出了一系列建议，均被企业采纳并进行了产业转化。2018年，联影PET-MR设备Upmr790获国家药品监督管理局认证，正式推向市场。总而言之，创新联合体主要有4项优势：一是将终端用户医院纳入合作创新的利益相关者，体现了以用户为中心的应用创新理念。二是由处于产业链集成环节的整机企业主导，体现了国家创新体系以企业为主导的理念转变。整机企业与下游市场密切关联，对中上游发挥龙头带动作用，以市场力量有效集结创新资源。三是建立产学研医四方优势互补、价值共创、风险共担、利益共享的合作机制，体现了产业生态的重要性。四是能够系统性、长期性解决产业共性问题，体现了创新引领发展的国家战略部署。

（2）我国医学影像装备业创新联合体已初现成效。我国医学影像装备业的发展离不开创新联合体。20 世纪 80 年代中期，中国科学院牵头，与美国安络杰公司（Analogic）合作成立安科公司，在 20 世纪 80 年代后期至 90 年代初期陆续推出具有自主知识产权的大型医学影像装备。在技术研发期间，国家科委①从中国科学院等多个科研机构、高校抽调人才，相关医院也给予临床支撑。因此安科公司不仅是科研机构与企业的联合体，而且是中国科学院与全球顶尖的医学成像核心部件企业的联合体。我国在"十二五""十三五"期间逐步壮大起来的新一代整机龙头企业，基本上都建立起了包括下游医院在内的创新联合体。

20 世纪 80 年代至今，我国医学影像装备业创新联合体经历了从产学研合作到产学研医联盟的演进过程。初期的创新联合体主要由产学研各方以产权为纽带共同设立，之后主要是整机企业与中上游核心供应商通过协议一对一缔结，目前多为整机企业主导的产学研医联盟。当年的安科公司是以股权合作为主，联影医疗和迈瑞医疗等整机企业主导的创新联合体则是以知识合作为主。2020 年成立的国家高性能医疗器械创新中心，属于知识合作与股权合作相结合。该中心依托深圳高性能医疗器械国家研究院有限公司组建，有限公司由联影医疗和迈瑞医疗联合中国科学院深圳先进技术研究院、先健科技（深圳）有限公司、哈尔滨工业大学等单位共同出资

---

① 1998年改名为中华人民共和国科学技术部。

设立，通过创新中心与医院、中上游供应商等深度合作。

我国医学影像装备业创新联合体的主要成效。一是破解"卡脖子"技术，实现高端市场的零的突破。联影医疗依托国家项目成功研制出具有自主知识产权的 PET-MR，既是高端市场的零的突破，又包含了若干项配套技术的零的突破。项目的成功标志着我国成为全球能够生产该装备的第三个国家。第三方评估结果显示，联影 PET-MR 各项性能参数都达到甚至部分超过国际先进水平，其中空间分辨率提高60%，成像速度提高一倍。安科公司在成立后的第一个10年不断取得科技突破，大大提升了我国磁共振成像技术与系统的科研水平。二是加速构建国内产业体系，完善产业链供应链。创新联合体一方面带动了国内产业链的整体进步，另一方面也强化了供应链上下游的合作强度。三是促进整机龙头企业快速成长。联影医疗和迈瑞医疗都拥有各自不同形式的创新联合体，分列2021年中国医疗企业行业百强的前两位，成为我国突破强国高端市场的主力。四是提升装备普及率，并降低诊断费用。在联影产品问世之前，我国拥有 PET-MR 数量仅9台，2021年已超过百台。PET-MR 国内市场价格的降幅也达到了40%。

我国高端医学影像装备业科技自立自强，要运用市场化机制激励优质企业科技创新，全面提升企业创新能力，更要支持这类企业牵头组建的创新联合体，从而培育出产学研结合、上中下游衔接、大中小企业协同的良好创新格局。对于科技创新联合体来说，既要沿用传统的科研经费支持方式，又要拓展新举措，如在政府组织的医学影像装备集采中，优先采购一定比例的联合体的创新装备，让市场检验创新成果，以销售量促进联合体创新的可持续性，既可充分发挥我国超大规模市场优势，又可有效提升联合体中相关主体的自主创新能力。

（四）培育高端医学影像装备产业链"链主"企业，打造大中小企业融通发展生态

培育高端医学影像装备产业链"链主"企业，是打造大中小企业融通发展生态的重要举措。大型高端医学影像装备产业链供应链既长又复杂，产业链供应链中的个别薄弱与脆弱环节都会影响行业的整体发展。对于高端医学影像装备产业链的薄弱环节和供应链的脆弱环节，整机企业最清楚也最为关切。因此，在提升医学影像装备产业链供应链水平过程中，需要支持有抱负、有担当、有规模的优质整机企业，主动承担产业链协调发展的使命，积极开展供应链配套对接，真正成为该产业链"链主"企业，与产业链供应链上相关企业共同构建创新协同、产能共享、供应链互通的新型产业发展生态，并推动产业生态的健康与高质量发展。

相比"小巨人"企业与单项冠军企业，产业链领航企业更为重要，主要由产业链"链主"担任。产业链领航企业综合实力强，在国内外技术、标准、市场等方面具有较强的话语权和国际竞争力，能够承担拉动整个产业链发展的"链主"作用，并成为产业原创技术的"策源地"和产业生态的主导者。无论是"小巨人"企业的成长还是单项冠军企业的兴起，都是产业链的局部发展，唯有领航企业的发展才能带动整个产业链的共同进步。整机制造在产业链各环节中最接近市场，具有对中上游的集成功能。因此，产业链领航企业多为整机企业。即便是全球医学影像装备业强国，产业发展往往都是由一家或几家整机企业主导。

我国医学影像装备龙头企业的技术水平与全球领航企业之间的差距正在加速缩小，显示出"链主"领航的潜力。其中的多家企业已在国内市场与全球领航企业竞争，并在四大类医学影像装备的销售量中占有一定的市场份额（见表24）。

表24　　　2020年四大类医学影像装备国内市场销售份额前5名

排名	CT		MRI		超声		常规DR	
	品牌	市场份额	品牌	市场份额	品牌	市场份额	品牌	市场份额
1	美国通用电气医疗	23.79%	德国西门子医疗	28.52%	中国迈瑞医疗	18%	中国万东医疗	18.38%
2	中国联影医疗	23.23%	美国通用电气医疗	22.35%	美国通用电气医疗	15%	中国安健医疗	16.45%
3	德国西门子医疗	19.98%	荷兰飞利浦医疗	20.26%	荷兰飞利浦医疗	12%	中国迈瑞医疗	7.97%
4	荷兰飞利浦医疗	14.23%	中国联影医疗	19.21%	中国开立医疗	12%	中国普爱医疗	7.28%
5	中国东软医疗	8.73%	中国万东医疗	1.98%	德国西门子医疗	7%	中国联影医疗	6.88%

资料来源：医疗招标采购网；医疗器械之家；智研咨询，《中国一次性医疗器械市场构成》，2019年。

联影医疗、迈瑞医疗、东软医疗、万东医疗是四大领域国产品牌的龙头。2020年，这4家企业的医学影像装备业务销售收入分别为60亿元左右、42亿元左右、18亿元左右、10亿元左右。其他国产品牌企业的医学影像装备业务销售收入均低于10亿元。我国龙头企业的整机产品中，有多款实现了与全球领航企业并跑，个别装备甚至实现了领跑。如联影医疗于2018年研制成功的世界首台2米PET-CT uEXPLORER探索者、迈瑞医疗的便携式彩色多普勒超声诊断系统M9等就处于全球领先地位。

（五）积极倡导共赢的竞合理念，共同塑造高端医学影像装备命运共同体

高端医学影像装备业高质量发展是为了提升供给体系对国内需求的适配性，以高质量的医学影像装备满足日益升级的国内高端医学影像市场需求。这是我国高端医学影像装备业各类市场主体和产业链供应链上各类相关企业的共同使命，需要利益相关方共同努力。在我国高端医学影像装备业中，目前占主导地位的是全球医学影像装备龙头企业在中国的分支机

构，以及曾在这些分支机构任职的人士创办的企业。这些企业的整机在国内市场上竞争激烈，企业之间合作甚少。各自构建自身产业链供应链，导致第三方的关键部件企业发展不易。这既不符合高端医学影像装备业高质量发展的要求，也不符合时代发展的主旋律。在透明化的当今时代，彼此封锁的竞争理念难以为继，坦诚相待的竞合理念更为重要。优质企业尊重彼此，崇尚共赢的竞合理念，共同塑造融合共通的高端医学影像装备命运共同体是提升其产业链供应链稳定性和竞争力的有效途径之一。

（六）深入推进医学影像装备产业集群发展，全面提高高端医学影像装备产业链供应链稳定性和竞争力

产业集群既是古老又是长效的产业发展模式，尤其是制造业最经典的高效发展模式。产业集群能够高效提升产业链供应链水平，通过整机企业与配套企业的良性互动，既能促进整机企业的发展，又能带动产业链供应链上的中小企业协同发展。产业集群整体创新能力强，产业生态优，根植性强，产业品牌与区域品牌能够相互促进，集群化发展是全面促进制造业高质量发展的重要途径。在创新驱动的强国战略中，发展先进产业集群就是重要举措之一。

现阶段，医学影像装备产业发展的重要特点之一是产业高度集中在全球少数国家，如美国、德国、日本、荷兰与中国等，在国内则主要集中在以上海为中心的长三角地区、以深圳为中心的珠三角地区、以北京为中心的环渤海地区。其中，以上海为中心的长三角地区的高端医学影像装备层次最高、规模最大、多样性最强。目前，这些地区医学影像装备企业集中现象显著，但集聚效应还较弱，企业间沿产业链供应链的纵向联系与合作较多，横向联系较少。区域内医学影像业的社交资本还较匮乏，医学影像装备的区域品牌还掩盖在医疗器械区域品牌之下。

五、提升高端医学影像装备产业链供应链稳定性和竞争力的政策建议

（一）加大龙头企业培育力度，支持高端医学影像装备领航企业发展，形成战略牵引、协同发展的梯队企业格局

优质企业梯队格局类似于有航母领航的舰队。新发展阶段，我国医学影像装备业不仅需要独行的优质军舰，还需要相互配合、协同前进的舰队，更需要带领舰队前行的优质航母，即领航企业。我国龙头企业成长为产业链领航企业，意味着要承担我国医学影像装备业高质量发展的重任，必须不断进取，同时也离不开政府的政策助力。

一是进一步明确培育我国医学影像装备产业链领航企业的政策导向。目前，针对领航企业的具体支持政策尚未出台。医学影像装备制造技术始终是世界高端技术融合发展的代表，产业链技术短板的突破有助于多行业技术进步。而且，医学影像装备是现代医疗服务体系的重要支撑，我国市场需求升级、整机企业进步显著。建议以医学影像装备业为示范重点支持产业链领航企业发展，在 CT、MRI、超声与常规 DR 四大类典型装备产业链上，分别加快培育 1～2 家产业链领航企业，支持其主导带动多家关键核心零部件和原材料制造单项冠军企业、一批其他零部件和原材料制造专精特新"小巨人"企业共同实现技术进步，形成合理的优质企业梯队格局，从根本上优化产业组织结构问题。可考虑选择当前销售规模最大、以大装备制造为主的龙头企业，以及在超声领域的龙头企业作为支持的重点。

二是助力龙头企业提升品牌知名度和影响力。我国龙头企业品牌影响力弱，与市场上耳熟能详的"GPS"相比还只是品牌的"新生儿"。制造业由大到强的重要标志之一是实现从产品到品牌的转变。支持龙头企业快速

成长为领航企业，也需助推其品牌知名度和影响力，快速形成与领航企业地位相匹配的国产品牌强度。可引导和帮助龙头企业讲好品牌故事，快速提升我国医学影像装备企业品牌的国内外知名度。此外，我国在推进"一带一路"倡议及援助欠发达国家医学影像装备时，也可考虑多推荐中国品牌装备。

（二）引导高端医学影像装备业创新联合体形成"优势互补、价值共创、风险共担、利益共享"的平台合作机制

加快构建高水平的高端医疗装备业创新联合体，必须解决好长期合作机制和平台化发展两大问题，既需要创新主体的共创共享，也离不开政府的精准支持。

一是引导医学影像装备业创新联合体形成"优势互补、价值共创、风险共担、利益共享"的平台合作机制。创新联合体是基于利益相关者的知识联合体，加快构建的关键在于将分散的创新资源和创新要素组织起来，形成目标一致、相互协同、内生动力强、创新效率高、创新成果迸发的平台合作机制。建议支持整机企业向平台化创新转变。鼓励构建应用创新平台，集结医院、科研院所和中上游供应商，开展"卡脖子"技术、改进型技术和前沿技术创新，服务于供需的持续对接，确保创新合作的长期性。根据优势互补的原则挑选合作伙伴，根据价值共创的原则界定彼此的贡献及利益分享依据，根据风险共担的原则避免短期行为。

二是完善政府采购政策。通过政府采购鼓励及扶持创新，是国际通行做法。目的在于充分依托我国超大规模市场优势，强化市场激励，稳定中上游的创新预期。建议明确提升我国医学影像装备普及率的目标，在合规的前提下优先采购创新联合体的创新成果，通过扩大的应用反馈拉动创新，通过销售获利实现创新联合体的"优势互补、价值

共创、风险共担、利益共享"。

三是合理安排大型医用设备配置规划。我国从 1995 年开始就实施大型医用设备配置管理办法。总体来看，此类管理更适用于供给短缺、完全依赖进口、百姓经济实力不足阶段，在自主品牌装备已经取得重大突破、百姓医疗服务需求不断升级的情况下亟须变革。可考虑将创新联合体作为变革我国配置管理制度的切入点，放开创新联合体的配置管理，参考国际通用做法，强化临床使用监管，将装备的品质更多地交由市场检验。不仅可以源源不断地支持创新联合体的创新，也可适当减少政府资助研发的推动经费。

（三）提升产业链上下游合作和协同创新能力，强化产业基础共性技术研究

加强上下游产业链协同能力，增强零部件企业的投资积极性，强化产业基础共性技术研究。

一是鼓励整机企业牵头或参与原材料、元器件的技术攻关与验证，将高端医疗装备整机及零部件生产归入集成电路和特殊材料的重要应用领域，享受支持政策。

二是鼓励整机企业搭建零部件、元器件和原材料的标准与验证平台，整合中上游企业共同参与，提升产业链上游企业原材料的可用性与工艺水平。突出分工协作，形成定位清晰、高效协同的产学研创新体系。当前，我国高端医学影像装备产业技术创新体系存在基础研究能力薄弱、关键共性技术缺位和系统集成能力弱等问题，必须深化科技体制改革，重塑科技创新在产业链上下游合作和协同创新。

三是推动政府研发投入聚焦基础研究领域，引导社会资金加大基础研究投入，力争加大研发投入比重。

四是调整现有创新主体的定位，强化基础研究和应用研究的分工，明确高校（基础研究）、科研机构（关键共性技术研发）和企业（应用技术开发）等各类创新主体在创新链不同环节的功能定位，建立定位清晰、分工明确、协同有力的现代创新体系。支持龙头企业联合高校、研究机构、金融机构以及产业链上下游，在关键优势领域建设新型创新平台，重点解决跨行业、跨领域的关键共性技术问题，填补基础研究和产业化技术创新之间的鸿沟，从全产业链角度梳理产品和技术的痛点，促进全产业链协同创新和产业链创新链融通创新。

五是突出"专精特新"，培育专注基础能力提升的企业群体，围绕关键基础材料、基础装备和核心零部件、基础工业软件、基础技术和工艺等基础能力，铸造聚焦基础产品和技术研发生产的企业群体。

（四）打造高端医学影像产业生态，塑造融合共生的医学影像装备业命运共同体

一是明确打造全球最佳产业生态的发展目标。我国龙头企业的总部所在地以上海、深圳、北京等地为主，所处区域也是我国主要的医学影像装备企业集聚区。发挥好龙头企业的产业生态主导作用，促进产业集群化发展，地方政府可有更大作为。建议各地方政府为龙头企业提供量身定制的产城融合方案，出台引导性的专项产业规划，设立龙头企业主导的创新平台，降低龙头企业的园区运营成本，并配套有利于龙头企业高端人才引进的地方政策。

二是充分推进资源统筹。围绕"巩固、增强、提升、畅通"措施，强化科技、人才等要素支撑，建立完善的信息交流、人才培训、共性技术研发合作平台，做好产业组织协调和宣传引导支撑服务，密切产业链上下游关系，全力打造高端医学影像产业生态。

（五）聚焦重大战略需求，促进创新型高端医学影像装备产业集群高质量发展

集群化是全面促进制造业高质量发展的重要途径。考虑到我国三大高端医学影像装备集群已初现但集中现象显著，集聚效应较弱，建议在这三大医学影像装备集群中，着力推进以上海为中心的长三角高端医学影像装备业集群，充分挖掘其全球影响力的潜力，释放更强的集聚效应。

（六）优化市场环境，建设有利于国产品牌发展的高标准市场体系

建议在公平竞争的前提下，给予已经成为龙头的国产品牌企业必要的市场进入支持。医学影像装备由医院的医生使用，为就诊者提供专业的诊断服务。厂商接触不到真正的消费者，需要医生与医院的认可与采购。厂商的直接市场是医院、体检中心与影像中心等，呈现出多样性与复杂性。我国医院除了三级分类外，还可分为国家卫生健康委直属医院，省属医院和市属医院，以及大型企业所属医院和军队医院。医疗机构对使用多年的国外品牌具有较强的路径依赖，我国龙头企业打破既有的市场经销网络格局并不容易。一方面，国家支持企业自主创新；另一方面，我国自主创新产品可以在美国、日本等高端市场上市，却在全面进入国内市场时面临困难。因此，支持能够与国外强企竞争的国产品牌企业的政策重点不是科研经费，而是市场进入，即对其主导研发的装备进入市场时予以支持，以此提升"链主"的带动力和生态主导力。政策的出发点是营造公平竞争的市场环境，具体包括建立公开透明的国产医学影像装备评价制度、以负面清单制度替代进口医疗器械目录管理制度、逐步实现国产与进口装备等价收费等。在此基础上，可考虑通过制度改革，支持自主创新的高端医学影像装备优先进入军队医疗机

构、国家卫生健康委直属医院等领域。

需要强调的是，支持国产品牌龙头企业发展，也是促进高端医疗影像装备产业的知识产权本地化。公平竞争的市场环境，能够形成稳定的市场预期，吸引更多的中上游优质创新资源与龙头企业形成稳定的创新联合体，进而提升本地知识产权含量，这也是高标准市场体系的重要表现。

执笔人：周健奇　钱平凡

参考文献

[1] 徐跃，梁碧玲. 医学影像设备学[M]. 北京：人民卫生出版社，2010.

[2] 智研咨询. 2021—2027年中国医疗器械市场全景评估及未来发展趋势报告[R]. 2020.

[3] 智研咨询. 中国一次性医疗器械市场构成[R]. 2019.

[4] 中金企信国际咨询. 2020—2026年中国高值医用耗材市场竞争力分析及投资战略预测研发报告[R]. 2020.

新发展格局下提升我国高端科学仪器产业链供应链稳定性研究

科学仪器是科学研究、计量测试和质量监测最重要的技术手段和条件设备，是用于分析、测量、控制的仪器总称。科学仪器处于创新链的最前端，对重大原始创新有开拓引领作用，代表科学前沿的方向，其自我装备水平是国家创新能力的重要标志之一。科学仪器也是重要战略性产业，对促进经济发展有乘数效应，可带动下游产业发展，尤其是制造业升级转型需要精密测量与智能化。目前我国科学仪器创新能力和产业规模远不能适应创新发展的需要，高端科学仪器严重依赖进口，面临"卡脖子"风险。"十四五"以至更长时期内，我国科学技术的发展要"面向世界科学发展前沿"，离不开自主制造的高端科学仪器的强力支撑，促进我国高端科学仪器自主创新刻不容缓。

一、我国高端科学仪器产业的基本情况与主要特征

（一）近年来我国对高端科学仪器的需求保持快速增长

科学仪器的门类非常庞大，包括分析仪器、物理性能测试仪器、计量仪器、天文仪器、海洋仪器、地球探测仪器、大气探测仪器、电子测量仪器、医学诊断仪器、核仪器、特种检测仪器等 11 大类，每个大类下又包

括很多小类和不同型号的具体产品。高端科学仪器的"高端"可以归纳为"五高"，分别是科技含量高、制造技术高、工艺水平高、精密程度高、性能指标高。当前，由于纳米技术、精密机械、生命科学、新材料等成果的推动，高端科学仪器产业在发生深刻的变化。

全球科学仪器产业发展呈现上升的态势。根据国际战略方向（Strategic Directions International，SDI）报告，2020 年全球实验室分析仪器（包括色谱、生命科学、质谱、实验室自动化、原子光谱、分子光谱、表面分析、材料物性、一般仪器、实验室设备 10 类）市场规模约为 637.5 亿美元，2016—2020 年年均复合增长率超过 4%（见图 43），高于全球 GDP 增长率。其中占比最高的是生命科学仪器，为 167.5 亿美元，其次是色谱仪 102.8 亿美元、质谱仪 44 亿美元（SDI，2021）。2018 年，北美是全球科学仪器最大的市场，其次是欧洲，两者需求占全球仪器市场的 2/3。

图43　2015—2020年全球科学仪器增长趋势

资料来源：SDI，2021。

从全球区域来看，目前实验室分析仪器的销售主要集中于欧美地区，其中北美地区占据了全球分析仪器市场的主导地位。美国是全球最大的分析仪器销售市场。英国、法国、德国占据了欧洲地区分析仪器市场的主要份额。美国、欧洲和日本合计占有全球分析仪器销售市场超过70%的份额。

中国是全球增长最快的分析仪器应用市场。2015—2020年全球范围内实验室分析仪器需求增长最快的地区是中国，其次是亚太其他地区，第三位为印度（见图44）。2009—2018年，中国分析仪器市场占全球市场销售份额由6%上升至15%，销售额由30亿美元上升至100亿美元，增速高于其他国家和地区至少1.2个百分点。

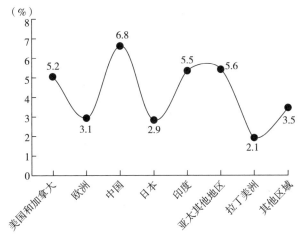

图44　2015—2020年各地区实验室分析仪器需求年均复合增长率

资料来源：SDI，2021。

从全球实验室分析仪器细分领域看，生命科学仪器、表面科学仪器是最大的两个领域，分别占总空间的26%和13%，色谱仪、质谱仪、光谱仪和实验室设备合计占总空间的37%，是主要的产品分支。

（二）我国高端科学仪器的供应主要依赖于进口

由于国产科学仪器产品稳定性和可靠性不高，2020年，77%的高端科学仪器市场被国外产品占据。科学仪器产业长期处于逆差状态。根据海关总署统计数据，2019年，中国仪器仪表进出口总额分别为519.93亿美元和 338.38 亿美元，逆差额高达 181.55 亿美元。随着中国向科学技术前沿迈进，高端科学仪器进口需求越来越高，2020 年光学仪器、实验分析仪器和试验机进口总额同比 2019 年增加了 6.48%；出口总额同比 2019 年增加了 2.90%（见表 25）。

表 25　　　　　　　　2020年中国科学仪器进出口状况

分类	进口总额			出口总额		
	2019年（亿美元）	2020年（亿美元）	同比	2019年（亿美元）	2020年（亿美元）	同比
光学仪器	32.60	34.01	4.33%	3.48	3.28	−5.75%
实验分析仪器	93.17	101.35	8.78%	27.66	28.94	4.63%
试验机	11.75	11.07	−5.79%	2.65	2.55	−3.77%
合计	137.52	146.43	6.48%	33.79	34.77	2.90%

资料来源：海关总署。

目前市场需求最多的是生命科学仪器，其次是色谱仪器。跨国科学仪器企业巨头呈现出向生命科学仪器领域进军的趋势，而中国企业的反响有些滞后。市场需求增长最快的是质谱仪器，其次是表面科学仪器。实验室自动化和软件、通用分析仪器市场的增长放缓。

国内实验室分析仪器应用市场特别是高端产品市场中，国产高端品牌占有率极低。国际品牌如赛默飞、岛津、安捷伦、丹纳赫、沃特世等占据主导地位。整体来讲，全球跨国企业巨头具备雄厚的资金优势、显著的科技和人才优势，主导着科学及分析仪器市场的发展方向。国内许多领域的科学仪器仍高度依赖进口高性能设备。比如，常用高端仪器中的核磁共振仪、高分辨质谱仪，大部分的生命科学仪器如磁共振成像仪、超分辨荧光成像仪、冷冻透射电镜等仍高度依赖进口。

2018 年，色谱仪、光谱仪和质谱仪的进口比例分别高达 73%、80% 和 85%。高端核磁仪器基本上被布鲁克垄断，电镜和液相色谱 – 质谱联用仪器还存在不同品牌间的竞争。例如，国内每年采购液质联用仪器约2200台，100%为进口，来自 AB Sciex、沃特世、安捷伦、赛默飞等公司。而以扫描电镜、扫描隧道显微镜和投射电镜为主的电镜类则采购自 SEI、日本电子、蔡司等公司。这两个领域的公司占有的市场份额比较分散，相对均衡。

扫描电镜是实验研究的必要仪器，高端产品主要由美国、日本、德国三国控制。主要进口扫描电镜生产商包括赛默飞、日立、日本电子、蔡司、泰思肯、库赛姆等。其中以日立、日本电子、赛默飞以及蔡司公司表现最为突出。而我国科研领域对扫描电镜的巨大需求只能严重依赖进口。国产扫描电镜相关生产商主要包括中科科仪、聚束科技、国仪量子等（智研咨询，2021）。

以质谱仪为例。目前我国在质谱仪领域的产业化创新及应用水平均落后于西方发达国家，国内高端质谱仪市场被国际行业巨头垄断。近年来我国质谱仪市场规模不断扩大，据统计，截至 2020 年，我国质谱仪市场规模达到 142.2 亿元，2010—2020 年年均复合增长率为 17.77%。

根据中国实验室管理与检测技术国际论坛发布的《中国质量检测设备摸底调研》，国内质谱仪市场主要被安捷伦、赛默飞、沃特世、布鲁克、丹纳赫、岛津等国际知名分析仪器公司占据。根据海关总署进口数据，我国质谱仪进口金额整体呈现逐年增加的趋势，从 2014 年的 44.68 亿元增加至 2018 年的 96.77 亿元，年均复合增长率达 21.31%。2018 年中国质谱仪市场规模达到 111.93 亿元，国产化率仅为 14.4%，而且主要以中低端质谱仪为主。2019 年中国进口质谱仪 26693 台，比 2018 年（12424 台）增长 1倍多。2020 年前 10 个月我国已进口质谱仪 11086 台，价值超过 78 亿元。主要从美国、德国、新加坡、日本等国家进口，其中从美国进口数量为4853 台，占我国质谱仪进口数量的 43.78%。

（三）我国科学仪器产业发展较快，但缺乏龙头和特色企业

近 10 年来，我国科学仪器产业发展较快，企业数量与收入持续增加，但仍缺乏龙头和特色企业。2018 年科学仪器规模以上企业 1838 家，营业收入超 2980 亿元。但企业规模普遍较小，超 90% 的企业年产值在亿元以下，以小微企业为主。

营收较高的上市公司主营业务多集中在行业专用和在线监测领域，用于科学研究的通用型仪器较少。而国外超八成领先科学仪器企业的主营业务都与实验室和科研用分析仪器直接相关，且跨国巨头已呈现出向生命科学仪器领域进军的趋势，国产仪器企业对此反应相对滞后。

国产科学仪器产品稳定性和可靠性亟待提高，缺乏自主知识产权产品。目前我国缺乏具备核心知识产权的科学仪器产品，低端同质化竞争严重。从创新产出角度分析，122 家调查企业拥有发明专利占比的只有 50%，92% 的企业发明专利拥有量不足 100 项。2019 年美国专利局授予测量领域专利中，中国和美国的专利占比分别为 3.2% 和 57.1%。我国分析仪器行业经过多年发展，虽然常规型、普及型仪器的发展较好，一定程度上可以媲美国外产品，但分析仪器行业整体技术实力与跨国巨头相比差距明显，从发展趋势看，我国仪器科学与技术的自主创新能力在不断增强，追赶速度在加快，差距在逐渐缩小。

二、我国高端科学仪器产业链供应链现状

（一）新发展格局下发展高端科学仪器的必要性

在新发展格局下，高端科学仪器面临"卡脖子"的风险。美国将科学仪器产业定位为高端制造业、高保密行业和战略性产业，对华高端科学仪器整机、原料、元器件等出口执行严格的审批制度甚至禁止出口，对我国

高端科学仪器的购置与发展产生了不少负面影响。近年来，美国一方面在"军民两用"的技术清单——《美国商业管制清单》（*Commercial Control List*）中更新、添加相关的仪器设备，另一方面通过添加中国实体机构到"实体清单"，加大了针对中国"终端用户"禁售的力度。

根据国际清算银行统计，在通过出口许可证方式实现的美国对中国出口商品中，用于制造半导体器件或材料的设备、压力传感器、化学制造设备与质谱仪等产品位居前四。对美国出台的《商业管制清单》分析发现，中国科学仪器领域相关技术受美国管制的形势非常严峻，有42.08%的清单条款涉及对科学仪器的管制。在科学仪器领域受管制最严的是"传感器和激光器"大类下的"最终产品、设备或零部件"小类，有678条管制条款，其次是"材料加工"大类下的"试验、检验和生产设备"小类，有339条管制条款。在我国12类科学仪器中，分析仪器、工艺实验设备、电子测量仪器等受管制范围较广，激光器、核仪器是传统受到管制的领域，而医学诊断仪器、大气探测仪器等受管制范围较小。但在新冠疫情背景下，生化检测、病毒疫苗等仪器设备可能会成为新的管制领域（陈芳等，2022）。

（二）科学仪器产业链的主要特征

科学仪器的产业链较长且复杂。其中涉及高端材料、精密加工等技术密集型上游环节较多，需要工业条件达到一定的支撑水平；科学仪器相关的下游产业如检验检测、生物医药、环境保护等行业发展较为活跃，可以给科学仪器产业提供良好的市场化经营环境（见图45）。

科学仪器产业创新所需知识基础广泛，需要物理、化学、材料学、生物学等多种学科知识和技术的高度集成，适合集成创新。

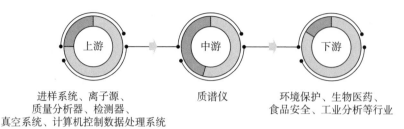

上游
进样系统、离子源、
质量分析器、检测器、
真空系统、计算机控制数据处理系统

中游
质谱仪

下游
环境保护、生物医药、
食品安全、工业分析等行业

图45 质谱仪产业链示意图

资料来源：中金公司研究部，2021年。

产业与科学研究联系紧密，创新以科学推动为主导。高端科学仪器创新与科学研究联系紧密，实验室非标产品的商业化过程技术壁垒高，科研人员创业是实现这一过程的有效途径。

科学的重大突破可能变更原有技术路线，为后发国家带来追赶窗口。百年来334项诺贝尔科学奖中有32项与科学仪器原理直接相关，这些科研成果改变了仪器的主导设计和产业竞争图景。科学进展所带来的技术突破以及随之而来的商业化潜力是巨大的。比如日本岛津公司的田中耕一获得诺贝尔奖的成果，奠定了该公司在此领域的技术领先地位。

产业技术机遇与累积性高。高端科学仪器产品需要较高的技术积累。全球顶尖科学仪器企业多数超过60年历史、半数超过百年，也有两家借由20世纪90年代的科学突破实现跨越式发展，如因美纳和帝肯。美国专利局约50%的仪器专利获得者连续5年都在该领域获得专利授权，光学仪器领域为65%，最高的是制药和医药化工领域（70%）。

需求拉动对产业发展有重要作用，下游众多领域共同推动产业发展。得益于中国近年来对环保领域和环境监测的重视，环境监测仪器得到快速发展。生物技术、医学、农业、环境科学、材料科学等领域的重要性日益明显，发展这些领域必然需要高端科学仪器产品的重要支撑。

（三）全球形成集团式垄断和精细化分工结合的格局

近年来全球科学仪器产业垄断程度增加，美国、日本、德国和瑞士等国领先企业在特色产品技术上有绝对领导地位。2018 年全球销售额排名前二十的科学仪器企业中包括美国企业 8 家，日本企业 5 家，德国和瑞士企业各 3 家，英国企业 1 家（见表 26）。目前全球顶尖企业倾向于通过并购和组建战略联盟形成科学仪器大集团，其中典型代表为赛默飞和丹纳赫。

表26   2018年全球销售额前二十名科学仪器企业情况

排名	公司	销售额（亿美元）	较2017年增长率（%）	占公司总销售额比例（%）	总部所在地
1	赛默飞	63.33	12.1	26.0	美国
2	岛津	21.83	5.2	61.8	日本
3	罗氏	20.74	5.2	15.6	瑞士
4	安捷伦	20.15	3.8	41.0	美国
5	丹纳赫	19.41	−15.0	9.8	美国
6	蔡司	18.31	0.7	26.6	德国
7	布鲁克	15.16	14.4	80.0	美国
8	梅特勒–托利多	14.97	9.8	51.0	瑞士
9	沃特世	12.05	2.1	49.8	美国
10	珀金埃尔默	8.89	27.0	32.0	美国
11	伯乐生命医学实验室	8.71	14.0	38.6	美国
12	艾本德	8.57	5.1	100.0	德国
13	思百吉	7.23	16.4	33.7	英国
14	捷欧路	6.48	−1.1	65.0	日本
15	日立	6.13	1.3	9.0	日本
16	尼康	5.71	10.5	8.8	日本
17	因美纳	5.69	10.5	17.1	美国
18	赛多利斯	5.00	7.4	27.0	德国
19	奥林巴斯	3.57	3.1	5.1	日本
20	帝肯	3.41	6.4	58.0	瑞士

资料来源：《化学与工程新闻》（C&EN），2019。

（四）我国高端科学仪器产业链供应链主要环节的现状及差距——以质谱仪为例

1. 质谱仪的主要供应链构成

根据原理不同，常用的分析仪器有色谱仪、质谱仪、光谱仪、波谱仪、能谱仪、电化学分析仪、热学分析仪几类。质谱仪是一种将物质粒子（原子、分子）电离成离子，通过适当电场或磁场将它们分离，并检测其强度从而进行定性、定量分析的仪器。由于质谱仪具有直接测量的本质特征，以及高分辨、高灵敏、大通量和高准确度的特性，在生命科学、材料科学、食品安全、环境监测、医疗卫生、国家安全及国际反恐等领域具有不可替代的作用和举足轻重的地位，因此，质谱学与质谱技术也成为当今分析科学领域最为前沿、最为活跃的学科之一。然而，中国的质谱仪市场上，仪器设备几乎被国外公司垄断，我国国产质谱仪的市场占有率不足一成。

根据用途，质谱仪一般可以分为有机质谱仪、无机质谱仪、同位素质谱仪、气体分析质谱仪4类。质谱仪供应链的主要环节包括源部件、探测器部件、执行部件、软件4个方面。

源部件包括分子粒子碰撞反应池、电喷雾电离源、电子轰击源、化学电离源、场解吸电离源、激光电离源、射频/微波电离源。探测器部件包括光电倍增器、法拉第杯、微通道板检测器等。执行部件包括运动部件，即精密导航；真空部件，即高真空泵；电子学系统，即各类配套电源、高精度放大器和数据采集电路、射频源、高压电源等；其他部件，即四极杆、飞行时间、离子阱、磁偏转器、特殊激光器、各类辅助传感器。软件包括微生物谱库、蛋白质谱库、电子轰击源离子碎片谱库、仪器控制软件。

2. 我国质谱仪产业链供应链的主要情况

高端科学仪器领域缺乏高水平自主可控的供应链，特别是高端材料和制造领域。国内掌握质谱仪所涉及的原理、模拟、计算、设计、工程化、工艺化、生产、应用开发及维护等各环节专业技术的公司较少。

2020年，我国开展质谱仪硬件研发的大学和机构超过15个，但是具有理论设计能力的不超过5个。国内质谱仪整机生产厂商超过15家，涉及离子阱质谱仪、氦质谱仪、飞行时间质谱仪、ICP质谱仪、四极杆质谱仪等，但串联质谱生产厂商还没有；全球质谱仪器种类有100余种，而国内能生产的只有约10种；从市场占有率看，国产质谱仪在国内质谱仪市场仅占3%（华经产业研究院，2021）。表27为国内质谱仪器行业主要企业基本情况。

表27　　　　　　　　　　国内质谱仪器行业主要企业基本情况

序号	公司名称	基本情况
1	江苏天瑞仪器股份有限公司	主要从事X线荧光光谱仪、能量色散、波长色散系列产品的研发、生产和销售，主要产品为EDXRF光谱仪、WDXRF光谱仪、原子光谱仪、分子光谱仪、质谱仪、色谱仪等
2	北京聚光科技有限公司	主营业务是研发、生产和销售应用于环境监测、工业过程分析、实验室仪器等领域的仪器仪表，其质谱仪产品主聚光科技，包括电感耦合等离子体质谱仪（ICP-MS）、大气VOCs双通道走航质谱分析系统（走航GCMS）、三重四极杆串联质谱仪（LC-MS/MS）、气相/液相色谱-三重四极杆质谱联用仪（GC/LC-TOMS）等
3	钢研纳克检测技术股份有限公司	主要从事第三方检测服务及检测分析仪器的研发、生钢研产和销售，主要产品包括原子光谱仪、X线荧光光谱仪、质谱仪、气体元素分析仪等
4	上海舜宇恒平科学仪器有限公司	主要从事各类科学仪器的研发、制造和销售，多次承担国家大科学仪器专项及上海市科学仪器攻关项目。其质谱仪产品主要为MSQ8100气相色谱-质谱联用仪
5	北京东西分析仪器有限公司	主要从事色谱仪、光谱仪、质谱仪、快速检测仪器及相关配套产品的北京东西分析仪研发、生产和销售，2007年推出国内首台自主研发的气相色谱-质谱联用仪GC-M3100，其质谱仪产品主要包括气相色谱-质谱联用仪、等离子体飞行时间质谱仪等
6	北京普析通用仪器有限责任公司	主要从事光谱仪、色谱仪、质谱仪等科学分析仪器的研发、生产和销售，其质谱仪产品主要为L600系列高效液相色谱-质谱联用仪

序号	公司名称	基本情况
7	广州禾信仪器股份有限公司	公司专业从事环境监测领域质谱分析仪器的研发、生产、销售及相关技术服务，主要产品和服务基于高分辨飞行时间质谱技术与在线源解析方法，应用于对PM2.5、VOCs等污染物进行实时、在线的成分检测及来源分析等

资料来源：华经产业研究院，2021年。

一台仪器推向市场，大体上需要经历原理性设计、工程化设计和全套生产工艺的搭建3个环节。在这3个环节，我国质谱仪水平都与国外有较大的差距，从整体来看，我们与国外有30～50年的差距。

核心部件有所突破，但与国际先进水平相比仍有较大的差距。离子源是质谱仪的核心部件之一，它很大程度上决定了质谱仪的灵敏度。2002年，两项诞生于20世纪80年代的技术——软电离－电喷雾电离源（ESI）和基质辅助激光解析电离源（MALDI）技术获得了当年的诺贝尔化学奖，其革命性在于使生物大分子的质谱分析成为可能，随之质谱仪也被应用到更广阔的领域中。中国厂商实现封闭式可调气氛电喷雾离子源、高分辨飞行时间离子源的自主创新。直接分析离子源是质谱离子源近年来的主要创新。国内清华大学和东华理工大学有所突破，直接分析离子源种类，拓展至DART、DBDI、EESI、DCBI、ELDI和ASAP等，并拥有自主知识产权的小型化质谱仪。

主要零部件依赖进口。以中国第一家专业质谱公司——禾信仪器公司为例，公司采购的主要零部件有分子泵、激光器、气相色谱－质谱联用仪、数据采集卡、高压电源和微通道板。其中分子泵主要来自欧洲公司普发真空；激光器主要来自美国IPG公司；气相色谱－质谱联用仪全部来自美国，代表厂商是美国的安捷伦和赛默飞；数据采集卡全部来自欧洲，主要的厂商是德国IBA，而其中所用到的高速ADC芯片来自美国ADI等公司；日本能够供应微通道板的厂商主要有滨松株式会社（见表28）。

表28   质谱仪制造关键零件进口来源

项目	最终产地	2020年		2019年		2018年	
		金额（万元）	占比（%）	金额（万元）	占比（%）	金额（万元）	占比（%）
分子泵	美国	–	–	45.45	7.68	23.97	5.90
	欧洲	847.29	100.00	546.26	92.32	381.99	94.10
	小计	847.29	100.00	591.71	100.00	405.96	100.00
激光器	美国	396.29	76.24	166.16	67.09	403.08	86.45
	欧洲	123.53	23.76	81.51	32.91	63.19	13.55
	小计	519.82	100.00	247.67	100.00	466.27	100.00
气相色谱–质谱联用仪	美国	566.45	100.00	1601.17	100.00	250.16	100.00
	小计	566.45	100.00	1601.17	100.00	250.16	100.00
数据采集卡	欧洲	731.26	100.00	370.05	100.00	278.11	100.00
	小计	731.26	100.00	370.05	100.00	278.11	100.00
高压电源和微通道板	日本	189.68	100.00	76.49	100.00	60.91	100.00
	小计	189.68	100.00	76.49	100.00	60.91	100.00

资料来源：禾信仪器公司，2020。

（五）我国高端科学仪器产业链供应链在全球的竞争力

1. 我国高端科学仪器部件竞争优势分析

以下按照国际贸易商品分类目录中第18类内容有关仪器、设备及其零件产品分类分析我国高端科学仪器产业链供应链的全球竞争力情况。采用显性竞争优势（RCA）指标对比分析我国与美国、日本、德国、瑞士、英国、韩国、意大利、新加坡、爱尔兰和荷兰10个国家在这些产品类别的竞争优势。

显性竞争优势指标衡量供应链产品的竞争力，测算方法为一个国家某种商品的出口值占该国所有出口商品总值的份额，与世界该类商品的出口值占世界所有商品出口总值的份额的比例。分别测算2020年与2001年以上国家在这些产品类别的RCA指数，如表29与表30所示。根据日本贸易振兴协会的标准，总体来说，若0<RCA<1，则表示某产业或产品具

有比较劣势，其数值越是偏离 1 接近于 0，比较劣势越明显；若 RCA>1，则表示一国某产业或产品在国际经济中具有显示性比较优势，其数值越大，显示性比较优势越明显。如果 RCA>2.5，则具有很强的竞争优势；若 1.25<RCA<2.5，则具有较强的竞争优势；若 0.8<RCA<1.25，则该行业具有较为平均的竞争优势；若 0<RCA<0.8，则不具有竞争优势。

2020 年我国在 81 个产品类别中比较优势超过 2.5，具有很强竞争优势的产品只有 3 个，都是技术含量较低的测绘产品；比较优势小于 1.25 的产品类别有 62 个。在高端仪器产业链供应链比较薄弱的领域是电子显微镜、质子显微镜产品与衍射设备，航空航天导航仪器装置、摄影测量用仪器、离子射线的测量或检验仪器装置，经纬仪及视距仪、导航装置设备、制造半导体器件时检验半导体晶片、器件及检测光掩膜或光栅用的光学仪器，测试或检验半导体晶片或器件的谱仪，使用光学射线的分光仪、分光光度计及射谱仪。而温度计、高温计、低技术含量的手测长度仪器、液晶显示设备具有很强的贸易比较优势。

在 81 个产品类别中，美国比较优势超过 2.5，具有很强竞争优势的有 14 个，在 1.25 ~ 2.5 的有 36 个类别，其中最具竞争优势的包括摄影测量用仪器及装置，离子射线的测量或检验仪器装置，绘图、画线或数学计算仪器及器具，测试硬度、强度等机械性能试验机及器具等。

日本比较优势超过 2.5，具有很强竞争优势的有 23 个品类，尤其在控制仪器自动调节零件（903290）和偏振材料制的片和板零件（900120）领域优势明显。德国比较优势超过 2.5，具有很强竞争优势的有 22 个品类，在液压、气压自动调节控制仪器装置（903281）领域优势突出。瑞士比较优势超过 2.5，具有很强竞争优势的有 10 个，其中经纬仪及视距仪（901520）、感量为 50 毫克或更精密的天平（901600）领域优势极其明显。英国比较优势超过 2.5，具有很强竞争优势的有 22 个，在测试硬度、强度等机械性能试验机器及器具（902490），航空航天导航仪器装置（901420），α、β、γ 射线设备（902229）领域优势明显（见表29）。

表29　2020年中国与主要国家仪器及配件显性竞争优势指数（RCA）

HS code	中国	美国	日本	德国	瑞士	英国	韩国	意大利	新加坡	爱尔兰	荷兰
901210	0.03	0.52	6.04	1.03	0.21	2.62	0.84	0.02	0.21	0.04	7.54
901420	0.03	0.95	0.04	3.85	0.54	5.99	0.22	0.83	2.09	0.10	1.12
901540	0.04	5.03	0.01	1.81	1.01	1.22	0.00	0.08	0.78	0.52	0.99
903010	0.05	4.84	0.08	2.13	0.41	3.41	0.09	0.14	1.15	0.11	1.75
901520	0.06	1.13	2.16	1.97	17.39	0.59	0.01	0.10	7.33	0.06	2.02
901480	0.06	2.62	1.58	0.85	0.18	5.71	0.16	0.62	0.88	0.19	2.36
903141	0.08	1.86	6.91	0.64	0.10	0.03	1.00	0.02	12.42	0.01	0.14
903082	0.11	2.29	7.44	0.58	0.18	0.17	1.75	1.87	2.60	0.29	0.06
902730	0.16	2.61	0.84	2.32	1.47	3.71	0.24	0.16	3.47	2.09	0.60
902490	0.17	3.81	0.45	1.89	2.15	6.44	0.84	1.19	0.56	0.34	0.80
901490	0.17	2.34	2.71	2.05	0.50	3.32	0.11	1.29	0.87	0.02	1.42
902221	0.18	2.01	0.03	2.91	0.06	0.84	0.01	0.60	0.05	0.01	1.84
903120	0.21	0.57	0.64	4.31	0.73	0.57	0.29	3.63	0.23	0.02	0.22
903220	0.22	0.56	2.03	3.15	1.39	0.72	0.03	1.84	0.32	0.02	0.22
901290	0.22	3.40	2.79	1.89	0.66	1.80	0.65	0.03	0.91	0.15	6.02
902920	0.30	0.64	0.76	2.58	0.14	0.65	0.50	0.25	0.16	0.00	0.21
903090	0.30	1.69	3.80	0.65	0.18	0.54	1.32	0.41	3.01	0.04	0.28
902710	0.31	1.85	0.57	3.71	0.69	2.94	0.83	0.50	0.31	0.74	0.41
902230	0.31	3.78	1.47	2.40	1.12	0.48	0.28	0.46	3.96	0.06	2.31
902750	0.31	2.93	1.66	2.16	2.65	1.97	0.24	0.27	5.62	0.90	1.70
902720	0.31	1.98	1.16	1.27	1.20	1.23	0.08	0.14	7.35	0.09	1.35
902229	0.32	3.02	0.80	2.59	0.51	5.84	0.05	0.89	0.68	0.00	0.16
901410	0.33	2.18	2.26	1.55	1.37	2.91	0.49	0.60	1.64	0.03	1.61
902480	0.38	3.59	1.00	2.56	1.89	3.42	0.20	2.52	0.40	0.05	0.62
903032	0.39	2.29	0.46	2.76	0.39	1.86	0.38	0.23	1.28	0.04	3.35
902680	0.41	1.72	1.16	2.67	6.22	2.63	0.15	0.69	0.82	0.40	0.99
902610	0.43	1.73	0.94	2.61	1.23	1.95	0.31	1.00	0.63	0.37	2.33
903281	0.46	0.74	0.39	7.19	0.13	0.95	1.07	0.58	0.27	0.01	0.39
902780	0.46	2.48	2.37	2.13	2.87	1.37	1.01	0.50	3.90	0.17	1.27

HS code	中国	美国	日本	德国	瑞士	英国	韩国	意大利	新加坡	爱尔兰	荷兰
903040	0.46	2.83	0.62	1.69	0.55	2.03	0.40	0.20	1.50	0.08	0.40
901580	0.46	2.59	0.26	1.00	0.98	3.93	0.07	0.55	2.62	0.06	0.61
902990	0.48	0.30	2.72	2.02	1.62	0.41	0.69	0.17	1.61	0.00	0.22
902790	0.50	1.86	4.73	1.81	1.94	1.84	0.24	0.31	4.09	1.40	1.60
902410	0.52	2.37	0.31	3.07	2.87	2.56	0.50	0.67	0.38	0.01	1.82
903089	0.54	2.27	3.28	0.94	1.96	2.66	0.56	0.66	0.51	0.05	0.49
901320	0.60	1.67	0.60	2.64	0.75	1.77	9.08	0.16	1.61	0.05	0.68
902910	0.62	0.59	0.27	2.56	0.55	0.61	0.15	3.30	0.10	0.18	0.99
903020	0.65	2.34	0.32	1.72	0.35	2.50	0.17	0.11	1.04	0.10	0.55
900120	0.66	0.25	8.31	0.02	0.00	0.01	10.68	0.00	0.27	0.00	0.00
903084	0.69	1.04	1.34	3.07	0.39	1.44	0.75	0.16	1.53	2.51	0.29
902620	0.69	1.92	0.78	3.19	2.62	2.21	0.31	0.60	1.34	0.05	0.54
902290	0.70	1.79	2.11	2.47	1.32	2.06	1.43	0.44	1.96	0.01	1.89
902219	0.71	2.16	3.04	2.30	1.02	2.79	0.51	0.98	1.12	0.02	1.37
901190	0.71	1.19	4.35	2.74	0.53	0.00	0.13	0.40	7.34	0.01	0.82
903039	0.72	1.76	0.41	1.72	2.20	3.86	2.15	0.43	1.65	0.04	1.29
903190	0.75	1.42	2.70	1.75	1.37	1.85	1.96	0.75	1.40	2.02	1.09
903289	0.76	1.28	4.09	1.82	0.32	1.52	1.22	0.34	1.15	0.05	0.24
901180	0.78	1.05	5.14	3.78	0.67	0.84	0.40	0.10	0.49	0.00	1.55
903110	0.79	2.35	3.61	2.28	0.08	2.11	0.35	5.90	0.14	0.11	0.13
902690	0.83	1.69	2.99	1.68	3.12	2.06	0.42	1.35	0.89	0.41	0.91
903149	0.87	0.93	2.48	2.79	1.01	1.40	3.72	0.65	0.75	1.87	0.46
902810	0.89	0.97	0.87	2.20	0.08	0.95	0.56	2.19	0.54	0.02	0.60
903180	0.95	1.33	1.84	2.43	1.73	1.35	1.47	1.21	1.14	0.10	0.87
903210	0.96	0.68	0.64	1.82	0.26	1.14	0.61	1.76	0.37	0.02	0.47
901600	0.96	0.49	1.31	2.90	15.89	0.41	0.74	0.39	0.07	0.04	2.22
900110	0.97	2.74	3.15	0.73	0.31	0.84	0.71	0.66	0.29	0.12	1.05
900590	1.02	2.45	0.76	0.81	0.97	1.65	0.12	0.63	0.70	0.00	0.61
701400	1.02	1.63	4.78	1.80	0.75	0.31	0.08	0.63	0.11	0.00	0.01
902580	1.08	1.41	0.24	1.43	1.55	1.72	0.33	0.64	0.23	1.35	2.82
901590	1.10	1.96	0.58	0.87	1.87	3.87	0.08	0.13	2.58	0.15	1.83
903290	1.10	0.62	8.36	0.84	0.28	4.08	0.40	0.65	0.36	0.17	0.37

续表

HS code	中国	美国	日本	德国	瑞士	英国	韩国	意大利	新加坡	爱尔兰	荷兰
903031	1.12	1.35	0.29	1.88	0.11	1.16	0.72	1.30	1.45	0.05	0.74
902820	1.25	0.95	0.16	1.61	0.80	0.71	0.03	2.95	0.13	0.00	0.20
901510	1.26	2.29	0.47	1.63	1.53	1.03	0.17	0.06	1.21	0.03	0.67
902890	1.32	0.98	0.30	0.67	0.26	0.50	0.07	2.31	0.50	0.07	0.07
903033	1.36	1.85	0.78	2.34	1.56	1.57	0.96	0.43	1.19	0.20	0.58
901390	1.44	1.50	1.97	0.85	0.19	0.66	0.73	0.02	0.27	0.11	0.21
901730	1.46	1.71	5.88	1.17	1.98	2.53	0.30	0.42	0.76	0.13	2.22
902590	1.48	0.91	3.45	1.24	0.45	1.83	0.52	0.90	1.92	0.20	1.01
901530	1.58	0.22	0.42	2.92	2.19	0.77	0.03	0.25	1.69	0.00	2.15
901310	1.76	1.09	1.74	0.72	0.08	0.00	0.32	0.09	0.09	0.00	0.10
901790	1.92	0.55	3.68	1.31	2.90	0.59	0.17	0.16	2.57	0.03	0.87
902511	2.05	0.85	0.16	2.31	0.16	2.17	0.07	2.03	0.22	0.11	1.18
901720	2.06	4.46	0.23	1.13	0.11	0.74	0.07	0.45	0.08	0.01	1.10
900580	2.08	1.03	0.31	0.81	6.57	4.07	0.00	0.46	0.26	0.01	0.13
902300	2.13	1.78	0.47	1.21	0.85	1.94	0.58	0.63	0.19	0.13	1.13
902830	2.31	1.05	0.01	0.12	0.09	0.38	0.02	0.26	0.91	0.00	0.14
901710	2.49	0.89	0.07	0.57	0.13	1.05	0.61	1.04	0.08	0.08	5.53
902519	2.79	1.09	0.26	1.28	0.64	0.92	0.68	0.41	0.63	0.40	0.71
901780	3.14	0.48	0.14	1.23	0.65	0.75	0.32	0.28	0.67	0.01	0.82
901380	3.54	0.30	1.86	0.06	0.03	0.05	3.67	0.02	0.10	0.00	0.05

资料来源：作者根据联合国商品贸易数据测算。

与2001年相比，我国在仪器领域的贸易比较优势在缓慢提高，2001年我国也有64个类别的RCA指数小于1.25（见表30），2020年这些领域的RCA指数有所提高。

表30　　2001年中国与主要国家仪器及配件显性竞争优势指数（RCA）

HS code	中国	美国	日本	德国	瑞士	英国	韩国	意大利	新加坡	爱尔兰	荷兰
902229	0.00	1.75	0.13	1.28	2.06	0.99	0.06	0.29	0.14	0.00	1.23
900610	0.01	0.36	1.73	0.44	15.98	0.73	0.08	0.25	0.17	0.00	0.01
903010	0.01	4.47	0.05	1.27	0.27	1.43	0.01	0.37	0.08	0.25	0.22
902490	0.01	5.62	0.14	0.79	0.87	3.01	0.04	0.20	0.21	0.03	0.07

HS code	中国	美国	日本	德国	瑞士	英国	韩国	意大利	新加坡	爱尔兰	荷兰
902710	0.01	1.81	0.69	2.89	1.53	4.43	0.17	0.48	0.17	0.57	0.36
901490	0.02	2.18	0.60	0.95	0.23	5.56	0.07	0.69	0.10	0.00	1.11
903082	0.02	5.41	2.18	0.76	0.31	0.21	0.31	0.46	0.89	0.06	0.29
903040	0.02	3.33	0.85	2.00	0.75	3.32	0.06	0.18	0.51	0.04	0.65
902221	0.03	2.72	0.35	1.05	0.17	0.63	0.02	0.33	0.06	0.09	2.43
901420	0.03	3.11	0.07	0.25	0.39	7.33	0.12	0.17	0.11	0.00	0.83
903141	0.04	6.44	1.62	0.56	0.24	0.06	0.30	0.01	0.71	0.00	0.04
903149	0.04	2.20	1.65	1.22	4.53	2.71	0.36	0.37	1.22	0.07	0.16
902750	0.04	2.92	1.79	2.46	0.84	1.62	0.02	0.29	0.08	1.53	0.56
902780	0.05	2.53	1.55	1.28	2.82	1.44	0.14	0.83	2.00	0.03	0.46
902720	0.06	4.11	0.89	0.99	0.45	1.23	0.01	0.31	0.47	0.01	2.20
903110	0.06	1.44	1.97	1.89	0.23	2.06	0.23	4.53	0.23	0.03	0.04
902480	0.06	3.05	0.64	1.73	2.20	3.34	0.07	1.36	0.67	0.07	0.14
901540	0.07	1.97	0.13	1.43	1.22	1.92	0.00	0.20	0.63	0.00	0.00
902230	0.09	2.86	0.63	2.45	2.39	0.06	0.04	0.28	0.26	0.00	3.09
902680	0.10	1.88	0.14	2.70	1.27	1.94	0.04	1.23	0.44	0.09	1.76
903180	0.13	1.20	2.57	2.72	2.46	1.29	0.34	1.30	0.29	0.06	0.66
903120	0.14	0.92	0.53	3.88	0.50	0.95	0.01	1.12	0.26	0.04	0.29
901480	0.14	1.69	1.58	0.85	1.24	4.57	0.22	0.92	0.19	0.00	0.50
903281	0.15	3.13	0.49	0.91	0.86	2.80	0.79	1.24	0.22	0.00	1.89
902730	0.15	2.06	0.65	2.15	9.11	2.35	0.04	0.19	0.63	0.00	1.41
903090	0.17	3.69	2.20	0.91	0.32	1.93	0.32	0.30	0.88	0.19	1.28
903089	0.18	2.21	5.48	0.33	1.29	1.10	0.22	0.33	0.86	0.03	1.83
901210	0.19	1.33	8.13	1.24	0.13	1.53	0.78	0.03	0.22	0.06	0.00
903039	0.20	3.03	0.72	1.02	1.33	1.54	0.65	0.40	1.55	0.39	0.90
902300	0.21	2.47	0.62	1.44	1.23	2.00	0.11	1.43	0.49	0.52	0.53
903220	0.21	0.49	1.34	4.67	2.18	0.87	0.00	2.46	0.04	0.00	0.52
902790	0.23	1.88	2.74	1.76	3.00	2.14	0.03	0.43	0.54	2.07	1.35
901290	0.23	3.12	2.05	1.22	1.38	2.74	0.05	0.03	3.85	0.03	0.00
902990	0.23	1.27	3.46	1.14	1.68	0.56	0.12	0.38	0.48	0.00	0.18

续表

HS code	中国	美国	日本	德国	瑞士	英国	韩国	意大利	新加坡	爱尔兰	荷兰
902219	0.23	2.23	1.95	2.44	2.23	1.33	0.05	0.65	1.55	0.04	3.01
901710	0.24	1.12	4.18	0.66	1.92	0.40	1.32	0.51	0.01	0.00	2.11
902590	0.26	0.62	2.46	1.29	2.03	0.69	0.23	0.11	0.20	0.52	0.35
901410	0.26	2.51	0.57	0.73	1.28	5.70	0.15	0.19	0.07	0.03	0.72
901320	0.29	3.21	1.00	3.54	0.89	1.05	0.05	0.48	0.09	0.01	0.44
902690	0.30	2.09	1.92	1.57	4.15	1.27	0.21	0.79	2.84	0.01	0.71
901590	0.30	2.50	0.22	0.46	3.81	5.09	0.05	0.10	3.28	0.01	0.80
902920	0.31	1.71	1.42	2.39	0.14	2.50	0.17	0.09	0.04	0.00	0.21
701400	0.31	2.68	3.75	1.05	0.35	0.12	0.26	0.75	0.04	0.00	0.03
903020	0.32	2.87	2.79	0.59	1.84	0.81	0.60	0.19	1.45	0.09	0.00
901520	0.32	0.17	6.72	0.44	29.01	0.20	0.01	0.03	0.05	0.00	0.63
903289	0.33	2.30	1.23	1.92	0.71	1.13	0.17	0.36	0.63	0.57	0.27
902610	0.33	1.68	0.71	1.65	4.70	2.02	0.15	0.63	0.29	0.10	2.10
901580	0.35	2.06	0.15	0.72	0.90	3.42	0.02	0.13	0.47	0.02	0.27
902410	0.35	1.74	0.76	2.64	6.34	3.04	0.13	0.42	2.14	1.17	0.13
902810	0.37	0.99	0.96	3.85	0.20	0.49	0.81	0.63	0.22	0.03	2.26
901510	0.44	0.84	1.04	0.96	8.40	1.23	0.00	0.22	0.00	0.00	2.05
903290	0.44	2.12	4.43	0.61	1.27	0.96	0.10	0.75	1.08	0.18	0.77
900110	0.45	2.46	2.20	0.70	1.00	1.18	0.73	0.44	0.16	0.03	0.67
902620	0.46	2.09	0.43	2.75	3.24	1.43	0.11	0.70	2.22	0.00	1.51
900120	0.47	0.31	12.90	0.04	0.01	0.01	0.76	0.03	0.02	0.07	0.01
903210	0.54	0.82	0.71	1.34	3.49	1.22	0.26	2.25	0.24	0.11	0.83
902290	0.54	1.86	1.29	1.87	1.22	1.44	0.18	0.68	0.06	0.36	0.00
903190	0.55	2.15	1.73	1.32	2.86	1.60	0.39	1.28	1.26	0.59	0.72
901390	0.59	2.22	3.78	0.79	0.20	1.36	0.33	0.17	0.76	0.01	0.51
902910	0.76	0.49	0.88	3.21	2.11	0.87	0.27	0.28	0.12	0.01	0.76
902820	0.89	1.66	0.14	2.28	1.82	1.04	0.09	1.80	0.05	0.00	0.10
901190	0.99	0.75	3.19	3.84	8.39	1.45	0.05	0.04	0.79	0.00	0.41
902890	1.22	1.54	0.05	1.51	2.49	1.24	0.03	1.27	1.29	0.02	0.30
901790	1.24	2.37	1.80	0.80	3.54	0.97	0.53	0.12	3.76	0.24	1.66

HS code	中国	美国	日本	德国	瑞士	英国	韩国	意大利	新加坡	爱尔兰	荷兰
902580	1.33	1.59	0.44	1.45	0.00	0.64	0.06	0.78	0.72	0.03	0.73
900590	1.47	3.61	0.77	1.04	1.57	0.53	0.02	0.08	0.26	0.01	0.16
901380	1.59	1.02	3.36	0.24	0.09	0.18	1.27	0.10	0.83	0.00	0.03
902830	1.60	1.36	0.03	0.60	5.07	0.96	0.04	0.16	0.50	0.04	0.03
903031	1.66	1.22	0.50	3.19	0.19	1.40	1.35	0.08	0.49	0.38	1.72
902519	1.68	0.77	0.58	1.41	2.35	0.75	0.25	0.20	0.21	0.02	0.37
901720	1.70	5.50	0.26	0.52	0.12	0.41	0.14	1.05	0.11	0.01	0.11
901600	1.92	0.97	1.80	5.01	0.00	1.27	0.30	0.43	0.17	0.00	0.03
901530	2.39	1.84	2.86	1.20	2.60	0.82	0.06	0.23	0.06	0.00	0.64
901310	2.50	1.10	1.30	1.71	1.69	0.00	1.24	0.47	0.03	0.05	0.34
901730	2.57	1.78	4.49	0.89	6.10	0.95	0.11	0.39	0.46	0.01	0.35
901180	3.18	0.67	3.58	3.38	1.41	0.35	0.12	0.11	0.74	0.00	0.26
900580	4.06	1.72	0.93	0.49	0.13	1.95	0.25	0.14	0.04	0.01	0.26
902511	4.42	0.76	0.15	3.22	0.37	0.96	0.03	1.06	0.06	0.63	1.04
901780	4.58	0.71	0.42	1.48	2.86	1.04	1.41	0.62	1.35	0.03	1.12

资料来源：作者根据联合国商品贸易数据测算。

2. 重点零部件竞争力分析

传感器是科学仪器中数据采集的唯一功能器件，也是信息技术的基础核心元器件。美国公布的影响国家长期安全和经济繁荣至关重要的 22 项技术中，有 6 项与传感器技术直接相关。目前全球传感器市场主要由美国、日本、德国的几家龙头公司主导。2016 年，在全球传感器市场中，中国占比为 10% ~ 15%。市场份额排名前列的传感器种类包括流量传感器、压力传感器、温度传感器等。博世、意法半导体、霍尼韦尔、飞思卡尔、日立等传统的电子行业巨头，都把传感器作为未来业务的主要增长点。中国传感器市场中 70% 左右的份额被诸如意法半导体、飞思卡尔等外资企业占据。中国本土企业市场份额较小，产值过亿元的企业仅占总数的 5%，产品种类齐全的专业厂家不足 3%，具有代表性的企业有汉威电子、大立科技、华工科技等。

与普通元器件产品不同，传感器产品中的芯片、陶瓷基板等部件都必须由上游配套企业提供。所以，传感器企业自身需要具备整合技术的能力，与上游供应链企业分工协作能力至关重要。同时，传感器生产工艺、技术要点繁多，流程复杂，涉及材料控制、工艺控制等，供应链协同难度高，被称为工业艺术品，本土企业旧有的模仿创新和逆向学习经验难以成功地应用在传感器生产创新过程中。

光电倍增管。在全球光电倍增管的市场中，日本滨松占据了绝大部分的市场份额。国产光电倍增管虽然有卓立汉光、江苏仪征以及上海飞乐等企业涉足，但是在性能和市场占有率方面均处于较边缘的地位。2015年，中国在光电倍增管产业化方面获得重大突破。中国兵器工业集团北方夜视科技集团有限公司先后成功研制了8英寸、20英寸MCP–PMT产品。

空心阴极灯。20世纪60年代，中国已经研制出自己的空心阴极灯，与国外基本同时起步。如今，空心阴极管国产厂商主要有北京有色金属研究总院、北京曙光明电子光源仪器、河北衡水宁强光源等，国外厂商主要有贺利氏、珀金埃尔默、安捷伦等。近年来，国产产品发展迅速，且占据了绝大部分的国内市场份额。与进口空心阴极管比较，国产空心阴极管在外观、一致性方面有一定的差距，但是，性能方面的差距正在迅速缩小，特别是稳定性已经得到了极大提升。

三、高端科学仪器产业链供应链面临的关键问题

（一）产业链供应链基础薄弱，关键零部件依赖进口

目前中国仪器生产的工业化水平较低，国内基础配套能力薄弱，涉及机械加工、材料成型等工业基础比较薄弱的环节，通用的关键技术不过

关，导致生产出的精密科学仪器的许多原材料、部件、产品性能达不到应用标准，而不得不从国外进口关键零部件。相较于国外，国产关键零部件技术的起点低，起步晚，面临性价比、专利壁垒等问题。原材料和配套加工环节受限，极大地掣肘高端科学仪器发展。科学仪器产品广泛使用的传感器、探测器、光电倍增管、电子倍增器、芯片等关键零部件和核心操作系统与数据都由美日德等国控制。这也使得国产高端科学仪器与国际产品相比成本优势有限。

（二）科学仪器研制集成创新能力缺乏，实验室技术产业化率低

科学仪器研制是基于学科交叉的成果，依赖物理、化学、材料科学、生物科学等基础科学研究的突破。高端科学仪器的初始创制工作通常是在科学家群体中完成的，并在科学研究中经过探索性应用才会进入商业领域。科学家是高端科学仪器创新的源头。

目前我国科学仪器研发团队发展不健全，缺乏同类配套团队，合作机制难以建立。我国科研成果转化率在25%左右，真正实现产业化的不足5%，与发达国家80%的成果转化率差距甚大；企业对科研成果的二次开发能力薄弱；实验室样机由于缺少仪器工程化平台，成果转化及产业化能力有待提高。

一个科学仪器从实验室走向市场，一般需要经历技术研发、样机工程化和仪器产业化3个阶段，大致分别对应技术成熟度的1~3、4~6和7~9。当前，仪器样机到仪器产品之间的工程化阶段缺少平台支持，也很少有人关注，更重要的是目前各种政策体制均不利于此阶段工作的开展，这是中国科学仪器研究的主要症结所在。

（三）高端科学仪器细分领域多、专业性强、市场规模小，难以利用我国市场规模优势发展

在高端科学仪器领域，不同产品年需求量为几千台，所需的零部件需要特别定制，所以难以形成规模效应。相对小众的市场只能维持极个别关键零部件企业的创新和发展，国内很多关键零部件技术只能停留在实验室的科研阶段，产业化无以为继。比如，我国电镜行业没有形成完整的产业链供应链，缺少上游零部件制造厂家，所以，很多配件不得不重新研制。由于近些年来我国扫描电镜制造不景气，有经验的扫描电镜制造专家大量流失。同时，对比国外扫描电镜品牌强劲的实力，国产扫描电镜商业化的过程非常缓慢，从电镜样机到市场化产品仍有距离。中科科仪是我国扫描电镜行业的支柱企业，是国内目前可以生产商品化扫描电镜的企业，但同样在与国外品牌的竞争中处于劣势，虽然可以满足大部分用户的使用需求，但是不能规模化生产，成本就无法降下来，价格上没有优势。

研发投入高、创新产出周期长，对企业融资能力要求较高。高端科学仪器创新从基础研究到商业化上市所需时间可达十几年，一般仪器创新所需时间约为 4 年。同时缺乏产品应用环境，难以形成正反馈的累积提升。

国际先进科学仪器企业一般遵循"探索一代、储备一代、研发一代、生产一代"的战略布局。而国内跟踪对标的产品往往是国外"生产一代"的产品，跟踪仪器仪表的实体和软件较为容易，但工艺细节大量缺失，导致稳定性和可靠性差，例如装配精度、标校技术、工艺应力等。

（四）高端创新型人才缺失，产业创新人才流失现象突出

目前我国在精密仪器、测试计量技术及仪器专业方面的培养水平较高，但科学仪器领域的毕业生和高端研发人才易向互联网等高薪产业流

动。以电子测量仪器行业为例，当前全行业从业人员不足 1 万人，不及国外同领域一家大公司的人员数量，人才质量和创新能力差别更大。调查 122 家科学仪器企业发现，硕士及以上学历员工比例为 15.6%，其中只有 4 家企业超过 50%，而它们的主营产品竞争性较强，为单台售价在数十万元以上的质谱仪、高通量透射电镜、高分辨率工业 CT 等高端科学仪器。可见，创新型人才对科学仪器企业的产品技术领先性有重要作用。

（五）优质小企业易被国际大企业收购，削弱本土企业的竞争性

以美国赛默飞和丹纳赫为代表的国际企业通过并购和组建战略联盟形成国际科学仪器大集团，不断向上游延伸，形成自己的制造生态，借此进行技术创新并降低成本。目前跨国企业加大对中国市场的投资，对本土企业进行合资和并购，如安捷伦上海分析仪器厂从合资转变为独资、珀金埃尔默收购上海光谱、丹纳赫收购博纳艾杰尔。

四、提升高端科学仪器产业链供应链稳定性和竞争力的政策建议

根据我国高端科学仪器产业技术差距大、对国外依赖大和市场需求相对有限的特点，建议以创新驱动、需求激励和供给集中为主要原则，加快提升产业链供应链竞争力。创新驱动，是指整合科研力量，对高端科学仪器产业链的全链条进行战略攻关，缩小我国在核心零部件和系统集成上的能力差距；需求激励，是指要通过各种政策措施引导和鼓励各方增加对国产高端仪器的采购，鉴于高端科学仪器对各行业创新的重要性，在此过程中仍要保持好和国外高端仪器供应商的关系，保护其既有利益，避免引发大范围断供现象；供给集中，是指高端仪器总体市场规

模有限，要推动国内优质资源向龙头企业发展，避免有限的供需资源过度分散。

（一）围绕产业创新链全链条资助科学仪器创新

联合自然科学基金委、科技部、工业和信息化部、发展改革委等部门在国家层面建立统一的基于科学产业发展战略规划，增强对基于科学产业发展的战略指导，统筹不同部门设置的科研攻关专项项目布局，持续对重要战略性领域的基础研究进行资助，储备科学仪器测量的空白领域技术，并引导社会部门资金尤其是风险投资介入长期科学创新。建立国家自然科学基金、国家重大科技专项、国家重点研发计划、技术创新引导专项基金、基地和人才专项的国家科技管理平台，沿创新链系统部署科学仪器的研发项目。

在创新链全链条分 3 阶段资助科学仪器的创新活动，在现有基金委重大研制专项的基础上，增设对仪器原创性概念和原理方法的资助项目，在科技部重大专项的基础上，增设小企业技术转移资助项目和专业科学仪器工程化基金项目。用于重大科研成果商业化，由科研机构牵头，与小企业共同申请，双方签订合作研发计划和知识产权协议。科学仪器工程化基金项目，包括样机应用类基金、样机工程化基金等，支持科学仪器项目研究完成后的宣传、推广应用、工程化和产业化。

（二）建设科学仪器产业化平台，实现辐射效应

试点建立科学仪器产业化平台，作为新兴研发机构，实现辐射效应。在科创中心、国家实验室等创新聚集高地建立科学仪器产业化平台，整合资源工程化和中试研究攻关，联合专业市场化团队推进产业化。

同时加大科技成果转化税收优惠力度，与新出台的《赋予科研人员职

务科技成果所有权或长期使用权试点实施方案》形成互补性政策机制，激发科技成果转化人员创新活力。

（三）扩大国产科学仪器的应用范围，为科学仪器的自主创新发展创造良好的市场条件

组合运用政府采购、标准、税收优惠、资金支持、发展基金、减免收费等政策培育科学仪器产业市场。适时完善政府采购促进科技创新的法律体系和制度体系。增加国产科学仪器产品采购机构的激励政策，给予长期低息贷款；建立购买国产产品资金返回机制，作为研用联合基金。探索建立针对采购人的风险免责机制与考核激励机制。通过搭建政府采购信用融资平台、实施"政采贷"项目等方式，推动中标中小企业能够以优惠利率获得信用贷款。

（四）培育龙头企业，联合上游供应体系，培育产业生态

以资本运作的方式培育科学仪器集团企业，强化优势资源的战略组合，构建产学研联合体。以龙头企业为核心，进一步增强产业链上下游的系统性、协同性，能形成"聚而优"的产业链生态。优先围绕关键核心部件和通用型高端科学仪器研制，制订重点产业链培育方案，积极培育掌握关键环节核心技术的企业。

健全法规政策环境，引导社会资本资助高风险科学仪器研发创新。多渠道拓展风险投资来源，实行高技术风险投资税收优惠政策。在科技成果转化服务平台构建科研人员与风险投资者互动平台。促进政策性与市场化的统一，提高基金运作效率。坚持市场化运作原则，基金的日常管理和投资运作要依托专业的基金管理人，政府不参与。建立健全转板机制，使不同市场不同企业在股权融资上更好匹配。建立部门联动机制，

加强金融部门与产业部门的政策协同，在政府引导基金框架下设置科学仪器领域专项基金，促进形成"科学家＋风险投资家"的创业模式。明确将科学仪器小企业纳入科创板政策，通过市场机制拓展小企业的融资渠道。同时实行高技术风险投资税收优惠政策，与风险投资政策形成互补性政策机制。

高端科学仪器的创新主要集中在细微结构解析仪器、细微加工仪器、分子—物质合成仪器、基础研究科学仪器等重点领域，包括透射电子显微镜、样片分析仪、表面分析仪、光刻曝光和绘图仪器、膜加工和蚀刻类仪器、表面处理仪器、核磁共振仪、质谱仪、色谱仪、分光仪、量子光电设施和其他尖端测量仪器等。

启动国外企业收购我国高技术企业的合规性和安全性检查机制，设立国有基金保护关键科学仪器领域企业，避免关键高技术科学仪器企业被其他外国公司收购。

（五）推进制定科学仪器国家标准，实现国际国内互认标准

推进本土企业参与国家标准的制定，通过标准化引导产业自主创新过程。加快推进标准化政策的国际化进程。联合龙头企业和科研院所搭建国家标准平台，确立各领域产品全方位的量化标准指标。推进采用国产产品进行标准检测的方法。利用标准认定自主创新程度，明确科研项目承担单位的标准化指标要求，规范项目的验收与实施。以标准指引政府实验室、企业、用户的发展方向。

加快推进我国标准化政策的国际化进程。鼓励我国企业尤其是跨国大企业主动参与国际标准的制定和修订，对行业的发展起到主导作用，占据产业制高点。通过主导和参与国际标准化政策制定活动，提升我国在国际标准化活动中的影响力。持续优化国家标准化政策体系。提高我国标准的

科学性和适用性，培育行业标准的先行者。

执笔人：王芳　许召元　孙昊

参考文献

[1] 陈芳，王学昭，刘细文，等.美国出口管制科学仪器技术分类研究[J]. 世界科技研究与发展，2022（3）.

[2] 华经产业研究院.中国质谱行业市场规模、进出口及竞争格局[R]. 2021.

[3] 智研咨询.2020年中国扫描电子显微镜（SEM）行业发展历程、企业竞争力及市场需求分析[R]. 2021.

[4] 中国仪器仪表行业协会等.中国科学仪器行业发展报告[R]. 2019.

[5] SDI:global assessment report, The definitive market reference tool for the life science and analytical instrument industry [R]. 2021.

新发展格局下提升我国汽车产业链供应链稳定性和竞争力研究

具有较强国际竞争力的汽车产业，是支撑高质量发展的重要基础。2009 年以来，我国汽车产业保持着良好发展势头，年产销量长期保持在世界首位，新能源汽车发展也占据了全球领先地位。但近年来特别是新冠疫情暴发以来，受国内外多方面因素影响，关键领域"卡脖子"和局部环节梗阻问题日益凸显。这反映出我国汽车产业链稳定性和竞争力还需要提高。为深入研究这个问题，我们对比了中美德日四国智能电动汽车产业链现代化水平，总结了我国汽车产业链存在的长板和短板，并提出了相关政策建议。

一、典型国家智能电动汽车产业链现代化水平比较

美国、德国、日本是汽车强国，也是我国发展智能电动汽车的主要竞争合作者。为此，我们首先比较了 4 个国家新能源汽车、智能网联汽车的产业链现代化水平。

（一）评价体系构建

1.定义和内涵

研究认为，产业链是基于最终产品生产所形成的上中下游各环节相关产品供需关系及配套体系；产业链现代化是一个体现了全球产业链发展最新趋势和主要特征，在产业基础能力、产业链配套水平、供应链效率和控制力、价值创造能力等综合竞争力方面不断达到世界先进水平的过程。因此，汽车产业链现代化就是通过持续提高产业基础能力、产业链配套水平、供应链效率和控制力、价值创造能力，形成具有更强创新力、更高附加值、更安全可靠的汽车产业链供应链的过程。

汽车产业链现代化必须具备以下4个主要特征。一是产业基础能力强。产业链的关键基础技术、核心基础零部件（元器件）、关键基础材料、基础工艺、工业基础软件等基础技术水平处于国际领先地位；产业技术基础支撑平台、先进产业基础设施和关键共性技术创新服务体系较为完备；科技创新、人力资源、体制机制、市场潜力等环境要素与产业链深度融合，能够提供高水平支撑保障。二是协同配套水平高。产业链上游零部件具备较强配套能力，下游整车产品具有较强竞争实力，上下游环节配套协同性高，具有较强抗冲击能力。三是在供应链上具有较强的控制力和影响力。产业链供应链完整程度高，本国头部企业具有较强的产业链垂直整合能力，对产业链供应链的控制力和影响力较强，具有一批产业链关键环节的领先产品及企业。四是总体处于全球价值链中高端。这使产业逐步具有较强的价值创造能力和较高的盈利水平，实现高质量发展。

2.评价指标体系

我们按照体现科学性和独立性、典型性和代表性、可行性和连续性、前瞻性和动态性的基本原则，围绕前述对于汽车产业链现代化定义的4个维度，初步提出了一套评价思路（见图46）。

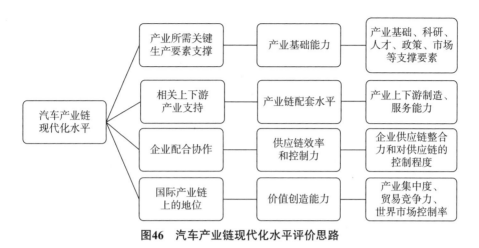

图46 汽车产业链现代化水平评价思路

资料来源：作者自绘。

在此基础上，我们构建了一个包括4个一级指标和23个二级指标的评价模型（见图47）。

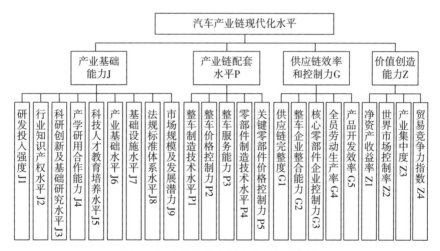

图47 汽车产业链现代化水平评价模型

资料来源：作者自绘。

具体来说，对产业基础能力这个一级指标，J1~J5这5个二级指标主要是从产业基础中最重要的科技创新的角度来对其进行评价，J6~J9这4个二级指标则是从基础工艺、设施、政策法规及市场等其他方面对其进行评价。对产业链配套水平这个一级指标，P1~P3 这 3 个二级指标是从产业链下游整车行业的角度对其进行评价，P4~P5 这 2 个二级指标则是从产业链上游零部件角度对其进行评价。对供应链效率和控制力这个一级指标，G1、G2~G3、G4~G5 分别从供应链完整度、企业对供应链的控制力、供应链效率 3 个不同角度对其进行评价。对价值创造能力这个一级指标，Z1~Z4 这 4 个二级指标分别从企业自身以及在行业内、全球范围的角度对其进行评价（见表31）。

表31　　　　　　　　23个二级指标说明及具体数据来源

编号	二级指标	指标详细说明	资料来源
J1	研发投入强度	研发投入总额／行业销售收入总额×100%	《中国汽车工业年鉴》
J2	行业知识产权水平	评估在新能源、智能网联及汽车产业发展相关领域的先进技术的专利数量和质量水平	行业机构、调研
J3	科研创新及基础研究水平	评估在新能源、智能网联及汽车产业发展相关领域的基础研究领域的创新能力和技术水平	行业机构、调研
J4	产学研用合作能力	评估产业、高校、科研单位等相互配合，形成强大的研究、开发、生产一体化的先进系统并在运行过程中体现综合优势的能力	行业机构、调研
J5	科技人才教育培养水平	评估科技人才数量和质量能否满足汽车产业及相关先进领域（新能源、智能网联）的人才需求	行业机构、调研
J6	产业基础水平	评估基础关键技术、核心基础零部件（元器件）、关键基础材料、基础工艺、工业基础软件等基础支撑能力强弱	行业调研
J7	基础设施水平	评估5G、大数据、充电设施等新型基础设施体系服务能力强弱	行业机构、调研
J8	法规标准体系水平	评估我国法规标准体系水平以及对国际法规、标准壁垒等的应对能力	行业调研
J9	市场规模及发展潜力	当前总体市场规模、新能源和智能网联汽车产业规模，以及未来对新能源、智能网联汽车的社会需求量	行业机构、调研

续表

编号	二级指标	指标详细说明	资料来源
P1	整车制造技术水平	评估新能源、智能网联等先进产业领域整车产业链配套技术水平，包括生产数字化和自动化程度、配套制造水平、产业化技术水平等	行业调研
P2	整车价格控制力	评估整车产业链配套效率和成本，显现为产品价格竞争力	行业调研
P3	整车服务能力	评价产品品质、服务响应效率和周期	行业调研
P4	零部件制造技术水平	评估新能源、智能网联关键零部件产业链配套技术水平，包括生产数字化和自动化程度、配套制造水平、产业化技术水平等	行业调研
P5	关键零部件价格控制力	评估关键零部件配套效率和成本	行业调研
G1	供应链完整度	产业链上中下游供应链环节的完整性	行业调研
G2	整车企业整合能力	评估本国头部整车企业对新能源、智能网联汽车上下游资源、供应链整合的能力	行业调研
G3	核心零部件企业控制力	评估动力电池、芯片、智能网联产业核心零部件头部企业对产业链供应链的控制能力	行业调研
G4	全员劳动生产率	工业增加值（或总产值）/行业全部从业人员平均人数	《中国汽车工业年鉴》
G5	产品开发效率	面向市场需求产品开发的周期和响应速度	行业机构、调研
Z1	净资产收益率	（企业税后利润/净资产）×100%，该指标体现了自有资本获得净收益的能力	国务院国资委
Z2	世界市场控制率	评价本国市场在全球市场中的地位，（本国市场销量/全球市场销量）×100%	行业调研
Z3	产业集中度	评价本国产业影响力，产业内大中型企业销售额/产业总销售额	行业调研
Z4	贸易竞争力指数	表示一国进出口贸易的差额占进出口贸易总额的比重，即TC指数=（出口额−进口额）/（出口额+进口额）	海关总署、行业机构

资料来源：作者整理。

3. 评价方法

在数据来源方面，主要有两类：一类是国内外相关研究机构提供的具体产业数据或指标评价，主要包括"中国新能源汽车产业竞争力指数评价""中国智能网联汽车产业竞争力指数评价"《中国汽车工业年鉴》等，在可能的情况下，我们都以定量数据为准；另一类是问卷调查，用来评价一些定性指标。我们面向高校、研究机构的专家学者以及主要整车企业、零部件企业的相关人员定向发放了问卷，共收到反馈 79 份，其中有效反馈 42 份。问卷调查人员包括我国汽车各产业技术路线图组长、副组长以及新能源汽车、智能网联汽车领域的主要专家，共计 20 位。

在权重计算方面，也有两类来源：一类是参考目前相关研究机构已经发表的指标权重，如"中国新能源汽车产业竞争力指数评价""中国智能网联汽车产业竞争力指数评价"等均给出了其评价体系内各二级指标的权重，这是主要依据；另一类是对上述研究无法提供的指标权重，我们采用标准离差法（均方差法）进行计算。该方法的核心思想是：某个指标的标准差越大，表明指标值的变异程度越大，所提供的信息量也就越大，因此在综合评价中所起的作用越大，其权重也越大；相反，某个指标的标准差越小，表明指标值的变异程度越小，提供的信息量越小，在综合评价中的权重也就越小。

在所有二级指标里，我们将权重大于 4.5% 的二级指标定义为核心二级指标。据此标准，共有 8 个核心二级指标：产学研用合作能力、产业基础水平、基础设施水平、法规标准体系水平、零部件制造技术水平、关键零部件价格控制力、供应链完整度、核心零部件企业控制力（见图 48）。观察这些核心二级指标，有助于我们深入剖析制约产业链现代化水平提高的关键因素。

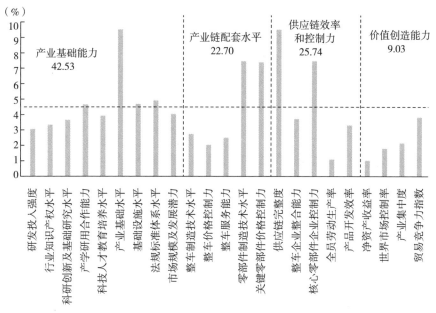

图48　一级和二级指标权重

资料来源：作者自绘。

（二）主要评价结果

1. 综合评价结果

总体上，德国、日本凭借强大的产业基础和完备的产业链供应链在智能电动汽车产业链现代化水平上处于领先地位；我国和美国紧随其后，我国小幅落后于美国（见图49）。

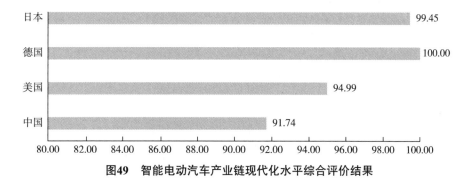

图49　智能电动汽车产业链现代化水平综合评价结果

资料来源：作者计算。

2. 产业基础能力评价结果

凭借在传统汽车产业上的优势，德国、美国、日本在产业基础能力评价指标上分居前三位，我国在该项指标上居于末位且与上述三国差距较大（见图50）。导致这个结果的最主要原因是我国汽车产业基础水平和科技创新能力还相对较弱。但值得注意的是，我国在基础设施水平这个核心二级指标上排名第一，这也是我国业已形成的重要优势。

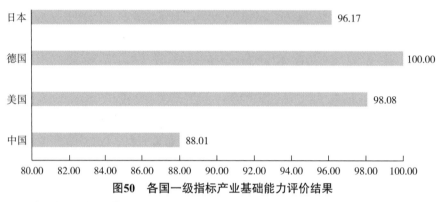

图50 各国一级指标产业基础能力评价结果

资料来源：作者计算。

3. 产业链配套水平评价结果

日本、德国在产业链配套水平方面居于领先地位，我国和美国分别位居第三、第四，我国与日本、德国的差距还比较大（见图51）。导致这个结果的最主要原因是我国汽车产业零部件制造技术水平和关键零部件价格控制力都比较弱。这个不利情况在新冠疫情出现以来表现得尤为明显。

图51 各国一级指标产业链配套水平评价结果

资料来源：作者计算。

4. 供应链效率和控制力评价结果

日本在该项指标中居于领先地位，我国和德国分居第二、第三位且彼此差距不大，美国居于第四位（见图52）。在这方面，我国的主要优势是国内供应链体系较为完整。随着我国在电池制造、信息通信、智能驾驶等领域涌现出一批领军企业，未来在这个方面有可能取得重大突破。

图52　各国一级指标供应链效率和控制力评价结果

资料来源：作者计算。

5. 价值创造能力评价结果

德国、日本、美国在该项指标上分居前三位，我国仍处于落后追赶的地位，且差距不小（见图53）。考虑到我国国内汽车产业集中度明显偏低、自主品牌溢价能力不强的状况，加之汽车产品出口占比较低，这方面差距预计在短期内难以弥补。

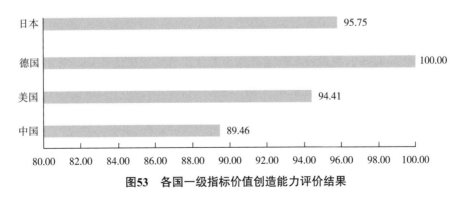

图53　各国一级指标价值创造能力评价结果

资料来源：作者计算。

二、我国汽车产业链的主要长板和短板

我国汽车产业链发展水平正在稳步提升，尤其是在新能源和智能网联等新兴领域的竞争优势正在加速形成。我国新能源汽车总体上处于国际领先水平，在智能网联汽车产业的各个核心领域也都已有战略布局，基本与世界领先水平同步。但产业基础能力薄弱、部分关键核心技术存在短板、产业链创新能力不足等问题仍未解决。

（一）主要长板

1. 新能源汽车产业已建立先发优势，实现全球领跑

当前，我国新能源汽车产业已建立了涵盖关键材料、核心零部件、整车、基础设施等环节的完整产业链体系，产业链上下游已实现全部贯通，在全球产业链中处于较高水平。

新能源汽车推广应用规模全球领先。2021年，我国汽车产量达到2652.8万辆，同比增长4.8%，连续13年蝉联全球第一。其中，新能源汽车产量达到367.7万辆，同比大幅增长152.5%。截至2021年底，我国新能源汽车保有量达到784万辆，占汽车总量的2.6%，也引领和加速了全球汽车电动化进程，成为世界新能源汽车产业的先行者。随着新能源汽车产业链的逐步成熟、消费者对新能源汽车的认识和接受度的提高、骨干企业提供的丰富且多元化的新能源汽车产品以及新能源使用环境逐步改善等因素的共同推动，新能源汽车市场将进入一个新的增长阶段。市场的不断成熟，将有力推动产业链供应链发展水平进一步提升和完善。

动力电池技术产业化能力与生产能力均处于世界领先水平。我国已经建立起包含动力电池产品、关键材料、系统集成、生产装备及测试评价等较为完善的产业链体系，所供产品不仅满足了国内市场需求，在开

拓国际市场方面也不断取得可观成效。电池技术方面,锂离子电池单体能量密度持续提升,新开发的高比能软包三元材料电池单体能量密度已达到304Wh/kg,并实现了小批量装车配套;动力电池集成技术不断成熟,系统体积成组系数达到50%～70%,质量成组系数达到70%～82%,且标准化比例达到15%～25%;代表更高能量密度的全固态电池技术研发力度不断加大,2021年固态电池比能量达到350～400Wh/kg,循环次数可达150～200次;在聚合物固态锂金属电池、硫化物固态电池等新体系电池方面的研发也取得一定的突破。关键材料方面,动力电池关键材料国产化进程加快,性能指标稳步提升,在动力电池关键材料领域的研发和产业化方面已达到或引领国际先进水平,不仅可满足国内动力电池企业对动力电池材料的需求,同时实现向松下、LG、三星等知名国际电池生产企业批量供货。电池配套方面,2012年以来,随着我国新能源汽车市场规模的逐步扩大,动力电池配套量逐年增长。2020年,全球动力电池在新能源汽车领域的配套量达到了137GWh,同比增长17%,其中我国动力电池装机量为63.6 GWh,占比46.4%。宁德时代全年配套量达到34GWh,连续4年夺得冠军,已成为宝马、大众、戴姆勒等多家豪华品牌车企的主要供应商。

企业竞争力大幅增强。经过多年的市场淬炼,我国汽车企业实力逐步发展壮大,国际竞争力不断提升。吉利汽车凭借多次海外并购、布局和产品质量的持续改善,市场销量和产品质量大幅提升,企业影响力不断增强;比亚迪、上汽等凭借持续的技术创新和品质提升,成为全球新能源汽车产业的领跑者,近年来一直稳定位居全球新能源乘用车销量前十之列;比亚迪、宇通客车等企业的商用车产品销往全球40多个国家和地区;以宁德时代为代表的动力电池企业动力电池装机量世界领先,已成为全球知名的新能源汽车零部件供应商,可与三星、松下、LG化学等行业领军企业同台竞争。

充电网络初步满足新能源汽车发展需要。截至 2020 年 12 月,我国充换电基础设施网络已覆盖全国主要省市(超过 450 个城市),覆盖率超过 90%,建成了"十纵十横"高速公路快充网络,充电基础设施累计数量为 168.1 万台,充电站规模约 6 万个,换电站超过 500 个,均位居全球第一。公共领域充电设施车桩互操作性测评的充电一次成功率优于 98%,用户充电体验明显改善。

2. 智能网联汽车具备实现领跑的潜力

智能网联汽车产业目前还处于快速成长期,在多数核心领域,中外企业都尚未形成绝对优势。我国发挥市场与体制优势,积极实践智能化与网联化融合路径,在技术发展与产业探索实践的综合推动下,已经从概念原理、技术原型阶段逐步迈入产业化创新应用的新阶段。

前瞻布局智能网联汽车的中国方案。我国充分发挥体制优势,针对国内交通环境和驾驶行为的现实,利用"两化融合"的发展特色,坚持研发符合中国基础设施标准、中国联网运营标准以及中国新体系架构汽车产品标准的智能网联汽车。同时,带动形成了一批在智能网联汽车领域具有国际竞争力的跨国公司及产业集群,保持与国际先进水平同步发展,有效提升了我国汽车、通信、互联网等产业在全球产业分工和价值链中的地位。

信息通信产业发展水平位居世界前列。我国在智能网联领域最具优势的产业主要包括信息通信产业及其连接的服务生态,优势技术包括车用移动通信技术(5G)、基于 5G 的车路协同技术、汽车云控平台(云计算、大数据)和智能基础设施(车辆、交通、能源及信息融为一体)等。当前,我国在信息通信等领域拥有一批世界级领军企业,通信设备制造商已进入世界第一阵营,移动通信和互联网运营服务能力位居世界前列,为发展智能网联汽车提供了重要支撑。

高精度地图技术具有行业领先优势。国内有四维图新、高德和百度等布局自动驾驶高精度地图，且目前采集进展快速，ADAS 地图主干网络道路里程持续增加，基本覆盖全国高速、城市快速路和国省县乡道等场景，已实现与第三方基础导航数据在导航及 ADAS 功能上的无缝切换和在线离线无缝对接。HD 地图初步具备重点城市开放道路量产和交付能力，能够支持全国高速道路数据的周期性更新及发布，满足 HA 级自动驾驶、5G/C-V2X、高速公路列队跟驰、自动驾驶仿真测试等领域的应用需求。

V2X 通信技术处于全球领先地位。我国在车载专用通信领域已形成自主知识产权的 C-V2X 通信技术，在 C-V2X 通信技术上处于国际领先水平；3GPP 标准化工作已完成，频谱划定已完成批复，TIAA 外场测试也已完成。同时我国还引领了国际 C-V2X 通信技术的标准制定、性能测试与商业化落地，具有国际市场标准及产品话语权。

（二）主要短板

1. 产业基础能力薄弱，部分关键核心技术差距较大

我国汽车产业相较欧美日起步晚，在基础元器件、基础材料、基础软件、高端工艺及装备等产业基础方面积累不够，尚未形成自主、可控、安全的零部件配套体系。

车规级芯片、车控操作系统、研发工具链严重依赖进口。国内目前在车规级芯片的设计工艺和技术水平上与国外尚存在较大差距，且从产业链源头的芯片代工、产业链上游的芯片集成、产业链中游的车载电子零部件生产都被国际巨头牢牢掌控，90% 以上国内市场均依赖进口。在车控操作系统方面，国产车控操作系统尚未达到车用高等级安全认证，无法用于整车控制、电池、电驱动、增程器等高安全等级的控制器产品，且自主车控

操作系统和自主车规级芯片缺乏功能适配。在研发供应链方面，国内从事车辆设计仿真软件和电气系统设计的供应商匮乏，企业多采用国外成熟电气电控系统开发工具，对国内开发软件设计技术的认可度不高；先进台架测试设备在功能与精度上与国外产品也存在一定差距。

部分关键基础材料有待突破。当前，我国在汽车相关领域的关键基础材料方面存在短板，部分关键基础材料仍在探索研究中，产业化进程需要进一步加快。例如，动力电池关键材料技术总体上仍落后于国外先进水平，部分先进材料如高性能高镍三元材料、碳硅材料等高度依赖进口；驱动电机用低重稀土/无稀土永磁体、高品质电工钢、非晶合金铁芯、新型电超导与热超导材料、耐高温耐电晕绝缘材料、车规级大电流密度功率半导体材料等的开发与国外差距明显；车用高端轴承钢和弹簧钢、特种工程尼龙、阻隔层氟塑料和 AEM 橡胶以及燃料电池用质子交换膜和碳纸等有待突破。

部分关键零部件的高端核心技术仍受制约。当前，在关键核心零部件领域，自主品牌有了很大进步，但总体处于价值链中低端的局面没有发生根本性扭转，中高端市场仍多由国外企业掌握，自主核心技术与竞争力较国外存在明显差距。例如，在先进高压共轨燃油喷射、多可变/全可变高效增压和配气、智能—电气化控制等高效率内燃机技术，传动构型拓扑优化、高效率传动元件、高品质综合控制等高性能自动变速器和混合动力总成技术，高速电机驱动、燃料电池膜电极及高效辅助系统、动力电池隔膜、全气候热管理等新能源动力技术，以及车载高性能计算平台、线控底盘等智能驾驶技术等方面，均主要依赖国外提供，尚未形成自主装备能力。

基础工艺和制造装备与世界先进水平仍有较大差距。当前，我国汽车行业在部分基础工艺和制造装备方面与国外差距较大，正制约着汽车关键技术的工程化和产业化。例如，我国在大电流密度绝缘栅双极晶体管（IGBT）芯片设计与工艺技术、高可靠封装工艺与封装材料技术方面仍与国外存在差距；在汽车用钢成型装备方面也有巨大差距，目前国内机床关键零部件大都依赖进口，国产数控系统由于缺乏在实际应用中的验证和优化，在材料、结构、高端制造精度和控制系统等方面均存在短板；在数字化开发、检验检测、自动化物流等先进高端制造装备方面也基本依赖进口。

2. 技术创新支撑能力不足，创新要素配置偏低

创新和协同发展体系有待进一步完善。当前我国汽车产业创新链不完整，基础研究和原始创新严重不足，在基础研究和产业化技术之间，缺少能够打通基础研究和产业化的非营利应用技术研究机构。尽管目前已陆续在新能源汽车、智能网联汽车和动力电池技术领域部署国家级创新中心，但仍难以支撑汽车全产业的技术创新和成果转化。此外，自主整车和零部件企业的协同发展也存在短板。一方面，自主整车企业为应对国际化的市场竞争，多采用国际零部件企业配套，合资整车企业具有相对封闭的零部件配套体系，自主品牌零部件企业获得配套的机会少、难度大；另一方面，汽车产业缺乏由行业监管部门主导的、系统化的"整零协同"考核机制，目前的考核机制仅停留于各"整零协同"主体间的内部双向考核评价，激励和鞭策效应不足。

技术创新核心要素配置有待进一步加强。当前，我国汽车产业技术创新核心要素持续提质增效，但与汽车发达国家相比仍存在较大差距。在研发投入方面，我国汽车企业研发投入总量、研发投入占比、营收占比同世界主要汽车企业相比仍存在一定差距。在专利方面，我国在燃料电池、驱动电机、智能驾驶、车用材料等领域核心技术，以及开发、测试、评价、验证等核心支撑技术方面专利布局明显不足，这些专利大多被国外企业所掌控。在人才方面，传统领域资深的产业科研人员和工程师数量仍然缺乏，同时新兴领域跨学科汽车科技人才缺口巨大，难以满足需求，预计未来较长一段时间二者叠加交汇，将加剧我国汽车产业人才的结构性问题。

三、提升我国汽车产业链稳定性和竞争力的政策建议

完善跨部门协同机制，加大扶持力度。在现有国家顶层设计的基础上，完善行政管理、行业管理、科研管理等跨部门的协同机制，加强在技术体系、生态建设、设施规划、保障措施等方面的引导。加大国家和地方政府对重点零部件企业科技研发和技术改造的支持力度，在发挥战略性新兴产业创投基金等国家基金引导作用的同时，鼓励有条件的地方建立发展资金，充分发挥地方在培育壮大汽车产业链等方面的作用。支持整车企业与骨干零部件企业建立战略联盟，鼓励以资本为纽带，引导整车企业面向重点零部件企业建立联合扶优机制，形成协同支持零部件发展的模式。

加快补短板、锻长板，提高产业链核心能力。围绕主要依赖进口的关键零部件、高端芯片、基础材料、软件系统等核心领域，汇集行业优势资源，开展集中技术攻关，实现阶段性突破，推动解决"卡脖子"问题。加快实施产业基础再造，重点支持汽车核心零部件和关键基础材料，提升技术水平和制造能力，推动形成系统完备、支撑有力的产业基础体系。巩固在电池、电机核心领域的产业优势和技术优势，加大对新一代电池材料、电池技术的研发力度，并充分利用中国汽车市场这一战略资源，培育新能源汽车与5G、高精定位、人机交互融合发展的中国自主领先能力。完善燃料电池汽车产业化基础，开展汽车与能源、城市、交通等领域融合发展的前沿示范，带动产业技术创新，培育未来发展新优势。

逐步建立安全可控的自主零部件体系，提升供应链弹性和产业链韧性。综合考虑汽车产业转型升级方向、培育未来产业竞争优势，根据不同领域关键核心零部件的发展阶段、市场成熟度，以"开放、创新、自

主"为主线，采取差异化的措施，实现传统领域开放协作、新型领域创新引领、基础领域自主化突破，逐步建立安全可控的自主零部件体系。加快企业尤其是产业链"链主"头部企业供应链的数字化转型，提高供应链的灵活应变和协同能力，增强供应链的柔性和弹性。加强信息共享，研究建立后备供应商信息库等，提升应对供应链中断风险能力。强化未来科技预见，建立产业链安全监测预警机制，跟踪研判国际形势和产业发展动态，加强产业安全管理、研判与风险控制。保持产业链供应链完整性，优化汽车产业链高中低端产业布局，推进汽车产业链向价值链中高端跃升。

加大知识产权保护力度，加强专业人才培养。落实并完善知识产权保护相关法律法规，依法进行专利管理和保护，规范专利使用和技术转让，加大对侵权行为的打击力度。健全多层次人才体系，加强高等院校、职业院校人才储备与培养，重点加强汽车新兴领域复合型人才培养；推进产学研用合作培养模式，加强联合培养基地建设；推行产教融合、工学一体的培养模式，培育高技能工匠人才。

优化产业链国内外布局，积极扩大国际合作。构建汽车产业国际合作绿色通道，鼓励跨国零部件企业在华设立研发和采购中心，支持搭建全球研发协同创新平台，进一步吸引产业链供应链高端环节向我国转移。鼓励国内企业聚焦产业链薄弱环节，加大战略性投入，适时开展海外并购、合资合作等项目，加快推进本土化和规模化。把握"一带一路"倡议发展机遇，支持企业开展国际产能合作，鼓励国内企业通过设立境外营销机构、研发中心、生产基地等方式积极"走出去"，对接全球市场，争取产业链分工和价值链分配的有利地位。鼓励国内企业、科研院所及行业机构拓宽交流渠道，加强国际交流与合作。

执笔人：宋紫峰 郑亚莉 陈敏

新发展格局下提升我国工程机械产业链竞争力研究

工程机械是支撑国民经济发展的基础性产业。近年来，我国工程机械产业规模不断扩大，已经累积了与国民经济发展相匹配的设备存量规模，正在由以增量市场为主向存量市场升级、更新并重的需求结构转变，由仅追求性价比向高性能、高质量、高可靠性、高适应性迈进；由单一通用机型需求结构为主向多元化需求结构和对施工技术系统整体解决方案发展。"十四五"时期，要充分发挥好工程机械产业优势，围绕市场需求促进产品升级，聚焦全产业链数字化、智能化、绿色化，推进先进工程机械研发应用，推动我国工程机械产业国际竞争力再上新台阶。

一、工程机械产业链基本情况

（一）行业竞争力主要集中在产业链上游环节

工程机械产业链上游由原材料钢材和发动机、液压系统、轴承、底盘等核心零部件组成，中游包括挖掘机、起重机、压路机、推土机等不同类型的制造厂商，下游应用则主要包括房地产、基础建设和采矿业等领域。以产品份额占比超过50%的挖掘机为例，核心零部件占成本的45%，钢材和其他零部件分别占成本的20%和27%，合计占一台挖掘机成本的 92%，制造费用仅占成本的 8%，产业链上游对工程机械影响较大。

（二）核心零部件主要由欧美日韩等企业把控

工程机械上游生产制造上呈现多品种、小批量、部件多、工艺复杂等特点，行业进入门槛较高。上游的发动机、轴承、液压系统等核心零部件，占总生产成本比重的一半左右，是体现一国工程机械产业国际竞争力的重要环节。但目前，核心零部件方面，全球行业竞争高度集中，已形成了长期由海外跨国集团主导的市场垄断格局。例如，2020 年我国有 70% ~ 80% 液压系统依赖进口，作为全球工程机械整机和零部件生产消费大国，我国在高端环节市场方面暂未取得明显突破。

专栏 9　轴承与液压系统全球竞争格局

轴承。轴承是机械设备中重要的核心零部件，其性能、精度、可靠性对使用主体的正常工作起着决定性的作用。从市场份额来看，当前全球最大消费市场在以中国、日本为代表的亚洲地区，占比 50%；欧洲和北美洲分别占 25%、20%。全球轴承行业竞争格局高度集中，从主要供应商情况看，2020 年全球八大跨国轴承集团占总市场规模的 70.7%，其中日本企业 5 家，分别是日本精工株式会社、东洋、美蓓亚、不二越、捷太科特，欧洲企业 2 家，分别是瑞典斯凯孚和德国舍弗勒，还有一家是美国铁姆肯。我国占据全球份额的 20.3%，且主要集中在中低端市场。按进出口数据计算，2020 年我国进口轴承平均单价约为 1.73 美元/套，出口轴承虽然数量约是进口的 2 倍，但平均单价仅为 0.82 美元/套，具有高附加值的中高端产品仍需大量进口，特别是中大型以上轴承产品产量尚不足 9%。

液压系统。当前，全球液压市场主要掌握在海外跨国企业手中，代表性龙头企业主要来自日本、美国和德国，包括博世力士乐、派克汉尼汾、伊顿和川崎重工4家公司，2020年其市场占有率分别为19.7%、9.7%、7.2%和5.7%，总计市场份额达42.3%，博世力士乐销售额是派克汉尼汾的2倍，在行业中拥有绝对的竞争优势。而我国液压领军企业恒立液压和艾迪精密分别占据市场份额的2.2%、0.6%，远低于国际领先企业。从细分产品看，2020年国内市场中，液压油缸方面，主要外资品牌有日本KYB、韩国东洋电机、美国派克汉尼汾等，2020年恒立液压的国内市场占有率已达55%；液压泵阀方面，主要外资品牌有德国博世力士乐、日本川崎重工、英国戴维布朗以及美国伊顿、派克汉尼汾，川崎重工、博世力士乐等龙头公司在我国挖掘机泵阀市场中占比较高；液压马达方面，国内挖掘机的回转马达以外资KYB和丹佛斯为主，国产品牌中恒立液压实现小批量供应；行走马达中外资以纳博特斯克为主，国产制造商中有艾迪精密。

资料来源：作者整理。

（三）全球市场主要集中在美国、日本和中国

全球工程机械50强峰会组委会2020年发布的"全球工程机械制造商50强"榜单显示，2020年，全球工程机械销售规模为1915.82亿美元，其中，中国企业销售额为507.33亿美元，占全球比重的26.48%，位居第一；美国企业以420.21亿美元位居第二，占比为21.93%；日本企业则以398.98亿美元排名第三，占比为20.83%。中、美、日三国总占比接近全球的70%。零部件市场方面，2020年全球最大轴承市场在以中国、日本为代表的亚洲地区，占比约为50%；液压系统在中美市场的份额合计近70%。

二、我国工程机械产业链发展现状

（一）产业规模位居全球首位

"十三五"期间，我国工程机械产业保持快速增长，行业的营业收入由2015年的4570亿元增长到2020年的7000亿元以上，年均复合增长率超过了10%。挖掘机、装载机、起重机、压路机、叉车、推土机等一大批工程机械产品产量跃居世界首位，已经成为名副其实的工程机械制造大国。在"2021全球工程机械制造商50强"榜单中，我国11家企业市场份额总量首次升至全球第一位，占比26.48%，美国和日本分别以21.93%和20.83%排名第二位、第三位，徐州工程机械集团有限公司以仅次于卡特彼勒和小松的市场份额首次进入全球前三。

（二）产品国际化水平显著提升

2020年，我国工程机械进出口总额1260亿美元，比2015年增长4.39%，其中出口增长13.4%，进口下降26.45%，装备与高端零部件自主化率明显上升。其中，以盾构机为代表的大型掘进设备等在海外市场占比持续攀升，国产盾构机国内市场占有率已超过90%，全球市场份额近70%，全断面隧道掘进机已成为中国装备制造业又一亮丽的名片。单体品牌在部分领域实现对国际巨头的超越，2020年，三一重工股份有限公司生产的挖掘机首次夺得全球销量冠军，全球市场份额占比超过15%。

（三）创新引领重大装备持续突破

据对中国工程机械工业协会参与企业年报的相关统计，2020年科技活动经费同比增长24.5%，占营业收入比近4%。诞生了百吨级以上超大型挖掘机，实现了4000吨级履带起重机在国内吊装领域的成功应用，2米及以上大型全液压旋挖钻机实现批量制造，全地形工程车、超高层建筑破拆消防救援车、多功能抢先救援车等一大批特种工程机械诞生并应用。此外，在大型铲土运输机械、环保智能化混凝土沥青搅拌设备、电动智能化仓储物流设备、大载重量臂式升降作业平台等重大技术装备和智能高端装备的研发制造和关键部件方面均取得重大进展。

（四）智能制造能力和水平不断增强

"十三五"时期，工程机械产业持续推动两化融合创新，大力发展人工智能、工业互联网等技术应用。三一集团建设了国内工程机械行业首批全数字化"灯塔工厂"，实现产能提升 70%、制造周期缩短 50%、自动化率提升 36%，整体自动化率大幅提升。中联重科率先将"5G+工业互联网"应用于塔机研发并成功应用，实现从"塔机高空操作变地面操作"到"远程智能控制"的跨越。徐工信息、树根互联、中科云谷、山东捷瑞等一批工业互联网平台加速壮大，其中，徐工信息打造的 IoT 平台，成功实现对 2300 余台设备的上云联网、数据采集，切实推动了制造过程中的精益管理和生产效率的快速提升。

（五）性能、质量和可靠性、耐久性不断提升

"十三五"期间，工程机械行业通过改进设计、优化工作装置和结构件等关键部件对制造技术工艺进行了升级改造，加强了对零部件质量的管控，有序推进信息化车间和智能化工厂建设，进一步提升了产品质量。同时对关键部件如箱、桥、大型结构件等进行了寿命提升，进一步提高了整机产品的可靠性和耐久性。据对抽测的装载机可靠性试验结果分析，2017年平均失效间隔时间为 749 小时，2018 年的平均失效间隔时间为 865 小时，2019 年的平均失效间隔时间为 886 小时。除此之外，很多产品整机可靠性接近或达到国际先进水平。

三、我国工程机械产业链存在的主要问题

（一）从企业规模来看，龙头企业市场占有率有待提升

尽管我国工程机械产业发展迅速，也产生了徐工信息、三一集团、中联重科等全球二十强企业，但对标世界级工程机械龙头企业，如卡特彼勒、小松等，国内领军企业与之相比还有一定差距。一方面，规模差距明显，世界级龙头企业规模均在千亿级人民币以上，卡特彼勒和小松2020年销售收入分别为248.24亿美元（约折合1700亿人民币）、199.95亿美元（约折合1400亿人民币），而三一集团和中联重科距离千亿人民币级还有相当一段距离。另一方面，市场占有率有待提高，卡特彼勒尽管近两年销售收入有所下降，但在全球仍拥有13%的市场份额，特别是在建筑工程机械、矿用设备、柴油和天然气发动机等领域优势明显，小松拥有10.4%的全球市场份额，而徐工信息、三一集团、中联重科等的市场占有率，尤其在高端产品领域还有很大发展空间。此外，我国企业在横向集聚与垂直整合策略、理念性设计、人性化的关怀、产品的完善售后服务等经营上，与它们还存在一定差距。

（二）从技术创新来看，核心部件和关键技术有待突破

对标国际先进水平，我国在上游关键零部件方面与国外有较大差距。例如，国产柱塞泵／马达平均使用寿命仅为国外同类产品的1/2左右，高压液压元器件平均无故障工作时间为 600 ~ 1300 小时，与国外大于等于6000 小时的先进水平尚有差距。部分核心零部件及关键软硬件产品进口依赖严重，如大吨位工程起重机上用的 400 千瓦以上发动机、大扭矩液压制动、机械制动变速箱、电动比例控制阀、180 以上闭式泵、160 以上排量马达、PLC 控制器、大型信息化软件等。高端核心零部件"卡脖子"，制

约了我国工程机械产品的发展，造成生产成本居高不下。研究发现，卡特彼勒不仅是全球最大的工程机械生产商，也是全球柴油机、天然气发动机、工业用燃气轮机和柴电混合发动机组的主要供应商。我国发动机、传动系统、液压元器件、控制元器件等关键零部件进口成本占到工程机械制造成本的一半以上，行业中巨额的利润被国外企业攫取。

（三）从产业链协同来看，上下游协同能力有待增强

工程机械产业链长，主机和配套厂商间相互依赖，需要产业链各环节协同发力。虽然我国已经拥有一批核心骨干企业，也形成了以湖南、江苏、广西等地为主的一批主要生产基地，但区域间和企业间的协同机制仍不完善，上下游协同发展有待加强。创新支撑方面，产学研用合作创新平台不足，科技成果产业化程度不高，大量研发成果停留在实验室，未能转化为大规模生产的产品。同时，跨地区、跨领域、跨行业的制造业联合创新中心不足，各区域间独立发展，缺乏有效的跨区域协作机制和竞合关系机制。协同联动方面，配套企业对主机厂商依赖性较强而支撑不足，且普遍规模较小，自主研发能力弱，跟不上主机企业的发展步伐。比如，中联重科在推行供应链数字化转型过程中，要求配套企业在信息化建设、工业互联方面加大投入，但很多供应商在这些方面意愿并不强。

（四）从产业链完成性来看，后市场服务尚存在不小差距

在欧美成熟市场，工程机械厂家的利润有 2/3 来自后市场服务，国内在工程机械后市场服务领域相对落后。2020 年，整机销售业务贡献给代理商平均 64% 的营业利润，后市场业务利润占比 36%，其中包括配件销售业务贡献给代理商群体平均 19.9% 的营业利润；保内服务贡献给代理商群体平均 9.1% 的营业利润；二手机械销售业务为亏损状态；经营性租

赁贡献给代理商群体平均 3.9% 的营业利润；保外服务和其他维修服务业务贡献给代理商群体平均 3.2% 的营业利润；金融服务和其他业务贡献给代理商群体平均 0.9% 的营业利润。同时国内工程机械后市场服务企业经营水平较低，我国作为世界上工程机械设备保有量最大的国家，代理商后市场吸收率却主要在 10% ~ 20% 的低位徘徊，与欧美 50% 以上水平差距明显。

（五）从产业政策保障看，对引领未来发展的新能源动力支持不够

在当前全球能源消耗和环境污染的严峻形势下，未来工程机械转向环保的电驱动等新能源动力发展已是大势所趋。而我国在电动技术上与欧美日技术代差相比内燃机要小，局部领域甚至有技术比较优势，大力发展电动机械设备，将有助于我国加速赶超欧美日标杆企业，规避内燃机、变矩器等核心部件的劣势，实现换道超车。但由于国内工程机械电动化刚刚起步，缺乏成熟行业标准，面临着与汽车行业发展初期相似的一些问题，主要是电动化配套基础设施不足、工作场景限制；动力电池、电气控制系统等产业化早期产品成本较高，市场竞争力不足；相关产品应用局限于特定场景，缺乏大规模的市场培育等一系列问题。为了解决工程机械电动化的发展瓶颈，亟须相关部门尽快制定有关鼓励支持工程机械电动化、助推工程机械行业绿色发展的政策。

四、提升工程机械产业链稳定性和竞争力的主要思路与路径

当前，我国已发展成为全球工程机械领域门类最全、品种最丰富、产

业链最完整的国家，正融入全球产业链供应链体系。构建新发展格局进程中，工程机械行业要坚持创新驱动发展策略，不断强化关键零部件配套，打造一批高水平的工程机械企业和国际化品牌，加强大中小企业协同，深入实施智能制造和绿色制造工程，发展服务型制造新模式，推动行业高端化、智能化、绿色化，不断增强工程机械行业核心竞争力。

（一）全面加强产业基础能力

强化前瞻性基础研究，加大"五基"领域技术研发支持力度。建立工艺基础创新体系和行业基础数据库，加强企业实验监测数据和计量数据的采集、管理、应用和积累。依托龙头企业，集中力量突破柱塞型液压马达、液压泵、高压大流量液压阀、大扭矩液压制动器等智能液压元件。加大高频比例阀控制、阀体铸造等液压元件等相关技术研究力度。进一步提升传动件水平，掌握减速机、变速箱、驱动轮、导向轮、支重轮、托轮、履带等关键零部件生产能力。引进和开发高品质底盘、大直径和高承载大型盾构机主轴承、高压密封件、高质量液压件及液压元件、大马力发动机、重载轴承、变速箱、回转支承等关键零部件及配套产品核心零部件及新型功能配套件。

（二）提升产品质量和附加值

持续提升智能制造水平，引导企业更新数字化装备或利用智能化技术改造非数字化装备，提高企业产品质量和劳动生产率，保证产品质量的稳定性。推广智能制造模式，支持工程机械零配件行业开展异地协同制造、云制造等智能制造模式，引入客户个性化定制需求，建立柔性、快速响应、定制化生产模式，开展用户消费行为分析，提升精准营销、精细服务水平。加大过程检验和监测手段的投入，加强对外购件和外协件的质量检验，提升整机产品质量。加强可靠性设计、实验与验证技术开发应用，提升重点产品性能稳定性、质量可靠性、环境舒适性和使用寿命。

（三）支持发展新能源动力

加大研发创新力度，鼓励高校、科研院所和优势整机企业，建立产学研深度融合的协同创新平台，加强对多电机控制技术、提高电机作业环境适应性和自动化智能化控制等关键核心技术攻关。鼓励工程机械整机企业与零部件企业形成研发协同联盟，加强新能源工程机械产业链上下游企业协同配套，共同参与新产品开发，提高产品的市场适应能力，缩短产品开发周期，降低产品开发风险和开发成本。提高成果转化应用能力，鼓励开展新能源工程机械示范应用。推进重点区域全面电动化试点示范，通过中央基建投资补助等方式，支持重点领域新能源机械应用。

（四）壮大配套性生产服务业

鼓励主机企业发展服务型制造，引导企业生产模式从产品导向型向解决方案型转变，产品营销模式从提供设备向提供咨询设计、项目承接、工程施工、仓储物流、系统维护和管理运营等系统集成总承包服务转变。鼓励工程机械龙头企业向产业价值链高端发展，发展壮大第三方物流、节能环保、服务外包、融资租赁、售后服务、品牌建设等生产性服务业，提高对制造业转型升级的支撑能力。积极发展销售后市场，完善二手设备交易平台建设，加快销售后市场服务平台的建设与互联网融合，通过互联网服务平台实现设备的智能化运营管理、维护维修服务，进一步提升服务效率和服务水平。

（五）努力提升国际化发展水平

鼓励企业积极参与境外产业集聚区、经贸合作区、工业园区等合作园区建设，引导国内企业抱团"出海"。支持搭建抱团"出海"的信息云平台和公共服务平台，依据工程机械企业抱团"出海"的实际需求，为主机和配套企业顺利"出海"提供必要的市场信息、客户资源。创新国际合作方式，积极开展"工程承包＋融资""工程承包＋融资＋运营"合作，积极争取与德国力士乐、川崎重工、KYB等世界知名零部件企业合作，灵活采取联合共建、技术合作、技术援助等方式开发市场。鼓励企业继续围绕"一带一路"倡议增加投资，支持企业在境外开展并购和股权投资，建立研发中心、实验基地和全球营销服务体系，依托互联网开展精准营销、增值服务创新和品牌推广，不断提升国际市场占有率。

执笔人：孙海尧

新发展格局下提升我国大飞机产业链供应链稳定性和竞争力研究

大飞机产业是国家战略性新兴产业，也是高端装备制造业的重要组成部分。一方面，大飞机产业的发展对国民经济增长有重要的带动作用，波音研究表明，民用飞机销售额每增长 1%，对国民经济的增长拉动将达到 0.7%（金伟，2015）。另一方面，大飞机产业的发展对基础学科及新材料、高端制造、先进动力、信息系统等关键技术领域有明显的技术溢出效应，有利于推动工业技术创新和产业结构升级。大飞机作为大国重器，其产业发展体现了我国提升产业链供应链稳定性和竞争力、实现新发展阶段高质量发展目标的决心和意志。分析我国大飞机现阶段的产业基础和升级路径，将为我国高端制造业高质量发展提供重要的参考作用。

一、大飞机产业的国际竞争格局和我国大飞机产业发展现状

（一）全球大飞机产业主要竞争格局和演变

大飞机一般指起飞总重超过 100 吨的运输类飞机，包括民用客机、民用货机和军用运输机。大飞机级别的民用客机与干线飞机的定义较为接近，一般指在客运量较大的城市间飞行、载客量在 150 人以上的客机。相

对应的，100座以下的叫作支线飞机。干线飞机又可进一步分为150座、200座、300～500座3个级别，其中300座以下的客机客舱通常配置一个通道，被称为单通道客机，300座以上的客机客舱通常配置两个通道，被称为宽体客机。本报告的研究对象主要为民用客机。

全球干线飞机市场格局先后经历了寡头垄断、三足鼎立再到寡头垄断的变化过程。20世纪50—70年代，波音占据市场主要份额，麦道紧随其后占据30%～40%的市场。20世纪70年代开始，空客开始走上舞台，10年间市场份额上升到10%～20%，同时洛克希德·马丁公司开始退出市场，20世纪90年代，波音、空客、麦道形成了三足鼎立的局面（见图54）。随着1996年波音对于麦道的收购和空客持续的高速发展，干线飞机市场恢复到寡头垄断格局。

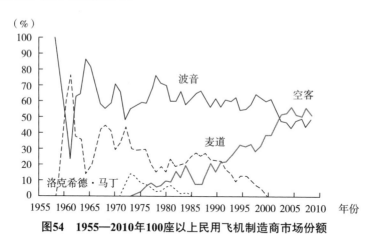

图54　1955—2010年100座以上民用飞机制造商市场份额

资料来源：Sgouridis and Hansman, 2011。

全球干线飞机市场已经形成了双寡头垄断格局，波音和空客占据着市场主体地位，加拿大庞巴迪和巴西航空在支线客机细分市场占据一定的份额。2019年全球累计交付客机1457架，其中空客交付了869架，波音交付了376架，合计占比85.4%。2020年受新冠疫情影响，全球客机交付量下降至824架，其中空客交付了551架，占比66.9%，波音受印度尼西亚、埃塞俄比亚等地的737MAX系列飞机空难冲击，交付量为154架，同比下降59.0%（见图55）。

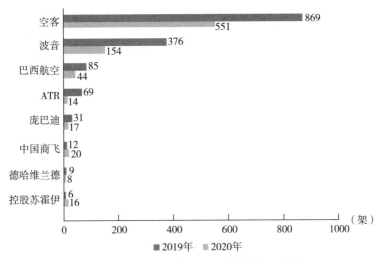

图55 2019年、2020年各民机主制造商交付情况

资料来源：Planespotter。

波音和空客的产品结构有所不同。空客2019年和2020年交付的客机中，交付量最高的都是A320系列飞机，是单通道客机，占比分别达到73.2%和76%。波音2019年和2020年交付量最高的都是787系列飞机，占比分别达到42.8%和35.1%，且747及以上的宽体客机占比在70%左右（见图56）。

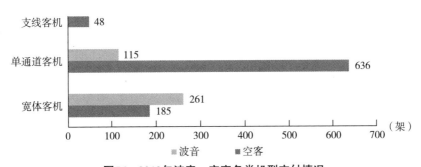

图56 2019年波音、空客各类机型交付情况

资料来源：Planespotter。

中长期看，全球对大飞机的需求仍将持续增长。2020年新冠疫情对全球民用客机产业造成了强烈冲击，航班取消、停飞，飞机延迟交付的情况频发。根据国际航空运输协会预测，2021—2025年整个行业都处于恢复期，2024年之后运量（RPK）才能恢复至新冠疫情前水平。据波音、中国商飞等多方测算（Boeing，2020；中国商飞，2020），预计到2039年，全球经济年均增长约为2.5%，全球航空旅客周转量（RPKs）年均增长为3.7%～4%，航空服务业市场规模将达到9万亿美元。2020—2039年，各座级客机总交付量预计将达到4万～4.2万架，价值接近6万亿美元（2019年价格）。其中，单通道客机仍将占据较大比例，预计接近3万架，约占总交付量的72%，价值将超过3.4万亿美元，年均价值约为1700亿美元。机队保有量方面，到2040年，全球机队规模将为4.5万～4.6万架，约为当前规模的2倍。分阶段、分机型的详细情况见图57。

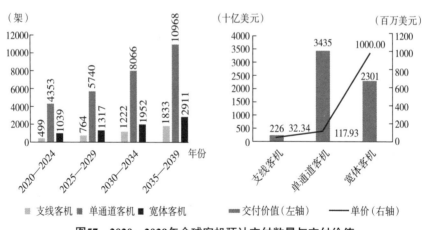

图57 2020—2039年全球客机预计交付数量与交付价值

资料来源：Boeing，2020；中国商飞，2020。

（二）我国在大飞机领域的发展历程

ARJ21是中国商飞研制的首款支线客机，从2002年正式立项到2008

年成功首飞，历时 6 年。此后，ARJ21 进入适航取证阶段，并于 2014 年底和 2017 年底分别获得中国民航局颁发的型号合格证和生产许可证。2015 年底首架 ARJ21-700 交付成都航空，标志着我国初步具备支线客机的研制和适航评审能力。截至 2021 年 8 月底，ARJ21 已向国航、东航、南航等航空公司交付 56 架，航线运营超 10 万飞行小时，代表着该机型的安全性和可靠性得到验证。

C919 于 2009 年正式发布。机型代号"COMAC919"，2009 年底中国商飞与 CFM 公司签署 C919 客机动力装置合作意向书，选取其研发的 Leap-X1C 发动机作为飞机的动力装置，C919 飞机机头工程样机主体结构同时期也在上海正式交付。经过两年的设计、试验，C919 项目的机头、前机身、中机身、中后机身、中央翼、副翼部段依次在中航工业完成交付，并于 2014 年 9 月在中国商飞总装制造中心浦东基地开始总装。2015 年 11 月，随着机身后段和 CFM 公司首台发动机交付，C919 飞机首架机在浦东基地正式总装下线。2017 年 5 月，C919 于上海浦东完成首飞，在完成多次试验后，2019 年 C919 进入"6 机 4 地"高强度试飞阶段。2020 年 11 月，C919 飞机型号检查核准书评审会在江西南昌召开，中国民航上海航空器适航审定中心签发 C919 项目首个型号检查核准书（TIA）。这意味着 C919 飞机构型基本到位，飞机结构基本得到验证，各系统的需求确认和验证的成熟度能够确保审定试飞安全有效；同时也标志着 C919 飞机正式进入局方审定试飞阶段。2021 年 3 月，东航与中国商飞正式签订购机合同，首批引进 5 架 C919 于 2022 年底交付。

二、全球大飞机产业链供应链的基本特点和主要环节

（一）大飞机产业的主要生产模式缘起及特征

1. 主制造商—供应商模式的缘起与演化

20世纪上半叶，大飞机制造企业主要采取独立经营模式。主要的制造企业建立了"大而全"的研制和生产体系，除发动机外的大量部件和系统的研发制造均由主制造商完成。20世纪60年代后，加入大飞机制造业的企业数量上升，全球大飞机产业开始形成，产业链供应链加速演化。随着市场容量的扩大和市场参与者的增加，市场竞争加剧，产业链供应链的主流技术和生产经营模式逐渐形成，主制造商和多层级供应商的分工协作体系开始出现（李启红等，2020）。在长期采购供应关系的基础上，部分主制造商开始将主要部件在国际上外包。道格拉斯公司首先将DC-9和DC-10的机翼和机身装配发包给加拿大德哈维兰德公司和意大利阿莱尼亚公司。波音为占据市场、分散研发风险及成本，将机翼技术和结构研发技术向日本企业转移。

主制造商为降低成本及风险，增强企业核心竞争力，摒弃了传统的客机制造商角色，将分系统和部件的业务出售给具备比较优势的供应链下游企业，转变为产业链供应链的集成商，形成了以主制造商为核心，全球范围的分系统和部件供应商共担风险、共享利润的严密供应链系统，即利益共享、风险共担的主制造商—供应商模式（刘勇，2011）。目前这一模式已被国际航空业广泛接受，波音、空客、庞巴迪等制造商的大型飞机项目普遍采用这一模式。波音在777项目中，与供应商JADC（Japan Aircraft Development Corporation）共同承担核心研发工作，三菱重工、川崎重工和富士重工等参与了机身的研发生产。在787项目中，波音将近90%的零部件生产任务发包给供应商，并与一级供应商达成风险合作伙

伴关系，其中日本三家重工企业承担机体部分 35% 的工作份额，意大利阿莱尼亚公司和美国沃特公司承担机身部分 28% 的工作份额，中国一航承包了其中的方向舵部件。空客 A350 项目中，建立风险合作伙伴关系的供应商承担了 50% 的飞机结构任务。我国在 ARJ21 项目上首次采用这一模式。

2. 利益共享、风险共担的主制造商—供应商模式特点

大飞机产业现阶段主要存在以下几个问题：一是满足航空公司需求难度提高，客机制造商面临着交付时间缩短，产品质量提高，成本降低，满足客户个性化、定制化需求的压力，迫使制造商不断压减机型的开发周期。二是高额的研发成本和巨大的研发风险，大飞机产品研制周期长、造价高，企业现金流压力较大，制造商寻求风险分担的需求强烈。三是大飞机项目复杂度和技术复杂度日益增加，产业链供应链高度专业化，相关技术分散在全球各国供应商，国际合作广泛，需要高效的体制机制协同整合这一复杂严密的供应系统。四是主制造商处于垄断竞争格局，需要在资源能力约束下维护竞争优势，将主要资源集中于具备比较优势的制造总装环节。

利益共享、风险共担的主制造商—供应商模式具备如下特点以解决上述问题：一是能有效降低研发成本和项目风险，主制造商通过招标在全球范围内采购不同零部件，并与供应商达成风险合作协议，供应商在负责研制生产的同时，参与项目投资，制造商可以在客机研制阶段只支付部分费用，在飞机完成销售后再完成付费并与供应商分享部分利润，从而在制造商和供应商均激励相容的前提下，将研发成本和风险分散到各供应商处。二是能与供应商共同承担资金和技术风险，大飞机生产采用提前订购、按时交付的模式，主制造商可与供应商共同定义产品技术标准，共同完成技术解决方案，从而加大对于航空公司采购决策的影响力度，降低市场风险。

（二）大飞机产业链供应链的主要环节及全球格局

根据大飞机的主要构成部分，可以将其产业链供应链进一步划分为机体系统、发动机系统和机载系统三大部分，每个部分又可进一步分为更多的供应链环节。从市场结构看，大飞机主制造商在全球属于寡头垄断格局，但在产业链中下游的不同环节则较为分散，各环节供应商和竞争格局有所不同，我国和其他发展中国家也有企业参与产业链的不同环节。

1. 大飞机系统设计和总装

大飞机系统设计包括结构设计与系统集成等多方面，是产业链的核心环节，技术含量高，是复杂的系统工程（张亚豪和李晓华，2011）。大飞机总装是指在系统设计的指导下，根据用户需求，将飞机各结构和部件连接为经济有效的整体。目前能从事系统设计和总装工作的企业主要为大飞机主制造商，包括波音、空客、俄罗斯联合航空制造（控股苏霍伊）、庞巴迪、巴西航空和中国商飞等。其中波音、空客占据市场主导地位（见图58）。

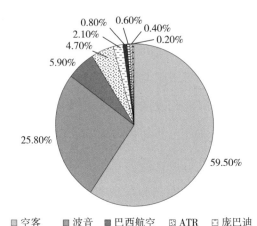

图58 2019年各主制造商客机交付量占比

资料来源：Planespotter。

2. 飞机机体系统

由于波音、空客采取全球供应链战略，通过长期的合作和转包生产，机体结构的供应厂商和生产过程相对分散。但与此同时，上游的机体材料供应仍有较高的技术门槛。

飞机机体系统的供应商较为分散，但各个子系统仍然表现出专业化和高度集中的特点。我们根据波音、空客主流机型的供应链，在此分机体结构不同部段列举了主要供应企业和所属国家。可以看出机身、机翼、起落架和蒙皮 4 个机体结构主要部分的供应商分散在欧洲和美国。在欧洲，法国、德国、英国、意大利、奥地利、西班牙、比利时等许多国家都参与到机体各环节的生产中，而在亚洲，如中国、日本、马来西亚的企业也参与到了机体结构供应的全球分工当中（见图 59）。

机体材料的主要供应商分布在美国、日本、德国、俄罗斯和加拿大等国。目前大飞机机体最常见的结构材料包括铝合金、钢材、钛合金和复合材料等，其中机体使用量最大的是铝合金材料，复合材料较铝合金更轻，不易腐蚀，对铝合金的替代逐渐成为趋势。国际上航空级铝材主要供应商有 Alcoa（美国）、Aluminium division of Rio Tinto（加拿大）、Aleris（美国）和 Kaiser Aluminum（美国），几家厂商在合金研发和基础理论研究方面有较多积累。钛合金方面，国际主要厂商有 TOHO TITANIUM（日本）、Titanium Metals Corporation（美国）和 VSMPO–AVISMA（俄罗斯）。航空复合材料主要指碳纤维复合材料，不仅应用于机体结构，还在飞机发动机上作为结构材料使用。全球碳纤维材料厂商主要包括日本的东丽、东邦和三菱重工，美国的赫氏和氰特，德国的西格里及中国台湾的台塑。

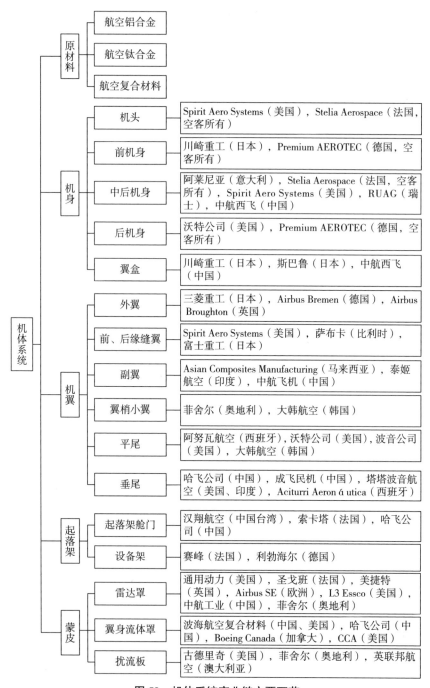

图59 机体系统产业链主要环节

资料来源：作者根据公开资料整理。

3.飞机发动机

飞机发动机产业链主要包括设计研发、加工制造、运营维修等环节（见图60）。从发动机种类来看，涡扇发动机凭借高能效、大推力等优势成为主流装备的发动机。

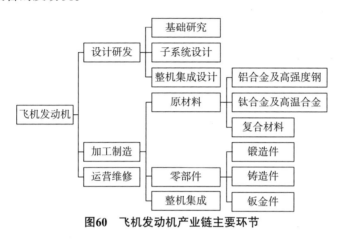

图60 飞机发动机产业链主要环节

资料来源：作者自绘。

全球民用飞机发动机市场主要由美国、英国、法国、德国等国企业控制。民用发动机发展成熟、格局稳定，主要有5家供应商，GE航空公司、普拉特·惠特尼（Pratt & Whitney）公司、罗尔斯·罗伊斯（Rolls-Royce）公司、CFM公司和IAE公司。GE航空公司、CFM公司和IAE公司均在美国，普拉特·惠特尼公司在美国和加拿大，罗尔斯·罗伊斯公司在英国。其中GE航空公司、CFM公司的主要股东均为通用电气，IAE公司由普拉特·惠特尼公司、MTU航空发动机公司和日本航空发动机公司联合成立。

市场结构方面，各主要生产企业产量占比格局趋于稳定。其中，CFM公司近年来产量占比稳居第一，2018年占比过半，达到了58%。普拉特·惠特尼、罗尔斯·罗伊斯和GE航空公司稳定在第二到第四位。2020年受新冠疫情影响，除普拉特·惠特尼外的其他主要供应商产量大幅下滑（见表32）。

表32　　　　　民用航空发动机主要供应商控股商及近年产量情况

品牌	控股（国别）	2018年		2020年	
		交付量（亿美元）	占比（%）	交付量（亿美元）	占比（%）
CFM	GE航空公司（美国）、Snecma（法国）	1860	58	540	39
普拉特·惠特尼	美国	436	14	478	35
罗尔斯·罗伊斯	英国	424	13	188	14
GE航空公司	美国	332	10	168	12
IAE	普拉特·惠特尼（美国）、罗尔斯·罗伊斯（英国）、MTU（德国）	138	4	0	0

资料来源：FlightGlobal，*Commercial Engines*，2019，2021；浙商证券，《航空发动机：技术突破+时代需求，军民接力驱动成长》。

主要产品方面，GE 航空公司主要有 GE9X、GE90、GEnx 和 CF6 等产品，普拉特·惠特尼公司主要有 PW1000G 和 PW4000 等产品，罗尔斯·罗伊斯公司主要有 RB211 系列和 Trent 系列涡扇发动机，CFM 公司主要有 Leap 系列和 CFM 56 系列联合发动机，IAE 公司主要有 D-18T 和 V2500 等产品。

飞机发动机采用的原材料主要包括铝合金、高强度钢、钛合金、镍基高温合金 4 类，复合材料成为未来航空发动机提升性能所需的重要材料（见表33）。

发动机的叶片往往由发动机厂商的直属工厂或合作厂商直接生产。在飞机发动机的零部件中，叶片处于最核心地位，占据发动机制造 30% 以上的工作量。叶片具体分为风扇叶片、压气机叶片和涡轮叶片几个部件。风扇叶片和压气机叶片以数控加工、精密锻造、超塑成型等方式连接制造，压气机叶片随着级数增加，工作温度上升，所用材料从钛合金逐次变换到高温合金、钛铝合金。涡轮叶片所面临的工况更为严苛，制造工艺和所用材料要求更高，通常使用精密铸造方式进行加工，主要采用定向结晶铸造镍基高温合金，新型轻质耐高温的钛铝合金及陶瓷基复合材料也已获得部分应用。GE 航空公司、罗尔斯·罗伊斯公司和普拉特·惠特尼公司等航空发动机制造商均有直属工厂或与合作商合资建厂。

表 33   飞机发动机主要使用材料

材料类型		材料特点	使用部位
原材料	铝合金	加工性能好、耐腐蚀性强、成本低、不耐高温	发动机舱、风扇机匣、承载壁板
	高强度钢	抗拉强度大、韧性高、焊接性和成型性好、密度大	发动机轴、机匣、喷管、轴承和传动系统
	钛合金	比强度高、轻量化，能在 400～500℃工作环境长期使用	风扇叶片、压气机前段叶片
	镍基高温合金	能在600℃以上高温中工作，并具备良好的抗氧化性、抗热腐蚀性	压气机后段叶片、燃烧室、涡轮叶片、涡轮盘、机匣、环件、加力燃烧室和尾喷口等
复合材料	钛铝合金	工作温度可达800℃，轻量耐热	压气机高温末端叶片、涡轮叶片
	陶瓷基复合材料	密度低、耐高温、稳定性和抗腐蚀性强	涡轮盘、涡轮叶片
	树脂基复合材料	密度低、抗疲劳、抗震性好	风扇叶片、机匣

资料来源：浙商证券，《关于航空发动机用材料发展现状的认识》《航空发动机用材料的现状》。

4. 机载系统

民用大飞机的机载系统主要包含机电系统和航电系统两大部分。其中，机电系统包括供电系统、液压系统、燃油系统、环控系统、机轮刹车系统、辅助动力系统和氧气系统等；航电系统包括航电系统集成、飞控系统、通信与导航系统、飞机照明系统、飞行显示系统、飞行管理系统等。

供电系统主要作用是为飞机提供电能，确保航电、飞控、动力、燃油、液压等关键系统正常运行，由主发电系统、配电系统、冲压涡轮系统等组成，主要供应商为 Hamilton Sundstrand（美国，已被 UTAS 收购）。

液压系统是大飞机的"肌肉"，保障飞机飞行安全和地面正常运动，实现起落架收放、机轮刹车、发动机喷口和各种舵面操纵等功能，又可分为液压能源子系统、液压分配子系统和液压动作子系统。主要供应商为伊顿（美国）和派克（美国）。

燃油系统主要用于储存和输油，以保证飞行期间发动机供油连续不断，主要供应商为伊顿（美国）和派克（美国）。

环控系统是保障飞机座舱人员安全舒适和电子设备安全运行的重要机载系统，主要由空气管理系统、短舱防冰系统、风挡加热系统、风挡雨刷系统、风挡排雨和清洗系统、结冰探测系统构成。环控系统集成主要供应商为利勃海尔（德国），防冰及风挡系统供应商主要有 Goodrich（美国，已被 UTAS 收购）。

机轮刹车系统主要完成飞机起飞、着陆和滑行过程中的承载、缓冲、收放、刹车、转弯和位置指示告警等功能，由主起落架结构、收放与位置指示系统、前轮转弯控制系统、机轮刹车及轮胎和刹车控制系统等部分组成，起落架结构主要供应商为利勃海尔（德国），轮胎和刹车控制系统主要供应商为霍尼韦尔（美国）。

辅助动力系统主要功能是为飞机提供辅助 / 应急电源与空调电源，并为发动机启动提供气源，主要供应商为霍尼韦尔（美国）。

氧气系统供应商在国际范围内主要有两家，分别是标翼（美国）和卓达（法国），二者均有成熟的整套系统设计集成能力。

防火系统国际主要供应商有 Hamilton Sundstrand（美国）、柯林斯（美国）、Meggit（英国）等，已经完成由部件供应到分系统承包的转变，上升到整机防火系统的设计和集成供货，形成市场垄断。

水废水系统在国际范围内的主要供应商有卓达（法国）和 Monogram

（美国），为波音、空客的多种型号提供系统或产品，并负责水废水系统集成。

航电系统是大飞机的"大脑、神经和五官"，是实现飞机信息融合的核心。目前具备民用客机航电系统集成能力的主要供应商为柯林斯（美国）和 GE 航空公司（美国）。

飞控系统是飞机操作性和稳定性改善的核心功能系统，由主飞控系统、自动飞行系统和高升力系统三大分系统组成，型号研制中通常分为主飞控电子、驾驶员操作装置、自动飞控、高升力等多个工作包。目前民用飞机先进飞控系统和产品主要由霍尼韦尔（美国）、派克（美国）和 MOOG（美国）等公司提供。

通信与导航系统在国际上的主要供应商为柯林斯（美国）和 L-3 Communications（美国）。

飞机照明系统的目的是辅助飞行员导航、避免碰撞、降落、滑行以及向其他飞机发出信号等，全球主要供应商包括 Goodrich（美国）、GE 航空公司（美国）和霍尼韦尔（美国）。

飞机显示系统的主要作用是将飞行信息通过显示器传递给飞行员，主要供应商有 L-3 Communications（美国）和柯林斯（美国）。

飞行管理系统是现代客机的组成部分，可实现各种飞行任务的自动化，减少飞行员工作负载，主要供应商有 BAE System（英国）。

从上述各环节的梳理中可以看出机载系统供应商主要分布在美国、英国、法国、德国等几个国家。美国在所有环节都有主要供应商，特别在航电、电源、燃油、飞控等多个重要环节占据市场主要份额，由几家供应商构成了垄断竞争格局（见图 61）。

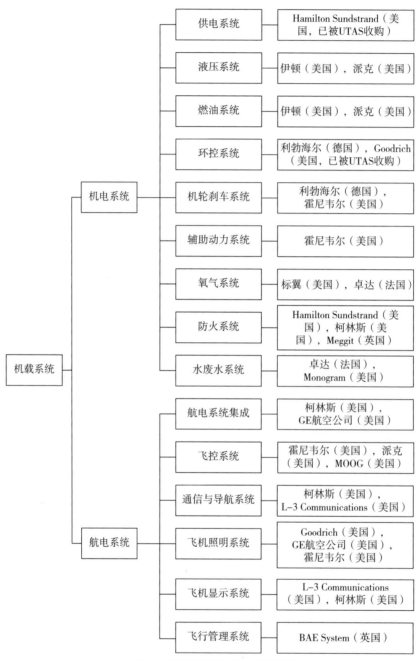

图61　机载系统产业链主要环节

资料来源：作者根据公开资料整理。

三、我国大飞机产业链供应链的基础及其稳定性

（一）我国大飞机产业链供应链现有基础

大飞机产业链供应链由研发设计到售后服务等一系列环节组成，在价值、利润分配上呈现"微笑曲线"形态（丁勇和刘婷婷，2011）。位于上游的研发设计、发动机等关键部件制造，需要资金和技术的密集支撑，是形成高质量、差异化产品的关键，所以附加值较高。中游的一般零部件制造、整机组装等环节属于劳动密集型，门槛较低，缺乏市场力量，附加值也相对较低。除发动机等关键零部件制造环节由 GE 航空公司、普拉特·惠特尼公司、川崎重工等欧美日公司掌握以外，其他高附加值环节与大部分整机组装环节主要由波音和空客主导。我国哈飞公司、中航西飞等企业参与的多是一般零部件环节，附加值较低。

我国大飞机的总装制造主要由中国商飞完成，ARJ21 和 C919 均由中国商飞统一集成组装，其供应链的管理也主要由中国商飞进行决策。中国商飞在国家大型飞机专项领导小组的领导下，遵循大飞机产业的客观发展规律，采用主制造商—供应商模式，坚持自主创新、开放合作，集成世界先进技术，研制可靠性、安全性要求严格且具有市场竞争力的大型客机，在全球范围内择优选择供应商，构建了我国的大飞机供应链。

1. 机体制造及上游材料

我国飞机机体制造环节在国际上处于先进水平，具备较好的产业竞争力。受益于波音、空客的国际转包战略，我国已经较早参与到机体制造环节的供应链中，其中中航工业当前与波音的合作规模达到 10 亿美元，并为其各民用机型提供零部件，且 ARJ21 和 C919 配套机体部件也以国内供应商为主。中航工业旗下的成飞民机、江西洪都、中航西飞、沈飞民机等为波音、空客提供机体零部件（见表 34）。

表34　　　　　　　　　　　国内供应商主要转包业务

国内供应商	主要转包业务	
	波音	空客
成飞民机	波音787、波音737方向舵；波音747副翼、扰流板、水平尾翼	A320后登机门、机头部件；A330、A340一号框架
沈飞民机	波音787垂尾固定前缘；波音737飞机48段和组件；波音747客改货组件；波音767客改货地板梁、口框、舱门	A320应急门、机翼固定前缘翼肋
中航西飞	波音787发动机短舱扭力盒；波音747固定后缘翼肋、内襟翼、垂尾次组件；波音737垂尾；波音747客改货地板梁	A320机翼固定后缘和翼盒、电子舱门
上飞公司	波音737水平安定面	A320飞机货舱门门框
哈飞公司	波音787翼身整流罩和垂尾；波音737副翼调整片	A320水平安定面；A330、A340翼梁接头
中航昌飞	波音760-300BCF客改货组件	
江西洪都	波音747飞机48段零部件；波音787发动机短舱扭力盒组件	

资料来源：东兴证券。

　　我国机体材料的产业基础还比较薄弱，主要特征为产量规模大，但材料稳定性较差，制造过程控制水平低，尖端技术掌握不足，整体竞争力较弱。同时由于国内配套企业不足，机体材料研制和验证周期长，无法满足型号进度要求，装机使用率较低。

　　航空铝合金方面，目前铝材企业尚无法满足国产民用客机的质量要求，高强度、高韧性和大规格的铝合金依赖进口。国内高端铝材现有加工企业有中国铝业、南山铝业、北京有色金属总院、北京航空材料研究院等，其中南山铝业是我国唯一获得空客公司铝合金挤压型材认证的供应商。航空钛合金方面，我国近年来已取得显著进展，但与国外先进厂商在设计制造、表面处理、工艺技术等方面还存在一定差距。国内钛合金现有加工企业主要有宝钛股份、西部材料、西部超导等，其中西部超导掌握国际先进钛合金激光成型工艺和低温超导线材成型工艺，钛合金产业化能力较强。复合材料，特别是高端碳纤维，我国在该领域面临着国际巨头的技术垄断与封锁，而在低端领域则面临国际巨头利用规模优势的低价倾销，导致我国复合材料产业基础薄弱，企业经营困难。2019年我国碳纤维需求 3.8 万吨，进口占比 68%，国内产能 2.6 万吨，销量仅为 1.2 万吨。目前我国碳纤维领域主要生产企业有光威复材、中简科技、楚江新材等。

2. 飞机发动机

在发动机设计方面，我国已有独立设计的能力，但与欧美发达国家相比仍有较大差距。我国航空发动机起步较晚，并且由于历史原因长期以军用需求为重点。通过引进、仿制、改进改型等模式，我国不断进行技术积累，现阶段已有一定的独立设计能力。在民用发动机方面，我国目前仍以进口为主，ARJ21 装配的是 GE 航空公司提供的 CF34-10A 发动机，C919 装配的是 CFM 公司提供的 Leap-1C。2016 年 8 月我国成立了中国航发集团，标志着飞机发动机研制走向自主可控、飞发分离的发展模式。长江 1000A 将于 2025—2030 年研制完成，并将替代现装配于 C919 的 Leap-1C。

在基础研究方面，我国在航空发动机材料、工艺和试验方面都存在短板，基础条件和技术储备不足，尚未建立起自主研发体系。美国从 20 世纪 80 年代末以来先后实施了整体性的高性能涡轮发动机综合技术（IHPTET）、通用经济可承受先进涡轮发动机技术（VAATE）和支持经济可承受任务的先进涡轮发动机技术（ATTAM）等多个研制项目，其中 IHPTET 累计投入超过 50 亿美元，持续时间近 20 年，研究成果应用于 GE90 和 CFM56-7 等民用发动机上。

在高温合金材料方面，涉及先进的生产和研发技术与产品认证问题，准入门槛较高，行业内企业较少，目前国内主要厂商有钢研高纳、抚顺特钢和图南合金等。钢研高纳能生产发动机燃烧室用高温合金环件、高温合金丝材和涡轮盘等部分材料部件。但由于缺乏应用场景，高温合金材料领域平均无故障时间、平均大修时间和平均寿命等关键指标与国外还有较大差距，高温应力下的蠕变问题尚待攻克。

在叶片等关键零部件领域，我国锻造叶片成熟度相对较高，铸造叶片有突破性进展。航亚科技至 2020 年累计向 CFM 公司和 GE 航空公司交付超过 100 万片压气机叶片，主要装机于 Leap-1A/C 系列。2019 年 12 月无锡透平叶片生产的涡轮叶片通过鉴定，进入量产阶段。同年应流股份进入国际航空发动机供应商体系，高温合金叶片、机匣、喷嘴环、导向器等产品被 GE 航空公司等发动机制造商采用。但总体来看，我国发动机零部件供应商仍大都集中在中低端，与欧美产品还存在较大的差距。

3. 机载系统

国内机载系统产品的关键技术近年来提升较快，但在关键设备的设计和验证能力上与国外供应商有一定差距。机载系统产品对安全性、可靠度有较高要求，受基础工业水平、加工工艺水平、设计集成能力方面的限制，整体能力与国外相比有不小的差距，供应链中的大部分环节仍需要进口或由中外合资公司生产，但随着中航机电对国内供应商的全面整合和我国大飞机产业的较快发展，系统化、标准化的配套机载系统体系逐步形成。

电源系统方面，国内总体设计和集成经验不足，缺乏应用经验积累及完备的集成工具、流程。在主发电系统、APU 发电系统、冲压涡轮系统等方面与国外存在差距。2012 年中航机电与美国汉胜（现已属于美国联合技术公司）合资设立西安中航汉胜航电公司（AUAE），为 C919 提供电源产品，其中 AUAE 和中航机电各完成 30%。ARJ21 的供电系统也主要由美国联合技术提供。

液压系统方面，国内供应商对民机所需产品研制流程、标准体系有初步掌握，但过程中仍存在研制周期长、产品反复失效、产品及试验台问题较多、废品率较高等问题。2014 年，中航工业南京机电液压工程中心与美国派克合资设立南京航鹏航空系统装备公司（NEIAS），为 C919 设计制造液压系统、燃油系统及油箱惰化系统。NEIAS 主要提供液压油箱、PTU 选择阀和自增压优先阀，新航集团 116 厂提供油滤、防火切断阀和优先阀，液压系统主要产品如发动机驱动泵、电动泵和能源转换装置等仍由美国派克提供。ARJ21 的供电系统也主要由美国派克提供。

燃油系统方面，合资的南京航鹏航空系统装备公司可为 C919 提供单向阀、引射泵等较为简单的机械部件，其他的国内供应商还包括中航机电旗下的南京机电液压工程中心、四川泛华航空仪器电表公司和新乡航空工业集团等。以中航机电为绝对龙头的国内供应商具备了一定的产品设计、验证和制造能力，产品包括燃油测量系统、通气增压子系统、燃油箱防火抑爆子系统等，但存在适航经验不足、关键核心部件掌控不够等问题。ARJ21 的燃油系统也主要由美国派克提供。

环控系统方面，国内尚不能按照国际通用适航规章和相关标准研制集成环控系统，在关键技术、产品质量等方面与国际主要供应商差距较大。中航机电旗下的新乡航空可完成制冷子系统、回热器、水分离器、涡轮冷却机等子系统或部件的研发生产。现阶段 C919、ARJ21 环控系统主要由德国利勃海尔提供。

机轮刹车系统方面，国内供应商有一定设计制造能力，部分产品已获得 CTSO/TSO 认证，与国际差距主要在于设计技术、材料制造工艺、综合电传控制技术、液压附件可靠性和软硬件开发等方面。在 C919 项目带动下设立了合资的霍尼韦尔博云航空系统公司和利勃海尔中航公司，将逐步解决现存问题。现阶段 C919、ARJ21 机轮刹车系统主要由德国利勃海尔提供。

辅助动力系统方面，国内供应商主要包括中国航发旗下的 608 所和哈尔滨东安公司，中航机电旗下的 609 所及民营企业上海尚实等。与国际先进水平主要差距在于大型民机设计与适航验证的技术体系、流程和经验。现阶段我国客机辅助动力系统主要由美国普拉特·惠特尼和美国霍尼韦尔提供。

氧气系统方面，中航工业旗下的合肥江航具有一定的氧气设备研制及系统集成能力，初步具备全套氧气系统及设备研制能力，并且已经满足军用所需，在产品重量、可靠性、寿命指标上与国外水平仍有一定差距，但产品水平总体接近。现阶段国内客机氧气系统主要由美国标翼和德国利勃海尔提供。

防火系统方面，国内目前需求满足能力较差，试验验证能力不足，已建设了发动机舱和 APU 舱灭火效果试验能力，可模拟气流环境，测试哈龙灭火剂舱内浓度分布等，但距离国际先进水平还有一定距离。2020 年底，昂际航电与中飞院合作建立工作站，致力于新型机载防火系统研制。现阶段 C919、ARJ21 防火系统主要由美国联合技术提供。

航电系统方面，我国已有研究和产业基础主要集中在军机领域，民机航电系统研发滞后，尚不具备符合民机要求的航电系统研发能力及全系统集成能力。在 C919 项目中，中航工业与 GE 航空公司合资成立了昂际航电，提供综合模块化航电（IMA）平台。ARJ21 航电系统主要由美国柯林斯提供。

飞控系统方面，国内原有产业基础多沿用军机体系，对民机产品正向设计过程的理解和实践不够，缺乏基于系统工程理念的需求捕获、分析、确认、实现和验证的过程控制，产品研制成熟度不足，未能完整识别产品研制和运行全生命周期的活动。在 C919 项目中，中航工业旗下的西安飞行自动控制研究所分别与霍尼韦尔与派克合资设立鸿翔飞控、鹏翔飞控，为项目提供多个系统软件。ARJ21 飞控系统主要由美国派克提供。

通信与导航系统方面，系统设计集成能力还未完全建立，在 C919 项目中，中电科与柯林斯合资设立中电科柯林斯航空电子公司，提供所需产品。2017 年 10 月，ARJ21 试飞过程中采用了北斗导航系统完成测试并取得成功。

（二）我国大飞机产业链供应链稳定性评价

总体来看，我国大飞机产业链供应链的稳定性具备显著特征。在机体结构部件的制造环节，特别是机身、机翼部分我国自有产业链已具备较好基础，可控性强。在机电系统、航电系统领域，虽还有较多关键技术方面的短板，但通过合资建厂等模式保障了短期内的供应稳定。飞机发动机目前自主可控程度较低，面临的技术封锁较为严重，短期内自主研发替代的难度较高。

大飞机产业链供应链的稳定性很大程度上受主制造商—供应商选择标准的影响。基于我国产业链供应链的现有基础，中国商飞针对不同环节制定了选择标准。2020 年中国商飞的 I 类供应商有 40 家，Ⅱ 类供应商有 25 家，Ⅲ 类供应商有 57 家以及 3 家协作单位，共计 125 家。I 类供应商中，合资企业 2 家，外资企业 16 家，中资企业 22 家。

对于机体部件，采取立足国内的方式，以航空工业体系内的单位为主，鼓励以转包方式与国外供应商合作。其中沈飞民机、成飞民机、哈飞公司、中航昌飞和江西洪都等国内企业均入选 I 类供应商，国内现有产业基础较好，稳定性较强。但在机体部件制造上游的原材料环节，我国现有进口依赖程度较大，稳定性亟待加强。

对于飞机发动机，前期选择国外发动机，待国内发动机技术成熟后，可作为选装发动机。根据前述对国内飞机发动机产业基础的评判，短期内稳定性较差，中长期可能会出现突破性进展。

对于航电、飞控、电源、燃油和液压等系统，选择具有技术竞争力的产品，要求国外供应商与国内供应商成立合资公司，建立系统级产品研制能力，外方主要承担产品技术、集成和适航认定方面的任务。国内陕航电气、西安飞行自动控制研究所、南京机电液压工程中心、金城集团等供应商入选 I 类供应商，成都凯天电子入选 II 类供应商。由于国外供应商通过设置合资公司等形式将供应链放在我国国内，短期内稳定性较好，中长期稳定性提升取决于我国系统级产品研制能力的提升速度。

对于辅助动力、环控、起落架、照明、防火、机电综合等系统，在保证技术先进性的前提下，尽可能降低采购成本，支持国内供应商与国外供应商进行系统级别或设备级别的合作研发。南京机电液压工程中心、上海航空电器等入选 I 类供应商，中航飞机起落架公司入选 II 类供应商。该领域我国与国际先进水平的差距主要在适用验证方面，短期内稳定性较好，中长期稳定性提升取决于我国系统级产品的适用能力和市场需求捕获能力。

四、提升大飞机产业链供应链稳定性和竞争力的思路与路径

（一）我国大飞机产业的机遇与挑战

1. 市场高度垄断和核心技术掌握程度不够是我国大飞机产业面临的主要挑战

大飞机产业高质量发展面临着市场高度垄断和核心技术掌握程度不够的双重挑战。一方面，在当前复杂的外部环境下，全球大飞机市场仍呈

现波音、空客双寡头垄断格局，产业链供应链众多环节的核心技术掌握在欧美日等发达国家手中，为大飞机产业的发展带来了较大的不确定性。另一方面，我国大飞机产业已完成从无到有的过程，但仍面临着自身产业基础薄弱、制造研制能力不足与国内大市场日益增长的市场需求之间的突出矛盾。

实现大飞机产业的高质量发展关键在于将创新作为引领发展的第一动力，实现核心技术的自主可控，防范外部环境变化对产业链供应链的冲击，降低国内大飞机产业的安全风险（贺东风，2019）。以中国商飞为首的主制造商及各供应商，必须始终坚持贯彻创新、协调、绿色、开放、共享的新发展理念，经受住技术、产品、企业、产业等方面的考验，力争打造具备全球竞争力的大飞机产业和相关品牌企业。

2. 安全要求高、更新换代相对慢是我国大飞机产业追赶的有利条件

在大飞机产业中，质量安全是需要牢牢守住的红线。如果飞机出现事故，将可能对该型号的销售甚至制造商带来毁灭性的打击，如历史上麦道生产的 DC-10、苏联图波列夫设计局研制的图-154，以及近年来波音生产的 737Max 型号，都因为航空事故对制造商造成了不同程度的负面影响。在新型号飞机的研制过程中通常要完成试飞、静力试验、疲劳试验等多项测试环节，以尽可能确保飞机质量安全。

大飞机产业的高复杂性和飞机的使用寿命较长也使得其更新换代的频率较低。相较于集成电路行业 18～24 个月的更新换代周期，操作系统 3～5 年的升级周期，大飞机的产品使用时间在 10～14 年，更新换代周期能达到 30 年以上。当前主流的单通道客机波音 737（次世代）和空客 A320 分别于 1997 年、1988 年交付使用，至今已超过 20 年，并且未来 20 年单通道客机仍将占据市场的主要份额。

我国大飞机产业的发展应在筑牢质量安全底线的基础上，充分利用长周期的特点进行后发赶超。当前主流的技术框架、生产工艺、市场需求短时期内不会发生大的改变，为我国大飞机产业的赶超提供了有利条件，只要 C919 能在产品性能上与当前已有竞品达到相近水平，仍有可能在中长期内获得一定的市场份额。

3. 大飞机产业链的主制造商—供应商模式也是重要的有利条件

大飞机产业通行的主制造商—供应商模式使得主制造商在产业链中占据主导地位，在产业链的价值分配中占据较大份额，净资产收益率可超过 40%，而零部件制造商的收益率一般仅为 10% ~ 20%（丁勇和刘婷婷，2011）。与此同时，波音、空客多年来的全球分工战略，使得产业链很多环节、系统的技术分散地掌握在了各供应商手中，不同环节供应商又形成了竞争局面。

虽然我国的大飞机主制造商将直面波音、空客的竞争，但与产业链上不同环节的供应商是合作关系。我们可以考虑在产业发展初期牺牲一定的收益率，将更多的价值分配到供应商手中，并且充分利用各环节供应商之间的竞争关系，与供应商达成战略合作，充分吸收利用他们在关键技术上的开发经验和制造工艺，降低产业发展的难度。

4. 超大规模国内市场是我国发展大飞机的关键支撑

新发展格局下，大飞机产业发展面临着新机遇和新要求，在起步阶段应充分利用超大规模国内市场优势，推动大飞机产业的高质量发展。

充分利用超大规模国内市场的需求。到 2039 年，预计中国航空旅客周转量年均增长 4.3%，机队规模年均增长 4.1%，客机交付总量将达到 8725 架，其中单通道客机近 6000 架，占比达 68%，拥有广阔的市场前景（中国商飞，2020）。充分依托国内市场订单，将有助于我国大飞机产业在区域内打破寡头垄断格局，站稳市场位置。

充分利用超大规模国内市场供给。虽然我国大飞机产业链供应链各环节的供应商在整体水平上与国际先进水平尚有明显差距，但各环节已有初步的产业基础。结合近年来中航工业等龙头企业对产业链供应链的系统整合和各环节与国际供应商的合作开展，产业能力有明显的上升趋势。主制造商应积极引导、培育国内供应商，可在降低零部件使用成本的同时，加强零部件供应商的研制能力和保供能力。

（二）提升大飞机产业链供应链稳定性和竞争力的总体思路

大飞机产业是高端装备制造业的代表，对装备制造业高质量发展具有牵引作用，在我国产业链供应链提升稳定性和竞争力的过程中，大飞机产业是核心环节、重中之重。根据我国大飞机产业链供应链的现有基础、有利条件和主要挑战，建议以掌握技术、站稳市场为短中期主要目标，以增量优先、合作共赢为主要战略，以发挥强大国内市场优势为主要支撑，全面促进大飞机产业高质量发展。

掌握技术、站稳市场是指短中期内，我国大飞机产业不应该追求规模目标，而应重点强调挤进双寡头垄断的市场，成为市场中的一部分，要"挤得进、站得住"，通过发展大飞机产业，重点解决关键核心技术的突破和掌握，发挥对我国高端制造业技术的引领和带动作用。

增量优先、合作共赢是指大飞机产业的发展要重点争取增量的空间，避免对发达国家市场的大幅度侵蚀。如有可能，尽量形成和波音、空客的战略合作利益共享的局面。短中期内大飞机产业不以规模为目标才能更好地适应该产业的全球竞争态势和产业链供应链格局。过去我国很多产业都在很短时间内迅速取得了突破，甚至成了经济发展重要的增长点。但这些产业大多定位在中低端，或者高端产业的中低端环节，并不和发达国家产生直接、正面的竞争。而大飞机产业属于典型的高科技、高附加值产品，大飞机产业链的很多核心技术和环节仍掌握在发达国家手里，定位在一个相对较小的规模，才能避免引发发达国家的强烈反击，争取更有利的发展空间。

发挥强大的国内市场优势是指要更好地利用我国大飞机市场的增量空间，更好地发挥国内市场在制约欧美"卡脖子"中的作用。大飞机市场与高铁或其他市场有相似性也有差异性，在高铁产业，我国充分利用国内超大规模市场优势，走出了一条消化、吸收再提高的技术发展道路，大飞机产业上有类似的特点，但也有不小的差异。

发挥市场优势，加速培育产业链供应链市场主体成长。大飞机产业链供应链具有非常明显的需求引领特征，主制造商引领产业链供应链各环节的产品供给，航空公司引领主制造商的设计研发。在产品性能上，C919等机型相对同类机型竞争优势相对有限，更需要依托国内民航行业中长期的上升趋势获取订单，并逐步扩展周边新兴国家市场。

（三）政策建议

一是发挥体制优势，构建中长期、综合性的专项发展规划。21世纪初制定的《国家中长期科学和技术发展规划纲要（2006—2020）》将大型客机项目列入16个重大客机专项，中国商飞作为项目骨干企业应运而生，带领中国大飞机产业完成了从无到有的过程。但大飞机产业链、供应链还存在诸多薄弱环节，并且有着高投入、高风险、长周期的产业特征。特别是我国大飞机产业还将向着研制宽体客机等更高要求的产业水平迈进，应在已有产业基础上，持之以恒地做系列式发展。欧美等产业基础相对较好的发达国家都将飞机制造业纳入了国家长远规划，并长期投入。因此，为进一步提升我国大飞机产业链供应链的稳定性和竞争力，需要保持战略规划和政策措施的持续稳定。

　　在政策支持方面，对大飞机产业链供应链各环节，特别是发动机、机载系统关键核心技术亟待突破的环节推行国家专项计划，在确保质量安全的前提下，鼓励自主产品更快积累适航经验。应充分认识到大飞机产业对于材料、电子、机械、能源等重要工业部门的技术溢出作用，对大飞机产业链供应链各环节制订专项计划，给予长期稳定投入，推动国产装机产品替代能力形成。

　　二是发挥创新优势，加快关键核心技术自主可控进程。麦道合作项目和马达西奇收购过程的历史经验告诉我们，在大飞机产业的关键核心技术领域靠转让是行不通的。在外部环境日趋复杂，产业链供应链的稳定性受到威胁的情况下，要明确关键核心技术的短板弱项，确立关键核心技术自主可控总体目标，制定路线图、时间表。要将创新驱动发展战略贯穿到大飞机产业发展的全过程，增进产学研用的紧密结合，立足自身市场，系统推进自主研制能力、生产能力建设，解决"卡脖子"问题。

　　创新导向要工程化、产业化，既要集中全国优势资源对关系产业根本的基础研究问题开展攻关，也要开展面向研制能力和生产能力的专项研究，让科学研究与技术升级形成合力。专项范围应覆盖发动机和各机载系统和关键原材料。企业主体应与高校等科研院所深化合作，构建以企业为主体、市场为导向、产学研用相结合的大飞机创新体系。

　　三是推动创新集聚、产业集聚。一方面要打造有全球竞争力、影响力的大飞机创新中心和世界级的航空工业基地，形成聚集创新人才、创新机构的产业平台。以江苏镇江航空航天产业园为例，该园已初步形成航空全产业链，先后落户涉航企业50余家，5家企业直接为C919做配套，涌现全国"唯一""第一"产品40余个。另一方面要坚持开放合作，充分利用大飞机产业全球分工背景下世界各国的产业基础和创新要素，通过不同地域、不同类型的合作关系，布局有竞争力的优势产业资源，增强自身产业实力。

　　四是全面深化改革开放，坚持体制机制创新，提升对外开放的合作层次与水平。要充分发挥产业链供应链相关企业的创新主体作用和市场导向作用，目前中国商飞、中航工业、中国航发已对国内既有的市场主体按照产业链环节进行了初步整合，以企业为主体打破了过去部分研究机构面临的体制束缚，未来可针对不同产业链环节引入培育更多市场主体。要充分完善激励机制，激发人才活力，建设高素质的大飞机人才队伍。依托企业主体，坚持依靠人才发展项目，依托项目培养人才，完善分配、奖惩机制。这方面民营航天企业近几年来凭借市场化运作、市场化薪酬对国有机构科研人才的吸引和取得的杰出成果有较强的借鉴意义。要动用国家力量，积极联动国内民航市场，始终把握我国民航市场的规模优势，不仅要继续加强与俄罗斯、巴西等国的合作，也要加强与欧美国家的合作共赢，为我国大飞机产业链供应链的发展赢得时间和空间。

执笔人：许召元　邓博文

参考文献

[1] 安信证券.大国重器，民机启航——大飞机产业链深度分析（一）[R]. 2021.

[2] 陈付时.航空发动机用材料的现状[R].上海钢研，2003（4）.

[3] 丁勇，刘婷婷.航空制造业的全球价值链分析[J].天津大学学报（社会科学版），2011（4）.

[4] 东兴证券.军工专题报告——大飞机产业链深度解析[R]. 2018.

[5] 贺东风.推动中国大飞机事业高质量发展[J].军工文化，2019（12）.

[6] 金伟.打造并拓展中国大飞机产业链[J].中国工业评论，2015（2-3）.

[7] 李红启，陈鋆.全球商用大飞机制造业供应链管理[J].供应链管理，2020（1）.

[8] 刘勇.基于主制造商—供应商模式的大型客机供应商管理研究[J].南京航空航天大学，2011.

[9] 王浩钧. 关于航空发动机用材料发展现状的认识[J]. 行业分析，2019（8）.

[10] 张亚豪，李晓华. 复杂产品系统产业全球价值链升级路径：以大飞机产业为例[J]. 改革，2011
（5）.

[11] 浙商证券. 航空发动机：技术突破+时代需求，军民接力驱动成长——航空发动机行业深度报
告[R]. 2021.

[12] 中国商飞. 市场预测年报2020—2039[R]. 2020.

[13] 中航证券. 大飞机C919产业分析 大国重器，因大而生[R]. 2020.

[14] Boeing: Commercial Market Outlook [R]. 2020.

[15] FlightGlobal: Commercial Engines [R]. 2019.

[16] FlightGlobal: Commercial Engines [R]. 2021.

[17] Morrison, J. K. D. Game theory analysis of aircraft manufacturer innovation strategies in the face of
increasing airline fuel costs (Doctoral dissertation, Massachusetts Institute of Technology) [M]. 2011.

新发展格局下提升我国风电产业链供应链稳定性和竞争力研究

在政策支持和市场驱动的双重作用下，我国风电积累了一定的技术和产业优势，装机规模、发电量均为世界第一，产业链供应链体系日趋完备，成本优势初步建立，竞争力不断增强。但我国风电产业链供应链稳定性和竞争力仍面临一些挑战，原材料、零部件、通用芯片和操作系统等部分环节对外依赖度仍然较高，行业创新投入水平和积累不足，海上风电投资成本高、维护困难等。在构建新发展格局的背景下，建议从以下几个方面入手，进一步巩固提升我国风电产业链供应链稳定性和竞争力。一是加强技术协同攻关，提升风电产业链供应链稳定性；二是推动集群化发展，塑造海上风电竞争新优势；三是深化国际合作，积极拓展海外市场。

一、我国风电产业链供应链竞争力不断增强

中国风电行业经过数十年的演进，成绩斐然。作为国家战略性新兴产业的代表，该行业实现了从"引进来"到"走出去"、从"追赶者"到"引领者"的历史性跨越。在产业政策引导和市场需求驱动的双重作

用下，全国风电产业实现了快速发展，已经成为参与国际竞争并取得领先优势的产业，形成了较为完备的产业链供应链体系，初步具备了成本优势。

（一）装机规模世界领先

我国风电装机量迅速增长。2010 年风电装机量首次超越美国，位居世界第一，累计装机量占全球的 22.6%。2021 年新增和累计陆上、海上风电装机容量均位列全球第一，累计装机量全球占比提升至 41.4%，装机规模遥遥领先（见图 62）。

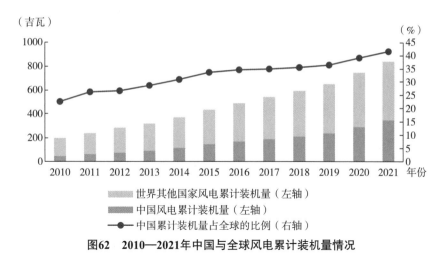

图62 2010—2021年中国与全球风电累计装机量情况

资料来源：国内数据来自中国可再生能源学会风能专业委员会的《2021年中国风电吊装容量统计简报》；全球数据来自全球风能委员会（GWEC）的《2022年全球风能报告》。

我国拥有全球最大的风电生产和消费市场。2021 年我国风电发电量居全球首位，达到 6556 亿千瓦时（见图 63），是 2010 年的 13.1 倍，发电能力迅速提升。同时，风电的能源消费比重不断提高，2021 年风电发电量占全部发电量的 7.9%，较 2010 年提升 6.7 个百分点。

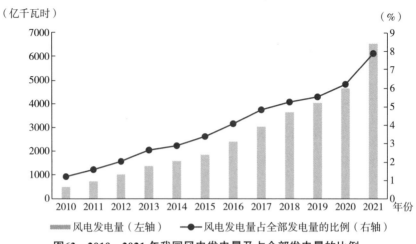

图63 2010—2021年我国风电发电量及占全部发电量的比例

资料来源：中国电力企业联合会，《中国电力统计年鉴》。

海上风电市场前景广阔，需求加快释放。与陆上风电相比，海上风电出力更稳定、年利用小时数更高、距离负荷中心更近，且不占用土地资源，发展前景被普遍看好。我国海上风能资源丰富，随着技术的逐步成熟和标准体系的不断完善，海上风电需求快速增长。2021年海上风电新增装机容量1448万千瓦，同比增长277%，累计装机容量达2535万千瓦，跃居世界第一。据测算，我国海上风电装机占全部风电装机的比重已由2017年的1.5%提升至2021年的7.3%（见表35），未来增长空间广阔。

表35 我国风电发电和装机规模

指标	2017年	2018年	2019年	2020年	2021年
全社会用电量（万亿千瓦时）	6.3	6.8	7.2	7.5	8.3
风电发电量（亿千瓦时）	3057	3660	4057	4665	6556
风力发电占比（%）	4.8	5.3	5.6	6.5	7.9
风电累计装机容量（GW）	188.4	209.5	236.3	290.8	346.7
海上风电装机规模占比（%）	1.5	2.2	3.0	3.7	7.3

资料来源：中国电力企业联合会，《中国电力统计年鉴》；中国可再生能源学会风能专业委员会，《2021年中国风电吊装容量统计简报》；全球风能委员会等，《海上风电回顾与展望2020》。

（二）产业链供应链日趋完备

风电产业链供应链相对较短，主要由上游原材料及零部件制造、中游整机制造、下游风电场投资运营 3 部分组成，国内企业在其中发挥着重要作用（见表 36）。

表36 国内风电产业链供应链的代表企业

环节	业务范围	国内企业	国外企业（国别）
上游	叶片	中材科技、中复连众、时代新材、明阳智能、上海艾郎、天顺风能等	LM（美国）、TPI（美国）
	齿轮箱	中国高速传动、南京高精齿轮、重庆齿轮箱、杭州前进齿轮箱、德力佳传动等	ZF（德国）、Winergy（德国）
	发电机	上海电气、中车株洲、中车永济、东方电机、东风电机、湘电股份等	Flender（德国）、VEM（德国）、Yaskawa（日本）
	轴承	瓦房店轴承、洛阳轴承、新强联、天马轴承、大连冶金、京冶轴承等	SKF（瑞典）、Schaeffler（德国）、NTN（日本）、Timken（美国）
	变流器	禾望电气、阳光电源、科诺伟业、大连尚能、九洲电气等	ABB（瑞士）、Switch（芬兰）
中游	整机制造	金风科技、远景能源、运达风电、明阳智能、电气风电、东方电气、中国海装、三一重能、中车风电、联合动力等	Siemens（德国）、Vestas（丹麦）、GE（美国）
下游	投资运营	国家能源投资集团、华能集团、大唐集团、国家电力投资集团、华电集团、中国长江三峡集团、中国电建集团、北京天润新能投资有限公司、华润集团、中国广核集团等	无

资料来源：根据公开信息整理。

注：其中整机制造企业按照2021年国内新增吊装容量排名。

具体来看，上游的原材料及零部件制造环节，除个别高端原材料和零部件依赖进口之外，国内企业已具备较强的技术水平和生产能力。中游的整机制造环节，国内企业竞争力较强。2021 年全球装机容量排名前十的风电企业中有 6 家国内企业，国内装机容量排名前四的金风科技、远景能源、运达风电、明阳智能的市场份额共计52%[1]，市场集中度较高。整机制造企业的下游客户主要是发电集团和能源企业，在"双碳"目标的要求下，配比一定比例的清洁能源成为大势所趋，风电作为清洁能源的重要组成部分，投资需求稳定增长。

（三）成本优势初步建立

风电成本不断降低，在新能源中具有价格优势。"十三五"以来，我国陆上风电和海上风电的风机价格和建设成本降低了一半左右，2021年陆上风机和建设成本分别约为2000元/千瓦、4000元/千瓦，海上风机和建设成本分别约为4000元/千瓦、10000元/千瓦[2]。与其他新能源相比，风电也具有明显的成本优势。例如，集中式光伏电站的建设成本约为4000元/千瓦，与风电的建设成本基本持平；生物质能、水电和核电的建设成本分别约为7500元/千瓦、6500元/千瓦和6500元/千瓦，都高于风电建设成本。

在全球市场中，我国风电产业也具备成本优势。从整机来看，2021年，全球整机龙头企业丹麦维斯塔斯（Vestas）的风电机组平均价格为6000元/千瓦[3]，而国内龙头企业金风科技的平均价格约为3700元/千瓦[4]，比维斯塔斯低38%。从建设成本来看，2021年全球陆上、海上风电平均建设成本[5]分别为1325美元/千瓦、2858美元/千瓦，我国的建设成本则分别为1157美元/千瓦、2857美元/千瓦，陆上风电成本优势初步建立，海上风电成本也逐步降至国际平均水平。

---

[1] 中国可再生能源学会风能专业委员会，《2021年中国风电吊装容量统计简报》。
[2] 项目成本根据北极星电力网的招标信息计算。
[3] 根据丹麦维斯塔斯2021年年报计算。
[4] 根据金风科技2021年年报计算。
[5] International Renewable Energy Agency，Renewable Power Generation Costs in 2021.

二、产业链供应链稳定性和竞争力的进一步提升仍面临挑战

在能源绿色低碳转型的长期趋势下，我国风电产业优势还有进一步提升的空间，需要尽快破解来自供应链部分环节对外依赖度较高、行业创新投入不足和海上风电投资建设成本高等方面的难题。

（一）部分环节对外依赖度较高

1. 关键原材料和核心零部件

叶片芯材是风电叶片的关键原材料，供应风险较高。叶片芯材对结构刚度要求较高，最常用的是巴沙轻木、聚氯乙烯（PVC）泡沫及聚对苯二甲酸乙二醇酯（PET）。其中，巴沙轻木90%以上来自南美洲的厄瓜多尔，聚氯乙烯泡沫原板主要产自意大利，国内尚无制造能力。聚对苯二甲酸乙二醇酯是巴沙木、聚氯乙烯的替代材料，目前国内虽有供应，但短期内产能不足。

主轴承是风机轮毂和发电机的核心连接传动件，国内供应不足。主轴承制造技术难度高、周期长，海上风机轴承还需要进行特别封装和一系列防腐蚀工艺处理，技术要求更为复杂。2020年国内主轴承市场中，瑞典斯凯孚、德国舍弗勒、日本NTN和美国铁姆肯等国外企业占据70%的份额，国内厂商如瓦轴、洛轴、新强联、天马、大冶和京冶等的总市场份额约30%[①]。其中，瓦轴、洛轴、新强联初步具备制造大功率主轴承的能力，国产替代正在逐步推进。

2. 通用芯片和操作系统

工业通用芯片依赖美国公司，替代方案较少。工业通用芯片，如数字

---

① 数据来自中国轴承工业协会。

信号处理芯片、现场可编程门阵列芯片、光耦芯片等，在风电设备的控制系统和场站的运行监测设备中发挥核心作用，主要依赖美国 TI、Altera、AVAGO 等芯片公司，国内现阶段没有供货能力。绝缘栅双极晶体管是变流设备中的核心部件，目前主要依赖 Infineon（德国）、三菱（日本）等企业进口，国内虽然已有技术突破，但尚未到商业化应用阶段。

工业通用操作系统缺乏应用生态。风电设备的交互系统和远程管理系统是实现现场设备自动、高效运转的基础，主要基于通用的可编程逻辑控制器（PLC），被西门子（Siemens，德国）、三菱（Mitsubishi，日本）和欧姆龙（Omron，日本）等国外公司垄断。虽然国内已开发出自主知识产权的 PLC 系统（例如华锐风电、中国海装等），但软件生态缺乏，兼容性互通性较差，不仅无法用于进口设备，还会影响国产设备的出口。

（二）行业创新投入积累不足

近年来，我国风电产业技术水平迅速提高，但与未来的发展要求还有一定距离。一方面，缺乏风电专用技术和设备的国家实验室等创新攻关机制。例如，在大功率、高塔筒和长叶片等基础研究、工艺设计、测试验证等环节，以及海上风电深海漂浮式风机、机组的大型化和定制化等关键前沿技术路径方面，大型联合试验平台建设还未成熟，研发力量仍然较为分散。另一方面，共性技术和零部件攻关、新材料研发应用等起步较晚。国外公司在材料、轴承、芯片、操作系统等领域起步较早，相比之下，我国企业进行技术创新、应用和验证的时间窗口较短。

（三）海上风电投资成本和运行风险较高

海上风电是未来风电发展的主要方向，但技术难度比陆上风电更大，平均投资成本更高。海上风电投资成本约为陆上风电的 2 倍，运维成本是陆上风电的 3 倍，在海上吊装船紧缺、租金上涨时，海上风电成本会进一步上升。从 2022 年开始，新增海上风电项目不再纳入中央财政补贴，在海上风电项目造价较高、度电成本仍高于上网电价的情况下，要保持海上风电的持续健康发展，需产业链供应链上下游协同推进降本增效。

海上风电机组故障率高，维护作业受自然条件和设备限制。一方面，维修工作量大。主要原因是国产海上风电机组大多为陆上机组经海上环境适应性改造而成，运行试验和论证周期较短，在复杂恶劣的海上环境中故障率居高不下。另一方面，维护作业的时间和设备有限。海上既受大风、团雾、雷雨天气影响，又受大幅浅滩、潮间带限制，维护作业有效时间短，安全风险大。另外，因缺乏大型海上、空中运输和维修装备，例如服务作业母船、空中起重工具、水下检测机器人等，大型部件的维修难度较大。

三、提升我国风电产业链供应链稳定性和竞争力的政策建议

当前，全球风电蓬勃发展的势头不减，我国风电产业的技术和产业优势初步确立。在此关键时期，更需要把握机遇，从加强技术攻关、推动风电集群化发展、深化国际合作 3 个方面促进稳定性和竞争力的进一步提升。

（一）加强技术攻关，提升产业链供应链稳定性

掌握关键核心技术是提升产业链供应链稳定性的重要基础，国外风电产业在基本理论、基础工艺、材料应用等方面长期积累，跨行业技术整合和成果转化高度活跃，相比而言，我国这方面的能力亟须加强。

加快突破风电基础理论和跨行业共性技术创新。风电专用技术和制造

业共性技术问题很难依靠单一主体独立解决，应组织各方力量进行针对性科研攻关。对于风电专用的基础性和前沿跨学科技术，如空气动力学研究和结构设计等，批准成立包括风电在内的国家新能源实验室，构建战略科学家、科技领军人才、青年科技人才、卓越工程师等多层次人才队伍，加紧突破。对于制造业共性技术，如原材料、零部件等，支持"链长"企业牵头创建国家技术创新中心等国家级平台，组建以风电整机龙头企业为主体、上游原材料零部件企业为配套、高等院校为支撑的创新联合体，强化跨行业技术整合和成果转化。将通用芯片和操作系统纳入国家整体布局，支持集成电路和基础软件面向国产设备进行兼容性设计、测试适配和市场应用。大力发展风电配套支撑技术，促进机械类、电气类等储能技术的研发、推广、应用，同时积极推动上下游企业利用数字化智能化技术，优化通用技术设备的设计、验证和制造流程。

（二）推动集群化发展，塑造海上风电竞争新优势

海上风电规范化、基地化发展有助于整合生产要素、优化资源配置、降低生产成本、提升创新效能，是补贴退坡后保持风电产业长期向好的发展态势、塑造我国海上风电竞争新优势的重要路径。

加强项目统筹和整体规划，推动海上风电规模化开发。一是制定国家海上风电发展专项规划，加快出台深远海风电建设管理办法，完善深远海用海审批机制。二是加大海上风能资源勘查力度，完善国家级海域空间数据库，全面掌握海洋风能资源储量和分布特点。三是优化项目布局，统筹场址资源划分与配置，做好与国土空间规划的衔接，同步规划、合理安排海上集中送出、登陆点，推动近远海风电有序开发。四是注重海洋资源综合开发利用和生态保护，加强海上风电与海洋牧场、海上制氢、观光旅游、海洋综合试验场等融合发展，提升项目整体效应。

支持组建海上风电产业联盟，营造有序竞争、健康发展的产业生态。推动建立龙头企业作为"链长"引领带动、"专精特新"中小企业紧密配套的垂直分工体系，引导银行等金融机构为优质风电项目提供长期资金，鼓励社会资本设立风电产业投资基金，有效降低生产成本、运维成本、融资成本和创新成本，不断扩大海上风电竞争新优势。

（三）深化国际合作，积极拓展海外市场

虽然我国风电企业具备一定的竞争力，但业务主要以国内为主，海外市场份额不足 10%[①]。要持续深化对外开放，深度参与国际合作，不断开拓海外市场，提升我国风电设备、技术、服务、品牌和标准的输出能力。

深化国际合作，特别是与发展中国家的深度合作，积极推动我国风电产业"走出去"。一是高标准对接国际贸易规则，在国际技术体系、产品体系、标准体系等方面，完善合作布局、加强信息共享，积极融入国际规则、参与标准制定。二是深挖我国与"一带一路"共建国家在风电领域的合作开发利用潜力，支持沿线国家风电资源勘探和基础设施建设。三是支持龙头企业牵头组织国际联合研究项目，加强与国际市场的知识、技术、人才、资金等要素互动，在开放合作共赢中增强我国风电产业的全球资源整合能力和国际竞争力。

执笔人：路倩　索昊

---

① 中国可再生能源学会风能专业委员会，《2021年中国风电吊装容量统计简报》；全球风能委员会，《2022年全球风能报告》；国外新增装机容量计算，份额为7.1%。

加快推进国产移动终端操作系统实现生态化发展

近年来，移动终端操作系统迅速发展，如苹果系统、安卓系统等，尤其是安卓系统，在短时间内迅速占领了市场份额并建立了完善的应用生态。我国已开发出自主可控的新一代智能终端操作系统，但是受一些非市场因素制约，目前所占市场份额偏小、应用生态活力不足。本报告对移动终端操作系统的发展历程和成功经验进行梳理分析，分析国产智能终端操作系统后发赶超和应用生态构建的路径。

一、移动终端操作系统产业链是关乎发展和安全的数字底座

（一）操作系统是支撑数字化智能化的基础

自主开发新一代底层操作系统事关重大，操作系统是破题的关键。底层操作系统是支撑数字经济高质量发展的数字底座。我国过去一直没有自主可控的底层操作系统，数字底座的供应链一直掌握在他国手中，这不利于维护产业和信息安全，还严重制约了向价值链上游攀升。随着万物互联时代临近，广覆盖、跨领域、跨设备将成为常态，现有的底层操作系统难以有效支撑，需开发新一代操作系统。其中，智能终端（手机、平板电脑、智能穿戴、智能家居等）操作系统作为主力市场，是底层操作系统的重中之重。在相继错失第一代的塞班系统、第二代的苹果系统和安卓系统

这两次发展机遇后，我国需抓住新的机遇，在第三代底层操作系统上取得突破，以巩固和提升数字经济发展的国际竞争力。

移动操作系统自身的产业链供应链较短，上下游主要包括编程开发、测试和运行服务，但移动操作系统是手机等移动终端的基础和灵魂。以手机为例，其产业链供应链上游主要包括操作系统开发、手机芯片设计和制造、零部件生产，中游主要包括手机产品的组装代工、生产，下游主要包括手机产品的销售、移动运营商服务、平台商服务和售后服务、回收等延伸交易。其中，操作系统是用户能够使用、管理手机的媒介。

（二）移动操作系统的安全性尤为重要

移动终端操作系统已发展成为用户数量最多、市场最大的系统。2009年，第四代移动通信网络（4G）投入使用后，信息传输速度更快，通信方式更灵活、费用更便宜，智能手机的用户量大幅增加，仅2010年全球智能手机出货量就增长了75%，达到3亿台。在之后的5年内，智能手机出货量直线上升，到2016年达到14.7亿台。相比之下，个人计算机的全球出货量在2012年后维持在2.5亿台左右（见图64）。可见，以手机为代表的移动终端操作系统的用户规模巨大、市场前景广阔。

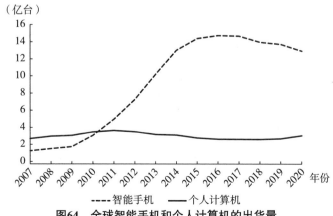

图64 全球智能手机和个人计算机的出货量

资料来源：Wind。

随着移动办公和智能生活的需求进一步融合，新一代智能终端操作系统安全性影响更为深远。通信技术的发展使即时通信更加便捷，信息技术在办公领域的应用使办公软件更加丰富成熟，二者的结合满足了移动办公的需要。移动办公不受时间、地点的束缚，使用者主要利用移固融合（手机等移动终端和 PC 等固定终端融合）的方式，通过移动运营商的运营网络或无线网络进行传输，在通信和传输过程中有可能发生信息、文件等泄密甚至被黑客攻击的事件，因此在移动办公的需求下，移动终端操作系统的安全性尤为重要。

（三）移动操作系统产业链供应链的特点

操作系统的产业链、供应链具有全球化的特点。操作系统是人控制、管理、运用计算机和智能设备的主要基础设施和媒介，是信息产业的重要组成部分。"二战"后，全球信息产业标准的制定主要采用全球化模式：一是在联合国的框架下，以国际电信联盟为主导，各国讨论制定国家、国际标准；二是以国际化的开源基金会和开源社区为基础，形成开源项目、开源代码的事实标准。因此，操作系统的参与者和贡献者高度国际化。近年来，以全球开源社区资源为支撑的开源软件快速发展，我国企业（华为、腾讯、阿里巴巴、百度等）和科研机构积极参与开源基金会和开源社区建设，为开源软件贡献了数亿行代码，是开源代码的积极贡献者和使用者。

移动操作系统产业链供应链的稳定性和竞争力与应用生态密不可分。操作系统作为一种特殊的软件平台，具有典型的双边市场特征和网络外部性，系统两边分别连接应用程序开发商与终端用户，不断接收、协调开发商和用户的需求，持续自我迭代、更新优化，同时促使应用程序开发商开发、优化更多应用程序，逐渐形成了以操作系统为核心的应用生态。与苹果系统和安卓系统相比，国产智能系统的应用生态远未健全。截至2021年10月底，苹果系统和安卓系统分别约有200万和290万款应用商家，而同期市场表现最好的鸿蒙系统仅有100余款鸿蒙版App上架。

我国开源基金会和开源社区对应用生态的支撑能力不足。我国虽向国外开源基金会和社区贡献了数亿行代码，但总体上话语权较弱，根本原因在于自己缺乏有国际影响力的开源基金会和开源社区。在开源基金会层面，国内开放原子开源基金会的成立，有望解决这个难题。但目前其在年审、工资等方面仍面临机制障碍，调动项目和人才等资源的能力尚未充分发挥。在社区层面，国内开源社区在组织架构上有一些原创性突破，也对首创技术和代码给予高贡献度激励，但关键短板在于参与人数较少，缺乏高价值的技术理论体系贡献。

二、苹果系统和安卓系统的成功有规律可循

苹果系统和安卓系统在10年的时间内迅速占据了包括我国在内的全球移动终端操作系统市场，总结其发展规律，除把握住技术进步的重要窗口期外，全产业链协同创新、知识产权积累和合作联盟是其成功的关键。

（一）苹果系统和安卓系统在近20年内快速占据市场

移动终端操作系统自2000年以来迅速发展。最初以黑莓系统和塞班系统为主，随后逐步被更加智能化的苹果系统和安卓系统所取代。比较而言，苹果系统是由苹果公司独家负责开发运营的闭源系统，于2007年发布，只能用于苹果公司旗下的移动终端；安卓系统是由谷歌公司负责开发的开放源代码系统，于2008年首次应用于智能手机，可用于任何品牌的移动终端。

苹果系统和安卓系统在短时间内迅速占领了全球市场份额。2008年，塞班系统和黑莓系统分别占市场份额的43.7%、17%，苹果系统在发布仅一年后全球市场份额就达到8%，位居全球第三。2010年初，苹果系统的市场份额持续扩大，占比达全球市场份额的1/3以上，此时的安卓系统稍有起色，占市场份额的4.5%。2011年后，塞班系统、黑莓系统和其他系统的市场份额下降并相继退出市场，同期苹果系统平稳发展，安卓系统迅速占据了全球市场。截至2021年7月，苹果系统、安卓系统的全球市场份额分别为27.0%、72.2%，其他系统的市场份额不及1%，移动终端操作系统市场完全被苹果系统和安卓系统所垄断（见图65）。

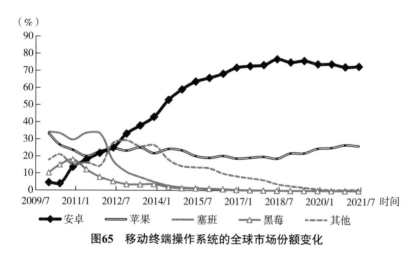

图65 移动终端操作系统的全球市场份额变化

资料来源：StatCounter。

（二）苹果系统和安卓系统把握住了技术进步的重要窗口期

2000年后，移动通信技术、芯片技术、触摸屏和电池等技术处于迅速发展期，苹果系统和安卓系统正是把握住了这一技术进步的重要窗口期。

移动通信技术的迅速发展促进了智能手机的普及，衍生出对应用生态的需求。2003年第三代移动通信网络（3G）投入应用，实现了图片、语音等多媒体信息通过手机高速率稳定传输，丰富了移动通信的应用场景，推动了智能化操作系统从桌面到手机的迁移。2009 年，第四代移动通信网络（4G）投入使用，信息传输速度更快，通信方式更灵活、费用更便宜，智能手机的用户量大幅增加。随着智能手机用户的大幅增多，用户对移动终端操作系统和应用生态的需求迅速增加。

零部件等硬件技术的协同发展为应用生态的建立提供了硬件保障。近年来，芯片、屏幕、摄像头和电池等硬件技术大幅提升。"摩尔定律"提出：每 18 个月芯片的性能就提升一倍。从智能手机配置来看，随着芯片、屏幕、摄像头等硬件技术的提升，同样价位新发布的手机运算速度更快、功能更多、性能更优，大大激发了用户对于更丰富、更优质应用生态的需求。在需求的激励下，操作系统和应用生态快速更新迭代，2009—2013 年，安卓系统在 4 年内推出了 8 代更新版本，市场份额增至 39%，应用软件数量从 2 万激增至 70 万，应用生态进入了高速、良性的发展轨道。

（三）全产业链协同创新促进应用生态的快速发展

苹果系统和安卓系统的商业模式不同，前者采用封闭的商业模式，严格把控硬件和操作系统的研发应用；后者不直接参与硬件的生产，允许所有人在经过谷歌审核后继续修改和优化系统。但不管是苹果系统还是安卓系统，都充分调动了全产业链的资源不断研发创新、迭代升级。

全产业链协同创新是苹果系统和安卓系统占据市场份额的关键。苹果系统主要通过委托各级供应商、服务商实现共同创新。在硬件方面，苹果系统充分把握了消费者对于美观、个性化和感知价值的需求，推出了首款无键盘触摸屏手机，之后相继推出平板电脑（iPad）、智能手表（Apple Watch）、无线耳机（Air Pods）等新的移动终端产品。在软件方面，除开发自有的数字音乐等应用软件外，苹果系统对于应用程序开发商提交的应用程序严格审核，确保了在应用商店上架的应用程序的易用性，形成了高质量的应用生态。在熟悉了苹果系统高质量的产品和应用生态后，用户很难再接受其他系统，这保证了苹果系统自上市以来就长期保持 25% 左右的稳定市场份额。安卓系统主要通过合作商实现开放式创新。虽然安卓系统不直接干涉移动终端的生产环节，但其通过与移动终端生产厂商的合作，间接与软硬件开发商、设备制造商、电信运营商等其他有关各方结成深层次合作伙伴关系，同时推动软件和硬件的创新升级。例如世界上第一款安卓手机由 HTC 生产，由美国移动电话运营商 T-Mobile 运营，购机须签订两年话费合同，手机中包含聊天、电子邮件、视频播放等应用程序。之后，安卓系统通过搭载不同类型、价格和产品定位的终端设备实现扩张，例如，目前市场上的安卓手机定价从数百元到数万元不等，既满足了不同收入群体的消费需求，同时又充分挖掘了低端和高端市场的潜力，抢占了市场份额。

利用社区资源，广泛吸纳全球人才参与生态的构建和优化。苹果系统和安卓系统通过开发者大会和网上社区集聚了全球人才和项目。例如，安卓系统的开发者大会涵盖新品展览、投融资洽谈、技术研讨、开发大赛等环节，吸引了大批软硬件厂商、运营商、服务商、开发者和爱好者参与，社会各界人才和资源通过开源社区共同参与生态的构建和优化。同样，提供代码存储、协同开发服务的开源社区在国外广泛流行，比如Github、SourceForge、BitBucket 等开源社区，其中仅 Github 就有 6500 万人参与。开源社区为全球的软件开发者和技术爱好者提供了技术交流的平台，同时不断汇集优质开源项目，为移动终端操作系统应用生态的更新提供了活力。

（四）市场地位的巩固得益于知识产权和合作联盟

苹果系统和安卓系统重视软硬件技术和商业联盟，通过掌握的知识产权（专利）更好地获取对应用生态的控制权，通过扩大合作联盟、限制合作厂商兼容其他操作系统，确立了在应用生态中的主导地位。

注重知识产权，通过自主研发或收购建立起"专利壁垒"。IFI CLAIMS 数据显示，苹果系统 2019 年通过自主研发申请了 1.5 万项专利，2020 年专利申请数量增长 20%，达到 1.8 万项。而谷歌则通过收购相关企业的方式来获得专利所有权、积累安卓系统的知识产权优势，进而强化安卓系统应用生态，例如，谷歌仅通过收购摩托罗拉移动就获得了 1.7 万项专利。苹果、谷歌通过严密的知识产权布局建立起了"专利壁垒"，任何企业在开发操作系统时一旦侵犯其专利权将面临禁止销售及高额的罚款和赔偿，这大大限制了其他同类操作系统厂商进入市场。

构建合作联盟的同时，签订排他性协议绑定合作伙伴，挤压竞争对手的市场空间。一方面，谷歌通过与软硬件厂商签订知识产权共享协议构建合作联盟，免费与加入联盟的厂商共享专利使用权，从而吸引更多厂商加入。另一方面，谷歌通过与合作厂商签订兼容性承诺和反碎片化协议等排他性协议来限制设备厂商与其他操作系统合作。兼容性承诺规定了厂商一旦使用了安卓系统则不得同时使用其他系统，反碎片化协议则规定了厂商不得开发或使用安卓系统的修改版本，否则将停止谷歌服务。凭借强大的海外市场用户黏性，谷歌将兼容性承诺和反碎片化协议作为排除竞争对手的有效手段，大大挤压了竞争对手的市场空间。

通过非开源的核心服务绑定来扩大应用生态。苹果公司的系统和服务始终掌握在自己手中，开源的安卓系统也通过非开源的核心服务绑定了旗下生态。由于安卓系统中应用程序在安装、运行时需通过非开源的谷歌移动服务获得设备的授权，若不安装谷歌移动服务，手机的基本使用功能将受到限制，且无法使用谷歌旗下的应用和服务。谷歌通过绑定旗下的安卓生态和谷歌生态，保持着对应用生态的主导权和话语权。此外，苹果系统和安卓系统通过对核心技术的掌控，将应用生态扩展到智能家居、自动驾驶等其他终端，通过在不同终端搭载其操作系统，达到扩大应用生态、巩固市场地位的目的。

三、我国移动终端操作系统稳定性和竞争力有待提升

（一）我国移动操作系统面临非市场因素的挑战

我国目前已拥有自主知识产权的国产新一代移动终端操作系统。2010年前后，百度、阿里巴巴、腾讯曾分别推出过"百度云 OS""阿里云 OS"和"Tencent OS"等移动终端操作系统，但均因成本及市场等因素而放弃。2021 年 6 月，以鸿蒙系统为代表的新一代移动终端操作系统发布，标志着我国拥有了具备自主知识产权的国产智能系统，因其与苹果系统和安卓系统相比，具有全场景统一适配等优势，可满足万物互联的需求，所以又称为国产智能终端操作系统（简称国产系统）。但国产系统的市场份额有限，例如，2021 年鸿蒙系统覆盖华为手机用户数量超过 1 亿，但与苹果系统和安卓系统用户相比还有很大差距。2021 年新上市的鲸鲮操作系统（JingOS）市场份额也不大。下文以鸿蒙系统为例，对国产智能操作系统进行梳理。

受一些非市场因素的制约，鸿蒙系统的市场空间有限，产业链的竞争力暂时还不够强。一是因美国制裁华为，鸿蒙系统市场份额有限。手机在中短期内仍会是主要终端设备，也是智能终端操作系统的主要市场。根据市场经验，操作系统具有典型的网络外部性，手机搭载量占 16% 左右是移动操作系统的"生死线"，超过 16% 后市场份额普遍会稳定增长，形成螺

旋式上升、自主循环的应用生态。从存量上看，2021 年鸿蒙系统的市场份额与 16% 的"生死线"尚有差距；从增量上看，由于无"芯"可用，华为2021 年 10 月全球市场份额降至 7.6%[①]，第三季度国内市场份额跌至 8%[②]。这意味着，鸿蒙系统实现自主循环的难度很大。在这种情况下，软件厂商也不愿付出额外成本开发鸿蒙系统专用版 App，到 2021 年 10 月底仅上架了 100 余款鸿蒙版 App，而同期苹果系统和安卓系统分别上架了约 200 万、290 万款 App。

二是其他手机厂商因谷歌垄断性条款限制等原因，现阶段还缺少使用鸿蒙系统的动力。国内手机厂商虽然在使用鸿蒙等国产智能终端操作系统时有竞争方面的顾虑，但主要是忌惮于美国芯片制裁和谷歌反兼容性承诺限制而普遍不敢使用。手机厂商使用安卓系统前须与谷歌签订承诺协议，承诺不得同时兼容安卓系统和其他安卓系统衍生版本的系统，否则将因违反承诺而无法使用安卓系统和谷歌旗下服务，这会使这些手机厂商失去庞大的海外市场。

（二）国产智能操作系统的稳定性正逐步提高

鸿蒙系统基本自主可控。以国内综合水平最高的鸿蒙系统为例，其自主开发的基础核心代码已捐献给开放原子开源基金会，形成了开源版鸿蒙系统。开源版鸿蒙系统遵循了国际通用的开源协议，具备自主知识产权，最新升级的 3.0 版既可满足手机等复杂终端设备运行需要，又能支撑面向消费和工业等全领域的互联。

鸿蒙系统对谷歌的依赖逐渐减弱。华为公司自己使用的商用版鸿蒙基于开源版鸿蒙框架，但为了保障用户使用习惯的平稳过渡，在遵循了国际

---

① 数据来自StatCounter。
② 数据来自Counterpoint。

开源协议、遵从知识产权规则的基础上，暂时在手机和平板电脑等部分终端设备上引用了安卓开源协议，并在引用时对代码进行了优化和替换，对谷歌的依赖性逐步减弱。在安全性方面，鸿蒙系统已得到国内外多家权威隐私和安全认证机构的认可。

与安卓系统和苹果系统相比，鸿蒙系统具有一些代差性优势。主要包括4个方面：一是采用统一的系统架构，突破了设备间的通信障碍。不同设备基于相同的系统语言，实现了全场景（移动办公、运动健康、社交通信、媒体娱乐等）跨终端的功能协同和数据互通，降低了用户更换设备后的学习成本，能更好满足万物互联需求。二是基于更先进的分布式软总线能力，传输速度更快。三是灵活组合宏内核、微内核，比安卓系统减少了70%的代码量，运算速度更快，稳定性也更高。四是借助跨终端的原子化服务，在运行时无须安装，对硬件的内存资源要求更低。

四、提升移动终端操作系统产业链供应链稳定性和竞争力的政策建议

操作系统与其他行业不同，产业链供应链以非实物的代码为主，具有典型的生态性和全球化特点，需要在新发展格局下探讨其增强产业链供应链稳定性和竞争力的具体措施。

第一，以国内大循环为基础，提升全产业链协同能力，为应用生态提供硬件保障。5G的广泛应用实现了更高速、更稳定、更低延迟的信息传输，开启了新的技术进步窗口期。但由于受到美国的封锁和制裁，我国面临严峻的技术和原材料断供问题，亟须把握当前机遇促进全产业链的协同创新。一是组建智能电子产业联盟，协调全产业链资源共同突破智能终端关键零部件的技术、设备和材料。二是鼓励产学研各界协同合

作，加快掌握新的趋势性技术，例如 3D 封装、Micro LED 等，从零部件入手提升智能终端的整体性能，把握机遇为国产应用生态提供良好的硬件基础。

第二，构建合作联盟，形成推动国产应用生态优化完善的强大合力。与苹果系统和安卓系统相比，国产智能系统的应用生态远未健全。对此，需联合各方力量建立合作联盟，形成构建国产应用生态的强大合力。利用好行业协会、基金会等平台，构建知识产权共享联盟，以免费共享知识产权、提供技术支持等方式吸引软硬件厂商共同构建国产生态。一是吸引国内手机厂商加入联盟，在非出口等不受谷歌限制的机型上搭载国产智能系统，扩大手机搭载量，同时借鉴欧盟和韩国对兼容性承诺、反碎片化协议等垄断性条款的应对举措，为国产智能系统营造公平的市场竞争环境。二是继续鼓励智能穿戴、智能家居等副设备厂商加入联盟，扩展国产智能系统的搭载平台和搭载量，从副设备市场入手为国产智能系统提供市场。三是支持软硬件企业加入联盟，整合行业资源建立发行版团队，专门负责开发国产智能系统 App，快速丰富国产智能系统的应用生态。

第三，国内国际双循环结合，促进开源社区的良性发展，培养与应用生态接轨的软硬件开发人才。开源社区是开源系统创新的源泉，人才是国产应用生态长远发展的关键。然而，国内开源代码托管平台缺乏原创的高价值技术体系，开源社区对社会各界人才的吸引力不足、对生态构建的支撑能力较弱；同时，我国软件生态的生长土壤受限，当前教育体系尚不能完全满足国产生态需求，集软件技术、生态运营和战略设计于一体的复合型人才还相对缺乏，因此，需高度重视开源社区和人才培养。一是构建更好的开源社区。借鉴国外开源社区的模式，优化开源社区的管理架构，以一定的考核奖励机制鼓励高校师生和企业开发人员积极参与开源社区，在开源社区发布高价值的技术理论、疑难解答和经验分享等内容，促进开源社区内的高效交流互动，广泛集聚人才和智慧。同时，将科技型开源社区作为特殊的公益性组织进行管理，在年度审计、财务管理上给予更大自主权。二是加强国际合作，吸纳全球人才共同参与。加快在自贸区、保税区建设开源社区，解决境外人员注册限制问题，设立海外开源基金会，广泛吸引全球开发者参与。三是将国产软件和应用生态纳入教育范畴。完善当前的教育模式和教材，将应用生态的开发和运营纳入义务教育和高等教育教学内容，系统性培养操作系统、应用生态领域的专业人才；通过举办多层次的比赛活动，如编程设计、生态运营大赛等，从青少年开始定向培养人才，吸引更多应用生态的开发者和爱好者共同参与。

执笔人：路倩

实践篇

上海新能源汽车产业链供应链现状与巩固提升对策研究

2014 年 5 月，习近平总书记考察上海汽车集团时指出，汽车行业是市场很大、技术含量和管理精细化程度很高的行业，发展新能源汽车是我国从汽车大国迈向汽车强国的必由之路，要加大研发力度，认真研究市场，用好用活政策，开发适应各种需求的产品，使之成为一个强劲的增长点[①]。"十三五"期间，我国新能源汽车产业快速发展，逐步成长为世界新能源汽车领域的创新高地。作为国内重要的汽车研发、生产及销售中心，上海新能源汽车产业发展走在全国前列，已经成为带动上海产业升级、打响"上海制造"品牌、推进制造业高质量发展的重要支撑。

一、上海新能源汽车产业链的基础优势

上海新能源汽车产业发展全面、结构合理，涵盖了研发设计、整车及关键零部件制造、市场销售及服务、试验认证及检测、数据采集与分析等产业链上的主要环节，整体上产业布局清晰，产业体系层次分明。

---

① 《当好全国改革开放排头兵 不断提高城市核心竞争力》，《光明日报》，2014年5月25日。

（一）产业规模较大且增长较快

从产值上看，2020 年上海新能源汽车产值达到 663.64 亿元，相较于 2018 年和 2019 年有了大幅度提升（见表 37）。在同一时期全国汽车销量萎靡的情况下，实现了逆势增长。

表37 2018—2020年上海新能源汽车总产值变化情况

分类	2018年	2019年	2020年
总产值（亿元）	259.23	245.79	663.64
同比增长（%）	5.4	−5.2	170

资料来源：上海市经济和信息化委员会。

从产量上看，2020 年上海新能源汽车完成产量 23.86 万辆，同比增长 187%，相较于 2018 年和 2019 年增长明显。同时，上海新能源汽车产量占全国的比重逐年提升，由 2018 年的 6.5% 提高到 2019 年的 6.7%、2020 年的 17.5%（见表 38）。

表38 2018—2020年上海新能源汽车总产量变化情况

分类	2018年	2019年	2020年
总产量（万辆）	8.2	8.3	23.86
同比增长（%）	−7.9	1.2	187
占全国比重（%）	6.5	6.7	17.5

资料来源：上海市统计局、中国汽车工业协会。

从销量上看，2020 年上海市新能源汽车销售 12.55 万辆，同比增长超过 90%，居我国新能源汽车销售量区域排行首位，较排第二位的北京市多销售 3.46 万辆（见表 39）。累计推广新能源汽车 42.4 万辆，总规模位居全国城市第一、全球城市前列。

表39 2020年新能源汽车部分城市销量排名

城市	销量（万辆）	城市	销量（万辆）
上海市	12.55	杭州市	4.10
北京市	9.09	成都市	3.16
深圳市	7.59	郑州市	2.95
广州市	5.33	重庆市	2.70
天津市	4.25	柳州市	2.37

资料来源：EV Sales。

从车型上看，2014—2020年，上海个人新增购置新能源汽车中的纯电动汽车车型销售占比持续走高，2020年占比首次超过60%（见表40）。

表40 2014—2020年上海纯电动汽车销量及占比

分类	2014年	2015年	2016年	2017年	2018年	2019年	2020年
销量（万辆）	0.30	1.15	1.40	2.16	2.16	2.71	7.53
占比（%）	27	24	31	35	29	43	62

资料来源：上海市统计局。

（二）产业链相对完整且整车制造国内领先

一是上游零部件企业分布比较广泛。众多企业在新能源汽车产业链的多个环节布局。在锂电池技术方面，比较突出的有德朗能、帝鑫能源、上海卡耐、杉杉股份等，其中杉杉股份是全国规模最大的锂电池综合材料供应商。在镍氢电池以及燃料电池领域，分别以博氢集团、上燃动力等企业为代表。此外，上海也有航天电源、捷新动力、妙益电子、安科瑞等高科技企业，深耕电机及控制系统领域（见表41）。

表41 上海新能源汽车重点零部件企业

产业链环节	相关企业
锂电池	德朗能、帝鑫能源、上海卡耐、杉杉股份
镍氢电池	博氢集团
燃料电池	上燃动力、同济科技、复星医药
电机及控制系统	航天电源、捷新动力、妙益电子、安科瑞

资料来源：根据相关资料整理。

二是中游整车制造企业水平处于国内领先水平。在中游整车制造领域，由于产业布局较早，上海尚处在国内领先地位，企业竞争力较强。全球新能源汽车销量统计（EV sales）数据显示，2020 年全球新能源乘用车销售排名前十的企业中，特斯拉排名第一，销量为 499535 辆。上汽通用五菱、上汽集团分别排在第四位和第十位，销量分别为 170825 辆、101385 辆（见表 42）。从具体车型销量上看，上汽通用五菱的宏光 MINI EV、宝骏 E 系列分列全球乘用车销量排行榜的第二位、第九位，销量分别为 119255 辆和 47704 辆。特斯拉的 Model 3 占据榜首，销量为 365240 辆，特斯拉 Model Y 则占据第四位，销量为 79734 辆（见表 43）。

表42　　　　2020年全球新能源乘用车销量前十车企

企业	销量（辆）
特斯拉	499535
大众	220220
比亚迪	179211
上汽通用五菱	170825
宝马	163521
奔驰	145865
雷诺	124451
沃尔沃	112993
奥迪	108367
上汽集团	101385

资料来源：EV Sales。

表43　　　　2020年全球新能源乘用车销量排名前十车型

车型	生产企业	销量（辆）
特斯拉Model 3	特斯拉汽车	365240
宏光MINI EV	上汽通用五菱	119255
雷诺ZOE	雷诺汽车	100431
特斯拉Model Y	特斯拉汽车	79734
现代Kona EV	现代汽车	65075
大众ID.3	大众汽车	56937
日产聆风	日产汽车	55724
奥迪e-tron	奥迪汽车	47928
宝骏E系列	上汽通用五菱	47704
欧拉R1/黑猫	长城汽车	46796

资料来源：EVSales。

三是下游基础配套设施服务规模发展迅速。上海新能源汽车配套基础设施相对完善，公共服务平台基础较好。上海已建成充电桩约36万个，广泛分布于企业、高校、社区、商业网点、公共停车场、汽车租赁网点和高速公路服务区等区域，车桩比为1.1∶1左右。中国充电联盟公开数据显示，截至2021年9月，上海公共类充电桩数量为9.7万个，排名全国第二（见表44）；上海已建成15个国家级、百余个市级公共服务平台和技术中心，以及新能源汽车大数据平台、动力电池溯源平台、充电设施管理平台、智能汽车创新发展平台等，保障服务能力的持续提升。充电设施代表企业有联桩新能源，换电设施代表企业有蔚来汽车、电巴新能源等，均是国内最早提供充换电设施的企业。

表44 2021年9月我国部分省市公共类充电桩数量

省市	数量（万个）
广东	16.1
上海	9.7
北京	9.4
江苏	9.0
浙江	7.4
山东	5.5
湖北	5.3
安徽	5.0
河南	3.9
福建	3.6

资料来源：中国充电联盟。

（三）产业链部分环节的技术水平国内外领先

一是车载网联领域技术标准领先。上海依托汽车与电子信息产业的双重优势，在车载网联技术标准制定及产业推进方面处于国内领先地位。在网联车盒方面，上海拥有国内领先的通信产品及终端的研发设计能力；在高精定位方面，上海有千寻位置等企业，在国内处于领先地位；在C-V2X

方面，上海依托四大网联车道路测试基地，在车路协同上国内领先，并在通信模块及基站建设上处于全球领先地位。

二是氢能产业体系处于国内领先地位。上海已建设并规划加氢站 15 座，加氢站数量仅次于广东，其中有 4 座加氢站投入商业化运营，形成了从上游制氢到中游储运加氢再到下游应用的氢能全产业链。上游制氢环节，依托上海石化与金山石化的工业副产氢，在现有氢燃料电池汽车产量及保有量情况下可以保证供给；中游储运及加氢环节，凭借提前布局的先发优势，在储运研发及加氢站建设上处于国内领先；下游应用环节，具备从设计研发到检验检测的完整产业体系，处于国内领先。

三是智能网联公共服务平台处于国际前列水平。上海依托四大网联汽车道路测试基地、上海机动车检测中心、上海新能源汽车公共数据采集与监测研究中心、上海充换电设施公共数据采集与监测平台等，累计开放 243 条、总长约 560 千米的测试道路，累计道路测试总里程超过 190 万千米，累计检测认证超过 200 款新能源车型，累计接入超过 30 万辆新能源汽车，均处于全球城市前列。

（四）产业布局层次分明且多区发力

上海新能源汽车产业形成了以嘉定安亭、浦东金桥、浦东临港为主体，松江、闵行、青浦及奉贤等为支撑的新能源汽车产业链整体布局，涵盖上海新能源汽车整车及关键零部件重点企业，同时围绕上海新能源汽车产业两大核心，国内最大车企上汽集团与全球市值最高车企特斯拉建设产业集群，形成多个产业结构清晰、分工定位明确、发展水平高端的汽车产业基地。

嘉定主要涉及汽车研发、制造、检测、销售、金融、展示、文旅、应用示范等，代表区域是安亭国际汽车城及外冈工业园区。嘉定作为上海世界级汽车产业中心核心承载区，有着完整的汽车产业链，力争在新能源整车及关键零部件领域取得突破。重点企业包括上汽大众、上汽乘用车、上汽捷新、上汽捷能、上汽捷氢、蔚来汽车、天际汽车、航盛实业、上海电驱动、道之科技、卡耐新能源、精进电动、上海重塑、舜华新能源、上海机动车检测中心、上海国际汽车城等。

浦东主要涉及汽车研发、制造、销售、应用示范等，代表区域是金桥经济技术开发区、临港新片区。浦东金桥作为上海两大传统汽车产业集聚区之一，汽车产业链完整，近年来通过与互联网、大数据、人工智能等融合发展，形成了以新能源汽车为代表的"未来车"产业，充分发挥汽车产业与集成电路产业双重优势，力争在车规级芯片方面取得突破，重点企业包括上汽通用、华域汽车、联合汽车电子、联创汽车电子、上汽英飞凌、华虹宏力、华大半导体、澜起科技等；临港新片区作为全球智能新能源汽车产业投资新高地，正加快新能源汽车全产业链布局，持续扩大高端新能源整车生产能力，推动整车出口，并布局氢能产业。已有众多新能源汽车产业项目落地临港新片区，重点企业包括特斯拉、上汽乘用车、上汽商用车、电巴新能源、治臻新能源等。

松江主要涉及新能源乘用车、商用车及关键零部件等，代表区域是松江经济技术开发区，重点企业包括恒大国能汽车、万象汽车、航天电源等；闵行主要涉及新能源商用车，代表区域是莘庄工业区，重点企业包括上海申龙客车、上海申沃客车、宁德时代未来能源研究院等；青浦主要涉及汽车研发及运营总部、氢能和燃料电池汽车商业运营等，代表区域是西虹桥商务区；奉贤主要涉及新能源汽车零部件，重点打造新能源汽车零部件产业园。

（五）长三角区域产业创新资源密集

长三角"一市三省"拥有丰富的创新资源，既包含数量众多、实力雄厚的高等学校与科研机构，也拥有丰富的人才资源、平台载体以及科技资本，为上海发展新能源汽车产业提供了良好的基础。一是高端科研院所密集。长三角集聚了一大批国内外顶尖的高校、科研院所等科研机构，教育部统计，长三角区域共有普通高等院校 495 所，占全国高等教育院校数量的 16.4%，并涵盖上海交通大学、复旦大学、浙江大学、南京大学、中国科学技术大学等国内顶尖高校。人才集聚优势与知识溢出现象明显，据公开数据，长三角区域年研发经费支出、有效发明专利数均占全国 30% 左右。二是创新创业人才密集。"一市三省"积极培养和引进高水平创新人才，上海"海外高层次人才引进计划"、江苏"双创计划"、浙江"引进海外高层次人才计划"、安徽"省级高层次人才引进计划"等在引才方面取得良好成效。三是创新资本要素密集。长三角是各类天使投资、风险投资等的集聚之地，长三角优质创新资源的进一步挖掘和释放，将为上海打造新能源汽车产业链提供持续动力。

二、上海新能源汽车产业的发展历程和经验做法

上海作为我国重要的汽车产业基地，自"十五"以来积极推进新能源汽车产业发展，按照国家相关政策及规划的指导意见，陆续出台了一系列从生产端到消费端的政策措施，推动了新能源汽车产业在上海的发展壮大，并在关键技术研发、专业人才培养、配套设施建设、产业生态打造等方面取得了切实成效，形成了一些值得总结的经验做法。

（一）发展阶段

一是起步发展阶段（2009—2012 年）。2009 年 1 月，我国新能源汽车"十城千辆"工程启动，上海成为首批入选"十城千辆"工程的 13 个城市

之一，借助"十城千辆"国家和地方的双重财政补贴，上海新能源汽车产业正式进入起步发展阶段。

二是快速成长阶段（2012—2017 年）。2012 年 11 月，上海入选第一批新能源汽车推广应用城市或区域名单，受地方以及国家层面的财税补贴支持，外加新能源汽车车主可以免除上海机动车牌照费用的扶持政策，这一阶段上海新能源汽车产销量迅速增长。

三是补贴退坡阶段（2017—2019 年）。随着新能源汽车技术逐渐成熟，《关于调整新能源汽车推广应用财政补贴政策的通知》《关于调整完善新能源汽车推广应用财政补贴政策的通知》等文件的发布，前期补贴政策陆续退坡，标志着新能源汽车行业发展由政策导向型逐渐转变为市场导向型，产业竞争力有所增强。

四是外资引入阶段（2019 年至今）。2019 年 10 月特斯拉上海工厂试生产。特斯拉的引入，加速了我国纯电动车产业链的形成，促进了相关产业的发展；与此同时，特斯拉的进入，促使国内新能源品牌"对标"提升，带动了新能源汽车产业的整体升级。

（二）主要做法

一是给予车企财政支持。有关部门根据 2009 年发布的《关于促进上海新能源汽车产业发展的若干政策规定》，安排专项资金，通过资本金注入、贷款贴息、投资补助等方式，支持新能源汽车的整车集成开发、关键零部件的技术突破和产业化。

二是多渠道鼓励消费者购买使用。上海市政府出台《上海市鼓励购买和使用新能源汽车实施办法》，对消费者购买新能源汽车，在中央财政补助基础上，根据上海市新能源汽车登记车型有关信息和本市确定的补助标准，再给予本市财政补助。同时，对于名下没有在本市注册登记新能源汽车且以非营运为目的的个人消费者，免费发放新能源汽车专用牌照额度。

三是大力引进外资快速建厂。2018 年 7 月 10 日，特斯拉与上海市人民政府签署合作备忘录，将规划产能约为 50 万辆的超级工厂落户上海临港地区。2019 年 10 月特斯拉上海超级工厂正式投产。随着特斯拉国产化率的提升，我国新能源汽车产业链进一步深度融合在特斯拉的全球产业链链条中，有力推动电池、电机、智能驾驶、电控等供应商的转型升级，最终提升我国新能源汽车行业在全球的整体竞争力。从 2019 年特斯拉上海工厂零部件 30% 国产化率到如今特斯拉上海超级工厂 90% 国产化率的过程中，既有宁德时代、福耀玻璃等我国汽车供应链的巨头，也不乏蓝思科技、长盈精密、信维通信等传统消费电子产业链巨头的跨界加盟。迄今为止，国内公开可查数据显示，直接、间接供货特斯拉的上市企业已经多达186 家，其中长三角地区企业占据 85 家（见表 45）。

表45   **部分特斯拉上海供应商**

企业简称	地区	企业简称	地区
科大智能	浦东新区	华峰铝业	金山区
华域汽车	静安区	新朋股份	青浦区
上海亚虹	奉贤区	岱美股份	浦东新区
宝钢股份	宝山区	起帆电缆	金山区
聚辰股份	浦东新区	申达股份	浦东新区

资料来源：Choice数据。

四是持续优化产业生态体系。上海在人才、技术、制造、金融和出口等诸多方面，有着资源、环境和政策的比较优势，正在逐步成为国内新能源汽车产业的重心。在"双积分"政策下，上汽通用大量增加纯电动车产量，上汽集团与张江高科、阿里巴巴联合打造智己汽车。临港的特斯拉纯电动车项目规划年产 50 万辆纯电动车。此外，上海还吸引了一大批重要的零部件供应商落户,如宁德时代于2021年8月18日与上海市人民政府签订了战略合作协议,拟在上海建设宁德时代(上海)创新中心及国际功能总部、未来能源研究院等项目。蔚来汽车将全球总部和研发中心选址于上海。

五是长三角合作成立产业联盟。2021年5月24日,长三角新能源汽车产业链联盟正式成立,包括长三角共73家企业,涉及电池、电机、车联网、软件等领域。该联盟的宗旨是联合长三角"一市三省"的资源,实现新能源汽车产业链企业和社会组织的资源共享、互利共赢,打造长三角新能源汽车产业生态圈,推进长三角新能源汽车产业一体化发展。

(三)基本经验

上海新能源汽车产业的发展历程是我国新能源汽车产业发展的缩影。在构建新发展格局、处理政府与市场关系方面,上海探索形成的一些理论经验,可以为其他地区巩固产业链供应链安全提供借鉴和参考。

一是统筹协调政府与市场的关系,打造"有为政府",构建"有效市场"。上海在推动新能源汽车发展过程中,始终基于"有为政府"与"有效市场"的结合,以"有为政府"推动新兴产业"有效市场"的形成。面对新兴产业自我成长能力薄弱的特点,政府通过制定规划,加强金融财税支持,激发市场需求,降低产业的整体性风险。上海自"十五"以来就对新能源汽车产业发展有明确的规划布局,逐步形成了以核心产业园与龙头企业为引领,产业链上下游协同推进的发展路径。上海在《上海市先进制造业发展"十四五"规划》《上海市战略性新兴产业和先导产业发展"十四五"规划》《上海市加快新能源汽车产业发展实施计划(2021—2025年)》《上海市鼓励购买和使用新能源汽车实施办法》等文件中均明确对新能源汽车给予政策支持。

二是基于产业竞争态势，采取先保护后放开，及时深化改革开放，促进出口快速增长。基于新能源汽车产业发展初期的诸多困境，在"十五"至"十三五"期间，上海先行出台多种扶持政策，使新能源汽车产业在不完全竞争市场保护下加速成型，之后再逐步推进新能源汽车产业进入完全竞争市场，并通过引入特斯拉倒逼产业加速升级。充分利用汽车领域取消外资股权不能超过50%限制的机遇，积极主动引进特斯拉单独出资建厂，使之成为放宽限制的第一家适用对象。特斯拉等外资车企的引入及国产化，大大促进了新能源汽车产业全链条升级，新能源汽车出口潜力逐步释放，成为拉动我国汽车出口增长的重要力量。据统计，2020年我国新能源汽车出口6.95万辆，同比增长了89.37%，占新能源汽车全年销量的5.1%，同期传统汽车仅占3.9%。2021年我国前11个月的车辆及零部件、附件出口额达到1088.8亿美元，远超2020年全年762.7亿美元的出口额（见图66）。以上汽集团为例，特斯拉2019年底投产后，汽车产销量尽管有所下滑，但出口和海外销售量仍然持续增长（见表46）。

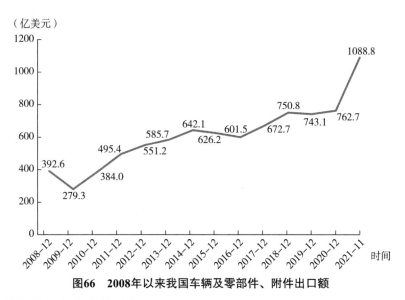

图66 2008年以来我国车辆及零部件、附件出口额

资料来源：中国经济信息网。

表46　　　　　　　　　　2018年以来上汽集团产销量

类别		2018年	2019年	2020年	2021年
汽车	产量（万辆）	697.8	615.2	546.4	547.3
	销量（万辆）	705.2	623.8	560	546.3
新能源车	销量（万辆）	14.2	18.5	30.5	73.3
出口和海外销售	销量（万辆）	27.7	35	38.6	69.7
	同比增长（%）	62.50	26.35	10.29	80.57

资料来源：Wind、上汽集团。

三是基于产业基础优势，采取先整车再部件的策略，引导调动企业生产积极性。上海在推动新能源汽车发展过程中，始终基于自身要素禀赋与产业发展趋势，充分挖掘比较优势推动产业发展。同时，十分注重政策调整，分阶段实施普惠型的扶持政策、重点目录型的引导政策、引入强者型的竞争政策来激发市场活力，更好地实现市场对资源的有效配置。在发展初期通过政策引导，提升车企布局生产新能源汽车的积极性。"十一五"期间全面推进新能源汽车产业发展后，基于上汽集团在整车领域的优势，先行推进新能源汽车整车的研发和制造，之后再逐步推进新能源汽车零部件的研发和制造。同时，由地方政府和企业统筹将奖励资金用于燃料电池汽车关键核心技术产业化，新车型、新技术的示范应用以及人才引进等，转而代替用于支持整车生产投资项目和配套设施建设。

四是基于需求侧成熟度，采取先公共再个人的策略，着力提升消费端市场需求。新能源汽车市场消费潜力巨大，上海在推动新能源汽车产业发展过程中，始终基于市场发展的不同阶段，循序渐进推动产业发展。基于公共客车固定行车线路、统一集中管理等优势，在"十五"期间先行推进以公共事业为主体的新能源商用车制造和使用，之后在"十一五"期间再逐步推进以个人消费者为主体的新能源乘用车制造和销售。通过改善新能源汽车的使用环境，激活消费端市场。积极推进新能源汽车配套设施建设，从充电桩到换电站，从加氢站到车载网联设施，保持配套设施建设与新能源汽车产业发展同步。利用财税补贴、以旧换新等方式挖掘新能源汽车的消费潜力，进一步促进新能源汽车产业发展。

三、上海新能源汽车产业发展存在的问题与挑战

上海新能源汽车产业链完整，在新能源整车及关键零部件上均有所突破，发展水平全国领先。但是，一些零部件关键技术被外企垄断，在质子交换膜、高性能传感器、软件系统等领域与国内外先进水平存在明显差距，关键技术"卡脖子"问题较多，车载芯片等部分零部件面临断供风险，对上海新能源汽车生产造成了较大影响。

（一）关键零部件供应依赖进口，稳定性存在隐患

在电控领域，澜起科技自主研发的存储芯片技术水平在国内外处于领先水平；华大半导体自主研发的逻辑器件（MCU 微控制单元）技术水平在国内处于领先地位，但与恩智浦、英飞凌、瑞萨等生产的高性能 MCU 存在明显差距，且逻辑器件中的 SoC 系统级芯片依赖进口。

在电驱领域，上海精进电动、上海电驱动的电机产品性价比高，技术水平在国内处于领先地位，但与日立、博世等生产的产品在集成度、功率密度、产品可靠性、成本控制等方面存在差距，其中高速驱动电机轴承等核心零部件严重依赖进口；逆变器核心部件主要依赖进口，无法生产超高功率密度 SiC 芯片及控制器，华虹宏力、道之科技自主研发的绝缘栅双极晶体管功率芯片在性能上不仅与英飞凌、意法半导体等国际领军企业差距明显，与比亚迪等国内企业也存在一定差距。

（二）国产原材料一致性和性能较差，完全替代进口还有待时日

在锂动力电池领域，上海锂动力电池主要以动力电池系统的研发生产为主，上汽集团与宁德时代合作项目"时代上汽"与"上汽时代"已正式启动，上汽捷能、上汽捷新在锂动力电池管理系统方面的技术水平处于国内领先地位。锂动力电池上游部件如正负极材料、隔膜、电解液、电芯等上海没有布局，尽管从原材料到设备都能在国内找到供应商，但国内产品在批量生产一致性、工艺质量、能量密度、循环寿命等方面与国外先进水平存在较大的差距。

在氢燃料电池领域，上海在燃料电池系统、整车应用开发方面有较完整产业链，但氢燃料电池电堆中的核心部件如质子交换膜、催化剂、碳纸等由于国内产品性能和一致性问题，需要大量依靠进口。上海重塑、上汽捷氢可自主生产氢燃料电池，技术水平在国内处于领先地位，但两者电池的核心部件均需要进口。

（三）新能源整车关键技术差距较大，大部分依赖进口

上海新能源整车研发已经取得一定成效，自主品牌新能源整车技术水平在国内处于领先地位，但与国际领先水平存在较大差距，具体表现在高性能纯电动整车关键指标上，如纯电动汽车的续航里程、百公里电耗、动力性能、主动安全、智能辅助驾驶等与特斯拉存在较大差距。以特斯拉上海超级工厂生产的 Model 3 车型为例，其零部件有来自华域汽车的车身，拓普集团的底盘结构件和内外饰，以及宁德时代、比亚迪的动力电池，长信科技的中控等，国产化率已经超过90%，比例已高于绝大部分国产合资车。但是，软件系统、电动助力转向、毫米波雷达、芯片、三路摄像头、制动系统等关键核心零部件仍未实现国产化，需要进口。

（四）基础配套设施服务有待完善，核心技术亟待攻克

一是氢气供应技术有待加强。氢燃料电池汽车是新能源汽车的重要组成部分。近期，我国氢燃料电池虽然取得了一定成效，但氢燃料电池汽车在商业化过程中，加氢设施建设仍缺乏相应的标准和法规，且核心技术有待进一步提升，需要加大研发力度。二是充电桩规模有待提高。随着充电桩建设不断提速，新能源汽车充电难问题部分得到缓解，但充电桩发展仍面临私桩安装率偏低、公桩使用体验不佳等问题，未来随着上海新能源汽车推广量的进一步增长，充电桩规模和结构有待优化。三是快充技术有待进一步突破。快充是能够有效解决电动汽车续航问题的最佳方法，也是未来几年各大新能源厂商角逐的主要战场。受到气温、电池寿命以及供电电压等问题的影响，快充技术效果大打折扣，有待进一步研发突破。

四、上海新能源汽车产业发展面临的新形势和新要求

（一）支撑构建新发展格局，拓展国内国际两个市场

2020 年，我国电动载人汽车进出口逆差为 195.76 亿元。随着德国、日本等外资品牌在新能源领域发力，我国新能源汽车"走出去"黄金窗口期被挤压缩短。以新能源汽车为代表的制造业要支撑上海构建新发展格局，就需要把握高水平对外开放和国际化创新的机遇，加快向产业链、价值链中高端迈进，以高品质产品不断开拓国内市场，同时也要注重国际市场开发，在国内国际市场互动互促过程中增强产业竞争力。

（二）顺应全球汽车产业重构，推动行业整体提质增效

近年来，在全球低碳发展的背景下，以欧美为主的西方发达国家纷纷

将发展新能源汽车作为本国汽车产业的中长期发展目标,加大对充电基础设施建设的支持力度。如美国拜登政府上台后加大了对气候、环保等相关产业的支持力度;德国、法国分别从财税补贴角度支持了本国汽车产业发展;日本在大力促进电动汽车发展的同时还在扩展其他清洁能源汽车产业。上海需要适应全球汽车产业电动化、网联化、智能化、共享化的发展趋势及碳中和、碳达峰发展要求,在新能源汽车关键领域提前布局,推动新能源汽车生产体系及车型结构的优化。

(三)抓住产业"换道超车"机遇,加快核心技术自主创新

当前,全球汽车产业升级变革蕴藏着前所未有的发展机遇,新能源汽车是我国汽车行业唯一有机会实现"换道超车"的细分领域。上海需要抓住机遇,在关键核心技术领域坚持并加快自主创新,提升新能源汽车产业链、供应链自主可控能力,推动产业链上的各个参与方强化合作、协同,构筑安全稳定的新能源汽车产业链、供应链。

(四)引导汽车消费观念变革,形成需求牵引供给局面

经过多年的高速增长,我国汽车产业面临着产能总量供给绝对过剩和有效供给相对不足的结构性矛盾,逐渐进入阶段性调整的平台期。上海发展新能源汽车需要推动形成需求牵引供给、供给创造需求的更高水平的动态平衡,引导更多车主的"更新消费"和"新增消费"向低排放、节能型、电动型汽车转变,提高汽车市场增量消费的低碳化水平,帮助实现碳达峰、碳中和目标,推进新能源汽车产业实现高质量发展。

(五)新势力进军造车赛道并异地布局,稀释产业集聚度

亚马逊、苹果等外国公司以及百度、小米、滴滴、中兴等国内拥有技

术和生态优势的高科技公司纷纷宣布跨界制造新能源汽车；华为成立智能汽车解决方案业务部，提供智能驾驶技术解决方案，为国内车企造车提供服务和帮助。蔚来、威马等车企在上海主要布局总部或研发中心，制造工厂（或代工厂）普遍布局在上海以外，这在一定程度上稀释了上海新能源汽车的集聚度，上海需要进一步强化产业链、供应链高端核心环节的集聚与再集聚（见表47）。

表47　　　　　　　　国内部分造车新势力布局情况

序号	企业	上海布局情况	生产基地
1	蔚来	全球总部及研发中心	合肥（江淮代工）
2	威马	全球总部及研发中心	温州、黄冈（自有）
3	爱驰	全球总部及研发中心	上饶（自有）
4	华人运通	全球总部及研发中心	盐城（悦达起亚代工）
5	集度	全球总部	-
6	摩登	全球总部及研发中心	盐城（悦达起亚代工）
7	合众	研发中心	宜春（自有）
8	理想	研发中心	常州（自有）
9	小鹏	华东区总部	郑州、肇庆（自有）
10	零跑	销售中心	金华（自有）

资料来源：作者根据相关资料整理。

五、提升上海新能源汽车产业链竞争力的目标定位和思路方向

面对全球产业链、供应链和价值链重构的新变局，制造业全球化竞争日趋激烈，上海要勇于担起代表国家参与全球合作竞争的新使命，顺应汽车产业发展新趋势，抢抓汽车产业转型升级突破口，抢占未来新能源汽车产业的战略制高点。

（一）科学精准定位

立足上海产业基础和优势资源，整合利用长三角地区的要素资源，牵头做好长三角新能源汽车产业规划布局，整合不同区域内新能源汽车生产制造及研发力量，打造以三电系统（电驱、电控、电池）为核心，以充换电设施、加氢设施、车载网联及公共服务平台等为支撑的上海新能源汽车产业链，实现新能源汽车核心关键零部件自主供应，积极推动非传统汽车供应商融入新能源汽车产业链，创建国家级新能源与智能网联汽车创新中心，打造世界一流的新能源与智能网联汽车测试、检验及认证平台，协同建设世界级汽车产业集群。

（二）明确发展目标

在产业链上游，深化全要素资源配置，协同攻关新能源整车及关键零部件核心技术，提升关键技术及关键零部件供应的自主可控能力，打造"中国芯""上海芯"是发展新能源汽车下一阶段的主攻目标；在产业链中游，将大数据、云计算、工业互联网、人工智能与制造集成融合，推动汽车产业数字化转型，提升整车及零部件智能制造水平；在产业链下游，重点聚焦新应用场景开发，推动新能源汽车碳积分交易，充分挖掘新能源汽车数据资源，推进车路协同向智慧出行拓展。根据《上海市加快新能源汽车产业发展实施计划（2021—2025年）》，到2025年，上海本地新能源汽车年产量预计超过120万辆；新能源汽车产值突破3500亿元，占全市汽车制造业产业产值35%以上；动力电池等关键零部件研发制造达到国际领先水平，汽车网联化与智能化核心技术取得重大进展，形成比较完整的产业链和供应链。

（三）拓宽发展思路

一是发挥整车企业引领作用。充分发挥上汽集团、特斯拉等整车企业的引领作用，围绕两大整车企业做好产业配套和延伸，打造适应新能源汽车产业发展趋势的产业体系，依托产业体系推动自主创新，以上汽集团及特斯拉本土配套企业为主体推动区域新能源汽车产业发展。

二是布局区域差异化发展。围绕上海新能源汽车产业规划布局，依托各区域产业发展实际及新能源汽车产业链特点，打造新能源汽车产业的区域中心，明确各区产业定位，以产业基地为核心统筹招商、集中布局，避免同质化竞争，实现上海各新能源汽车产业基地的差异化发展。

三是优化关键零部件自给。加强在新能源汽车核心部件上的技术攻关，推动新型正负极材料、隔膜等动力电池关键组件的研发和产业化，推动质子交换膜、催化剂等燃料电池关键组件的系统可靠性和质量稳定性，推动驱动电机及控制系统满足系统集成化、结构轻量化、控制智能化发展要求。

四是倡导城市出行绿色化。细化新能源汽车支持政策，拓展新能源汽车在使用环节的便利措施，积极推进公共领域用车全面电动化，积极扩大燃料电池汽车示范应用，并进一步加快打造智能汽车应用场景。

五是积极参与行业标准研究。及时跟进了解全球新能源汽车发展变化与趋势，优化完善新能源汽车相关标准体系，深入参与国际国内新能源汽车相关技术法规制定及标准化工作，依托全球科技创新中心建设与长三角区域一体化有利契机，加强国际国内间的合作与交流。

六、巩固上海新能源汽车产业链供应链竞争力的政策建议

（一）国家层面

一是加强国际标准法规合作。加强国际尤其是"一带一路"共建国

家、《区域全面经济伙伴关系协定》签署国家和地区间的标准法规合作，减少因标准法规差异而造成的贸易障碍，助力自主品牌新能源汽车走向国际市场。

二是制定新能源汽车数据监管要求。研究新能源汽车数据采集监管相关法律法规，明确新能源汽车数据监管要求，指导地方及产业链上相关企业在符合国家数据安全监管的要求下拓展应用场景。

三是启动新型汽车人才培养教育试点。支持同济大学、上海交通大学等国内汽车学科知名高校，研究设置符合新形势下汽车人才教育课程，鼓励高校企业联合培养，为汽车产业提供跨学科、跨领域的新型领军人才和专业人才。

四是统筹大型国有企业间的合作交流。鼓励良性竞争，避免恶性对抗，对于国内汽车产业共性"卡脖子"环节，通过组建实体、建立联盟等方式实现优势互补，共同应对国际挑战。

五是支持国内企业参与国际竞争。2010—2020年，我国电动汽车累计销量占世界47%，已占得先机，在全球产业链中形成了一定的优势。在新时代仍需要鼓励国内车企加快全球化发展，抢先占领全球消费市场，提升国际竞争力。

六是完善核心技术专利全球保护机制。针对在出口过程中，因知识产权问题可能导致的贸易壁垒，建议制定相关政策，提高我国汽车品牌的知识产权保护意识，加强对国际市场政策法规的了解。建立新能源汽车供应链全球化下自我保护机制，引导我国新能源汽车产业在全球化进程中稳步发展。

七是搭建自主可控的全球化供应链体系。建议国家围绕产业链部署创新链，加大对新能源汽车产业链上相关企业的支持，鼓励企业拓展海外市场，在保证国内现有供应链体系安全的基础上，积极构建面向全球、成本更优的全球化供应链体系。

（二）地方层面

一是强化顶层设计，加快部署政策链。科学制定本市新能源汽车产业发展规划，统筹优化新能源汽车产业发展政策。围绕上海新能源汽车产业规划布局，依托各区域产业发展实际及新能源汽车产业链特点，打造新能源汽车产业的区域中心，明确各区产业定位，以产业基地为核心统筹招商、集中布局，避免同质化竞争，实现上海各新能源汽车产业基地的差异化发展。从产业准入、车辆管理、质量监督、数据收集、基础设施等多个方面细化和完善相关新能源汽车产业政策，积极推进经信委（管车）、交通委（管路）、公安局（管牌）、网信办（网安）、通信运营商（建网管号）、发展改革委（新基建统筹）、市场监督管理局（标准化主管）等实现跨部门跨行业的协同机制，提升新能源汽车产业的政策执行效率。

二是突破核心技术，加快构建创新链。聚焦产业链打造创新链，推动产业链上下游更广泛的合作对接，充分发挥政府、企业、高校及科研院所、行业机构等在产业发展中的作用，在整车集成、关键零部件、核心材料、智能化与数字化技术等关键技术领域推动产业相关方更广泛合作，打造共性技术公共服务平台。加强在新能源汽车核心部件上的技术攻关，推动新型正负极材料、隔膜等动力电池关键组件的研发和产业化，推动质子交换膜、催化剂等燃料电池关键组件的系统可靠性和质量稳定性，推动驱动电机及控制系统满足系统集成化、结构轻量化、控制智能化发展要求。充分发挥各类资本要素，通过设立新能源汽车产业发展基金，鼓励新能源汽车造车新势力上市等措施，吸引各类市场资本共同推动产业发展，拓展企业融资渠道，化解产业创新的资本困境。

三是推进重大项目，加快完善生态链。积极推进蔚来汽车高端纯电动整车项目、上汽大众 MEB 纯电动车整车工厂项目、威马智能网联研发总部项目、国能新能源汽车整车项目、国轩高科高性能动力电池研发总部项目等重大产业项目建设，完善整车及关键零部件布局。全面提升嘉定（安亭）、浦东（金桥、临港）两大核心集聚区发展能级，推进自主品牌新能源汽车和智能网联汽车新车型产品研发，加快培育 2 ~ 3 家国际知名的自主汽车品牌以及多家国际知名的关键零部件企业。依托汽车智能化与网联化技术的发展，聚焦前端设计研发、中端生产制造及后端应用服务的产业生态体系建设，突破以往封闭、垂直的供应链体系，着力构建开放、扁平的供应链体系，将应用场景从行业内部向外扩展，实现从智慧出行向智慧城市迈进。

四是完善配套支撑，加快形成服务链。完善以充电桩、换电站、加氢站等为代表的新型能源供给系统，加快推进支持车路协同的配套设施建设，提升新能源汽车服务保障能力。加强城市公共充电设施建设，充分利用公交、环卫、出租车、物流等企业的自有停车站场改建城市集中充电站，在满足自身需求的情况下对外提供充电服务。加强用户居住地充电基础设施建设，促进充电设施互联互通，鼓励开展充电车位分时共享，提高充电桩使用效率。加强充电系统的平台服务能力，鼓励各类充电服务主体开发实时交互、电量提醒、充电导航、故障报警等平台服务。加强车路协同配套服务能力，充分发挥以 5G 为代表的信息通信关键技术，推动车路协同成为智慧交通的重要支点，更好地服务城市交通网络。

五是集聚引才育才，加快建设人才链。充分利用各类人才政策，吸引和激励新能源汽车领域的高端人才创新创业，拓展人才支持的范围，对符合上海新能源汽车产业发展方向的优秀人才，在落户、住房、子女教育等方面给予有利的政策支持。打造良好的人才创新环境，鼓励创新宽容失败，鼓励和引导各类社会资本与政府专项引导基金实现联动，为人才创新创业提供资金支持。及时跟进了解全球新能源汽车发展变化与趋势，优化新能源汽车人才培养，推动高校、企业、科研院所的合作对接，研究符合新形势下要求的新能源汽车教育课程，鼓励高校和企业联合培养，为新能源汽车产业提供跨学科、跨领域的新型汽车人才。

执笔人：祁彦　钱智　吴也白　李斯林　王斐然

熊世伟　王呵成

参考文献

[1] 管浩.特斯拉：搅动中国新能源汽车市场的"巨鲸"[J].华东科技，2021（3）.

[2] 国务院办公厅.新能源汽车产业发展规划（2021—2035年）[R].2021.

[3] 贾海阔.特斯拉对中国新能源汽车产业发展的影响探析[J].时代汽车，2020（9）.

[4] 李国栋，罗瑞琦，谷永芬.政府推广政策与新能源汽车需求：来自上海的证据[J].中国工业经济，2019（4）.

[5] 上海市人民政府.上海市加快新能源汽车产业发展实施计划（2021—2025年）[R].2021.

[6] 广东省人民政府.广东省人民政府关于加快新能源汽车产业创新发展的意见[R].2018.

[7] 朱钧宇，戴尚峰.新能源汽车下乡活动带来的机遇和挑战[J].汽车纵横，2022（8）.

[8] 李永钧.全面推进长三角新能源汽车一体化[J].上海企业，2021（6）.

[9] 黄峰.智能汽车产业链的安全性和竞争力思考[J].集成电路应用，2022（5）.

[10] 王丁才.快速发展中的节能与新能源汽车[J].金属加工（冷加工），2016（1）.

[11] 杨进峰.新国标下新能源汽车动力电池检测评价[J].光源与照明，2021（1）.

[12] 严米，谭丹.补贴政策退坡影响下新能源汽车产业的发展策略[J].现代商业，2020（2）.

[13] 唐忆文.上海能源发展趋势、发展战略与节能城市建设[J].科学发展，2017（2）.

[14] 徐珺，涂辉招."车联网"新机遇下上海智能汽车产业协同发展路径探索[J].科学发展，2020（7）.

滨州高端铝产业链供应链现状与巩固提升对策研究

近年来，滨州市把铝业高质量发展作为强市之基、富民之路，深入践行新发展理念，引领绿色、低碳、可持续发展，坚持以体制机制创新引领高质量发展，以价值链为核心，重构产业链、供应链，推动铝产业从"体量优势"向"质量优势"转变。滨州根据自身高端铝产业发展和竞争力状况，总结产业发展的经验做法，发挥已有优势，并在克服原料对外依存度高等问题基础上，探寻"双碳"目标下滨州铝业绿色转型发展的思路及路径。

一、滨州高端铝产业发展现状及竞争力状况

"世界铝业看中国、中国铝业看滨州"，滨州是山东省打造世界级高端铝业基地的主阵地、核心区和先行区，是全球最大的铝业生产基地，有"中国铝都""世界铝谷"之称。近年来，滨州把铝业高质量发展作为强市之基、富民之路，深入践行新发展理念，引领绿色、低碳、可持续发展，推动铝产业结构、发展模式、质量效益实现系统性重塑和颠覆性变革。以体制机制改革创新推动铝产业高质量发展改革经验荣获"2019年中国改革年度十佳案例"；铝产业集群被科技部认定为全国唯一的高端铝国家高新技术产业化基地。2021年，全市高端铝产业集群实现主营业

务收入 4550 亿元。

（一）产业发展现状

1. 产业基础雄厚

滨州铝产业自 2001 年起步，经多年发展，逐步形成了铝矿石、原铝、工业铝型材、铝精深加工全产业链条，是滨州第一大支柱产业。2021年拥有规模以上涉铝企业 77 家，氧化铝产量 1873.3 万吨，占全国总产量的 24.2%；电解铝产量 544.1 万吨，占全国总产量的 14.1%；铝材加工产量 727.7 万吨，占全国总产量的 12%；轮毂、活塞年产量均居世界第一位。2021 年滨州市铝产业主要产品产能见表 48。

表48　　　　　　2021年滨州市铝产业主要产品产能表

序号	产品	产能	序号	产品	产能
1	铝板带箔	169万吨	8	活塞	3095万只
2	铸造铝合金	43万吨	9	缸体缸盖	25万套
3	铝合金圆铸锭	978.9万吨	10	汽车零部件	500万套
4	铝模板	161万平方米	11	门窗、阳光房、各类幕墙板等	460万平方米
5	建筑型材	100.8万吨	12	活塞耐磨镶圈	2000万只
6	工业型材	25.3万吨	13	电工圆铝杆	77万吨
7	轮毂	1700万只	14	PS板	10万吨

资料来源：作者根据相关资料整理。

2. 产业链条完备

滨州铝产业已经形成相对完整的产业链（见图 67），涉及铝冶炼、铝挤压、铝轧制、铝锻造、铝铸造、深加工、再生铝七大板块 100 多个品种，既有铝水、铝锭、铝棒、铝板、铝带、铝箔等初级产品，也有活塞、轮毂、变速箱壳体、建筑模板、全铝家具、轻量化部件、超高压电缆、包装材料、轨道交通及航空铝材等中高端产品。

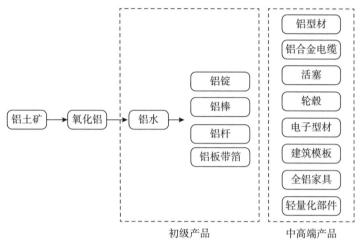

图67　滨州市铝产业链

资料来源：作者根据相关资料整理。

3. 集群效应明显

按照"企业布局园区化、产业发展集群化、产品品牌高端化"发展模式，实现企业伴生集聚、产业集群发展。高端铝产业集群被科技部授予"国家创新型产业集群"称号，被山东省人民政府授予"山东省重点支柱产业集群"称号。轻量化铝新材料产业集群正式纳入山东省先进制造业集群重点培育计划，正在积极参加国家先进制造业集群竞赛。魏桥创业集团连续10年上榜世界500强，围绕其铝水资源布局，集聚了一大批深加工关联配套企业。除山东创新金属、渤海活塞、齐星工业铝材、裕航特种合金等一批本土企业外，还吸引了台湾六丰、河北立中、中信戴卡、北汽集团、中航工业集团等知名企业来滨州投资，形成了国内行业聚焦度高、产业链条完整的铝工业循环经济产业集群。

4. 研发能力强劲

滨州铝产业集群拥有各类专业技术人员6000余人，其中，中高级技术职称人员1973人。拥有专利522项，通过省、市级科技成果鉴定60余项。拥有2个国家级科技创新平台和1个博士后科研工作站，15家省级工程实验室（研究中心），43 家市级工程实验室（研究中心）。魏桥创业集团、创新集团、裕航特种合金等企业与苏州大学、中南大学、北京航空材料研究院等知名高校院所建立了长期战略合作关系，共建研究院，共同推进新旧动能转换和产学研结合。魏桥创业集团连续多年的研发投入占销售收入的比例超过 3%，充分发挥高端技术和铝电一体化的产业优势，积极开拓交通运输用轻量化合金材料市场，打造国内最先进、全流程的轻量化研发、试验、制造基地。

5. 产品性能卓越

坚持高端化、智能化、绿色化发展方向，不断提升产品附加值，实现由"规模最大"向"价值最优"的华丽蝶变。自主研发的高性能泡沫铝构件材料是一般泡沫铝强度的 2 ~ 4 倍。新型高强韧高服役性变形铝合金和新一代高强韧铸造铝合金，性能较普通材料提升 20% 以上。裕航特种合金与山东大学联合研制的高端航空铝合金板材，出口美国波音公司。魏桥轻量化基地首台全铝车身下线并实现批量化生产，平均减重 50% 以上、性能提高 20% 以上。渤海活塞形成了完整的铝合金材料体系，是国内唯一一家能够全面生产各种汽车、船舶、工程等动力机械用活塞的专业化企业，国内综合市场占有率达 35%，商用车用高端产品市场占有率达 50% 以上。

6. 绿色发展高效

在"双碳"目标背景下，推进绿色低碳技术创新与应用，能耗总量和能耗强度不断下降。魏桥铝电荣获"中国有色金属工业科学技术奖"一等奖，应用具有国际先进水平的成套环保技术，在电解槽集气效率、烟囱排放、吨铝总氟排放等方面取得突破，达到欧洲排放标准。魏桥电解铝耗电、能耗已经连续 3 年入围重点用能行业能效领跑者企业名单。同时，在环境保护方面，实际排放量不到国家标准的 10%，成为全球第一个铝行业超低排放企业。

（二）竞争力状况

1. 铝土矿供应充足

魏桥创业集团在几内亚合作开发了储量22亿吨的高品质铝土矿，年回运量达4000万吨，可稳定供应70年。不仅满足了铝工业需求，而且让滨州告别了受制于国外铝矿供应商倚矿提价的历史，为铝产业发展提供了稳定的资源保障。

2. 技术装备先进

热电生产采用超临界、超超临界大型机组，全部实现超低排放。氧化铝生产采用国际最先进的拜耳法工艺。铝精深加工采用国际先进的铝液直接熔炼铸锭—热连轧—冷轧—精整生产工艺，并全面引进全球领先的高精度、高自动化轧机，在工艺技术和自动化控制上均达到了国际领先水平。在生产中全部采用400千安以上大型预焙阳极电解槽，铝液平均交流电耗为12600千瓦时/吨，低于全国平均水平7.4%。同时，魏桥创业集团拥有全球首条600千安特大型阳极预焙铝电解槽，能耗低、排放少，直流电耗比全国电解铝行业能耗限额标准低900千瓦时/吨铝，可实现99.6%的集气效率和99.7%的净化效率。创新集团引进世界最先进的德国双室熔化炉技术和EMP泵铝液循环技术，实现铝合金工艺废料循环利用。盟威戴卡每千名员工拥有机器人数量125台，自动化生产达到世界最高水平。

3. 成本优势突出

以魏桥创业集团为龙头，以邹平市、滨州经济技术开发区、北海经济开发区为核心，构建了龙头引领、多方参与的网络化产业空间布局，在生产环节，从铝土矿到最终制成品，实现铝水不落地、直接运到下游生产企业进行深加工，经测算，1吨铝水可为下游企业节约成本900元，形成了全球难以复制的集约、节能、高效生产模式。

4. 产业生态完备

全面深化产教融合型、实业创新型"双型"城市建设，强化渤海先进技术研究院与魏桥国科研究院"双核"驱动，构建"五院十校N基地"全域创新格局，集聚打造高能级创新平台。积极建设山东省高端铝制造与应用创新创业共同体、国家级先进铝基材料与技术重点实验室，魏桥创业集团与中科院工程热物理研究所共建航空宇航技术研发中心，实施企业与职教深度合作"全覆盖"工程，科创"加速度"不断加快。以定制化标准化厂房建设打造专业化园区，以基地化建设打造产业化高地，引领企业向园区集聚、产业向基地集聚，高端铝国家高新技术产业化基地、魏桥铝深加工产业园等一大批基地园区加快建设，一大批建链、强链、补链项目签约落地。先后举办世界高端铝业峰会、铝产业链绿色发展高峰论坛等大型会议，促进成立铝业协会，铝产业发展氛围日益浓厚。

5. 轻量化走在前列

打造了国内最先进、全流程的汽车轻量化研发试验制造基地，建立山东省高端铝制造与应用创新创业共同体，轻量化交通装备和新材料取得突破性进展。拥有轻量化全铝整车及零部件研发、检测、生产制造能力，产品用于特斯拉、蔚来、比亚迪等车型，底盘平台、底盘传动部件较传统产品分别减重30%、50%以上，全铝车身、全铝车厢分别减重40%、55%以上，每年可助力减碳34万吨以上，在"更轻的自重、更大的载重"中实现有效节能降耗。自主研发高性能颗粒增强铝基复合材料，比普通铝合金材料轻10%，硬度和屈伸度提升40%，已经应用于我国航天、兵器、核电装备。

二、滨州高端铝产业发展历程及经验做法

2001年以来，滨州市委、市政府聚焦铝产业发展积极担当、主动作为，滨州涉铝企业坚守实业、勇于创新，推动铝产业从无到有、从弱到强、从小到大，积累了很多可学可鉴、可行可用的发展经验。

（一）发展历程

1. 发展起步阶段（2001—2007年）

2001年之前滨州无铝生产企业，滨州最早的铝加工企业是自1963年开始加工铝制活塞的渤海活塞，铝原材料主要来自外地。滨州真正实现铝产业发展是从魏桥创业集团开始的，2001年为利用纺织富余电力，魏桥创业集团建设了25万吨电解铝项目，氧化铝作为电解铝的原材料，主要从中国铝业公司、信发集团等国内公司购买。为稳定原材料供应，魏桥创业集团积极向产业链上游延伸布局，于2006年建设两条年产能50万吨氧化铝生产线，其氧化铝原材料供应主要来自印度尼西亚、澳大利亚、斐济等国家，同时期，魏桥创业集团积极设计、收购、新建铝产品生产设施。得益于上游充足的原铝供应，创新集团（2002年成立）、弘亚导体材料（2003年成立）、盟威戴卡轮毂（2004年成立）、裕阳铝业（2004年成立）、长山型材（2006年成立）、宏皓工业型材（2007年成立）等许多本地涉铝企业开始创立并进入规模化生产，滨州铝产业链条开始向下游延伸。此阶段产品以铝水、铝棒、铝锭、铝板为主，产品附加值较低。

2. 快速成长阶段（2008—2017年）

在国家对铝产业及热电联产等政策相对宽松的大背景下，魏桥创业集团经历了热电联厂生产蒸汽、蒸汽富足增发电量、电力富足扩大电解铝产能等规模化发展阶段。自2008年开始，魏桥创业集团先后在滨州经济技

术开发区（2008 年创立政通新型铝材）、惠民县（2011 年创立惠民汇宏新材料）、阳信县（2013 年创立阳信汇宏新材料）、北海经济开发区（2013 年创立北海汇宏新材料）、沾化区（2013 年创立沾化汇宏新材料）等地建设氧化铝、电解铝等项目，将铝产业链在全市范围内布局延展。同时，为保证充足稳定的铝土矿供给，2012 年魏桥创业集团在印度尼西亚投资建设了年产能 200 万吨的氧化铝生产厂，2014 年开始在几内亚开发铝土矿，逐步带动滨州形成了以魏桥创业集团为龙头，以创新集团、盟威集团、渤海活塞等为骨干，以裕航特种合金（2011 年创立）、信和新材料（2011 年创立）、立中轻合金（2013 年创立）、戴森车轮（2014 年创立）、华建铝业（2017 年创立）等企业为支撑，以中小微涉铝企业为补充的铝产业集群。2014 年魏桥创业集团超过俄罗斯联合铝业成为全球最大的铝生产企业。截至 2017 年底，全市重点涉铝企业达 50 余家，氧化铝产能 1400 万吨，占全国的 20%；电解铝产能 646 万吨，占全国的 14%；各种铝材和坯料加工能力 700 万吨，占全国的 14%。2017 年，全市铝产业实现主营业务收入 3245.6 亿元，实缴税金占全市税收的 1/4，铝业成了滨州经济的支柱产业。

3. 转型发展阶段（2018 年至今）

随着最严格的生态环境保护制度实行以及铝行业供给侧结构性改革深入推进，国家对氧化铝和电解铝采取了限产调控措施，魏桥创业集团 268 万吨电解铝产能被认定违规关停。面对铝业发展的深层问题，滨州市委、市政府积极推进新旧动能转换，提出了打造世界高端铝业基地的目标，并明确了产教融合型、实业创新型"双型"城市的发展路径，推动铝业从创业之路向科技之路转变。邹平市率先布局魏桥铝深加工产业园、魏桥轻量化基地、中德轻量化小镇，其中，魏桥铝深加工产业园招引入驻铝深加工企业 50 家、铝深加工项目 28 个，年铝深加工能力达 120 万吨，产品涵盖铝型材、幕墙板、电力电缆、特种铝合金新材料、轨道交通及航空铝材等，推动提升全市中高端铝制品占比达 65.2%。为抢占未来发展制高点，2019 年魏桥创业集团瞄准轻量化产业发展方向，联合中国科学院大学、苏州大学、广州和德、苏州奥杰、航桥科技等，共同打造国内最先进、全流程的汽车轻量化研发、试验、制造基地，已在液态模锻挤压铸造、泡沫铝制备技术等方面实现突破。滨州铝产业逐步实现由低端铝产业向高端铝产业、由高端铝产业向轻量化铝新材料装备制造产业转型进阶。

（二）经验做法

1. 稳定供应链，畅通"血液供给"

强大的铝土矿和原铝供给能力，是滨州畅通产业链循环的基础，更是助推高质量发展的保障。魏桥创业集团着眼全球配置资源，依托"赢联盟"合作模式，在几内亚合作开发高品质铝土矿，打造形成了自国外矿山到国内工厂、集多式联运于一体的完整供应链。同时，积极畅通链条下游，实现"铝水不落地"直接运到下游生产企业车间，大大缩短了生产流程，节约了铸造、仓储及再熔化成本。在国际铝土矿、铜矿等大宗商品价格不稳定的大环境下，滨州稳定的铝土矿供给、持续的铝水输出，为滨州涉铝企业发展壮大、利润增值提供了良好条件。

2. 赋能创新链，配备"最强大脑"

近年来，滨州全力突破制约瓶颈，聚力"双型"城市建设，深化完善"政产学研金服用"一体化科创体系，为高端铝等各类企业科研创新提供全周期、全程化、全定制服务，助力了各类涉铝企业转型发展。其中，渤海先进技术研究院以企业为主体，市场为导向，视技术为产品，将研发当产业，通过集聚各类科技创新资源，服务全市科技创新活动，2021 年，已有 167 家机构签约进驻。魏桥国科研究院坚持院系、研发中心、产业园一体建设，统筹科研、教育、产业研发、创新创业、创投五大平台一体打造，孕育孵化的"基于铝基的交通轻量化科技示范工程项目"获省政府批复；催生铝基复材等"中科系"国字号科研成果落地试产。同时，各类企业充分发挥创新主体地位，推动铝产业链条向高附加值延伸。魏桥创业集团与苏州大学、南山集团等校企合作成立了研究院、创新中心，布局打造铝基轻量化研发制造基地和汽车零部件产业中心，初步搭建自主可控的轻量化汽车全产业链条；创新集团凭借自主研发能力，被认定为省级高强高韧铝合金新材料工程研究中心、省级企业技术中心。得益于浓厚的创新创造氛围，滨州获批国家高端铝材创新型产业集群试点（培育）、国家高端铝材高新技术产业化基地。

3. 聚合政策链，激发"内生动力"

滨州市委、市政府注重发挥产业政策"四两拨千斤"的撬动作用，自2019年开始，先后制定出台《加快经济高质量发展的若干政策》《打造世界高端铝业基地的若干政策》《关于加快滨州市铝产业供应链金融发展的实施意见》等政策文件，着力提供最有效的制度供给。比如，在组织领导上，成立高端铝业专班、滨州市铝行业协会，市委主要领导、重要涉铝企业负责人分别担任组长和会长，统筹负责产业发展的顶层设计、制度安排、推进落实等工作；在园区建设上，构建"一基地多园区"的铝产业"生态圈"，鼓励县市区规划建设高水平的铝产业园区、建设高标准工业厂房；在金融支撑上，设立了100亿元世界高端铝业基地发展基金、50亿元的新旧动能转换母基金以及30亿元的重点企业发展（纾困）基金；在氛围营造上，先后举办世界高端铝业峰会、铝产业链绿色发展高峰论坛等大型会议活动，招引各方企业来滨州投资兴业，为铝业发展创造了更多机遇。

4. 拓展技改链，实现"内涵发展"

滨州将涉铝企业工业技改作为铝产业高质量发展的"主引擎"，围绕智能化、绿色化、服务化、高端化、集群化"五大方向",依托"双千"工程(千项技改、千企转型),深入开展生产装备智能化数字化改造升级、智能工厂培育、节能减排降耗等行动,推动工业机器人、铝轻量化全车身总成、轻量化铝型材、高档电子型材、高强高韧铝合金材料等技改项目落地,推动铝产业结构持续优化,质量效益稳步提升。通过技改创新,魏桥创业集团碳排放量不足国家标准的 10%,连续 3 次入选全国重点用能行业能效领跑者,为电解铝行业唯一;渤海活塞通过对加工生产线智能升级,实现生产效率提高 50%、能耗降低 20%,先后被工业和信息化部授予智能制造试点示范企业、"绿色工厂"荣誉称号;盟威戴卡生产车间实现机器人替代率达 60%,远超发达国家平均水平,获评全国智能制造示范企业。

三、滨州高端铝产业发展存在的问题

(一)原料对外依存度高

滨州铝土矿采购 100% 依靠国外市场,极易受资源出口国政策变化、法律约束和基础设施薄弱等外部环境影响,不确定性因素较多,抵御市场风险能力不强,影响企业平稳健康发展。

(二)赤泥处理难度大

滨州因制造铝产生的赤泥年产出量约 2000 万吨,高效综合利用赤泥、限制赤泥危害已迫在眉睫。赤泥的无害化利用是一项国际难题,世界各国专家已进行了大量科学研究,但仍进展不大,尚未突破关键技术难点。

（三）原料运输效率低

铝土运输由几内亚博凯港到烟台港，在烟台港接卸，运往滨州港，滨州港卸船后通过公路运输至厂区，生产用煤需从内蒙古等地采购，采用公路运输方式，关卡多、效率低、成本高，是滨州涉铝企业面临的一大难题。

四、提升滨州高端铝产业链供应链竞争力的主要思路和路径

在低碳经济的时代背景下，滨州将积极落实"双碳"目标，锚定打造"中国铝都""世界铝谷"目标，充分发挥全产业链优势，实施铝基新材料、轻量化突破工程，推动铝业由原材料向新材料、高端装备延伸，由粗加工向精加工、轻量化制造发力，争创国家轻量化铝新材料产业集群，打造世界高端铝业基地，为铝业绿色发展提供"滨州方案"。到2025年，预计全市高端铝业主营业务收入达到6500亿元，中高端铝制品占比达到85%以上。

（一）聚焦节能减排，扩大应用新型绿色能源

滨州将利用得天独厚的资源禀赋，降低化石能源比重、提高清洁能源占比，放大天然气、风电、光伏、氢能等比较优势，让绿色低碳成为引领发展的可持续增长点。同时，支持更多企业通过产能置换、指标交易、股权合作等方式实现低碳转型。

一是用好天然气资源。中国东部最大凝析气田渤中19-6在滨州登陆，建设投产后预计高峰期年产天然气30亿立方米以上、凝析油300万吨，滨州将与中海油成立合资公司，实施天然气发电、天然气深加工等项目。

二是发展光伏风电。滨州拥有126公里海岸线、167万亩未利用土地、

123 万亩滩涂，土地资源丰富，发展光伏、风电具有显著优势，计划在"十四五"期间建设山东最大的盐碱滩涂地风光储一体化基地，风电、光伏发电可开发总装机规模 6000 万千瓦、可发电 880 亿千瓦时，新能源发电量占全社会用电量的比重将大幅提升，绿色能源将成为滨州重要的能源供给。

三是推进氢能利用。滨州拥有年产 20 万吨的制氢产能，抢抓入选首批国家燃料电池汽车示范城市群契机，加快氢能源电池汽车研发制造，推进氢能重卡物流项目，全力打造"京津冀鲁一体化氢走廊"枢纽城。

（二）聚焦转型发展，重塑绿色循环产业体系

顺应绿色、节能、环保发展趋势，延伸产业链、提升价值链，聚力打造绿色低碳循环产业体系。

一是积极抢占轻量化赛道。提升轻量化铝型材熔铸线、全铝车身、全铝车架、货箱、公交车等产品研发能力，形成自主可控的轻量化汽车全产业链条，围绕汽车轻量化、航空航天、轨道交通、高端电子型材等重点领域，推动高端铝产业向轻量化铝新材料装备制造产业转型，推进产品向中高端迈进，打造全国最大的汽车轻量化研发制造基地和世界领先的铝制轻量化材料研发中心。

二是加快发展再生铝产业。大力发展再生铝等绿色循环产业，实现铝材闭环回收、保级使用，研究制定再生铝产业发展规划，建立完善再生铝回收网络，加强再生铝供应链创新应用，大力培育引进再生铝生产项目，支持企业参与国家再生铝标准制定，打造全国最大的再生铝循环产业基地。

三是培育特色优势新产品。鼓励企业进一步延长产业链条，加快轻质高强金属材料、高温耐蚀合金材料、新型金属复合材料和新型金属功

能材料的研发。发展铝代钢、铝代木、铝代塑等终端产品，建设铝制包装、全铝家居、铝制日用品等项目，打造全国最大的铝质包装材料和铝家居生产基地。

（三）聚焦空间布局，打造生态低碳产业集群

以定制化标准化厂房建设打造专业化园区，以基地化建设打造产业化高地，引领企业向园区集聚、产业向基地集聚，以上下游产业的耦合发展，带动产业链供应链减排降碳。

一是打造"世界铝谷"。擦亮"世界铝谷""中国铝都"品牌，完善全产业链综合服务、供应链金融服务、第三方物流服务等功能。强化"铝谷"大宗商品交易中心作用，推进中国（滨州）铝业云平台建设，打造以铝产品交易为主体，集信息流、资金流、物流于一体的垂直行业电商服务平台，提升在全国、全球铝行业的话语权。

二是构建产业生态圈。围绕轻质高强铝合金、铝板带箔、3C电子、汽车轻量化、铝制家居等重点领域，打造魏桥轻量化基地、黄河三角洲智慧生态铝产业园、中欧循环科技产业园、阳信绿动能产业园、魏桥铝深加工产业园、邹平铝木家居产业园，形成以邹平市、滨州经济技术开发区、北海经济开发区为中心，辐射全市的"一基地多园区"产业生态圈。

三是加强配套协作能力建设。引导企业走"专精特新"的差异化发展道路，支持企业争做细分市场的单项冠军，避免同质化竞争。以协同发展、集群发展为方向，支持市内有条件的园区之间精准对接、配套合作，跨区域构建完善上下游产业链，探索建设功能共建型、飞地经济型合作园区。

（四）聚焦科技创新，不断拓展产品高附加值

坚持创新驱动，推进数字化、工业化"双向赋能"，提高产品附加值，降低单位增加值能耗和碳排放强度。

一是强化人才支撑。加强企业家队伍建设，培养造就一批掌握现代经营理念、具有全球视野的现代企业家和高水平经营管理人才。同时瞄准高端铝装备、材料、工艺、集成等方向，实施一批重大科技攻关项目，组建全国性或区域性职教集团（联盟），引导企业、院校、社会培训机构等以多种形式参与建设"校企合作、工学结合"的实训基地，构建"领军人才—科学家—科研人员—产业工人"多层次人才体系。

二是强化平台支撑。以渤海先进技术研究院和魏桥国科研究院为引领，推进山东省高端铝制造与应用创新创业共同体建设，强化高端铝产业核心技术攻关，瞄准铝锂合金、石墨烯、铝基复合材料、蓝宝石、中子陶瓷等高端产品，孵化一批新型科技企业。推进铝业产业创新中心建设，打造世界一流水平的铝产业原创科技成果策源地和科技成果转化地。建设先进铝基材料省重点实验室，争创高端铝材料国家重点实验室、国家级铝业工业设计中心。

三是强化数字支撑。拓展工业互联网、绿色制造技术应用，支持企业组建创新联盟，结合大数据、区块链、人工智能等新技术，进行全要素、全产业链优化整合，实现"互联网 + 制造 + 服务"聚合裂变，全力推进"绿色工厂"创建，推动产业链向下游延伸、附加值向高处拓展。

五、巩固滨州高端铝产业链供应链稳定性和竞争力的政策建议

铝是支撑全球经济发展的主要金属材料之一，属高耗能行业，其高耗

能属性主要由产品性质和工艺特点决定，滨州高端铝产业链供应链完备且自主可控，对稳定市场供给、促进经济增长具有重要支撑作用。建议从以下几方面予以支持。

（一）国家层面

一是滨州铝产业规模稳居世界第一，滨州轻量化铝新材料产业集群已被纳入山东省先进制造业集群重点培育计划，滨州正积极参加国家先进制造业集群竞赛，并申报国家新型工业化产业示范基地（滨州轻量化铝），希望国家支持滨州创建工作，提升我国铝业深度参与国际产业链循环能力。

二是建议依托滨州铝业规模庞大、技术转化能力强劲和科创氛围浓厚等方面优势，支持滨州设立国家级重点实验室，深入开展涉铝共性基础技术研究和高端产品研发，不断提升滨州铝业在全球铝行业的竞争力和影响力。

（二）省级层面

一是建议在严格落实环保政策前提下，省直有关部门根据不同企业的单位能耗、环境指标、生产工艺等，对铝产业进行精准化管理和指导。

二是建议省级股权投资引导基金向科技创新投入较大的涉铝企业倾斜，吸引和撬动社会资本加大投入，推动产业转型发展。

三是建议完善再生铝财税优惠政策，支持再生铝企业设备升级改造，建立完善的铝产品回收管理体系，从各个环节制定分类标准，提高再生铝原料循环效率。

执笔人：张志勇　陈冰　王伟　王富源　窦慧慧　郭慧琳

东莞智能手机产业集群产业链供应链稳定性和竞争力研究

近年来,在全球通信网络升级换代、智能手机消费持续升级等多重利好带动下,东莞智能手机产业迎来高速发展,智能手机产量从2011年的4300万台跃升至2020年的3.2亿台,华为、OPPO、vivo等智能手机龙头企业相继涌现,全市电子信息产业接近万亿元规模,全球每4部智能手机就有一部来自东莞。东莞智能移动终端集群于2021年成功入选国家先进制造业集群,实现了从"地方队"向"国家队"的跃升。东莞在分析自身智能手机产业集群发展情况、发展历程和经验做法、存在的问题和面临的挑战基础上,提出了提升东莞智能手机产业链供应链稳定性和竞争力的总体思路。

一、东莞智能手机产业集群发展情况

2019年颁布的《粤港澳大湾区发展规划纲要》明确提出,以深圳、东莞为核心在珠江东岸打造具有全球影响力和竞争力的电子信息等世界级先进制造业产业集群,2021年出台的《广东省发展新一代电子信息战略性支柱产业集群行动计划(2021—2025年)》也明确提出,要以广州、深圳、惠州、东莞、河源为依托,建设高端化智能终端产业集聚区。这些都为东莞智能手机产业的发展指明了方向、明确了道路。

（一）发展现状

从生产情况看，2020 年，东莞以智能手机为代表的电子信息制造业完成总产值 9844.4 亿元，占全市规上工业总产值的 45.6%；完成规上工业增加值 1366.8 亿元，占全市规上工业增加值的 33%，是名副其实的龙头产业。

从市场份额看，IDC 数据显示，2020 年全球智能手机出货量 12.9 亿台，其中华为出货量 1.89 亿台，占 14.7%，vivo 出货量 1.11 亿台，占 8.6%，OPPO 未进入全球前五；2020 年全国智能手机出货量 3.26 亿台，其中华为出货量 1.25 亿台，占 38.3%，vivo 出货量 5750 万台，占 17.6%，OPPO 出货量 5670 万台，占 17.4%，三者合计占全国的 73.3%。

（二）在全国及全球的竞争力状况

一是龙头企业汇聚，全国出货量前五的手机终端厂商中，东莞独占其三。从手机终端厂商看，东莞拥有华为、OPPO、vivo 等国内外极具竞争力和影响力的智能手机厂商，三大手机厂商 2020 年出货量占全国七成以上。《世界智能移动终端产业发展白皮书（2020）》显示，东莞智能手机的品牌影响力、国内市场份额均居全国第一，龙头效应明显。从供应链重点企业看，经初步梳理，东莞智能手机产业供应链重点企业约有 299 家，以中大型企业为主，2020 年产值亿元以上企业占八成以上。此外，还涌现了一批细分领域的"隐形冠军"，如在探针式连接器领域全球排名第六的中探探针、在覆铜板领域全国排名第一的生益科技、在手机数据线领域全国排名第五的铭基电子等。

二是产业配套完善，智能手机整体产业配套率达 90% 以上。在手机终端厂商集聚效应的带动下，东莞在手机电池、元器件及模组、周边配件等领域形成了完善的产业链配套。其中，在手机电池领域，拥有新能源、迈科、锂威等行业领先企业；在元器件及模组领域，拥有生益科技（PCB、FPC）、长城开发、华科电子、国巨电子、联茂电子、光阵（摄像模组）等一批代表企业；在周边配件领域，拥有立讯精密（连接器）、长盈精密（精密铸件）、蓝思科技（智能手机后盖防护屏等结构件）等具备自主设计开发能力的骨干企业。初步估计，智能手机中90%以上的元器件都可由东莞本土企业在短时间内提供，这也是众多智能手机企业愿意到东莞投资发展的主要原因之一。

三是创新实力较强，企业从跟跑向并跑、领跑不断迈进。近年来，东莞智能手机企业持续加大研发投入和专利布局，已在部分芯片、相机、AI、手机设计、盖板玻璃加工装备、手机光刻镀膜工艺等方面拥有核心技术，部分还达到国际领先水平。据统计，截至2020年底，全市电子信息制造业R&D经费支出达162亿元，增长29.04%，为东莞研发投入强度跃居全国第七、全省第二提供了强有力支撑。随着5G、人工智能、大数据等新一代信息技术与智能手机更加深度融合，智能手机产业将持续向数字化、智能化、高端化迈进。

二、东莞智能手机产业集群发展历程和经验做法

（一）发展历程

改革开放以来，东莞充分利用靠近港台的区位优势，通过"三来一补"[①]业务，凭借人力资源优势，率先实现了发展起步，电子信息产业顺利起航。随后又通过承接国际电子信息产业转移，引入国际性大企业，产业配套日益完善，手机产业快速成长。回顾东莞手机产业的发展历程，主要可分为3个阶段。

---

① "三来一补"指来料加工、来件装配、来样加工、补偿贸易。

第一阶段：外资品牌带动起步。1995 年，凭借良好的基础设施、丰富的劳动力资源、政府部门务实高效的作风以及优惠的政策，全球手机龙头企业诺基亚在东莞建立手机生产基地。2000 年，诺基亚在东莞出口超过 2 亿美元，东莞成为当时全球最大的手机整机生产基地。鼎盛时期，诺基亚在东莞有 400 多家供应商，并吸引了三星视界、金铭电子等一批手机领域相关企业落户东莞。通过承接日韩等地区电子信息产业梯度转移，东莞手机产业链条初现。

第二阶段：整机厂商快速集聚发展。从 2008 年开始，宇龙通信、华贝电子、以诺通讯加速布局东莞，OPPO、vivo 相继进入手机领域，手机整机厂商集聚效应明显，手机产业规模迅速壮大。与三星、苹果等品牌不同，OPPO、vivo 选择了三四线城市的小镇青年作为目标对象，通过实施"农村包围城市"战略，成功避开了与大牌手机厂商在一二线城市的竞争，同时通过渠道下沉，迅速抢占了三四线以下城市庞大的客户群，以 OPPO、vivo 为代表的本土手机企业逐渐壮大。

第三阶段：本土品牌快速崛起。2012 年华为落子松山湖，设立华为终端，并于 2018 年将华为终端（手机业务）正式搬至东莞。至此，华为、OPPO、vivo、酷派、金立等国产一线品牌整机生产企业汇聚东莞，以国产手机品牌整机生产制造为主，电池、元器件及模组、周边配件为主要配套的产业链格局趋于完善。同时，受国内外手机升级换代需求激增驱动，华为强势崛起，出货量节节攀升，东莞迅速成为全国乃至全球智能手机重要的生产制造基地。

（二）经验做法

一是招商引资"终端化"：瞄准智能手机终端产品制造企业开展精准招商。随着功能的日益增多，智能手机所涉及的零部件越来越多，需要多企业协同才能完成面向消费者的终端产品生产。终端产品制造企业招引的"葡萄串效应"明显，引进一家终端产品制造企业，就能带来一个集群，从而做强一个产业。以诺基亚为例，其鼎盛时期在东莞有供应商 400 多家，10 年累计纳税额近 30 亿元，为东莞创造了近万个就业机会，构建起手机产业完善的硬件供应体系，成为东莞手机产业集群升级的"原爆点"。同样，2018 年随着华为终端（手机业务）正式搬至东莞，其供应链上下游企业也纷至沓来。据不完全统计，东莞现有各类通信电子元器件生产企业 4000 多家，覆盖覆铜板、PCB、片式电容、电感和电阻、晶振、磁性组件、马达、连接件等关键电子元器件行业，以及手机电池等新兴行业，无论是技术上还是产能上均在全省乃至全国处于领先地位。

二是产业培育"渐进式"：立足原有优势推动电子信息产业从"台式电脑"向"智能手机"蝶变。在台式电脑的黄金时代，曾有"东莞堵车、全球缺货"的说法，21 世纪初期东莞台式电脑整机配套率达到 95% 以上，部分镇街甚至可以"足不出镇组装一台电脑"。随后，台式电脑市场不断萎缩，与笔记本电脑产业失之交臂的东莞也经历了产业的阵痛期。2008 年国际金融危机后，智能手机行业异军突起，东莞依托原有电子信息产业基础优势，抓住了智能手机发展的风口，推动全市电子信息产业拳头产品从台式电脑向智能手机转变，最终形成了更具竞争力的产业链条。可以说，智能手机产业在东莞的发展不是从 0 到 1 的过程，而是基于原有产业逐渐生长出来的新产业新业态，在推动企业平滑过渡的同时，也实现了产业的转型升级。

三是政策支持"系统化"：从产业规划、载体建设、技术改造等方面予以全方位支持。早在 2005 年，东莞就明确提出要扶持电子信息制造业等八大支柱产业，整合和集中各种有效资源，向优势产品、优势产业和重点发展领域集聚，发展产业集群。2013 年，经过全省 11 个市（区）的激烈角逐，东莞智能手机产业成功列入省市共建战略性新兴产业基地，并获得广东省经信委在规划引导、园区建设、重点项目建设、招商引资引技等方面的指导，这为东莞智能手机产业发展奠定了坚实基础。近年来，东莞通过推动"机器换人"、实施"倍增计划"、开展智能制造、促进小微企业上规、打造技能人才之都等，在产业用地、人才扶持、技术创新等方面为智能手机产业发展提供了强有力的政策支持，有效促进了全市智能手机产业高速发展。

三、东莞智能手机产业集群发展存在的问题和面临的挑战

（一）存在的问题

一是整机制造能力突出，但核心配套能力薄弱。在整机配套方面，电声、电池、马达、精密结构件等传统外围零部件优势突出，但在芯片、面板、闪存、图像传感器等核心关键领域的自主研发水平较低，对外依存度较高。华为、OPPO 和 vivo 三大手机厂商的屏幕、摄像模组等大部分由市外、国外企业供应，全市每年直接或间接从美国进口集成电路总额超过500 亿元，生产智能手机使用的其他电子元器件优势品牌也多数属于日本、韩国、德国企业，核心配套能力较为薄弱。

二是硬件制造能力突出，但软件产业支撑不足。随着"摩尔定律"正在逼近极限，智能手机依靠硬件实现大幅提升已越来越难，系统、算法、应用等软要素将成为未来竞争的胜负关键，推动实现"软硬兼施"是在下一轮的竞争中取得胜利的关键。尽管东莞已在松山湖、长安、南城等区域初步形成了多个软件行业集聚区，但整体规模仍然偏小，尚未形成较为完整的软件产业链，对智能手机产业集群发展的支撑不足。此外，东莞的高校软件类学科缺乏，本地培养的软件人才无法满足产业发展需求，软件人

才以引进为主，但受广州、深圳"虹吸效应"影响，全市软件企业普遍存在"招人难、留人难"问题。

三是手机制造能力突出，但周边生态发展滞后。早在 2013 年底，小米便开启了生态链计划，2020 年小米 IoT 与生活消费产品部分的收入超674 亿元，占小米营收近三成，未来还将实施"5G+AI+IoT"新一代超级互联网战略，持续打造智能全场景优势长板。除小米外，华为等也提出了"1+8+N"战略，全力向平板、PC（个人电脑）、可穿戴设备、智慧屏、AI音箱、耳机、VR 等智能手机周边生态拓展。东莞在智能手机领域制造能力突出，但在智能手机周边产品领域，除依靠华为、OPPO 和 vivo 衍生的智能手表、腕带产品和智能儿童电话手表外，在智能网联汽车、VR/AR 设备、智能家居等新兴领域并不突出，龙头企业缺乏、爆款产品不多，仍处于探索发展的初级阶段。

（二）面临的挑战

一是行业长期增长乏力，维持领先优势不易。受市场饱和以及新冠疫情等因素影响，2020 年全球智能手机出货量同比下滑 5.9%。尽管随着 5G商用的持续推进，各手机厂商竞相推出价格越来越低的 5G 手机，5G 手机的换机潮将加速到来，全国 5G 手机出货量和占比有望进一步提升，但从长期看，随着智能手机技术迭代变慢、消费者换机周期变长，智能手机产业面临收缩风险。对于东莞手机企业而言，如何继续扩大优势，维持乃至提升在全球、全国的市场份额，将是未来面临的一大挑战。

二是国产品牌利润偏低，产业效益有待提升。长期以来，国产智能手机品牌虽然遍地开花，但核心技术长期依赖海外，除个别品牌机型外，高端市场长期被苹果、三星等垄断。尽管东莞在全球手机市场占据较大市场份额，但整体仍处于产业链中低端环节，利润率偏低。以 2019 年为例，当年度苹果的市场份额为 13%，所获利润高达 66%，三星市场份额为 20%，所获利润达 17%，华为、OPPO、vivo 和小米的市场份额总计高达 67%，但所获利润总计只有 17%。此外，近年来在劳动力成本上升和土地价格升高等因素影响下，制造业企业经营成本上升，进一步削弱了东莞智能手机产业原有竞争优势。加大核心技术攻关、提升产品附加值、提高企业盈利能力迫在眉睫。

三是全球芯片短缺加剧，产业链供应链安全稳定面临风险。随着 5G 手机大规模普及，基带、射频等芯片市场需求巨大，但相关核心技术基本掌握在海外企业手中，在国际贸易摩擦加剧期间，芯片短缺一度引起东莞手机企业及相关配套企业的芯片"恐慌潮"。同时，随着汽车电子以及智能手机周边产品的快速发展，各行各业对芯片的需求不断增加，东莞手机企业也面临着芯片价格迅速飙升的情况。在当今国际贸易形势不稳定、芯片价格飙升的背景下，如何最大程度降低缺芯风险，确保产业链供应链安全稳定，将是东莞手机企业安全发展面临的关键问题。

四是国际贸易摩擦加剧，跨国企业存在外迁情况。在国际贸易摩擦的背景下，大部分跨国企业把与美国有关的业务迁出中国大陆，留在中国境内的产线主要供给国内市场和除美国之外的其他市场，而外迁至越南、印度、泰国、马来西亚等国家和地区的产线，主要供给包括美国在内的国际市场。值得注意的是，近年来许多智能手机跨国企业都尽量避免在中国大陆新增产线，而是把建厂或扩建的优先权放在了东南亚等地，原先主要集中在中国大陆的供应链，逐渐被分散到东南亚和印度等国家和地区，并在这些国家和地区出现新的产业集群，比如马来西亚的半导体封测产业集群、印度的智能手机产业集群等，这些都为东莞智能手机产业持续高质量发展提出了挑战。

四、新发展格局下提升东莞智能手机产业链供应链稳定性和竞争力的总体思路

"十四五"期间，东莞将聚焦"科技创新＋先进制造"，充分发挥华为、OPPO 和 vivo 等龙头企业的引领作用，在强链补链中推动全市智能手机产业向高端跃升，进一步提升产业链关键环节、核心技术的自主可控能力，巩固竞争优势，全力打造世界级智能手机先进制造业集群，力争到 2025 年，以智能手机为代表的新一代电子信息产业集群营业收入规模达到 1.2 万亿元以上。

（一）聚焦自主可控，加快构建以企业为主体、市场为导向、产学研相结合的技术创新体系

一是加快重大科技基础设施建设。以深度参与综合性国家科学中心建设为统领，全力推动散裂中子源二期、先进阿秒激光等大科学装置动工建设，加快大湾区大学、香港城市大学（东莞）等高水平大学筹建办学，加快松山湖材料实验室发展，为智能手机核心技术攻关奠定坚实的科研基础。

二是着力提升企业主体创新能力。鼓励智能手机龙头企业争创国家级产业创新中心、制造业创新中心、技术创新中心，促进产业链高端化提升。健全企业研发投入补助机制，鼓励智能手机企业持续加大研发投入，创造更多科技和产业创新成果。围绕提升产业基础能力和产业链现代化水平，在智能手机产业链重要节点培育一批省级以上"专精特新"企业，引导资源向"专精特新"企业倾斜，推动这些企业成为全市智能手机产业高质量发展的中坚力量。

三是改革产业攻关组织实施方式。围绕智能手机龙头企业重大技术

需求凝练攻关项目，探索采取定向择优、定向委托、"揭榜挂帅"的方式，将核心技术攻关项目以整体打包的方式委托给龙头企业、科技资源丰富的科研团队组织实施，推动产业链上中下游、大中小企业融通创新，打造"头部企业＋中小微企业＋服务环境"创新生态圈。同时，改变以往"认定即奖""立项即补"的奖补方式，将资助方式逐步调整为分期资助、事后奖补为主，充分发挥财政资金的杠杆作用，放大引领全社会科技投入的"乘数效应"。

（二）聚焦生态打造，加快构建"硬件+软件""手机+周边"的全场景智能生态体系

一是加快构建以鸿蒙系统为主要架构的操作系统生态体系。鸿蒙系统是比 PC 系统第一代、手机操作系统第二代更进一步的物联网第三代操作系统，属于一次开发、多端部署的系统，应用前景十分广阔。未来将依托鸿蒙系统为主的国产操作系统，以市级数字产业集聚试点园区为载体，加强产业链上下游企业间的协同和资源共享，提高操作系统与国产芯片、整机、基础软件、应用软件的兼容适配性，促进企业开发基于国产操作系统的各类产品和应用，构建从基础环节到应用环节的完整生态圈。

二是加快培育智能手机周边产品生态体系。紧抓万物互联发展机遇，加大智能手机周边生态产业招引力度，重点引进一批智能网联汽车、智能家居、可穿戴设备、元宇宙关联硬件等优质企业，加快推动智能手机周边产品产业在东莞实现集聚发展。对智能手机龙头企业"一企一策"给予全方位扶持，为其抢抓智能手机周边产品产业创造国内一流的产业配套体系，继续巩固东莞作为全球智能手机第一城的优势和地位。

（三）聚焦效率提升，以龙头企业为牵引加快推动供应链上下游实现数字化、智能化转型

一是构建多层次、立体化、全覆盖的数字化改造服务体系。推动智能手机龙头企业建设数字化转型赋能中心，面向研发设计、生产制造、经营管理、市场营销等全过程业务需求，推出符合供应链上下游中小企业数字化转型需求的共性、通用、低成本系统解决方案，加快推进中小企业数字化转型。推动智能手机龙头企业牵头搭建与中小企业深度互联的工业互联网平台，提供"端到端"的工业互联网解决方案，引导中小企业融入智能手机龙头企业的供应链生态体系。

二是全面提升智能手机企业智能制造水平。引导企业加大投入力度，运用5G、人工智能、大数据等技术，分环节嵌入企业资源计划管理、制造执行管理、供应商管理、客户管理数字化系统，提高研发协调水平和产品交付能力，促进产业链上下游数据业务一体化融合。积极推荐符合条件的企业申报国家、省级和市级智能制造项目，在智能手机产业领域打造一批"5G＋工业互联网"、5G全连接和智能制造试点示范项目，以数字化手段提高全要素生产效率，形成示范效应。

（四）聚焦协同发展，全面打造更加集聚、更加互补、更加协同的产业发展新格局

一是加快智能手机产业发展载体建设。一方面，以松山湖和长安作为东莞智能手机产业发展主阵地，以华为终端研发基地、OPPO智能制造中心产业园、vivo研发生产产业园等为核心，打造产学研用一体化的智能手机产业发展载体。另一方面，加快临深新一代电子信息产业基地建设，围绕5G及下一代通信设备、智能移动终端、半导体元器件、集成电路及其相关新材料等领域发展需要，全面对标国内其他发展较好城市的政策支持

力度，吸引一批优质企业在基地内集聚发展，为智能手机产业发展提供更加坚实的基础元器件等支撑。

二是加强穗深莞惠智能手机产业联动发展。紧抓粤港澳大湾区建设具有全球影响力的国际科技创新中心，以及珠江东岸打造具有全球影响力和竞争力的电子信息等世界级先进制造业产业集群等契机，夯实东莞与广州、深圳、惠州在智能手机产业领域的对接合作，形成智能手机产业集群跨区域分工协作体系，打造具有国际竞争力和世界影响力、惠及更大范围的智能手机产业集群带。

执笔人：肖必良　黄镜之　殷炀榜